심리학의 이해(2판)

이태연 지음

신정

머리말

과학기술이 발전하고 사회가 복잡해질수록 인간의 마음을 이해하는 것은 중요한 문제가 되고 있으며 그럴수록 인간의 마음을 다루는 심리학은 인공지능이나 경제학 등 다양한 분야에서 중요한 역할을 하고 있다. 또한 심리학은 우리가 일상생활에서 쉽게 접할 수 있는 문제를 과학적으로 다루고 있기 때문에 일반인들에게도 매력적인 학문이기도 하다. 이러한 관심에도 불구하고 과학적 학문인 심리학은 일반인들이 이해하기 어려운 전문용어로 설명되어 있는 경우가 많아 일반인들에게는 어려운 학문이기도 하다. 특히, 최근 들어 생물학적 방법으로 심리적 현상을 다루는 경우가 많아지면서 일반인과 전문가 간의 간극이 갈수록 커지고 있다.

이 책은 심리학적 지식을 가능한 한 알기 쉬운 언어로 설명하고 심리학이 적용되는 다양한 사례를 소개하여 대학에서 심리학을 공부하는 학생들뿐 아니라 심리학에 관심을 가지고 있는 일반인들도 읽어볼 수 있도록 만들어졌다. 이 책은 다음과 같은 원칙에 의해 기획되었다. 우선 심리학의 분야들 중 우리의 일상생활과 관련된 분야를 중점적으로 다루며 심리학에 대해 깊은 지식을 가지고 있지 않더라도 심리적 현상들을 이해할 수 있도록 쉬운 용어로 설명하고자 하였다. 또한 누구나 인정하는 기존의 심리학 이론이나 지식뿐 아니라 가능한 한 최신 연구내용을 포함시켜 심리학의 새로운 변화를 독자들이 느낄 수 있도록 하였다. 마지막으로 심리학적 이론이나 지식이 어떻게 활용되고 있는지를 깊이 있게 소개하여 심리학과 일상생활 간의 간극을 줄이려고 시도하였다.

저자는 심리학을 쉬운 용어로 설명하고 최신의 연구들을 내용에 포함하여 독자들이 이 책을 흥미 있고 유익하게 읽을 수 있도록 노력하였지만 몇 가지 유의할 점이 있다. 우선 심리학은 새로운 연구가 가장 활발하게 이루어지는 분야이고 동일한 현상에 대해서도 이해하는 관점이 서로 다를 수 있는 분야이다. 그렇기 때문에 이 책에서 사실로 기술되는 내용이 최근의 연구에서 부정될 수도 있고 같은 현상을 다른 책에서 다르게 설명할 수 있음을 고려해야 한다. 그리고 이 책에서는 일반인들이 심리학적 지식을 쉽게 이해할 수 있도록 쉽게 설명하려고 노력하였지만 독자의 배경지식에 따라 여전히 이해하기 어려운 내용이 포함되어 있을 수 있다.

과학으로서 심리학은 어려운 학문이기는 하지만 인간의 삶과 자신에 대해 새로운 시각을 갖도록 도움을 줄 뿐 아니라 일상생활에서 활용될 수 있는 다양한 지식을 얻을 수 있는 새롭고 활기가 가득 찬 학문이다. 이 책을 통해 독자 여러분이 심리학의 깊이와 매력을 마음껏 느낄 수 있게 되기를 바란다.

2021. 1.

한서대학교에서 이태연

차례

Chapter 01 마음의 과학: 심리학

Chapter 02 의식의 세계

Chapter 03 감각과 지각

Chapter 04 동기와 행동

Chapter 05 학습과 지능

Chapter 06 성격과 자아

Chapter 07 정서와 조절

Chapter 08 이상행동과 치료

Chapter 12 스트레스와 대처

Chapter 01

마음의 과학: 심리학

1. 심리학에 대한 오해와 진실
2. 심리학의 역사 살펴보기
3. 현대 심리학에서는 인간의 행동을 어떻게 설명할까
4. 인간의 뇌와 마음

마음의 과학인 심리학은 사회과학의 한 분야이지만 인간의 마음에 대한 이해가 요구되는 사회과학, 자연과학, 공학, 예술 등 모든 분야에 영향을 미치고 있다. 이렇게 심리학이 많은 분야에 영향을 미치는 이유는 단순해 보이는 행동도 생물학적, 사회적, 개인적 요인을 비롯한 다양한 요인들에 의해 결정되는데 심리학은 그러한 행동을 체계적으로 연구하는 분야이기 때문이다. 이 장에서는 먼저 심리학에 대해 일반인들이 흔히 갖게 되는 오해와 심리학이라는 학문의 발전과정을 살펴봄으로써 심리학이 추구하고 있는 바를 살펴본 후 마음의 작용이 일어나는 우리 뇌에 대해 자세하게 알아보고자 한다.

Chapter 01

마음의 과학: 심리학

1. 심리학에 대한 오해와 진실

심리학에 대한 많은 관심에 비해 심리학에 대한 소개가 잘 이루어져 있지 않아 심리학을 사이비과학과 혼동하기도 한다. 그래서 사람들은 심리학을 공부하면 사람의 마음을 훤히 들여다볼 수 있다고 생각하는데 이것은 과학으로서 심리학이 갖는 특성을 정확하게 이해하지 못하여 생기는 오해이다. 이 절에서는 심리학에 대한 대중의 오해를 살펴보고 마음의 과학인 심리학이 어떤 학문인지 알아보자.

1) 심리학을 공부하면 타인의 마음을 알 수 있을까

사람들은 누구나 다른 사람의 마음을 알고자 하며 사람들은 심리학을 공부하면 상대방의 마음을 알아낼 수 있을 것이라고 생각하고 심리학을 접하는 경우가 많다. 그렇다면 심리학을 공부하면 인간의 마음을 정말 알아낼 수 있을까? 이러한 질문에 대해 반은 맞고 반은 틀렸다고 말할 수 있다. 우선 인간의 마음은 눈으로 볼 수 없기 때문에 행동을 관찰하여 추론할 수밖에 없는데 사람은 마음과 다르게 행동하는 경우가 자주 있기 때문에 사람의 마음은 알아내기 어렵다고 할 수 있다. 그렇지만 심리학에서는 인간이 어떤 행동을 하는 원인을 생물학적, 사회적, 심리적 관점에서 찾아내 마음을 설명하려고 하기 때문에 일반인보다 훨씬 객관적이고 정확하게 사람의 마음을 이해할 수 있다. 즉, 심리학자는 인간의 행동을 연구하기 위해 대뇌의 세포 활동을 연구하기도 하고, 사회 속에서 인간이 어떻게 행동하는지를 연구하기도 하며, 정신장애를 가진 사람이 정상인과 어떻게 다른지를 연구하기도 한다. 이렇게 심리학은 인간의 행동을 다양한 관점에서 분석하고 이해하려고 하기 때문에 인간의 마음을 좀 더 분명하게 이해할 수 있다.

2) 심리학을 공부하면 우리 삶에 어떤 도움을 얻을 수 있을까

심리학에 대해 관심을 가지고 있는 대중은 막연하게 심리학이 정신적으로 문제가 있는 사람들을 상담해 주는 데 활용되는 분야라고 생각한다. 그러나 심리학은 일상생활에서 중요한 문제들을 주로 다루기 때문에 심리학에 대한 지식을 가지고 있으면 실질적인 도움을 받을 수 있다. 가령, 발달심리학에서는 아이의 신체적, 심리적, 사회적 발달이 어떻게 일어나는지를 연구하기 때문에 아이를 바람직하게 키우려면 어떻게 하면 좋을지에 대한 지식을 제공한다. 또한 지각심리학에서는 인간이 사물의 형태나 색깔을 지각하는 과정을 연구하기 때문에 디자인을 통해 상품의 가치를 높이길 원하는 디자이너에게 도움이 되는 지식을 제공한다. 이렇게 심리학은 우리가 일상생활에 직접 활용할 수 있는 지식을 제공할 뿐만 아니라 우리 자신이나 세상을 오해나 편견 없이 바라볼 수 있도록 도와준다. 가령, 심리학에서는 남자와 여자가 인지적으로나 정서적으로 얼마나 다른지 그리고 그러한 차이가 남녀 간의 인간관계에 얼마나 오해와 갈등을 일으킬 수 있는지를 알려주기 때문에 남녀가 불필요한 오해나 갈등을 피하고 좋은 관계를 유지하는 데 도움을 준다. 또한 심리학은 우리 사회에서 자주 발견되는 소수자에 대한 부정적 편견이 발생하는 것이 사회적 범주화를 추구하는 인간의 성향 때문임을 보여줌으로써 소수자를 좀 더 편견 없이 받아들일 수 있는 태도를 갖게 도와준다. 이렇게 인간의 삶과 관련된 객관적이고 과학적인 지식인 심리학은 우리가 세상을 오해나 편견 없이 살아가도록 도움을 줄 수 있다.

2. 심리학의 역사 살펴보기

마음에 대한 학문적 연구는 철학에 기원하며 철학자들은 마음의 본질을 탐구하기 위해 다양한 논쟁을 벌였다. 가령, 삼차원으로 이루어진 세상을 인식하는 인간의 능력과 관련된 선청성과 후천성 논쟁은 마음에 대한 철학자들의 관심을 잘 보여준다. 특히, 칸트(Kant)는 마음이 직접 관찰되거나 측정될 수 없는 것이기 때문에 결코 과학적 학문의 대상이 될 수 없으며 철학적 사유의 대상이라고 보았다. 그러나 19세기 말 자연과학이 발전하면서 인간의 마음을 보다 객관적으로 연구하려는 시도가 이루어졌고 이것이 과학적 학문으로서 심리학의 시작이라 할 수 있다.

마음의 구조를 찾으려고 한 구조주의(Structuralism)

분트(Wundt, 1832~1920)

심리학은 다른 학문과 달리 시작된 시기가 분명한데 그 이유는 분트(Wundt, 1832~1920)가 독일의 라이프지히(Leipzig) 대학에 최초로 심리학 실험실을 개설한 1879년을 심리학이 시작된 해로 간주하기 때문이다. 분트는 《생리 심리학의 원칙》(1874)이라는 저서에서 인간의 마음이 철학적 사유가 아니라 과학적 방법을 통해 의식구조를 찾아냄으로써 연구될 수 있다고 주장하였으며 이러한 분트의 생각을 구조주의라고 부른다. 문제는 의식구조를 어떻게 알아낼 것인가 하는 것인데, 티치너(Titchener, 1867~1927)는 분자구조를 분석하여 물질의 성질을 알아내는 화학처럼 내성법(introspection)을 사용하여 현상적 경험을 이루고 있는 마음의 기본요소를 찾고 그 기본요소들이 결합되는 방식을 알아내면 의식구조를 알아낼 수 있을 것으로 생각하였다.

인간의 행동을 결정하는 무의식의 작용을 밝히려고 한 정신분석학(Psychoanalysis)

프로이트(Freud, 1856~1939)

오스트리아의 신경과 의사인 프로이트(Freud, 1856~1939)는 인간의 행동을 결정하는 것은 의식이 아니라 무의식이라고 주장하고 무의식 속에 숨겨져 있는 욕구나 충동을 찾아내기 전에는 인간의 마음을 이해할 수 없다고 보았다. 프로이트는 당시에 유행하던 전환성 히스테리(conversion hysteria) 환자들을 치료하면서 성에 대한 사회적 금기에 의해 유발되는 성적 욕구에 대한 무의식적 억압이 환자의 증상을 일으키게 되었다는 것을 발견하였다. 프로이트는 성이나 공격성 같은 무의식적 충동이 행동을 일으키는 강력한 동기가 되며 우리는 의식하지 못하는 사이에 이러한 무의식적 충동을 영향을 받는다고 보았는데 이것을 심리적 결정론(psychic determinism)이라고 부른다. 프로이트는 "일상생활에서의 정신 병리학"이란 저서에서 아동 초기의 성적 경험들이 성격발달에서 중요한 요인이라는 주장을 하여 사회적인 논란을 불러일으켰다. 또한 프로이트는 무의식이 꿈이나 실수 또는 신경증을 통해 표현되며 이들을 분석하여 무의식에 잠재된 욕구나 충동을 의식화하면 행동이나 신경증의 원인을 밝힐 수 있다고 보았다.

인간의 행동을 환경에 대한 적응의 결과로 보는 기능주의(Functionalism) 미국에서 시작된 기능주의 심리학자들은 인간의 행동을 환경에 적응하기 위해 진화된 것으로 보고 마음만이 아니라 행동도 심리학의 연구대상이 되어야 한다고 보았다. 가령, 사람이 타인과 협력하는 행동은 경쟁하는 것보다 적응에 도움이 되기 때문에 진화되어 온 행동이다. 대표적인 기능주의 심리학자인 제임스(James, 1842~1910)는 저서인 《심리학의 원리(The principles of psychology)》에서 현대 심리학에서 중요한 개념인 감정이나 자아 등에 대해 중요한 이론을 제시하였다. 또한 행동을 강조하는 기능주의의 견해는 20세기의 중요한 심리학 학파인 행동주의의 형성에 큰 기여를 하였다.

제임스(James, 1842~1910)

마음보다 관찰 가능한 행동을 강조한 행동주의(Behaviorism) 러시아의 생물학자인 파블로프(Pavlov, 1849~1936)가 제안한 조건반사이론과 기능주의의 영향을 받아 시작된 행동주의는 20세기의 대표적인 심리학 학파이다. 행동주의에서는 객관적으로 관찰될 수 없고 주관적인 마음은 과학적 연구의 대상이 될 수 없으며 행동만이 심리학의 연구대상이 되어야 한다고 주장하였다. 즉, 마음도 결국 행동을 통해 추론될 수밖에 없으므로 행동을 일으키는 조건을 밝혀낸다면 마음을 가정하지 않아도 인간의 행동을 이해할 수 있다고 보았다. 왓슨(Watson)은 《행동주의(Behaviorism)》(1919)이란 저서에서 행동주의의 시작을 선언하고 행동주의의 원리가 모든 학습의 기반이 된다고 주장하였으며, 손다이크(Thorndike)나 스키너(Skinner) 같은 행동주의자는 고전적 조건형성이나 조작적 조건형성 같은 학습원리에 의해 행동이 일어나는 과정을 간결하고 단순하게 설명하여 심리학뿐 아니라 다른 학문분야에도 영향을 미쳤다.

파블로프(Pavlov, 1849~1936)

전체는 부분의 합에 의해 설명될 수 없다는 형태주의 심리학(Gestalt Psychology)

베르트하이머
(Wertheimer, 1880~1943)

베르트하이머(Wertheimer, 1880~1943)를 비롯한 형태주의 심리학자들은 마음의 작용은 그것이 일어나는 맥락과 분리될 수 없으며 맥락과 분리되면 마음의 고유한 특성이 사라지게 된다고 주장하였다. 게슈탈트(Gestalt)라는 단어는 전체라는 뜻을 가진 말로 인간은 세상을 부분의 합이 아니라 의미 있는 전체로 지각하는 경향을 보인다. 가령, 일정한 시간 간격으로 전구들을 차례로 켜면 실제로 움직이지 않더라도 움직이는 것처럼 보이는데 이것은 우리가 외적 자극을 수동적으로 받아들이지 않고 의미 있는 전체로 지각한다는 것을 보여준다. 학습, 기억, 문제해결 같은 인간의 지적 기능에 관심을 가졌던 형태주의 심리학은 코프카(Koffka, 1886~1941)나 쾰러(Kohler, 1887~1967) 등의 학자들에 의해 널리 알려졌고 인지심리학의 성립에 큰 영향을 미치게 되었다.

인간을 자유의지를 가진 존재로 본 인본주의 심리학(Humanistic Psychology) 인간의 행동을 외적 환경이 결정한다고 보았던 행동주의나 본능이 결정한다고 보았던 정신분석학과 달리 인본주의 심리학은 인간이 자유의지를 가진 존재이며 자신의 잠재력을 실현하려고 노력하는 존재라고 보았다. 인본주의 심리학자인 매슬로우(Maslow, 1908~1970)는 인간이 생물학적 욕구만이 아니라 자신의 잠재력을 실현하려는 욕구를 가지고 있다고 주장하였고, 인간의 선한 본성을 강조한 로저스(Rogers, 1902~1987)는 심리치료 분야에서 치료의 중심을 치료자에서 내담자로 변화시킨 인간 중심 치료법을 제안하여 심리치료의 변화에 원동력을 제공하였다.

매슬로우(Maslow, 1908~1970)

인간을 정보를 처리를 하는 존재로 보는 인지심리학(Cognitive Psychology) 인지심리학은 지각이나 기억과 같은 인간의 지적 활동에 관심을 가졌던 형태주의 심리학과 통제된 실험실 연구를 강조한 행동주의 심리학의 영향을 받았다. 즉, 인지심리학에서는 지각이나 기억 같은 마음의 지적 작용을 다루지만 내성법 같은 주관적인 방법보다 행동을 분석하여 마음을 추론한다. 또한 인지심리학에서는 인간을 외적 환경에 수동적으로 반응하는 존재가 아니라 자신의 목적에 맞게 정보를 받아들이고 조작하는 능동적 존재로 여긴다. 컴퓨터의 발달과 함께 인지심리학에서는 인간이 컴퓨터와 유사한 방식으로 정보를 처리하는 존재로 설명하기도 하며 인간의 사고과정에 대한 연구결과를 활용하여 인공지능 프로그램을 개발하기도 한다. 현재 인지심리학은 성격, 심리치료, 사회심리학 등 심리학의 모든 분야에 큰 영향을 미치고 있다.

카너먼(Kahneman, 1934~)

마음과 몸을 동전의 앞과 뒤로 바라보는 생물 심리학(Biological Psychology) 최근 인간의 생물학적 과정과 심리현상 간의 관계에 대한 연구가 발전하면서 생물학적 심리학적 관점에서 인간의 마음을 이해하고 설명하려는 시도가 급증하고 있다. 생물심리학의 바탕이 되는 생물학에서는 뇌나 신체기관의 구조와 기능에 대한 연구들이 주로 이루어져 왔으나 생물 심리학에서는 뇌를 비롯한 신경체계나 내분비체계의 활동과 행동 간의 관련성을 규명하여 마음의 작용을 이해하려고 한다. 과거에는 생물학적 연구방법의 한계 때문에 동물이나 뇌에 문제가 있는 환자를 대상으로 연구가 주로 이루어졌다. 가령, 펜필드(Penfield, 1891~1976)는 간질환자의 외과수술 도중 뇌자극 방법을 사용하여 뇌와 신체감각간의 관련성을 연구하였다. 그

스페리(Sperry, 1913~1994)

러나 최근 들어 뇌영상촬영기술이 발달하여 뇌의 활동을 실시간으로 확인할 수 있게 됨에 따라서 인간의 정신활동과 연관된 뇌영역에 대한 연구가 비약적으로 이루어지고 있다.

심리학 학파를 이해하는 데 도움이 되는 세 질문

마음의 학문인 심리학에서는 그 동안 마음을 어떻게 연구할 것인지를 둘러싸고 다양한 논쟁이 이루어져 왔으며 이러한 논쟁을 통해 다양한 심리학 학파의 특성을 간략하게 비교하여 살펴볼 수 있다.

첫째, 마음이 심리학의 연구대상이 될 수 있는가? 구성주의에서는 마음을 내성법과 같은 방법을 통해 이해하려고 하였지만 그렇게 성공적이지 못하였으며, 행동주의에서는 관찰이 불가능하고 주관적인 마음은 과학적 연구대상이 될 수 없다고 주장하였다. 그에 따라 행동주의가 지배적이었던 20세기 중반에는 마음에 대한 연구는 거의 이루어지지 않았다. 그러나 마음의 기능을 과학적인 방법으로 연구하는 인지심리학이 나타난 후에는 마음이 심리학의 중요한 연구대상으로 다시 다루어지기 시작하였고, 최근에는 마음에 대한 생물학적 연구가 증가하면서 마음의 작용을 생물학적 기제로 설명하는 인지과학이 발전되고 있다.

둘째, 마음이 더 단순한 요소들로 이해될 수 있는가? 구조주의는 마음이 그것을 구성하는 기본 요소들과 그 요소들이 결합되는 원리들만 발견된다면 이해될 수 있다고 보았으며 행동주의도 복잡한 행동이더라도 단순한 행동들에 의해 설명될 수 있다고 가정하였는데 이것을 환원주의적 관점이라고 한다. 그러나 형태주의에서는 마음은 상황에 대한 이해 없이 그것을 구성하는 기본요소만으로 이해하기 어렵다고 주장하였다. 이러한 주장은 "전체는 부분들의 합 이상이다"라는 말로

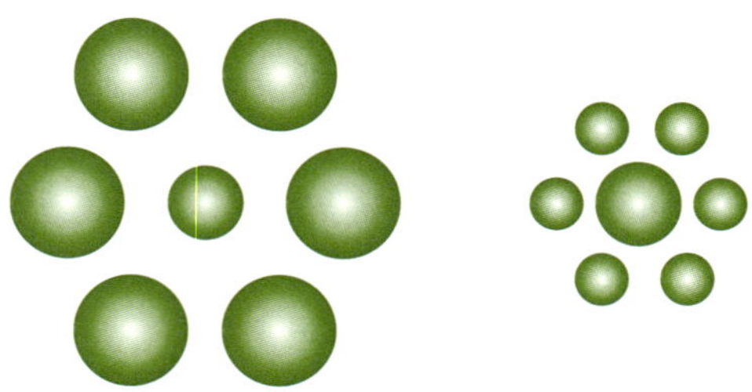

요약되는데 가령, 오른쪽 그림에서 중앙에 있는 원의 크기는 주변에 있는 원들의 크기에 따라 서로 다르게 느껴진다. 이것은 주변 상황을 고려하지 않는다면 어떤 대상에 대한 지각현상을 이해하기 어렵다는 것을 보여준다.

셋째, 인간의 행동은 자신의 의지만으로 결정되는가? 정신분석학에서 인간의 행동은 의식보다 무의식의 영향을 더 받으며 무의식은 사회적으로 인정되기 어려운 성이나 공격본능으로 이루어져 있다고 가정하였고, 행동주의는 강화나 처벌 같은 환경적 조건이 행동을 결정한다고 본다. 그러나 인본주의에서는 인간이 자신이 처해 있는 상황에 대한 자신의 해석과 의지에 따라 행동하며 자신의 잠재력을 발휘하기 위해 노력한다고 가정한다. 이러한 견해는 인간이 무의식이나 환경적 조건 같은 것에 의해 수동적으로 움직이는 존재로 보았던 정신분석학이나 행동주의와 비교된다.

3. 현대 심리학에서는 인간의 행동을 어떻게 설명할까

과거에는 지배적인 심리학 학파에 근거하여 인간의 행동을 설명하려는 경향이 있었지만 현재에는 특정한 행동을 다양한 관점에서 설명하는 방식이 보편적이다. 즉, 인간의 행동은 그것이 일어나게 된 원인과 표현되는 방식이 다양하며 한 가지 관점만으로 완전하게 설명되기 어렵기 때문이다. 이 절에서는 우울증을 사례로 현재 심리학에서 인간의 행동을 설명하는 데 활용되고 있는 다섯 가지의 관점을 소개하고자 한다.

생물심리학적 관점 인간의 행동을 신경계나 내분비계의 활동에 의해 설명하려고 시도하며 대뇌의 특정부위를 자극하거나 약물로 손상시켜 그 기능을 규명하는 침투적 연구방법과 기능성양전자단층촬영법(fMRI)과 같은 비침투적 기법을 통해 대뇌의 기능을 실시간으로 확인하는 연구들이 이루어지고 있다. 생물심리학적 관점에 따르면 우울증은 노어에피네프린 같은 세로토닌계 호르몬의 분비조절 실패에 기인하며 우울증을 치료하기 위해 세로토닌계 호르몬의 분비를 조절하는 약물을 사용한다.

행동주의적 관점 행동주의에서는 기본적으로 모든 행동이 학습된 것이므로 그 행동이 일어나게 된 조건과 행동의 결과를 통해 이해될 수 있다고 보지만 동기나 정서 같은 인지적 개념도 받아들이고 있다. 특히, 행동치료는 행동문제를 다루는 가장 효과적인 치료방법 중의 하나로 인정되고 있다. 행동주의적 관점에 따르면 우울증은 환경에 대한 통제감의 상실로 인해 발생하며 우울행동에 대한 타인의 관심과 동정이 우울증을 지속시킨다. 행동치료 프로그램에서는 우울행동을 지속시키는 타인의 관심과 동정을 제거하고 환경에 대한 자신의 통제감을 향상시켜 우울증을 감소시킨다.

인지적 관점 인지적 관점은 정보를 자신의 목적에 맞게 해석하고 처리하는 인간의 특성을 반영하는 관점으로 인식되고 있으며 다양한 분야에 적용되고 있다. 가령, 행동치료에 인지적 관점이 결합된 인지행동치료에서 우울증은 정보를 경직되고 비현실적으로 해석하도록 하는 비합리적 신념(irrational belief) 때문에 나타난다고 가정하며 인지 재구조화를 통해 비합리적 신념을 합리적인 신념으로 변화시켜 우울증을 치료한다.

정신분석적 관점 정신분석적 관점에서는 행동에 의식보다 무의식이 큰 영향을 미치며 무의식에 억압된 어릴 때의 불안이나 죄의식이 문제행동을 일으킨다고 가정한다. 현재의 정신분석적 관점에서는 성격발달이나 정신장애의 원인을 주로 성이나 공격성 같은 본능에서 찾았던 프로이트와 달리 부모와의 불안정한 관계나 자아의 미성숙에서 원인을 찾으려는 경향을 보인다. 정신분석적 관점에 따르면 좌절에 대한 분노가 외부로 향하면 공격행동이 일어나지만 내부로 향하면 우울증이 발생하게 된다. 따라서 무의식에 억압된 내부로 향한 분노를 전이를 통해 의식화하여 치료한다.

인본주의적 관점 인본주의적 관점에서는 인간이 자신이 처해 있는 상황을 어떻게 해석하는지를 중시하고 현재보다 더 나아지려는 인간의 욕구를 강조한다. 특히 인본주의자들은 정신장애 등의 문제를 가지고 있는 환자를 주된 연구대상으로 삼았던 다른 심리학적 관점들과 달리 정신적으로 건강하고 자신의 능력을 발휘하는 인물들을 연구대상으로 삼아 바람직한 성격의 특성을 규명하고자 하였다. 인본주의적 접근에 따르면 우울증은 자기가 바라는 이상적 자아와 현재의 자신에 대한 주관적 인식인 현실적 자아 간의 괴리 그리고 자신이 가진 자아와 현실의 경험 간의 괴리 때문에 발생한다. 따라서 인간중심 치료에서는 상담자가 무조건 존중하고 수용함으로써 안전한 환경을 제공하고 그 속에서 환자가 자신에 대한 부정적 인식에서 벗어나 자신을 수용하고 긍정적으로 바라보도록 하여 우울증을 치료한다.

심리학의 다양한 분야

심리학은 백년이라는 짧은 역사를 가지고 있지만 다른 학문분야에 비해 비약적인 발전을 하고 있으며 많은 심리학자들이 대학이나 연구소에서 학문적 연구를 수행하거나 병원에서 심리검사나 정신건강 프로그램을 담당하거나 회사에서 조직을 관리하거나 제품을 디자인하는 등 실무에서 훌륭한 업적을 이룩하고 있다. 이렇게 심리학은 다양한 분야에 활용되고 있지만 심리학의 분야를 크게 나누면 이론분야와 응용분야로 구분할 수 있다. 여기에서는 이론분야와 응용분야에 속한 심리학분야를 소개한다.

1) 이론분야

첫째, 이론분야에는 생물심리학이 있는데 생물심리학자는 대뇌활동이나 약물이 행동에 어떤 영향을 미치는지를 분석하여 행동을 결정하는 생물학적 기제(biological mechanism)를 밝히고자 연구한다. 생물학자와 많은 부분에서 공통점을 가지고 있지만 주된 관심이 인간이나 동물의 행동에 있다는 점에서 차이를 보인다. 둘째, 이론분야에는 학습심리학이 있는데 학습심리학자는 인간의 학습과 기억 문제를 다루며 연구자가 제안한 가설을 검증하기 위하여 인간이나 동물을 대상으로 한 실험을 한다. 초기에는 행동주의의 영향으로 자극-반응이론에 근거하여 학습에 영향을 미치는 조건을 연구하였으나 최근에는 기억이나 동기 등 인지적 개념을 통해 학습을 설명하고 그것과 관련된 연구를 수행한다. 셋째, 이론분야에는 발달심리학이 있는데 발달심리학자는 인간의 발달 과정에 영향을 미치는 유전과 환경의 영향에 대한 연구를 하며, 언어나 사고의 발달과 같은 영역적 접근도 취하지만 유아기나 노년기의 발달적 변화에 대한 시기적 접근도 취하여 연구를 수행한다. 넷째, 이론분야에는 사회심리학이 있는데 사회심리학자는 개인이 집단 속에서 보이는 행동과 개인 간의 상호작용에 영향을 미치는 요인들을 연구한다. 예를 들어, 동조나 갈등과 같이 집단 속에서 보이는 행동이나 인상형성이나 귀인과 같은 대인지각 과정을 실험법뿐 아니라 조사기법을 활용하여 연구한다. 다섯째, 이론분야는 성격심리학으로 성격심리학자는 이상 성격을 주로 다루는 임상 심리학자와 달리 정상 성격에서의 개인들이 어떤 차이를 보이는지를 연구한다. 성격을 측정하기 위한 검사를 개발하거나 성격차를 유발하는 요인들에 대한 연구를 수행하며 이러한 결과들은 임상 심리학, 상담 심리학, 학교 심리학, 산업 심리학 등에 활용된다.

2) 응용분야

첫째, 응용분야에는 임상과 상담심리학이 있는데 임상심리학자는 정신장애나 발달장애와 같은 심각한 부적응 행동의 원인과 치료방법을 연구하며 대학이나 연구소 또는 병원에서 부적응 행동을 보이는 환자에 대한 진단과 치료를 수행한다. 그에 비해 상담심리학자는 결혼이나 자녀문제와 같이 병리적이지 않은 행동문제를 다루며, 학교나 종교단체 또는 상담소에서 행동문제를 가진 사람을 상담해 준다. 둘째, 응용분야에는 산업 및 조직 심리학이 있는데 산업 및 조직 심리학자는 공장이나 산업체 등에서 인사선발, 작업환경의 개선 등의 문제를 현장조사나 검사를 통해 연구하여 문제에 대한 해결책을 제시하며, 최근에는 인사 관리, 구성원의 갈등 해소, 시장조사와 마켓팅에 이르는 다양한 분야에서 활동하고 있다. 셋째, 응용분야에는 교육 및 학교 심리학이 있는데 교육 심리학자는 학습자가 학습내용을 효과적으로 공부하는 데 도움이 되는 다양한 교육방법과 학습동기를 높이는 프로그램을 개발하고 적용하는 일을 하며, 학교 심리학자는 학교에 다니는 아동이나 청소년들이 겪고 있는 학습이나 정서문제를 진단하고 치료하여 학교에 잘 적응하도록 돕는다. 넷째, 응용분야는 공학 및 디자인 심리학인데 공학 심리학자는 자동차나 공장 또는 발전소 등 인간과 밀접한 관련을 맺고 있는 현장에서 인간의 심리적 특성을 연구하여 사고를 예방하고 더 쉽게 사용할 수 있도록 돕는 데 비해 디자인 심리학자는 다양한 도구나 설비를 사용하는 인간이 그 사용법을 더 쉽게 익히고 정서적 만족감을 높이기 위한 다양한 디자인 방법을 연구한다.

4. 인간의 뇌와 마음

"마음"은 어디에 있을까? 지금은 많은 사람들이 마음의 위치를 뇌로 생각하고 있지만 이런 생각을 갖게 되기까지는 오랜 시간이 필요했다. 가령, 과거 이집트인은 미이라를 만들 때 뇌를 버리고 심장을 소중하게 보관했다고 하는데 그것은 인간의 마음이 심장에 있다고 생각하고 나중에 살아났을 때 원래의 마음을 다시 가질 수 있도록 한 것이다. 그러나 생물학적 지식이 발전하면서 인간의 사고와 행동을 통제하는 주체가 뇌임이 점차 밝혀졌고 지금은 누구나 마음이 우리의 뇌에 있다고 생각하게 되었다.

뇌와 마음 간의 관계를 보여주는 몇 가지 사례를 살펴보자. 우선, 돌을 깨는 발파작업 중 쇠막대기가 뇌를 관통하는 사고를 당한 게이지(Gage)는 사고에서 완쾌되었으며 기억이나 지능은 정상이었지만 사교적이고 너그러웠던 성격이 충동적이고 거칠게 변화되었는데 이것은 뇌가 성격과 관련되어 있음을 보여주는 사례로 볼 수 있다. 또한 침팬지의 전전두엽을 절제하면 폭력행동이 감소된다는 연구에 근거하여 정신장애자의 행동을 통제하기 위해 대뇌절제수술이 수십 년간 사용되었다. 그 결과 4만 명이 넘는 사람이 대뇌피질 절제수술을 받았는데 이 수술을 받은 환자는 감정의 둔화나 지적 손상을 보였고 심하면 사망하는 부작용을 보였다. 이런 사례를 언급하지 않더라도 주식투자와 같이 복잡한 행동부터 음식을 먹는 단순한 행동까지 인간이 생각하고 느끼고 움직이기 위해서는 우리 뇌의 신경계와 내분비계가 정상적으로 작동해야 한다. 이 절에서는 마음의 하드웨어인 뇌의 구조와 기능 그리고 뇌와 연결되어 우리 몸을 통제하는 네트워크인 신경계와 내분비계를 알아보고자 한다.

1) 뇌의 구조

뇌는 행동과 사고를 지배하는 기관이며 단단한 두개골 안에 여러 겹의 막에 둘러쌓여있고 뇌척수액 속에서 보호되고 있다. 과거에는 동물이나 뇌수술이 필요한 사람을 대상으로 연구가 이루어져 뇌의 구조는 알 수 있었으나 그 기능을 알기는 매우 어려웠다. 그러나 최근에는 뇌를 전기자극하거나 뇌의 활동을 촬영하는 기법을 사용하여 뇌의 기능을 밝혀나가고 있다. 우리 뇌는 크게 하위 뇌와 변연계 그리고 대뇌피질로 구분할 수 있으며 각 부위마다 서로 다른 기능을 하고 있어 기능적으로 전문화되어 있다. 이 절에서는 뇌의 구조와 기능에 대해 간략하게 알아보자.

(1) 하위뇌

하위뇌는 척수에 연결되어 있는 뇌간(brainstem)에서 시작하는데 이곳은 양쪽 반구로 오가는 많은 신경들이 반대쪽 뇌와 연결되어 있으며 생명유지와 각성에 중요한 구조이다. 뇌간에는 심장박동과 호흡을 도와주는 연수(medulla)가 연결되어 있으며 척수에 전달된 감각정보 중 중요한 것들을 대뇌로 전달해주는 주의기능과 각성상태를 유지하도록 돕는 망상체계(reticular formation)가 있다. 뇌간의 바로 위에는 시상(thalamus)이 있는데 이곳은 후각을 제외한 모든 감각기관에서 정보를 받아들여 그 정보들을 처리하는 대뇌피질에 전달한다. 또한 소뇌(cerebellum)는 비언어적 정보의 학습과 기억을 담당할 뿐 아니라 신체의 균형과 운동을 조정하는 역할을 한다. 알코올은 소뇌에 영향을 주기 때문에 음주를 하면 몸의 균형을 잡지 못하고 비틀거리게 된다.

(2) 변연계

변연계(limbic system)는 정보를 처리하는 대뇌피질과 생명을 유지하는 하위뇌의 중간에 있는 부위로 공포나 분노 같은 정서와 식욕이나 성적 욕구 같은 기본적 동기가 처리되고 정보를 기억하는 과정에도 관여한다. 우선 해마(hippocampus)는 정보를 학습하고 기억하는 데 중요한 역할을 해 손상되면 기억상실증에 걸릴 수 있다. 또한 편도체(amygdala)는 두 개의 복숭아 모양인데 공격이나 공포와 관련되어 있다. 편도체를 자극하면 공격행동이 유발되지만 편도체가 손상되면 공격행동이 줄어든다는 연구가 이루어지기도 하였다(Kluber & Bucy, 1939). 한편 시상하부(hypothalamus)는 배고픔, 갈증, 체온, 성행동에 영향을 미치는 부위이다. 시상하부에는 쾌락적 보상을 느끼게 하는 쾌락중추가 있어서 이 쾌락중추를 전기로 자극하면 쥐들이 거의 죽을 때까지 페달을 누른다는 것이 발견되기도 하였다(Olds & Milner, 1954). 우리가 시험에서 좋은 성적을 얻거나 돈을 벌었을 때 기분이 좋은 것도 이 쾌락중추와 관련되어 있다.

(3) 대뇌피질

대뇌피질(cerebrum)은 많은 굴곡을 가진 구조이며 [그림 1-1]처럼 네 부분으로 구분한다. 후두엽(occipital lobe)은 뇌의 뒷부분으로 주로 시각정보를 처리하는 역할을 하며, 측두엽은 청각정보를 처리할 뿐 아니라 변연계와 밀접한 관계를 가지고 있어서 기억과 정서경험에서 중요한 역할을 한다. 전두엽(frontal lobe)은 뇌의 앞부분에 위치해 있는데 계획하고, 조절하고, 통합하는 인간의 고등정신기능뿐 아니라

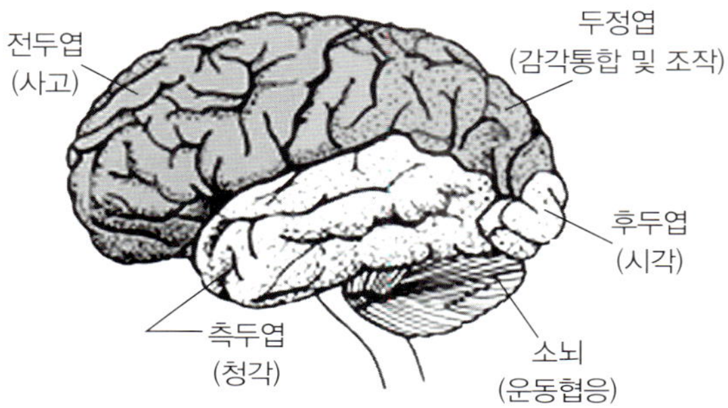

그림 1-1 | 대뇌피질의 구조

근육의 운동을 통제하는 일차 운동피질이 있으며 그 영역크기는 신체의 실제 크기보다 정교함에 따라 결정된다.

뇌의 윗부분인 두정엽(parietal lobe)은 신체의 각부분에서 온 체감각 정보를 받아들이는데 신체부위에 따라 할당된 피질영역이 [그림 1-2]처럼 할당되어 있다. 펜필드(Penfield)는 1940년대에 전기자극을 통해 체감각영역에 대한 지도를 작성하였지만 최근 자극에 대한 뇌의 반응을 자기공명장치로 다시 측정하여 더 정밀한 지도가 작성되었다.

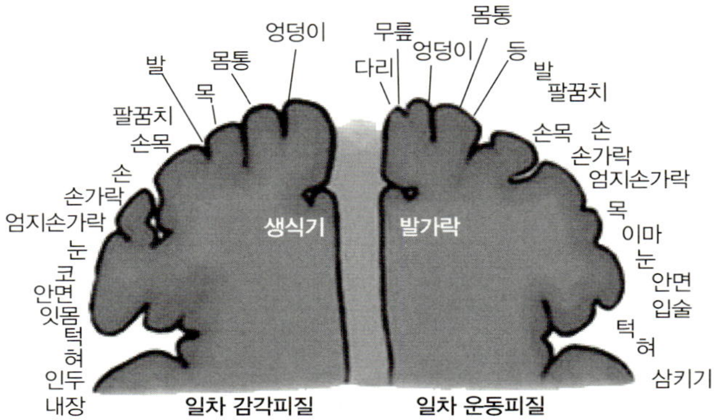

그림 1-2 | 체감각 영역의 구조

2) 뇌와 마음의 네트워크

(1) 신경계

우리 몸은 눈이나 귀와 같은 감각기관에서 오는 정보를 받아들이고, 근육을 움직여 특정한 행동을 취하도록 지시하기 위해 만들어진 정교한 커뮤니케이션 도구인 신경계를 가지고 있다. 신경계는 크게 중추신경계(central nervous system)와 말초신경계(peripheral nervous system)로 나뉜다. 중추신경계에는 감각정보를 처리하고 운동신호를 내보내는 핵심영역인 뇌와 우리 몸에서 오는 감각정보를 뇌에 전달하고 뇌에서 내려오는 운동정보를 몸에 전달하는 역할을 하는 척수가 있다. 그리고 말초신경계에는 우리 골격근육의 운동을 통제하는 체성신경계(somatic nervous system) 그리고 내분비선들과 내장기관들의 기능을 조절하는 자율신경계(automatic nervous system)가 있다. 뇌에 대해서는 이미 다루었으니 체성신경계와 자율신경계에 대해 조금 더 알아보자.

체성신경계 체성신경계는 중추신경계와 신체 각 부위를 연결하는 신경들로 피부, 골격근, 관절 및 감각기관에 분포되어 있다. 체성신경계는 자극을 중추신경계로 보내는 구심성 신경과 중추신경계의 명령을 근육으로 내려보내는 원심성 신경으로 이루어져 있다. 체성신경계의 원심성 신경을 통해 우리는 근육을 마음대로 통제할 수 있다.

자율신경계 자율신경계는 심장이나 혈관, 소화기 등을 통제하는 신경계로서 중추신경계의 의식적 통제를 받지 않고 기능하며 교감신경계(sympathetic nervous system)와 부교감신경계(parasympathetic nervous system)로 이루어져 있다. 교감신경계는 스트레스가 주어졌을 때 동공을 확장하고, 침샘의 분비를 억제하고, 심장박동과 혈압을 증가시키고, 소화활동을 억제하는 등 생리적 각성을 증가시켜 응급상황에 대응하도록 도와준다. 그에 비해 부교감신경계는 혈압을 낮추고, 심장박동과 혈압을 감소시키고, 소화활동을 증가시켜 에너지를 저장하고 생명을 유지하기 위한 생리기능을 활성화시킨다. 이처럼 교감신경계와 부교감신경계는 서로 길항적으로 작용한다(표 1-1).

표 1-1 | 교감신경계와 부교감신경계의 작용

신체	교감신경계	부교감신경계
눈	동공 확대	동공 수축
입	타액분비 억제	타액 분비
피부	소름 돋음	소름 돋지 않음
손바닥	젖음	마름
심장활동	박동률 증가	박동률 감소
호흡기관	기관 확장	기관 수축
위운동	수축운동 억제	수축운동
소화액	분비 억제	분비
창자의 연동운동	억제	촉진
부신	활동 증가	활동 감소
방광	이완	수축
음경	발기 억제	발기

신경계의 정보 전달자인 신경전달물질의 역할

뇌를 포함한 신경계는 전기적 과정과 화학적 과정을 통해 정보를 전달한다. 우선 특정한 신경세포의 수상돌기는 이전 신경세포의 축색돌기에서 분비되는 화학물질인 신경전달물질을 센서인 수용기를 통해 인식하여 전기적 반응을 보이게 된다. 이러한 전기적 반응이 일정한 역치를 넘으면 전기신호인 활동전위가 발생하며 이 활동전위를 축색을 통해 축색돌기에 보내는데, 이때 축색돌기의 주머니에 저장되어 있는 신경전달물질을 다음 신경세포에 분비되어 정보를 전달하게 된다. 이렇게 본다면 신경계의 정보 전달에서 핵심역할을 하는 것은 신경전달물질이며 인체에는 행동에 서로 다른 영향을 미치는 신경전달물질이 존재한다. 그중에서 대표적인 몇 가지 신경전달물질을 살펴보자.

운동뉴런에서 발견되는 아세틸콜린(acetylcholine: ACh)은 골격근에 작용하는 신경전달물질로 이 물질의 작용에 의해 우리가 말하고 걷고 숨 쉬는 등의 행동에 필요한 근육의 움직임을 가능하게 하며, 기억이나 주의와도 관련되어 있어서 심각한 기억장애를 가져오는 알츠하이머 치매(Alzheimer's dementia)환자는 해마나 대뇌피질에서 낮은 아세틸콜린 수준을 보인다고 한다.

대뇌의 여러 부위에 존재하는 도파민 회로에서 분비되는 도파민(dopamine: DA)은 다양한 기능과 관련되어 있다. 우선 시상하부와 뇌하수체에 있는 도파민 회로는 내분비계를 조절하고, 흑질과 기저핵에 있는 도파민 회로는 운동을 조절하며, 대뇌피질과 변연계에 연결되어 있는 도파민 회로는 보상경험을 유발한다. 특히, 흑질과 기저핵의 도파민 회로에서 적절한 도파민이 분비되지 못하면 움직임이 느리고, 손을 떨며, 전신이 경직되는 파킨슨씨병(Parkinson's disease)에 걸리게 되며, 변연계나 대뇌피질의 도파민 회로에서 도파민이 과잉 활성화되면 망상과 같은 정신분열증상을 보이게 된다.

노어에피네프린(norepinephrine: NE)은 스트레스 상황에서 주의를 증가시키거나 정서를 각성하는 기능을 하며 기분을 조절하기 때문에 분비가 감소하면 우울증이 발생하는 것으로 알려져 있으며, 노어에피네프린과 밀접한 세로토닌(serotonine)은 수면이나 기분 또는 체온을 조절할 뿐 아니라 통각과 관련된 기능을 하는 것으로 알려져 있다. 엔돌핀(endorphin)은 우리 뇌 속에 존재하는 아편물질로 외부자극에 의한 통증을 완화시키거나 기분을 좋게 하는 작용을 하는 것으로 알려져 있다.

(2) 내분비계

우리 뇌는 각 신체부위에 대한 정보를 전달하기 위해 신경계만 아니라 다음 그림에 있는 내분비계(endocrine system)도 함께 활용하며, 내분비계는 혈액에 분비되는 호르몬을 이용하여 정보를 전달한다. 물론 시상하부가 바로 아래에 있는 뇌하수체에 영향을 주어서 내분비계가 활동한다는 점에서 본다면 신경계의 지배를 받는다고 할 수 있다. 호르몬은 정보를 전달한다는 면에서 신경전달물질과 유사하며 실제로 노어에피네프린이나 엔돌핀 같은 신경전달물질은 신경계와 내분비계에서 모두 활용된다. 그러나 신경전달물질은 연결된 신경원에만 정보를 전달할 수 있는데 비해 호르몬은 혈액을 통하여 직접 연결되지 않은 신체의 먼 기관에도 영향을 미칠 수 있다. 호르몬의 작용에서 중요한 특징은 같은 호르몬이라도 신체기관에 따라서 작용하는 방식이 다를 수 있고 작용방식이 다르더라도 호르몬이 작용하는 목적이 비슷하다는 점이다. 예를 들면, 여성 호르몬인 에스트로겐은 자궁에서는 수

정란이 착상될 수 있도록 자궁을 성숙시키고, 가슴에서는 수유가 가능하도록 크기를 키우며, 뇌에서는 수정이 가능하도록 성욕을 증진시키는 작용을 하지만 이 모든 작용이 아기를 갖도록 만든다는 점에서 비슷하다. 또한 내분비계의 중요한 기능 중 하나는 스트레스에 대처하는 것으로, 이를 부신이 담당하는데 부신수질은 아드레날린을 분비하여 교감신경계의 활동을 증가시키고 부신피질은 뇌하수체의 부신피질 자극호르몬(ACTH)의 영향을 받아 스트레스 호르몬인 코르티솔과 알도스테론을 분비한다. 코르티솔은 혈당의 농도와 혈압을 증가시켜 스트레스에 대응하게 하지만 장기간 이 과정이 반복되면 고혈압이나 면역체계의 약화를 가져올 수 있다.

주요 내분비샘

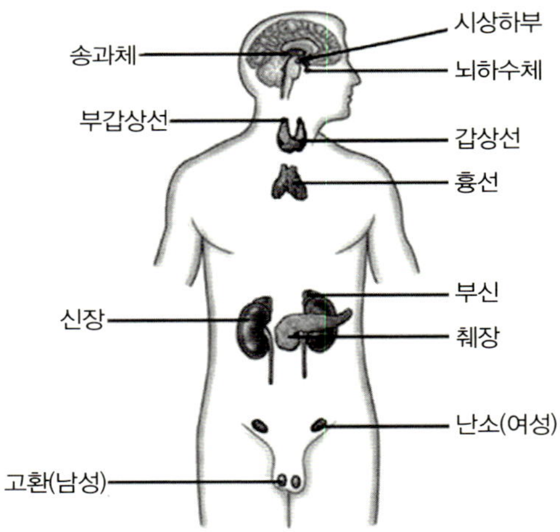

3) 뇌의 특징

(1) 좌반구와 우반구의 기능적 차이

인간의 뇌는 두 개의 반구로 이루어져 있고 뇌량이라고 하는 신경섬유로 연결되어 있으며 서로 반대쪽 정보를 받아들여 처리한다. 즉, 오른쪽 눈이 본 것은 왼쪽

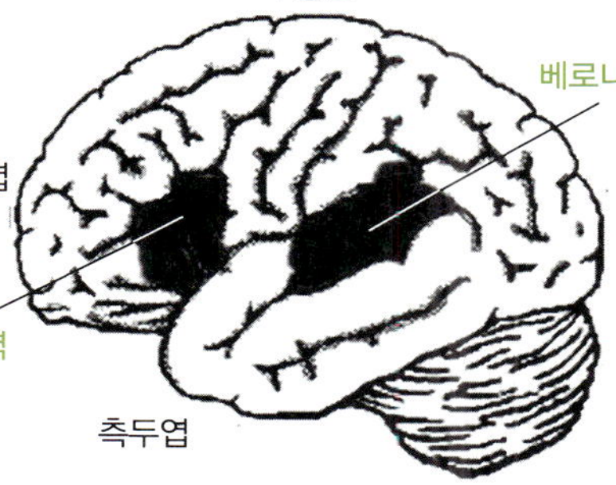

뇌가 처리한다. 또한, 좌반구와 우반구가 서로 다른 기능을 한다는 것이 밝혀지면서 반구 간의 비대칭성(hemispheric asymmetry)에 대한 연구가 활발하게 이루어지고 있다. 언어정보가 좌반구에서 처리된다는 것은 언어장애에 대한 연구에서도 발견할 수 있다. 가령, 좌측 전두엽에 있는 블로카(Broca) 영역이 손상되면 단어를 정확하게 발음하지 못하고, 접속사가 누락되며, 핵심명사만으로 의사를 전달하는 표현성 실어증이 발생하며, 좌측 측두엽에 있는 베르니케(Wernike) 영역이 손상되면 상대방이 말한 단어의 의미를 파악하지 못하는 수용성 실어증이 발생하게 된다. 이러한 결과는 좌반구의 손상이 언어기능의 손상을 가져올 수 있음을 의미한다. 한편 우반구가 공간기능과 관련되어 있다는 연구도 있는데 우반구의 두정엽에 손상을 입은 사람은 그림을 베끼는 능력에 손상을 보이는 데 비해 우반구의 전두엽에 손상을 입은 사람은 그림을 그리는 데 문제를 보인다.

이렇게 두 반구가 서로 다른 기능을 할 가능성은 잭슨(Jackson, 1864~1876)에 의해 처음 제안되었으나 두 반구의 기능적 차이는 간질로 인해 뇌량을 절단한 환자를 대상으로 한 스페리(Sperry, 1974)의 연구에 의해 자세하게 밝혀지게 되었다. 간질환자의 경우 뇌량을 자르면 발작은 감소되지만 일상생활을 하는 데 문제가 없으며, 다만 분할된 두 반구가 독립된 뇌로 기능하게 된다. 스페리는 머리나 안구를 움직이면 한쪽 시야에 노출된 정보가 좌우 반구에 모두 전달되는 데 비해 머리를 고정시키고 1/10초의 짧은 시간만 한쪽 시야에 정보를 제시하면 다른 반구에 정보가 전달되지 않는다는 것을 발견하고 두 뇌의 기능차이를 연구하기 시작하였다. 가령, [그림 1-3]에서 볼 수 있듯이 "반지"라는 단어를 우측 시야에 보여주면 이 정보는 좌반구로 전달되어 "반지"를 보았다는 반응을 하였지만 좌측 시야에 보여주면 이 정보가 우반구로 전달되어 무엇을 보았는지 말을 하지는 못했지만 그 단어와 관련된 반지를 손으로 집을 수 있었다. 이 실험의 결과는 뇌량에 의해 좌우 반구가 연결된 정상인에게서는 발견되지 않았으며 좌측 반구는 언어에 대한 정보를, 우측 반구는 물체의 형태나 공간에 대한 정보를 처리한다는 것을 보여준다.

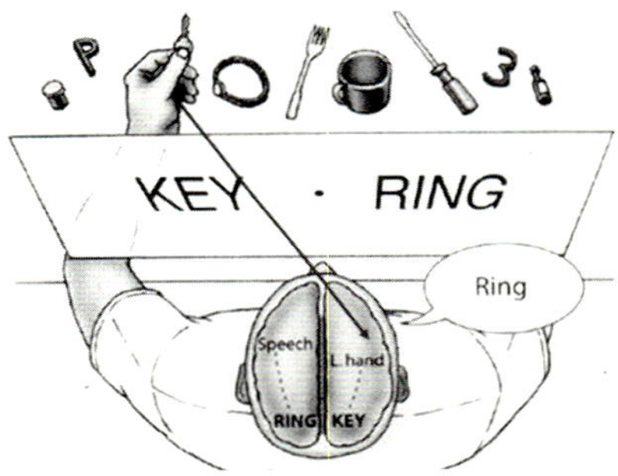

그림 1-3 | 스페리(Sperry, 1974)의 분리뇌 환자 실험

두 반구의 기능적 차이에 대한 연구에 따르면 좌반구는 언어정보뿐 아니라 계산하기, 숫자나 낱말을 차례로 기억하는 데 관여하며, 우반구는 공간정보뿐 아니라 말이나 글에 포함된 감정과 같은 정서정보를 처리하는 데 관여한다. 가령, 언어에는 의미나 문법 같은 언어적 정보뿐 아니라 말의 운율이나 억양 같은 비언어적 정보가 있으며 이런 비언어적 정보를 통해 상대방의 말이 칭찬인지 비꼬는 말인지 알게 되는데 우반구는 이러한 비언어적 정보를 파악하는 데 관여한다. 우반구가 정서정보의 처리와 관련되어 있다는 또 다른 증거로 하일만(Heilman, 1990)은 [그림 1-4]와 같이 사진을 찍어 좌측 얼굴과 우측 얼굴을 각각 합성한 사진을 사람들에게 보여주었을 때 우반구의 통제를 받는 좌측 얼굴로 합성한 사진이 더 풍부한 감

정을 보여준다고 응답하였다.

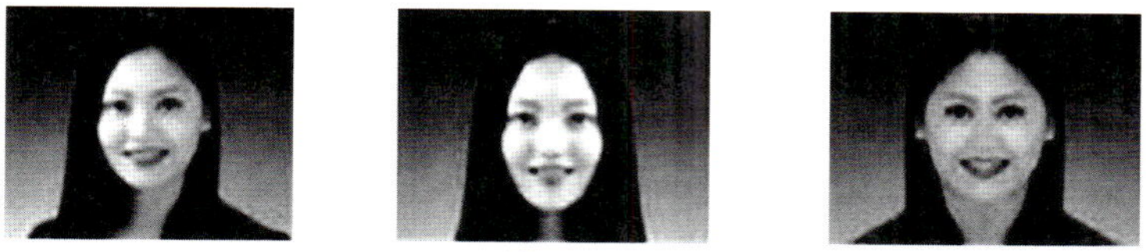

좌측 사진　　우측 사진

그림 1-4 | 사진의 좌측 얼굴과 우측 얼굴로 합성한 사진

이렇게 본다면 좌반구는 언어정보나 순차적 정보를 처리하는 데 더 많이 관여하는데 비해 우반구는 공간정보나 정서정보를 처리하는 데 더 많이 관여하는 것으로 보인다. 이렇게 두 반구가 처리하는 정보도 다르지만 정보를 처리하는 양식도 다르다. 일반적으로 좌반구는 정보를 언어적 상징으로 처리하며 논리적인 문제해결 방략을 택하는 경향을 보이지만 우반구는 정보를 비언어적 심상으로 처리하며 창의적 문제해결 방략을 택하는 경향을 보인다고 알려져 있다. 그러나 두 반구의 기능이 다르다고 해서 어느 한 반구가 모든 기능을 전담하는 것은 아니다. 가령, 의미관련성이 높은 단어들을 기억하는 것에서는 좌반구가 더 중요한 역할을 하지만 단어 간의 의미적 관계를 추론하는 것에서는 우반구가 더 중요한 역할을 한다(Beeman & Chiarello, 1998). 가령, "발"을 제시하였을 때 "다리"를 기억해 낼 때는 좌반구가 관여하지만 "학군", "고등", "집"을 제시했을 때 "학교"를 추론하는 것은 우반구가 관여한다. 더구나 대부분의 정상인은 뇌량에 의해 두 반구가 연결되어 있으므로 두 반구의 상호작용에 의해 인지기능이 발휘되므로 반구의 비대칭성에 대한 논의는 특수한 경우에 한정된다.

반구의 비대칭성과 남녀차이

두 반구 간의 차이는 다양한 개인차를 설명할 수 있다. 우선, 남성과 여성은 언어능력과 정서능력에서 차이를 보인다. 예를 들어, 삼차원 물체의 회전 각도를 판단하는 공간적 능력은 남성이 우월하지만 글이나 대화에서 상대방의 감정을 파악하는 능력은 여성이 더 우세하다. 즉, 여자는 글을 읽는 과정에서 두 반구를 모두 사용하는 데 비해 남자는 주로 좌반구를 사용하는데, 우반구는 감정을 이해하는 데 쓰이는 부분이므로 여자들은 글을 읽는 과정에서도 자신의 경험을 더 많이 동원한다고 볼 수 있다. 여성의 뇌에서 두 반구 간의 상호작용이 많은 것은 글에 포함된 감정을 파악하는 데 도움이 되지만 시각적 자극의 판단을 방해할 수 있다. 예를 들어, 지도상의 방향을 일일이 실제로 돌려보지 않고도 상상할 수 있는 능력은 그것을 상상하는 과정을 뇌의 우반구에 맡기고 있는 사람이 더 월등할 수 있다는 것이다. 이렇게 반구의 기능에서 남녀차이를 보이는 원인에 대해 몇 가지 대안이 제시되었다. 가령, 레비(Levy, 1978)는 남성이 사냥꾼으로 진화되어 온 데 비해 여성은 아이를 돌보도록 진화되어 왔기 때문에 이러한 차이가 관찰된다고 보았고, 헛(Hutt, 1972)은 남녀 간의 성숙차이가 원인이며 더 빨리 성숙될수록 언어능력이 더 우수한데 남성에 비해 여성이 더 성숙하기 때문에 이러한 차이가 발생한다고 보았다. 최근 들어 왼손잡이의 수가 증가하는 경향을 보이고 있는데 그것은 오른손잡이로 교정하는 것이 말더듬이나 정서적인 문제를 일으킬 수 있다는 것을 인식하였기 때문이다. 왼손잡이와 오른손잡이는 두 반구의 기능에서 차이를 보이는데 오른손잡이의 경우에는 98% 이상이 좌반구가 언어정보를 처리하지만 왼손잡이의 경우에는 15%는 우반구가, 15%는 두 반구가 모두 언어정보를 처리한다. 이러한 차이로 인해 뇌일혈로 인한 실어증으로부터 회복될 가능성은 왼손잡이가 더 높으며 리듬의 기억이나 창의성 등에서 더 높은 능력을 보이는 경우가 있다.

(2) 뇌의 가소성(plasticity)과 안정성(stability)

우리는 한번 형성된 뇌는 인위적으로 변화되기 어렵고 사고나 질병으로 인해 뇌의 특정부위가 손상되거나 파괴되면 회복할 수 없다고 생각한다. 실제로, 언어 같은 인지기능과 관련된 뇌 기능은 결정적 시기(critical period)가 지나면 쉽게 발달하지 않는다는 연구결과가 있다. 물론 어릴 때가 뇌 기능의 발달에서 중요한 시기이기는 하지만 이와 모순되는 결과도 있다. 가령, 사건을 기억하거나 공간을 탐색하는 데 중요한 역할을 하는 해마(hippocampus)나 습관을 형성하는 데 중요한 역할을 하는 줄무늬체(striatum) 같은 부위에는 성인이 된 후에도 새로운 신경세포가 계속 생겨난다. 예를 들어, 맹인이 되어 점자를 읽기 위해 손가락을 자주 사용하게 되면 손가락에서 온 촉감을 처리하기 위해 시각피질이 더 발달하게 되고(Brinaga, 1994), 복잡한 런던의 길을 찾기 위해 노력하는 택시기사는 일반인보다 더 넓은 시각피질을 가지게 된다. 심지어 사람들에게 경주게임을 90분 정도 연습시켜 경주트랙을 기억하도록 한 다음 뇌의 해마영역을 측정하면 뇌에 변화가 나타났다고 한다. 게다가 뇌의 일부 기능은 우리가 생각하는 것보다 늦게까지 발달한다. 가령, 타인의 감정에 공감하고 타인의 관점을 이해하는 데 필요한 뇌 영역은 사춘기부터 왕성하게 발달하기 시작하여 20대 후반까지 계속 발달한다. 우리가 무엇인가를 배운 다음 그것을 기억하고 사용하려면 신경계가 안정되어 있어야 하기 때문에 우리 뇌는 나이가 들수록 가소성(plasicity)이 감소하는 경향을 보이지만 환경의 변화에 적응하기 위해 가소성이 완전하게 사라지지 않는다.

4) 뇌의 기능 이상을 통해서 본 마음

(1) 반구의 비대칭성: 해설자로서 "마음"

뇌량을 절단하면 두 반구 사이에 정보를 교환할 수 없게 되는데 이것은 마음을 이해하는 중요한 단서를 제공해 준다. 뇌량 절단 간질 환자인 조(Joe)를 대상으로 한 실험에서 '자동차'라는 단어를 우반구만 볼 수 있도록 좌측 시야에 제시하고 왼손으로 화면에 제시된 단어에 해당하는 것을 그리라고 지시하였다. 이 실험에서 언어를 처리하는 좌반구는 아무것도 본 것이 없기 때문에 조는 '뭘 그리라는 거죠?

아무 것도 보지 못했는데?"라고 항의하였다. 그러나 조에게 "그래도 한번 왼손으로 뭔가 그리려고 해보세요!"라고 하면 조는 왼손으로 연필을 들고 자동차를 정확히 그려낸다. 그러면서도 조는 "왜 내가 그 걸 그렸는지 모르겠네요?"라고 말한다. 이 실험은 사고나 언어 그리고 행동이 서로 독립적으로 일어날 수 있다는 것을 보여준다. 어떤 단어인지 모르면서도 보여준 단어를 그림으로 표현하는 것이나 아무 것도 보지 못했다고 하면서도 자동차를 그려내는 것은 인간의 마음이 비교적 독립적인 모듈(module)들로 이루어져 있음을 보여준다. 그러나 뇌량이 정상적으로 연결된 조건에서는 뇌의 여러 모듈들에서 오는 정보들이 하나의 통합된 전체를 이루어 인간의 마음을 구성하게 된다.

예를 들어, 조의 왼쪽 시야에 '걷다'라는 단어가 제시되었을 때 그 정보는 뇌의 오른쪽 반구에만 전달되므로 조의 왼쪽 반구는 '걷다'라는 단어가 제시되었는지 알 수 없다. 언어를 처리하는 뇌는 왼쪽 뇌이기 때문에 '걷다'라는 단어가 제시되었다는 것을 모르는데도 조는 그 단어를 보고 몇 초 지난 후에 의자에서 일어나서 걸어갔다. 어디로 가느냐고 물어보니 "콜라 마시러 가요"라고 대답했다. 즉, 조는 왜 걸어갔는지 까닭도 모른 채 자신이 하는 일에 뭔가 그럴듯한 이유가 필요하다고 느꼈던 것이다. 신경과학자 가자니가(Gazaniga, 1998)는 인간의 뇌가 운동, 정서, 지식 등 다양한 정보에 반응하는 모듈들로 이루어져 있으며 그가 '해설자'라고 부르는 모듈이 이렇게 독립된 모듈들이 생성한 정보를 의미 있는 전체로 통합하여 인간은 통합된 자아를 주관적으로 경험하게 된다고 하였다. 만일 '해설자'가 없다면 인간의 성격은 여러 자아들로 분리되고 행동은 이상하게 변할 것이다. 이런 의미에서 인간의 마음은 독립된 모듈들로 이루어져 있지만 하나의 통합된 전체를 이루고 있다.

(2) 해마의 손상: 시간의 연속선상에서 자신을 인식하는 마음

제임스(James, 1890)는 마음을 이해하는 열쇠가 '자기참조(self reference)'에 있다고 보았다. 우리가 어떤 사실을 의식하는 것은 그 사실이 '거기에 있다'는 것 때문이 아니라 '내가 그 사실을 안다'는 것 때문이다. 즉, 우리가 어떤 경험을 의식하려면 경험에 대한 심적 표상(감각기관을 통해 들어온 정보를 머리에 기록한 것)과 경험자로서 자신에 대한 심적 표상이 합쳐져야 한다.

바이러스성 뇌염에 감염된 클라이브(Clive)는 양쪽 측두엽과 왼쪽 전두엽에 바이러스가 침투하여 학습에 매우 중요한 해마라는 부위가 파괴되었다. 뇌염을 앓기 전 중세와 르네상스 시대 음악을 전공한 학자였고, 오르간의 대가였으며, 저명한 합창 단장이었던 클라이브는 이제 작은 병실에서 대부분의 시간을 노트에 뭔가를 적는 일을 하면서 보낸다. 노트에 적는 내용은 늘 오늘 처음으로 적고 있는 것처럼 느껴진다. 누가 이걸 썼는지 모르지만 나는 아닌 것 같다. 클라이브의 세계에는 현재의 경험을 비교할 과거도 기대할 미래도 존재하지 않으며 눈 깜짝하는 순간에 존재하는 현재만 존재한다. 눈앞에 있는 컵을 볼 수 있지만 그 정보가 뇌에 도달하자마자 사라져 버리기 때문에 클라이브는 항상 깬지 얼마 되지 않았다고 느낀다. 그렇기 때문에 아내인 데보라(Deborah)가 병실 문을 열고 들어오면 클라이브는 의자에서 벌떡 일어나 얼굴에 행복한 웃음을 활짝 띠고 아내를 맞는다. 그는 마치 아내를 몇 년 만에 보는 듯했지만 사실은 몇 분 전에도 아내는 그의 곁에 있었다. 우리가 마음을 갖기 위해서는 자신을 시간의 연속선상에서 인식하는 능력을 필요로 하며 그것을 통해 자신이 어떤 사람인지 무엇을 원하는지를 생각할 수 있는데, 뇌를 손상당한 클라이브는 그런 경험을 할 수 없으며 현재에서밖에 살 수 없다.

뇌의 기능을 연구하기 위한 방법

뇌의 기능을 연구하기 위한 방법에는 침투적 방법과 비침투적 방법이 있다. 침투적 방법은 뇌의 기능을 측정하기 위해 뇌 조직을 약물이나 물리적으로 파괴하거나 일시적으로 기능을 마비시킨 후 행동변화를 관찰하는 것으로 뇌량절제 수술에 의해 대뇌 반구의 기능적 대칭성을 연구한 스페리(Sperry, 1974)의 연구도 침투적 방법을 사용한 결과라고 할 수 있다. 그에 비해 비침투적인 방법은 뇌 영상법을 사용하여 뇌기능을 연구하는 방법으로 가장 대표적인 것이 fMRI(functional Magnetic Resonance Imaing)기법과 EEG(electroencephalogram)기법이다. fMRI나 EEG와 같이 대뇌의 기능을 실시간으로 확인할 수 있는 기법이 개발되면서 정상인이 어떤 과제를 수행할 때 반구의 어떤 위치에서 가장 활발한 활동을 보이는지를 실시간으로 확인할 수 있게 되었다.

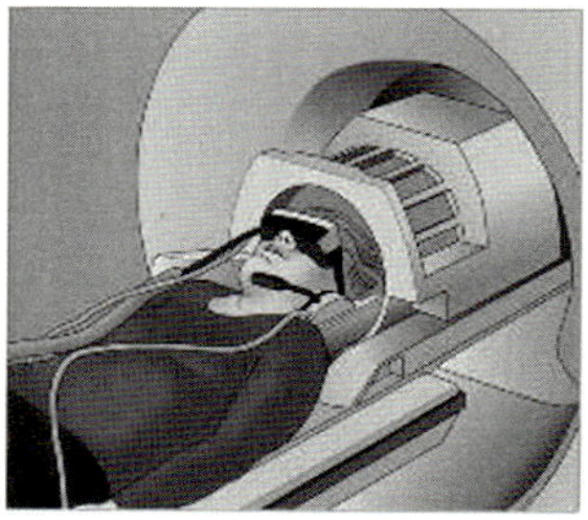

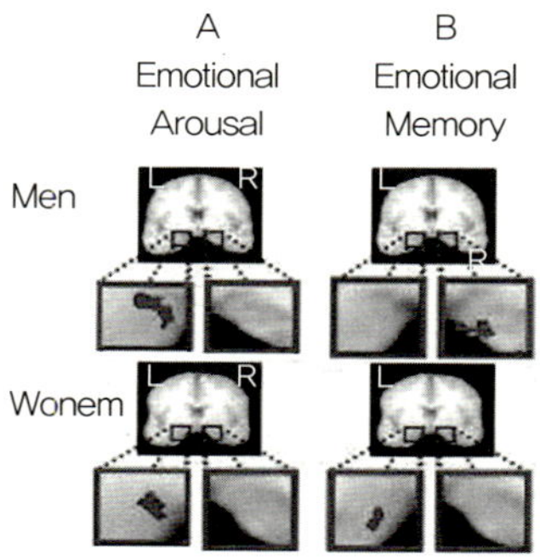

위쪽 그림을 보면 fMRI를 측정하는 장치 속에 사람이 누운 후 자극을 제시하는 고글을 착용하고 있으면 다양한 자극이 제시되면서 그것에 우리 뇌가 어떻게 반응하는지가 실시간으로 측정된다. 가령, 남자와 여자에게 감정과 관련된 기억을 떠올리도록 한 후 감정을 담당하는 편도체와 기억을 담당하는 해마의 활동을 fMRI로 측정하면 남자와 여자가 활동수준이나 활동영역에서 차이를 보인다. 한편, EEG는 대뇌의 신경세포들의 전기적 활동을 오른쪽 그림처럼 두피에 설치된 전극을 통해 측정하여 행동과

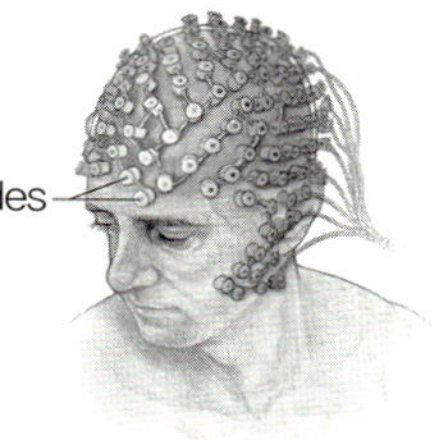

대뇌활동 간의 관련성을 분석하는 기법이다. EEG 연구는 자동차 소리를 듣고 자동차의 구조를 이해하려고 하는 것과 유사하지만 자극을 반복하여 제시하면서 그 자극과 무관한 대뇌활동을 제외함으로써 보다 행동과 뇌 간의 관계를 객관적으로 밝혀낼 수 있다.

Chapter 02

의식의 세계

1. 의식(consciousness)의 의미
2. 수면의 심리학
3. 약물에 의한 의식변화

의식을 정확하게 정의하기는 쉽지 않지만 자신과 관련된 내적 혹은 외적 사상에 대한 자각(awareness)을 의식이라고 한다. 의식은 주관적인 현상이기 때문에 과학적으로 연구하기 어려웠지만 의식을 연구하기 위한 과학적 방법들이 개발되면서 의식의 신비가 조금씩 벗겨지고 있다. 이 장에서 의식은 어떤 의미를 가지고 있는지, 수면과 꿈과 같은 변경된 의식 상태는 정상적인 의식과 어떻게 다른지 그리고 약물에 의해 의식이 어떻게 변화될 수 있는지를 알아보도록 하자.

Chapter 02

의식의 세계

1. 의식(consciousness)의 의미

의식이라는 현상은 우리에게 너무 익숙해서 쉽게 느끼기 어렵지만 의식은 세 가지 자각(awareness)들로 이루어져 있다고 볼 수 있다. 첫째, 자기 주변에서 일어나는 사건이나 사물에 주의를 기울여 얻게 되는 자각, 둘째, 자기 몸 안에서 일어나는 생리적 변화에 대한 자각, 셋째, 그러한 외적 내적 자각의 의미를 해석한 결과에 대한 자각이다. 의식을 구성하고 있는 이러한 자각들이 적절하게 조화를 이룰 때 우리는 자신의 존재를 의식하고 자신의 의도대로 원하는 일을 수행할 수 있다. 아무리 경치가 아름다워도 그것에 주의를 기울이고 아름답다고 해석하는 자각이 이루어지지 않는다면 어떠한 감흥도 느끼지 못할 것이다. 그렇다면 의식은 어떤 특징을 가지고 있고, 생물학적으로는 어떻게 설명되는지 알아보자.

의식의 특징 의식은 두 가지 특징을 가지고 있다. 첫째, 인간의 의식은 환경에서 입력되는 모든 자극을 처리할 만큼 충분한 용량을 가지고 있지 않기 때문에 자신이 관심을 가진 것에만 선택적 주의를 기울인다. 그래서 게임에 빠지면 친구가 자신을 부르는 소리를 못 듣는 데 비해 공연장 같이 시끄러운 곳에서도 친구의 말을 쉽게 알아들을 수 있는 것이다. 보통 우리는 환경자극들 중에서 반복되는 자극은 무시하고 변화되는 자극에 주의를 기울이는 경향을 보인다. 그래서 우리의 시야에 코가 보인다는 사실을 느끼지 못하는 것이다. 둘째, 무엇인가를 처음 할 때는 의식의 관여를 요구하지만 그 일에 익숙해지면 의식의 관여가 줄어들어 자동화된다. 가령, 운전을 배운지 얼마 되지 않았다면 주변에 있는 차들에 주의를 기울이고 핸들을 조작하는 등 운전과 관련된 행동에 일일이 주의를 기울여야 하지만 운전 경험이 늘어나면 친구와 이야기하면서도 아무런 문제없이 자동적으로 운전을 할 수 있다. 이렇게 우리가 무슨 일을 할 때 의식이 관여하게 되면 여러 가지 작업을 동시에 할 수 없지만 자동화되면 한 번에 여러 가지 작업을 동시에 할 수 있다.

의식에 대한 생물학적 설명 의식에 대한 생물학적 연구가 증가하면서 의식을 뇌과학적 관점에서 설명하려는 이론들이 제시되었다. 첫째 이론은 뇌가 쉴 사이 없이 처리하는 수많은 정보들 중에서 스포트라이트를 받은 정보를 의식이라고 정의한다(Baars, 1988). 가령, 거리를 걸을 때 지나가는 사람이나 자동차 그리고 건물 등 수많은 자극들이 우리 뇌에 입력되지만 그 중에서 우리가 주의를 기울인 소수의 자극들만 의식할 수 있다. 즉, 선택적 주의라는 스포트라이트를 받은 정보만 뇌의 작업공간에 입력되고 그들만 의식적 경험으로 인식된다는 것이다. 둘째 이론은 뇌의 여러 영역에서 독립적으로 처리된 정보들이 통합되어 하나의 경험을 이루며 그것을 의식이라고 가정한다(Tononi, 2004). 가령, 사과가 있을 때 그 색깔이나 모양은 눈을 통해 뇌로 전달되고, 사과에 대한 기억이 머리에 떠오르는데 이러한 정보들이 뇌의 각 영역에서 독립적으로 처리된 후 하나의 경험으로 통합되면 사과를 의식할 수 있게 된다.

무의식이 일상생활에 미치는 영향

우리는 세상을 자신의 뜻대로 살고 있다고 생각하기 때문에 의식이 자신의 삶에서 가장 중요하다고 생각한다. 그렇지만 우리의 일상적 삶은 의식만으로 이루어지지 않으며 대부분 의식과 무의식 간의 상호작용에 의해 이루어진다. 만일, 어떤 사람에게는 노인과 관련된 단어(지팡이, 백발, 틀니 등)들로 문장을 만들도록 하고 다른 사람에게는 노인과 무관한 단어(의자, 빌딩, 커피 등)들로 문장을 만들도록 한 후 걷는 속도를 재면 어떤 일이 일어날까? 그 결과를 보면 노인과 관련된 단어들로 문장을 만들었던 학생들의 걷는 속도가 훨씬 느렸는데 이것은 문장을 만드는 과정이 "노인"과 관련된 생각을 무의식적으로 활성화시켜 걸음 속도를 늦추게 한 것이다(Bargh, Chen, & Burrows, 1996). 이렇게 어떤 생각이 현재의 행동에 무의식적으로 영향을 미치는 현상을 "점화(priming)"라고 한다. 또한 우리의 기억은 의식할 수 있는 기억과 의식하지 못하는 기억으로 구분될 수 있는데 의식하지 못하는 무의식적 기억에는 위험한 상황이나 정서적인 의미를 가진 정보들이 저장되어 있으며 이러한 정보들은 우리의 행동에 영향을 미칠 수 있다(Dmagio, 1994). 가령, 전쟁에서 심각한 외상 후 스트레스 장애를 갖게 된 군인들은 전쟁터에서 일어난 외상사건들을 기억하지 못하는데도 불구하고 그것을 연상시키는 사건이나 대상에 대해 심각한 정서반응을 보인다. 그렇지만 무의식이 우리의 삶에 부정적 영향만 미치는 것은 아니며 때로는 무의식적 선택이 더 좋은 결과를 가져오기도 한다. 즉, 라면이나 치약 같은 일상용품을 살 때는 신중하게 결정했을 때 만족도가 높지만 자동차 같이 쉽게 결정하기 어려운 물건을 살 때는 직감에 따라 선택할 때 만족도가 더 높다(Dijksternhuis et al., 2006). 그 이유는 물건을 살 때 고려해야 할 측면이 많을 때는 통합적 사고가 중요한데 의식적 처리는 통합을 방해하지만 무의식적 처리는 통합을 촉진하기 때문이다.

2. 수면의 심리학

수면은 우리 삶의 많은 부분을 차지하며 인간의 의식을 이해하는 데 매우 중요하다. 또한 우리는 꿈을 꾸는 동안 생소하고 기이한 의식세계를 경험하기도 한다. 자는 동안 일어나는 의식의 변화에 대한 연구를 통해 우리는 의식의 작용을 더 잘 이해할 수 있다.

1) 수면의 신경과학적 이해

자는 동안 마음속에서 어떤 일이 일어나는지를 객관적으로 연구할 수 있는 방법이 개발되기 전까지 수면과 꿈은 미지의 세계였다. 그러나 1929년 한스 베르거

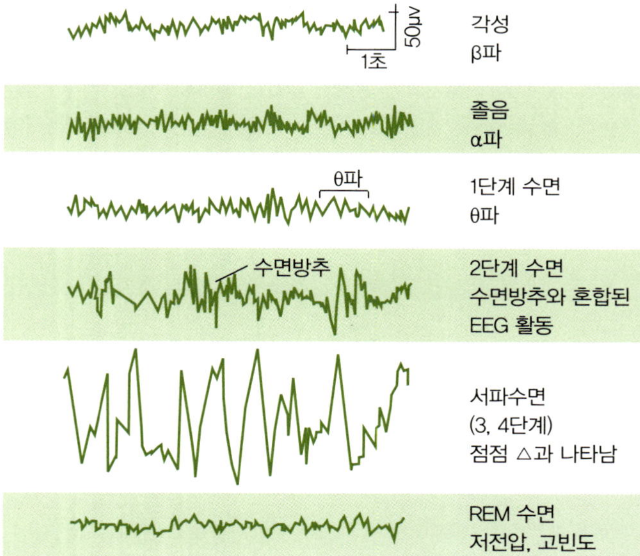

그림 2-1 | 수면시기별 뇌파의 변화

(Hans Berger)가 두피에 설치한 전극으로 뇌의 전기적 신호를 측정하는 뇌파기록장치(electroencephalograph: EEG)를 개발하면서 수면과 꿈에 대한 연구가 진전될 수 있었다. EEG는 사람이 어떤 생각을 하고 있는지를 정확하게 보여주지는 못하지만 사람이 어떤 감정을 느끼는지 그리고 뭔가에 주의를 기울이고 있는지를 알 수 있다(Ray & Cole, 1985).

[그림 2-1]에서 볼 수 있듯이 잠을 자는 동안에 우리의 뇌는 다양한 뇌파 패턴을 보인다. 우리가 무엇인가를 생각하고 주의를 기울이는 각성상태에서는 13~14cps(초당 사이클 수)의 매우 빠른 주파수를 가진 베타파가 나타난다. 또한 알파파(8~12cps)는 잠이 들려고 졸릴 때나 눈을 감고 휴식을 취할 때 나타나며 약한 소리를 식별할 수 있고 지시에 따라서 손을 약하게 구부리는 움직임도 가능하다. 쎄타파(3.5~7.5Hz)가 나타나는 1단계 수면은 수면과 각성의 과도기적 상태로 5분 정도 지속되며 이때는 눈을 뜨거나 눈동자를 움직이기도 하며 작은 소리에도 쉽게 깬다. 2단계 수면에서 전체적인 뇌 활동은 감소하지만 갑자기 뇌 활동이 증가하는 수면방추(sleep spindle)가 나타난다. 수면방추는 수면이 계속되도록 유지되도록 하고 대뇌피질을 자극해 새로 학습한 정보를 기존의 기억과 연결하는 역할을 한다. 2단계 수면은 처음에는 40분 이상 지속되기도 하지만 잠이 깊이 들면 지속시간이 줄어들고 3단계와 4단계 수면으로 옮겨가면서 진폭이 큰 델타파(3.5Hz 이하)이 나타난다. 델타파가 20~50% 정도 나타나는 3단계와 50% 이상 나타나는 4단계를 서파수면단계(slow wave sleep stage)라고도 하며 잠이 잘 깨지 않고, 성장호르몬이 분비되어 활력을 증가시켜 준다. 잠을 자는 동안 우리는 4단계 수면까지 갔다가 잠깐 각성상태로 돌아온 후 깨어있을 때 나타나는 높은 주파수의 베타파가 나타나기 시작하면서 안구가 빠르게 움직이고 꿈을 꾼다. 그래서 이 단계를 REM(rapid eye movement) 수면이라고 부르고 REM 수면 이전의 수면을 NREM(non REM) 수면이라고 부른다(Dement & Kleitman, 1957). 특히, REM 수면에서는 목 근육을 비롯한 신체근육이 이완되고 자율신경의 활동이 감소한다. REM 수면과 NREM 수면을 포

함한 수면단계는 약 90분 정도가 소요되고, REM 수면은 수면시간이 증가함에 따라서 길어지는 경향을 보인다.

그렇다면, REM 수면과 NREM 수면은 어떤 차이가 있을까? 첫째, 우리가 스트레스를 느끼거나 무엇을 열심히 공부를 해서 정신적 피로를 느끼게 되면 REM 수면이 증가하지만 운동을 하거나 일을 하여 신체적 피로를 느낄 때는 NREM 수면이 증가한다. 이렇게 본다면 REM 수면은 정신적 피로를 회복시켜 주는 데 비해 NREM 수면은 신체적인 피로로부터 몸을 정상적으로 유지하는 데 중요한 역할을 하는 것으로 보인다. 특히 프로작(Prozac) 같은 항우울제는 REM 수면을 감소시켜 사소한 자극에도 예민하게 만들고 공격적 행동을 증가시키며 주의를 산만하게 하는데 이것은 REM 수면이 정신적 안정을 유지하는 데 중요한 역할을 한다는 것을 보여준다. 둘째, REM 수면은 꿈과 깊은 관련을 가지고 있으며 REM 수면 도중 깨운 사람의 78%가 꿈을 꾸는 중에 깨었다고 보고한다. 물론 NREM 수면에서도 꿈을 꾸기는 하지만 그 확률이 현저하게 낮다. NREM 수면에서는 주로 왼쪽 뇌가 주도해 언어적이고 논리적인 꿈을 꾸는 데 비해 REM 수면에서는 오른쪽 뇌가 주도해 시각적이고 공상적인 꿈을 꾼다. 그렇기 때문에 대다수의 악몽은 새벽 시간 REM 수면 때 나타나는 경향을 보인다. 많은 사람들이 간밤에 꿈을 꾸지 않았다고 말하지만 꿈을 꾸지 않는 사람은 없으며 단지 꿈을 꾼 후 10분만 깊게 자게 되면 꿈의 내용이 기억에서 사라진다. 그래서 깊은 잠을 자지 못하면 꿈의 내용을 잘 기억하기 때문에 꿈을 자주 꾸는 것으로 느낀다.

REM 수면에 대한 대안적 해석

모리스(Morris, 1982)는 REM 수면이 꿈을 꾸도록 하는 것보다 자는 동안 각막에 산소를 공급하여 시력을 보호하기 위한 것일 가능성이 크다고 주장했다. 깨어있을 때는 눈꺼풀이 깜빡거려 각막 뒤편의 맑은 액체인 수양액을 휘저어 산소를 각막으로 공급하지만 잘 때 눈꺼풀이 닫히면 산소공급이 급격히 감소하는데 REM 수면 시기에 안구가 빠르게 움직이면 산소가 공급되어 각막세포가 질식하는 것을 막아 준다. 모리스는 사고로 눈동자가 움직이지 않게 된 사람의 눈에서 산소가 수양액을 통해 자연 확산돼 각막에 공급되는 것을 발견하였고 눈꺼풀이 움직이지 않거나 잠잘 때 눈동자가 움직이지 않아 산소공급이 불충분해지면 각막세포가 질식하여 손상될 수 있음을 확인했다. REM 수면이 각막에 산소를 공급하는 현상이라는 주장은 REM 수면의 기간이 수면 초기에는 20분 정도 지속되다가 수면이 깊어질수록 길어지며 자궁 내의 태아에게도 REM 수면이 자주 발견되는 증거에 의해 지지된다. 지금까지 자는 동안 안구가 빠르게 움직일 때 잠을 깨우면 꿈의 내용을 기억할 수 있다는 사실이 밝혀지면서 REM 수면이 깨어있을 때 얻은 정보를 뇌가 처리하는 과정에서 꿈이 경험된다는 이론이 제시된 후 정설로 여겨져 왔다. 그러나 모리스는 REM 수면이 깨어있는 동안 수집한 정보를 처리하는 것이라면 태어나지도 않은 태아에게 일어나는 REM 수면현상을 설명하기 어렵다고 지적하고 REM 수면이 각막을 보호하는 현상일 수 있다고 주장하였다.

2) 수면의 원인

인간은 누구나 삶의 많은 시간을 자면서 보내며 수면욕구는 인간의 기본적인 생리적 욕구 중 하나이다. 사람들에게 왜 자는지를 물으면 누구나 피곤해서 잔다고 하지만 그러한 답이 얼마나 과학적인지를 한번 되물어 볼 필요가 있다.

(1) 상식적 원인

피로로 인해 잠을 잔다. 잠을 자는 이유로 가장 많이 언급되는 것은 피로이며 심한 운동을 하거나 스트레스를 받은 후에는 피로가 느껴지고 잠이 저절로 온다. 이렇게 본다면 잠은 신체적 정신적 피로를 해소하여 유기체가 정상적으로 기능하도록 돕는 역할을 한다고 할 수 있다. 만일 쥐를 회전하는 턴테이블에 위에 놓아서 수면을 방해하면 어떤 일이 생길까? 쥐는 벽에 부딪치지 않으려고 계속 움직였으며 이러한 '불면 마라톤'은 쥐의 죽음으로 끝이 났는데 먹이나 물을 주지 않았을 때보다 3일을 더 살았다고 한다(Everson, Bergmann, & Rechtschaffen, 1989). 이것은 수면이 음식이나 물 못지않게 생명 유지에 중요하다는 것을 보여준다. 그러나 피로 때문에 잠을 자야 한다는 상식적인 생각을 깨는 극적인 사례로 1964년 가드너(Gardner)는 264시간 동안 잠을 자지 않고도 기억을 제외한 기능에서 별다른 이상을 보이지 않았다고 한다(Carskadon & Dement, 1979). 가드너의 사례는 매우 예외적인 사례라고 볼 수 있지만 잠은 피로로 인한 뇌의 활동저하 때문이 아니라 수면을 유도하는 뇌의 적극적인 작용 때문이라는 점은 분명하다.

잠은 진화된 행동이다. 인간은 낮에 활동하는 유기체이며 밤이 되면 시야가 좁아지고 맹수들로부터 위협을 받을 수 있기 때문에 잠을 자는 것이 생존을 위해 진화되었을 가능성이 있다(Webb, 1975). 그러나 생물학적 연구에 따르면 대뇌 활동에는 감마아미노낙산이 요구되며 감마아미노낙산은 대뇌의 활동에 사용되는 과정에서 감마하이드로옥시산과 암모니아로 분리되는데 감마하이드로옥시산이 대뇌에 축적되면 피로감을 느끼게 된다고 한다. 이렇게 본다면 인간은 일정한 시간동안 대뇌 활동을 한 후에는 수면을 취해야 하는 존재라고 할 수 있지만 샴쌍둥이도 서로 다른 시간에 잠을 자는 연구결과를 보면 대뇌 활동이 잠을 자도록 만드는 유일한 원인은 아닌 것으로 보인다.

(2) 과학적 원인

인간이 왜 잠을 자는지에 대한 더 과학적 설명은 수면과 각성을 조절하는 뇌의 기능에 바탕을 두고 있다. 수면과 각성에 대한 대립과정 모형(opponent process mode)(Edgar, Dement, & Fuller, 1993)에 따르면 인간에게는 수면을 유도하는 항상성 수면추동(homeostatic sleep drive)인 S 과정(sleep process)과 각성을 유지하도록 하는 시계의존적 각성과정(clock-dependent alerting process)인 C 과정(circadian process)이 존재하며 이 두 과정의 상호작용에 의해 수면과 각성이 조절된다. 신체의 항상성을 유지하기 위한 S 과정은 깨어 있는 시간이 길어지면 잠을 자도록 수면압력을 증가시키지만 일단 잠을 자고 나면 수면압력이 감소되어 시간에 근거하여 각성을 유지하는 C 과정이 작용하게 된다. 낮에는 C 과정이 S 과정의 수면압력을 이겨내어 깨어 있을 수 있지만 밤이 되어 멜라토닌의 분비가 증가하면 S 과정의 수면압력이 더 커져 잠이 오게 된다.

3) 수면의 기능

잠을 자게 되는 이유가 무엇이든 누구나 하루에 일정시간 동안 잠을 자는데 잠은 어떤 기능을 할까? 첫째, 수면은 우리가 신체적 건강을 유지하는 데 필수적이다. 평소에 잠이 부족하면 인체에서 탄수화물을 처리하거나 호르몬 분비를 규제하는 등의 신진대사기능이 감소되어 당뇨병이나 고혈압, 기억감소 등 나이와 관련된 질병이 발생할 수 있다. 또한 수면이 부족하면 우리 몸의 면역기능이 저하되어 쉽게 병에 걸린다. 가령, 우리가 밤샘 작업을 하고 난 뒤 쉽게 감기에 걸리는 것도 결국은 수면부족으로 인해 면역기능이 저하되었기 때문이다. 둘째, 잠을 자는 동안에는 낮에 일시적으로 저장한 정보를 영구적으로 보존하기 위한 '기억 응고화(memory consolidation)' 작업이 이뤄진다. 스틱골드(Stickgold, 2005)는 새로운 것을 학습한 경우에는 수면을 취하는 것이 밤을 새우는 것보다 기억에 효과적이라는 것을 증명하였다. 가령, 피험자에게 수평으로 줄이 처진 컴퓨터 스크린에 6분의 1초 동안 나타나는 사선막대 3개가 어느 방향을 가리키고 있는지를 기억하는 훈련을 시킨 뒤 일부 피험자는 잠을 자게 하고 다른 피험자는 잠을 자지 못하게 했다. 그 결과 잠을 잔 사람들은 첫날 훈련 때보다 더 좋은 성적을 보인 반면 밤을 샌 사람들은 성적이 전혀 좋아지지 않았다. 이러한 결과는 수면을 통해 기억을 응고화시키는 과정이 없으면 새로 학습한 정보가 쉽게 기억되지 못한다는 것을 시사한다. 굴드(Gould, Tanapat, McEwen, Flusse, & Fuchs, 1998)도 한 집단의 쥐는 정상수면을 취하게 하고 다른 집단의 쥐는 3일 동안 잠을 자지 못하도록 한 결과 잠을 못 잔 쥐들의 경우 기억중추인 해마에서 신경세포의 생성이 현저하게 감소함을 발견하였다. 이것은 수면이 정보의 기억과 유지에 중요한 역할을 하고 있음을 보여준다. 셋째, 수면은 낮에 일어나는 부정적 감정이나 스트레스를 완화시켜주는 기능을 한다. 즉, 우리가 스트레스를 경험하게 되면 REM 수면의 길이가 길어지며 잠을 자고 나면 부정적 감정이 줄어드는 느낌을 갖게 되는데 이것은 잠이 부정적 감정을 완화시키는 역할을 한다는 것을 보여준다. 현대인들은 만성적 수면부족에 시달리고 있으며 이것은 생산성의 저하, 심각한 사고발생의 가능성, 주의집중이나 의사소통의 감소를 유발할 가능성이 높다. 실제로 미국의 경우 표준시간이 바뀌어 수면시간이 길어지면 교통사고율이 감소한다는 것이 발견되었다.

적절한 수면의 양

누구나 아침에 일어났을 때 더 자고 싶은 충동을 한번쯤은 느꼈을 것이다. 그렇다면 사람은 얼마나 자야 충분히 잤다고 말할 수 있을까? 수면의 양보다는 질이 더 중요하므로 NREM 수면과 REM 수면의 반복주기가 정상적으로 이루어지기만 하면 5시간 정도 자더라도 충분히 상쾌한 컨디션으로 일어날 수 있다. 잠을 많이 자면 좋을 것 같지만 잠을 지나치게 자면 머리가 멍해지고 몸이 둔해지는 느낌을 받게 되는데 그것은 수면시간이 길어질수록 호흡이 얕아지고 혈액순환이 나빠져 산소가 결핍되며, 그에 따라 대뇌의 활동이 둔해지고 근육도 늘어지면서 몸이 나른해진다.

물론 수면의 질이 중요하기는 하지만 우리 몸의 건강에 좋은 적절한 수면시간은 존재한다. 크립크(Krypke, 2002)는 8시간 30분 이상 수면을 취하거나 4시간보다 수면을 적게 취하는 사람들은 7시간 내외의 적절한 수면을 취하는 사람에 비해 사망률이 더 높았음을 발견하고 매일 평균 7시간 정도의 수면을 취하는 것이 건강에 가장 좋다고 보고하였다. 그러나 누구에게나 적용되는 최적의 수면시간이 있다기보다 사람마다 최적의 수면기간이 다르다는 증거가 있다. 하트만(Hartman, 1973)은 9시간 이상 수면을 취하는 장기 수면자와 6시간 이하 수면을 취하는 단기 수면자가 존재하는데, 사교적이고 긍정적인 인간관계를 보이는 단기 수면자에 비해 장기 수면자는 의기소침하고 스트레스에 더 민감하며 세상에 대해 부정적인 경향이 있다고 주장하였다. 두 집단은 NREM 수면에서는 차이가 없었지만 장기 수면자의 REM 수면이 더 긴 경향을 보였는데 REM 수면이 걱정과 심리적 갈등을 회복시키는 역할을 한다는 점을 고려할 때 장기 수면자의 REM 수면은 성격적 특성으로 인한 스트레스를 완화하는 기능을 하는 것으로 보인다.

또한 수면시간이 유전자의 영향을 받는다는 연구결과도 있는데 남들보다 일찍 자고 일찍 일어나는 '가족성 수면주기 전진 증후군(FASPS)'을 앓고 있는 가족들의 유전자 샘플을 분석한 결과 수면주기와 관련된 일주기(circadian rhythm)의 조절에 관여하는 DEC2 유전자가 변형되어 있음이 발견되었다. 가족 중 이 유전자에 변형이 있는 구성원들은 더 짧은 수면시간을 보였지만 변형이 없었던 구성원들은 평균 8시간 정도의 정상적 수면을 보였다. 이렇게 본다면 적절한 수면시간은 8시간 내외이기는 하지만 사람마다 최적 수면시간이 다를 수 있으며 그것은 스트레스에 대한 민감성이나 유전적 원인으로 설명될 수 있다.

4) 수면장애의 유형

(1) 불면증

우리는 누구나 한번쯤은 불면증에 시달려본 경험을 가지고 있다. 불면증은 오늘날과 같이 복잡하고 스트레스가 가득 찬 생활을 해야 하는 현대인들에게 큰 고통거리가 되고 있다. 불면증에는 중요한 시험을 앞두었을 때 생길 수 있는 일시적 불면증과 적어도 3주 이상 불면이 계속되어 정신과 치료가 필요한 만성 불면증으로 구분될 수 있다. 문제가 되는 것은 진짜 불면증과 의사불면증(pseudoinsomnia)을 자주 혼동한다는 것으로 사람들은 수면욕구가 강하여 정상적인 수면을 취하면서도 자신의 수면량이 부족하다고 생각하는 경향이 있다.

불면증의 가장 보편적인 원인은 일상적인 걱정이나 업무과중과 같은 스트레스이며, '잠이 안 올 것 같다'는 생각을 반복하여 생기는 학습된 불면증이나 커피나 콜라와 같이 신경계를 각성시키는 음료를 자주 마시는 경우에도 불면증이 발생할 수 있다. 또한 수면 중에 일어나는 무호흡증이나 우울증, 불안증 또는 시차적응 실패도 불면증의 원인이 될 수 있다. 원인이 무엇이든 불면증에 대응하기 위해 가장 많이 사용되는 방법은 수면제를 복용하는 것인데 수면제를 복용하면 수면 중 각성상태에서 나타나는 뇌파인 베타파를 자주 보이며 숙면을 취하지 못한다. 또한 수면제를 습관적으로 복용하면 내성이 생기고 수면제 복용을 멈추면 금단현상이 발생할 수 있으며, 특히 수면 무호흡증 환자의 경우에 수면제를 복용하면 치명적일 수 있다.

그렇다면 특별한 원인 없이 일시적으로 발생하는 불면증에 어떻게 대응하면 좋을까? 첫째, 매일 같은 시간에 일어나 신체리듬을 안정시키는 것이 중요하다. 둘째, 커피나 술, 담배와 같은 자극성 음식을 피한다. 셋째, 취침하기 전에 운동을 하여 체온을 높이는 것을 꼭 운동을 한다면 취침 전 2~3시간 이전에 하는 것이 좋다. 넷째, 배가 고플 때는 잠을 촉진하는 트립토판이 들어있는 우유, 바나나를 먹는 것이 좋다. 다섯째, 조명을 줄이고 소음을 통제하여 편안하고 쾌적한 수면환경을 만든다.

(2) 기면증

기면증을 가진 사람은 지나치게 많이 자고 낮에도 갑자기 잠에 빠지는 경우가 많은데 특히 각성상태에서 갑자기 REM 수면단계로 바로 들어가는 특징을 보인다(Dement, 19744). 즉, 낮에 멀쩡하게 깨어 있다가도 갑작스럽게 잠이 쏟아지면 순간적으로 잠에 빠지고 마는 '수면발작'과 유사한 증상을 보이는데 대개 반가운 사람을 만나거나 화가 나는 것처럼 감정의 변화가 심한 경우에 주로 일어난다. 물론 수면발작과 기면증은 다른데 수면발작은 심리적 원인보다는 시상하부에서 히포크

레틴(hypocretin)의 분비에 문제가 있기 때문일 가능성이 높으며 일종의 뇌질환이라고 할 수 있다.

기면증의 가장 큰 원인은 불면증과 마찬가지로 스트레스이다. 일반적으로 스트레스를 경험하면 근육의 긴장이 높아져 평소보다 피로감을 훨씬 많이 느끼는데 스트레스를 유발하던 원인이 해소되면 피로가 한꺼번에 몰려오면서 잠에 빠지게 된다. 그러나 괴로운 현실로부터 도피하고 싶은 욕구 때문에 수면에 빠지는 병적인 경우도 있고 클라인-레빈(Kleine-Levin) 증후근 때문에 일년에 몇 차례에 걸쳐 수면발작을 보이는 경우도 있다. 그러나 기면증 환자 중 일부는 우울증 때문에 나타나는 경우도 있고 갑상선 기능이 떨어지거나 간이나 폐 등에 이상이 있거나 당뇨가 심할 때도 나타날 수 있다. 몸에 문제가 있어 기면증이 나타날 때는 그것을 먼저 치료해야 하며 그렇지 않을 때는 암페타민 같은 흥분제나 항우울제가 기면증에 효과를 발휘하는 경우도 있다.

영화를 통해서 본 기면증: 아이다호(1991)

리버 피닉스와 키아누 리브스가 주연한 영화 "아이다호(Idaho)"에서 기면증은 주인공 마이크의 심리적 상태를 나타내는 것으로 등장한다. 현실이 그가 감당할 수 없으면 근육의 힘이 풀리면서 잠에 빠져버리는 수면발작이 일어난다. 고향인 아이다호를 떠나 여러 도시를 전전하며 남창과 마약으로 생활을 영위하는 주인공은 늘 집과 자신을 버린 어머니를 꿈꾸며 수면발작증에 빠진다. 그러나 잠에서 깨어나면 그를 기다리고 있는 것은 언제나 도시의 부랑아들과 감당하기 어려운 고독뿐이다.

(3) 몽유병(somnambulism)

몽유병이라고 하면 공포영화에 자주 나와 오해를 사기도 하지만 주로 아동에게 나타나며 시간이 지나면 대부분 사라지는 일상적인 증상이다. 물론 야경증(sleep terror)과 같이 심각한 경우도 있을 수 있지만 매우 드문 경우이다. 몽유병은 수면 초기에 주로 나타나며 반복적인 행동을 30초에서 30분간 반복하지만 이 시기의 행동을 기억하지 못한다. 일반적으로 서파수면 상태에서 일어나기 때문에 몸을 움직이지만 실제로는 잠든 상태이다. 몽유병의 가장 큰 원인은 신체의 미성숙 때문으로 주로 네 살에서 여덟 살이 된 아이들이 몽유병 증세를 많이 보이며 나이가 조금 더 들면 자연스럽게 사라진다. 그러나 열이 심하게 나거나 스트레스와 음주로 인해 나타나기도 한다. 몽유병이 나타났을 때 아이들은 특별한 치료 없이 규칙적인 수면만으로도 자연스럽게 치료되며, 성인의 경우에는 약물치료를 하거나 심리치료, 최면요법 등으로 치료한다. 몽유병 자체는 위험한 병이 아니지만 사고로 다칠 수 있기 때문에 문단속을 잘하고 주변사람들이 과잉반응을 하여 놀래지 않도록 할 필요가 있다.

야경증(sleep terror)

야경증은 몽유병과 같이 서파수면 단계에서 갑자기 깨어 자율신경의 각성과 공황이 수반되는 것을 말한다. 야경증 환자는 비명을 지르면서 벌떡 일어나 주변사람을 놀라게 할 수 있지만 다시 금방 잠이 드는 경우가 많다. 야경증도 아동에게 주로 발생하지만 살인까지 일어난 경우도 있었다. 1985년 런던에서 잠자다 아내를 죽인 사람을 무죄로 석방한 사건이 발생하였다. 범인은 피해자의 남편으로 잠을 자는 동안에 일본군에게 쫓기다 자신을 쫓는 일본군을 목졸라 죽였는데 그것이 아내였다. 법정에서 심리학자는 남편이 살인 의도는 물론 살인에 대한 의식도 없었다고 증언하였으며, 일종의 야경증 증상으로 판정하였다.

(4) 가위 눌리기

잠을 자고 있는데 무엇인가가 가슴을 압박하여 숨을 쉬기 어렵고 그것으로부터 달아나려고 애써도 몸을 움직이지 못해 공포를 느끼는 경험을 가위 눌리기라고 한다. 가위 눌리기를 자주 경험하는 사람들은 증상을 심각하게 받아들이지만 의외로 가위 눌리기는 수면 중에 누구나 경험할 수 있는 일상적인 현상이라고 할 수 있다. 가위 눌리기에서 나타나는 가슴이 답답하다거나 몸을 움직일 수 없다거나 하는 현상은 바로 REM 수면에서 우리 몸에 나타나는 변화가 반영된 것이다. REM 수면 동안에는 뇌 활동이 활발하게 일어나서 실감 나는 꿈을 꾸기도 하지만 우리 몸은 완벽하게 이완되어 마치 마비된 것처럼 느껴진다. 또한 REM 시기에는 호흡이나 신체활동이 감소하여 누가 올라탄 것처럼 숨이 답답하고 압박감이 들 수 있다. 이렇게 본다면 가위 눌리기란 REM 시기에 의식이 약간 돌아와서 자신의 신체변화를 자신이 경험한 상태라고 할 수 있다.

(5) 악몽

악몽은 일상생활에서의 스트레스, 우울, 죄책감 등과 관련되어 나타날 수 있으며, 외상 후 스트레스 장애의 주 증상이기도 하다. 그 밖에도 고열이 발생하거나 수면제 같이 REM 수면을 억제하는 약물의 사용을 갑자기 중단했거나 알코올중독을 치료하는 과정에서도 나타난다. 이러한 심리적 · 신체적 증상 없이도 3~5세 소아의 10~50%는 부모를 괴롭힐 정도로 심각한 악몽을 꾸며, 성인의 50% 정도도 일시적인 악몽을 경험한다고 알려져 있다. 악몽은 길고 복잡한 꿈속에서 일어나며 악몽을 꾼 후에는 다시 잠들기가 어려워 잠을 설치기 쉽고 따라서 낮 동안의 졸음을 유발할 수 있다. 악몽의 진단은 야경증과 구분하는 것이 중요한데 두 경우 모두 공포와 더불어 잠에서 깨어나기 때문이다. 그러나 야경증은 REM 단계에서 나타나는 악몽과 달리 NREM 수면에서 주로 나타나고, 깨어났을 때 의식이 분명하지 않고, 꿈을 기억하지 못하는 특징을 가지고 있기 때문에 구분하기 어렵지 않다. 아이들의 악몽은 나이가 들면서 점차 줄기 때문에 치료의 대상이 아닌 경우가 많으며 성인의 경우에도 특별한 원인이 있는 경우 병이라고 보기 어렵지만 악몽이 심해져 심각한 고통을 유발하거나 사회적 기능에 장애를 가져오는 경우에는 치료의 대상이 된다. 특히, 악몽이 외상 후 스트레스 장애나 약물 및 알코올 남용 등과 관련되어 있다면 이들에 대한 근본적인 치료가 필요하며 아이들의 경우에는 정서적 위안과 더불어 무서운 내용의 만화나 영화는 피하도록 하는 것이 좋다.

5) 꿈과 현실

우리가 기억을 하든 못하든 인간은 매일 꿈을 꾼다. 과거에는 꿈이 우리의 미래를 예언한다고 받아들이기도 하였지만 과학이 발전하면서 꿈에 대한 우리의 생각은 많이 바뀌었다. 그렇다면 꿈은 무엇이고 어떤 기능을 가지고 있을까?

(1) 꿈의 의미

우리는 잠을 자는 동안 다양한 꿈을 꾸는데 낮에 만났던 애인이 꿈에 나타나기도 하고 어떤 경우에는 듣도 보도 못한 곳에서 혼자 헤매는 꿈을 꾸기도 한다. 이러한 꿈의 예측 불가능성으로 인해 과거에는 꿈이 신의 계시로 여겨지기거나 사람의 운명을 보여주는 것으로 여겨지기도 했다. 아직도 나쁜 꿈을 꾸고 나면 무슨 나쁜 일이나 생기지 않을까 봐 걱정하는 사람들이 있지만 꿈의 예언적 가치를 신뢰하는 사람이 거의 없다.

꿈에 대한 본격적인 탐구는 프로이트에 의해 이루어졌는데 프로이트는 꿈이 현실에서 이루지 못한 소망이나 불안을 반영한다고 주장하였다. 프로이트는 〈표 2-1〉에서 볼 수 있는 것처럼 의식적으로 표현되지 못하고 억압된 무의식적 내용이 꿈을 통해 드러나므로 꿈을 분석하면 무의식과 의사소통을 할 수 있다고 보았다.

표 2-1 | 대학생들이 주로 꾸는 꿈들

꿈의 유형	비율
낙제	83
공격받거나 추격당함	77
반복해서 어떤 일을 하려고 노력	71
학교, 교수, 공부	71
성 경험	66
지각	64
식사	62
공포에 휩싸임	58
사랑하는 사람의 죽음	57
감금	56
돈을 마련	56
수영	52
뱀	49
부적절하게 옷을 입음	46
질식	44
대중 앞에서 나체로 있음	43
화재	41
시험에서 떨어짐	39
자신의 죽음을 지켜봄	33
누군가를 살해함	26

출처: Griffith, Miyago, & Tago(1958).

그러나 꿈을 사회에서 허용되지 못하는 욕망이나 죄의식이 반영되는 것으로 보는 프로이트의 꿈 이론은 많은 비판을 받게 되었다. 우선, 많은 연구들에서 인간이 깨어있을 때와 마찬가지로 꿈을 꾸는 동안에도 생각하고 판단하는 인지 활동을 계속한다는 것이 입증되어 '꿈은 억압된 욕망에 대한 허위적이고 왜곡된 이미지 현상'이라는 프로이트의 꿈 이론에 문제가 있음을 보여준다. 또한 짐바르도

(Zimbardo)는 '꿈은 다목적이면서도 고도의 신체 현상'이라고 정의하였는데 이것은 인간이 꿈에서도 현실과 똑같이 복잡한 사고와 판단을 하며 자기반성를 하기도 한다는 것을 의미한다.

꿈에 대한 보다 과학적인 설명은 홉슨과 맥칼리(Hobson & McCarley, 1977)에 의해 제시되었는데 그들은 REM 수면 동안 뇌의 하부구조에서 많은 신경들이 활동하게 되면 그 신호가 뇌의 전두엽을 활성화시키며 그렇게 활성화된 기억들로 이루어진 이야기에 편도체가 감정을 더한 결과로 우리가 꿈을 꾸게 된다는 활성화 종합모형(activation-synthesis model)을 주장하였다. 이에 대한 증거로 에반스와 뉴먼(Evans & Newman, 1964)에 따르면 우리 뇌는 저녁이 되면 낮 동안 입력된 쓸모없는 정보들로 가득 차기 때문에 컴퓨터와 마찬가지로 필요한 정보는 장기기억으로 보내고 불필요한 정보를 청소하는 과정이 이루어진다. 이렇게 뇌에서 불필요한 정보를 제거하는 과정에서 그것과 의미적으로 관련된 정보들이 활성화되며 뇌는 이렇게 활성화된 잡다한 정보들로 그럴듯한 이야기를 구성한다. 활성화 종합모형은 프로이트처럼 꿈을 심리학적으로 설명하는 것에 대해 의문을 제기하지만 솜즈(Sommes, 1997)는 꿈을 꿀 때 감정을 관장하는 두뇌부위가 가장 활성화되는데 이것이 프로이트가 제안한 무의식 이론과 어떤 연관성을 찾을 수 있다고 주장하였다. 따라서 꿈을 정확히 이해하려면 생리학적 연구와 심리학적 연구가 모두 필요하다고 할 수 있다.

우리가 꿈을 꾸는 것을 의식하지 못하는 이유

꿈과 관련하여 가장 특이한 현상은 대부분의 사람들이 꿈을 꾸는 동안 꿈이라는 것을 자각하지 못한다는 것이다. 수면 중에 PET(양전자단층촬영) 스캔을 해보면 REM 수면 기간 동안 전두엽(prefrontal cortex)의 활동이 크게 감소하는 것을 확인할 수 있다. 전두엽은 뇌의 앞 부분에 위치하고 있으며 행동이나 사고를 계획하고 자각하는 기능과 관련된 부위이다. 꿈을 꾸는 동안에는 이 부위의 활동이 약화되어 꿈속에서 일어나는 불가능하거나 혹은 이상한 사건들이 현실이 아니라는 것을 깨닫지 못하게 된다. 이것은 또한 꿈을 꾸면서 시간에 대한 지각이 왜곡되는 것, 스트레스 같은 자신의 부정적 상태가 꿈에 반영되는 것을 억제하는 것, 깨어나면 꿈의 내용을 잊어버리는 것 같은 현상도 설명해준다. 일부 학자들은 꿈을 꾸는 동안 전두엽의 활동이 감소하는 것이 우리가 심리적 스트레스로부터 벗어나게 해주는 데 도움을 준다고 주장하기도 한다. 가끔 꿈을 꾸는 동안 자신이 꿈을 꾼다는 것을 자각하는 자각몽(lucid dream)을 보이기도 하는데 이것은 꿈을 꾸는 동안 전두엽의 활동이 완전히 억제되지 않았기 때문에 일어나는 것일 수도 있다.

(2) 꿈의 기능

진화과정을 통해 생존에 필요하지 않은 기능들은 거의 사라지기 때문에 우리가 하는 모든 행동은 나름대로 의미를 가지고 있다. 우리가 꿈을 꾸는 것도 환경에 적응하는 데 도움을 주기 때문에 일어난다고 할 수 있는데 그렇다면 꿈은 어떤 기능을 가지고 있을까? 첫째, 꿈은 정서적 안정성을 유지하는 데 도움을 준다. 가령, 일반인과 조현병 환자를 대상으로 일주일 정도 꿈을 꾸는 동안 강제로 깨우거나 덱시드린(dexedrine) 같은 약물로 꿈을 박탈하면 어떤 일이 생길까? 일반인은 불안, 기억과 집중력의 저하, 적개심과 분노, 환각현상 등이 나타나는데 비해 조현병 환자에게는 이러한 꿈의 박탈효과가 관찰되지 않았다. 이러한 결과는 꿈이 정서적 안정을 유지하는 데 도움이 된다는 사실을 입증한다. 셋째, 에반스와 뉴먼(Evans & Newman, 1964)의 연구에 따르면 꿈은 기억에서 필요한 정보와 불필요한 정보를 구분하고 필요한 정보를 장기기억으로 넘기는 기능을 한다. 그렇기 때문에 덱시드린을 사용하여 REM 수면을 감소시키면 기억능력이 현저하게 감소한다(Stickgold, 2005). 셋째, 꿈은 스트레스로 인한 불안과 공포를 진정시켜준다. 가령, 진통기간이 10시간 이내인 산모의 꿈에서는 80% 이상이 불안과 관련된 내용이었는 데 비해 진통기간이 20시간 이상 지속된 산모의 꿈에서는 25% 정도만 불안과 관련된 내용이었다. 산모들은 꿈속에서 분만에 대한 불안을 많이 경험하면 할수록 실제 분만 시에는 좀 편안하게 느껴지는 경향이 있음을 보고하였다. 일반인도 심한 스트레스를 받을 때 꿈을 꾸고 나면 스트레스로 인한 불안감이나 심리적 고통이 감소하는 것을 경험하는데 이것은 꿈이 불안이나 공포를 감소시켜 주는 효과가 있을 가능성을 시사해준다.

(3) 꿈과 현실 간의 관계

우리는 다양한 내용의 꿈을 꾸는데 때로는 일상적이고 매우 현실성 있는 꿈을 꾸기도 하지만 처음 보는 환상적인 꿈을 꾸기도 한다. 그렇다면 꿈에는 어떤 내용들이 주로 포함되어 있고 우리의 현실과 어떤 관계를 보일까? 홀(Hall, 1966)은 꿈에 등장하는 사건이나 인물은 대체로 일상적인 것이며 처음 보는 장면이나 인물이 등장하는 경우는 많지 않다고 주장하였다. 또한 꿈의 주제도 성, 공격, 불행한 일과 같이 자신의 내적 갈등을 주제로 하는 꿈이 대부분이라고 하였다. 꿈이 신비스럽게 여겨지는 이유는 평소에 전혀 생각하지 못했던 장면이나 등장인물이 꿈에 등장하고 아주 낯선 상황이 벌어지기 때문이다. 프로이트는 이러한 꿈의 신비함을 상징화라는 것으로 설명하고 있다. 즉, 꿈은 깨어 있을 때와 마찬가지로 의식의 범위에 포함되며 꿈에 자신의 자아를 심각하게 위협할만한 내용이 드러나게 되면 자아(ego)가 이를 검열하여 꿈의 내용을 적당한 상징으로 대치하여 꿈을 각색하게 되는데 이것을 상징화라고 한다. 즉, 꿈의 내용을 우리가 금방 파악하기 어려운 이유는 꿈이 문화적 상징과 개인적 상징으로 각색되어 있기 때문에 문화를 이해하고 과거 기억을 탐색하지 않으면 상징의 의미를 알기 어렵기 때문이다.

프로이트는 꿈이 신비한 이유가 무의식에서 드러난 내용이 자아를 위협을 할 때 상징화가 이루어지기 때문이라고 하였지만 실제로 꿈은 생각보다 현실을 더 많이 반영하며 신비한 꿈은 의외로 많지 않다. 우선 꿈에는 현재의 마음상태가 반영되는 경우가 많다. 예를 들면, 우울증 환자는 우울한 내용의 꿈을 꾸는 경향이 많다. 그렇지만 잠들기 전에 폭력적인 내용의 영화를 보았다고 하더라도 그 영화와 관련된 꿈을 꾸는 사람은 많지 않은데 그렇다면 꿈에 반영되는 마음상태는 어떤 것일까? 이에 대한 한 설명은 단순히 영화를 수동적으로 시청한 것만으로는 그 내용이 꿈에 바로 반영되지는 않으며 자신이 직접 개입한 것, 가령, 친한 친구와 말다툼을 했다든지 하는 것이 꿈에 반영될 가능성이 더 높다. 또한 꿈에 환경의 변화가 반영되기도 한다. 데먼트와 월퍼트(Dement & Wolpert, 1958)에 따르면 REM 수면시기에 피험자에게 물을 뿌리고 꿈의 내용을 물어보면 꿈을 꾸고 있었던 사람들 중 42%가 물과 관련된 꿈을 꾸었다고 보고하였다. 이것은 우리가 꿈을 꾸고 있는 동안에도 어느 정도 환경변화에 반응을 한다는 것을 보여준다. 그러나 모든 자극들이 꿈에 비슷한 영향을 미치지는 않으며 REM 수면시기에 소리가 들렸을 때는 전체 피험자의 9%, 빛이 비춰졌을 때는 전체 피험자의 24%, 차가운 물을 뿌렸을 때는 전체 피험자의 42%, 전기쇼크를 주었을 때는 전체 피험자의 20%에서 꿈에 반영되었다.

내 꿈을 한번 해석해 보자

어떤 입장을 취하느냐에 따라 꿈에 대한 분석은 전혀 달라질 수 있지만 꿈을 분석하는데 가장 중요한 것은 주제를 파악하는 것이다. Weiss(1986)는 자신의 꿈을 간단하게 해석할 수 있는 지침을 제안하였다.

1. 자신의 꿈이 다른 누군가에게 일어났던 이야기인 것처럼 말해 본다. 즉, 꿈 속에서의 행동과 자신의 행동 사이에 어떤 공통점이 있는지 꿈 속에서의 감정이나 기분에 대해 생각해보고 평상시 자신과 어떻게 다른지 비교한다.
2. 꿈에서 가장 흥미로웠던 것은 무엇이었는지 그리고 꿈에서 분명하게 나타나지 않았던 것은 무엇이었는지 찾아본다.
3. 꿈속에서 나타났던 것들 중에서 상징적이었던 것들을 찾아보고 그것이 무엇을 의미하는 것인지 생각해보거나 연상해 본다.

4. 상징을 원래의 의미로 바꾸어 꿈의 내용을 다시 고쳐 써본다.
5. 꿈이 자신에게 무엇을 말하려고 했었는지 스스로에게 묻고 그 내용을 써본다.
6. 꿈에서 알아낸 것으로 실생활에서 어떻게 행동해야 하는지 생각해 본다.

3. 약물에 의한 의식변화

우리나라 직장인들에게 기분전환을 위해 가장 즐겨 하는 것이 무엇인지를 물으면 아마도 대다수가 평소에 친한 사람들과 술 한잔하는 것이라고 대답할 것이다. 직장에서 업무와 인간관계에 시달린 직장인들에게 술은 가장 쉽게 기분을 변화시켜주는 역할을 한다. 요즘에서 그나마 쉽지 않지만 담배를 피우는 것도 직장인들이 많이 의존하는 기분전환 방법이라고 할 수 있다. 술이나 니코틴도 약물의 하나이며 내성과 중독 등 일반적으로 의식변화를 유발하는 마약들이 가진 속성을 모두 가지고 있다고 본다면 우리들 대부분이 의식변화를 위해 약물에 의존하고 있음을 발견할 수 있다. 이 절에서는 왜 사람들이 약물에 의존하는지 의식변화를 유발하는 약물에는 어떤 것들이 있는지를 알아보도록 하자.

1) 약물에 대한 의존이 발생하는 이유

심리적 이유 약물에 대한 의존은 불안한 자아기능으로 인한 우울이나 불안이 원인인 경우가 많다. 특히, 약물이 주는 쾌락은 시간이 지나면 사라지며 다시 불안해지고 우울해지면 그 느낌을 피하기 위해 더 많은 약물에 의존하게 된다. 불안한 자아기능은 어릴 때 정상적인 발달과정을 경험하지 못했기 때문으로 정신분석에서는 성격을 구성하는 요소인 원초아, 자아, 초자아가 정상적으로 발달하지 못하여 서로 균형을 이루지 못하면 불안이 발생하고 이것을 억제하기 위해 약물에 의존하게 된다고 본다. 그에 비해 인지이론에서는 발달과정에서 역기능적 인지도식이 형성되어 사소한 스트레스에 대해서도 부정적 사고와 감정을 경험하게 되며 그에 대한 대처전략의 하나로 약물에 대한 의존이 형성된다고 가정한다.

사회적 이유 약물에 대한 의존은 약물과 접촉할 수 있는 기회를 부여하고 약물에 대한 의존을 지지하는 사회적 요인과 관련된다. 우선, 사회학습이론에서는 약물에 대한 의존은 약물을 사용하는 것을 지지하는 집단과 접촉하게 되면서 모방을 통해 집단의 규범을 배우게 되고, 집단의 다른 구성원들이 약물에 대한 의존을 강화하기 때문에 지속된다고 본다. 또한 사회통제이론에 따르면 가족이나 사회의 유대와 결속력으로 인해 약물의존 같은 일탈행동이 억제되고 있는데 만일 이러한 유대와 결속력이 약화되면 사회규범의 영향이 감소하고 약물의존을 비롯한 여러 일탈행동을 하게 된다고 한다. 그리고 하위문화이론에 따르면 약물의존에 우호적인 태도를 가진 특정한 집단과 접촉하게 되면 약물에 대한 거부감이나 두려움이 사라져 약물에 의존하게 된다. 즉, 약물의존에 우호적인 집단의 분위기 속에서는 약물의존에 대한 부정적 느낌이 사라지게 되며, 약물에 대한 안정적인 공급이 가능한 집단에 참여하게 되면 약물에 대한 의존도 증가하게 된다.

생물학적 원인 약물에 대한 의존을 생물학적으로 설명하는 이론에서는 개인의 유전적 차이가 약물의존에서 중요한 역할을 한다고 가정한다. 즉, 약물을 사용했을 때 사람마다 약물의 심리적 신체적 효과성도 다르고 약물 효과의 지속성도 다른데 이러한 차이에 유전적 요인이 영향을 미친다. 이러한 유전적 차이가 환경이나 성격 요인과 결합하여 특정한 개인이나 집단의 약물의존 가능성에 영향을 미치게 된다. 또한 신체가 약물에 대해 반복적으로 노출되면 신체는 약물에 대해 점진적으로 적응하게 되고 약물이 신체가 제대로 기능하기 위해서 필요한 것이 될 수 있다. 즉, 사람들이 일단 약물을 반복적으로 사용하기 시작하면 약물에 적절한 신진대사의 주기가 형성되며 알코올 중독자가 술을 갈망하는 것과 같이 약물을 "갈망"하게 된다는 것이다.

2) 의식을 변화시키는 약물의 유형

인간의 의식에 영향을 미치는 약물들은 매우 다양하지만 마약에 대한 관심과 연구가 진행되면서 그 효능과 기제에 따라서 몇 가지로 분류될 수 있다는 것이 밝혀졌다. 여기에서는 마약에 대한 일반적인 분류체계에 따라서 대표적인 마약들과 그 효능에 대해 알아보도록 한다.

(1) 진정제(depressants)

진정제에 속하는 약물에는 아편제, 안정제, 알코올 등이 있다. 아편제는 가장 많이 알려진 마약으로 아편에서 추출한 모르핀(morphine), 헤로인(heroin), 코데인(codeine), 메타돈(methadone) 등이 포함된다. 아편제는 중추신경계의 기능을 억제하여 평화롭고 행복한 느낌을 주며 고통스러운 현실로부터 벗어나게 해주는데 이러한 효과는 4~6시간 유지되며 졸음이나 동공수축, 변비, 무기력감과 같은 부작용이 발생할 수 있다. 특히, 아편제는 심각한 심리적, 신체적 의존을 보이며 약물을 중단하면 경련, 두통, 고열, 정신착란 같은 강한 금단증상을 보일 수 있다. 또한 안정제는 바륨(barium)이나 리브리움(librium) 같이 중추신경계의 기능을 억제하는 약물들로 의학적 목적으로 주로 사용되지만 긴장이나 불안, 우울이 일시적으로 억제하여 유쾌하고 이완된 상태를 가져와 마약으로도 남용되기도 하며 그로 인해 운동능력이 떨어지고 감각이 둔해지며 인지적 손상이 발생할 수 있다. 이 약물은 심리적, 신체적 의존을 가져오므로 점점 더 많은 양을 복용하게 되며, 금단증상이 헤로인보다 커 심각한 신체적 고통과 경련을 가져와서 사망에 이르기도 하고, 운동협응의 상실로 인한 부상이나 사망의 가능성도 매우 크다.

알코올도 진정제의 하나이지만 다른 진정제와 달리 약물로 인식되지 않으며 즐거움이나 편안함을 연상시켜 위험성을 느끼지 못하고 중독될 수 있다는 문제를 가지고 있다. 알코올은 중추신경계의 활동을 억제하여 주의력을 떨어뜨리고 몸을 나른하게 하며 긴장을 이완시키므로 평소에 드러내지 못하는 충동들이 표현되기도 하고 더 공격적으로 행동하며 성적으로 대담해지는 경향을 보인다. 알코올은 정보가 장기기억에 저장되는 것을 방해하기 때문에 술을 많이 마셨을 때 했던 말이나 행동을 다음 날에는 기억하지 못하는 경우가 자주 있다. 또한 알코올은 시간에 대한 감각에 영향을 미쳐 술을 마시기 시작한 후 오랜 시간이 지나도 시간이 지났다는 인식을 하지 못하는 경향이 있다. 알코올의 효과는 알코올이 가지는 화학적 작용만이 아니라 음주자의 기대 때문에도 생길 수 있다. 가령, 알코올과 유사한 맛을 가진 음료와 일반 음료를 마신 후 얼마나 흥분되는지를 평가하도록 하면 알코올 맛 음료를 마신 사람들이 더 흥분된다는 반응을 보인다.

음주와 건강 간의 관계

술은 인간의 역사와 함께 시작되었다고 할 수 있으며 술에 대한 가장 오래된 기록에 따르면 BC 3000년 전 메소포타미아의 점토판에 굶주린 사람에게는 빵을 주고 목마른 사람에게는 맥주를 주었다는 기록이 있다고 한다. 그만큼 술이 인간에게 친숙하다 보니 술을 약물로 여기지 않게 되었지만 술은 우리 건강에 여러 가지 악영향을 미친다. 음주를 자주 할수록 간 질환을 초래할 가능성이 높아지며 비음주자에 비해 음주자는 간과 관련된 질병을 갖게 될 가능성이 8배 높다. 우리는 술을 자주 그리고 많이 마실수록 알코올 중독에 빠질 가능성이 높다고 생각하지만 의외로 알코올 중독은 음주량과 그다지 상관이 없으며, 유전적 요인과 환경적 요인의 영향을 모두 받는다. 가령, 알코올 중독자의 아이에 대한 입양연구결과를 보면 양부모에 비해 친부모가 알코올 중독자인 경우에는 그 자식도 알코올 중독이 될 확률이 높다. 또한 EEG를 사용한 베그라이터(Begleiter, 1992)의 연구에 따르면 알코올 중독인 부모와 자녀는 P3라고 불리는 뇌파패턴이 관찰되지 않는데 P3는 주의기제와 관계가 있기 때문에 술로 인한 유전적 결손에 주의가 포함되어 있을 가능성도 있다. 그러나 알코올 중독이 반드시 유전적인 요인만으로 설명되지는 않는다. 일반적으로 알코올 중독자는 결손가정 출신이 많고 중 상류층보다는 하류층에서 더 많이 발견되는데 이것은 생활 스트레스가 알코올 중독과 연관되어 있음을 보여준다.

(2) 흥분제(stimulants)

흥분제는 신경전달물질을 활성화하여 우리 뇌의 각성수준을 증가시키는 약물로 코카인(cocaine)이나 암페타민(amphetamine) 그리고 엑스터시 등이 많이 알려져 있다. 그러나 우리가 일상적으로 마시는 커피에 들어있는 카페인(caffeine)이나 담배에 들어있는 니코틴(nicotine)도 흥분제와 동일한 역할을 한다. 흥분제는 활력과 긍정적 감정을 높여 기분을 좋게 하고 피로를 감소시킬 뿐 아니라 식욕을 억제하는 효과 때문에 다이어트 약물로도 사용되기도 한다. 진정제보다 신체적 의존성은 덜 일으키지만 심리적 의존성을 일으킬 수 있다는 문제를 가지고 있다.

우선 코카인은 남미에서 주로 자생하는 코카나무에서 추출되는 약물로 뇌의 신경전달물질인 도파민이나 세로토닌의 분비에 영향을 미쳐 빠른 시간 내에 황홀감이나 행복감이 30분 정도 지속된다. 그러나 코카인의 효과 때문에 반복해서 사용하게 되면 즐거운 감정은 감소하고 초조하고 의심이 많아져 망상과 환각이 생길 수 있고 우울이나 불안이 증가할 수 있으며 심하면 약물과다로 사망할 수도 있다. 또한 스피드라고도 불리는 암페타민은 정신을 각성시켜 밤을 새워서 일을 해야 하거나 불안을 많이 느끼는 운동선수나 연예인들이 피로를 이기고 불안을 감소시키기 위한 목적으로 사용하는 약물이다. 처음에는 암페타민의 효과 때문에 활력이 증가하고 집중력이 좋아지는 것처럼 느껴지지만 반복해서 사용하게 되면 환각이나 망상을 보일 수 있으며 심하면 폭력을 사용하거나 자살을 시도하기도 한다.

한편 엑스터시는 세로토닌의 재흡수를 막아 황홀감을 유지하는 역할을 하는 약물로 클럽 같은 곳에서 파티용 약물로 사용되어 사회적 물의를 빚기도 하였다. 엑스터시를 복용하면 정서적으로 고양되어 탈진할 때까지 춤을 추거나 이성과 의도하지 않는 성관계를 가지게 될 가능성을 높일 수 있다. 엑스터시의 반복된 사용은 세로토닌의 분비대사에 문제를 일으켜 면역기능을 낮추고 불안감을 높이며 인지기능이 손상될 수 있다.

마지막으로 니코틴은 흡연을 하는 과정에서 우리 몸에 흡수되는 물질로 도파민의 분비를 촉진하여 불안을 진정시키고 통증에 대한 민감성을 감소시킨다. 흡연은 만성질병이나 폐암 같은 문제를 일으킬 뿐 아니라 사회적으로 흡연을 문제로 여기기 때문에 많은 사람들이 금연을 시도하지만 쉽지 않다. 그것은 일단 니코틴에 중독되면 혈액 내에 일정한 수준의 니코틴을 유지하려는 경향이 생기고 금연하려고 할 때 나타나는 짜증, 불면증, 불안 같은 금단증상 때문이다.

(3) 환각제(hallucinogens)

환각제는 지각을 왜곡하거나 과장하는 효과를 보이는 약물로 마리화나나 LSD 등이 대표적인 환각제이다. 즉, 환각제를 흡입하면 색깔이 더 선명하게 느껴지고, 소리는 아름답게 들리며, 시간감각이 왜곡되어 행복감을 가져올 수 있지만 때로는 악몽과 같은 정서적 고통을 야기하기도 한다.

우선, 마리화나는 대마초로 알려져 있으며 미국의 일부 주나 유럽 일부 나라에서는 법적으로 허용되는 약물이기도 하다. 마리화나는 생리적으로는 심장박동을 증가시키고 입을 마르게 하며 눈의 충혈을 유발하고, 정서적으로는 긴장을 이완시켜 행복감을 주며 인지적으로는 시간이 느리게 느껴지고 집중력을 강화한다. 또한 지각적으로는 길이 넓어 보이거나 강이 뛰어 넘을 수 있을 만큼 좁아 보이도록 공간을 왜곡하고 보는 것이나 듣는 것의 즐거움을 증가시켜 음악이나 음식 또는 성생활의 흥미를 증가시킨다.

마리화나는 니코틴처럼 중독되지는 않아 의존성은 없지만 뇌가 마리화나에 더 예민하게 만드는 경향을 보이며 긍정적 감정이나 부정적 감정을 더 강화하는 경향이 있다. 또한 LSD는 세로토닌의 분비에 영향을 미치는 약물로 황홀감이나 영적 체험 같은 강력한 환상을 유발하며 그 효과가 12시간이나 지속되는 강력한 환각제이다. LSD의 효과는 현재의 기분이나 경험에 의존하기 때문에 때로는 행복감을 줄 수도 있지만 불쾌한 여행(bad trip)이라고 부르는 급성공황으로 인해 사고장애나 자살의 가능성을 높이고, 반복적으로 환각을 경험하는 플래시백(flashback) 현상을 보일 수 있어 정서적으로 불안한 사람에게는 심각한 문제를 유발할 수 있다.

3) 약물의 효과를 결정하는 요인

약물은 그 종류만큼이나 우리 의식에 다양한 변화를 일으키지만 약물의 효과가 반드시 그 화학적 작용에 의해서 결정되는 것은 아니다. 약물의 효과에 영향을 미치는 다양한 심리사회적 요인들이 있지만 여기에서는 두 가지 요인만 다루도록 하겠다.

첫째, 인간은 약물에 내성을 보이기 때문에 약물이 동일한 효과를 일으키기 위해서는 점점 더 많은 투여량을 필요로 하며 약물의 사용을 중단하게 되면 심각한 금단증상이 일어날 수 있다는 것이다. 약물이 우리 건강에 심각한 문제를 일으키는 것은 약물 자체가 가지고 있는 화학적 작용뿐 아니라 점점 더 많은 양을 사용하게 되기 때문이다. 처음 약물이 사용될 경우에는 우리 몸이 견딜 수 있을 만큼의 양에서 시작하지만 언젠가는 치사량에 도달할 때까지 지속적으로 더 많은 투여량을 요구하게 된다. 그뿐만이 아니라 내성은 화학적으로 유사한 다른 약물로 전이되는 교차내성을 보이기도 한다. 가령, 알코올중독자는 같은 양의 진통제로는 진통효과를 느끼기 힘들다. 약물이 갖는 또 다른 문제점은 신체적, 심리적 의존이다. 신체적 의존은 사람이 금단증상을 피하기 위해 약물을 지속적으로 사용해야 하는 상태를 말한다. 금단증상은 약물마다 다르지만 아편제 같은 진정제를 사용하다 중단하면 고열, 떨림, 발작 구토, 설사 통증 등의 금단증상을 심각하게 경험하며 금단증상을 피하기 위해 약물을 계속 사용하게 된다. 그에 비해 코카인과 같은 흥분제를 사용하다 중단하면 피로, 냉담, 짜증, 우울 등 상대적으로 약한 금단증상을 나타낸다. 심리적 의존은 약물의 효과에 대한 심리적 갈망을 충족시키기 위해 약물 복용을 지속하는 상태를 말한다. 심리적 의존은 신체적 의존만큼 분명한 금단증상을 보이지 않지만 약물에 대해 강력한 유혹을 유발한다.

둘째, 약물이 갖는 또 다른 특성은 같은 양을 사용해도 상황이나 약물에 대한 기대에 따라 상이한 효과를 보일 수 있다는 점이다. 예를 들어, 마리화나를 혼자 피게 되면 졸리거나 공상을 하게 되는데 비해 여럿이 같이 피게 되면 말이 많고 즐거워지는 느낌을 받게 된다. 또한 같은 장소에서 반복적으로 약물을 사용하면 그 장소에서만 내성이 증가하여 다른 장소에서 같은 양을 사용하면 위험할 수도 있다(Siegel, Hinson, Krank, & McCully, 1982). 한편, 약물이 어떤 효과를 줄 것이라고 기대하면 효과가 더 커지기 때문에 알코올 맛을 가진 음료를 마셨다면 일반 음료를 마셨을 때보다 더 흥분된다고 느낄 수 있다(Wilson, 1982). 이와 같이 마약은 상황에 따라 그리고 약물의 효과에 대한 기대에 따라 인체에 예측하기 어려운 효과를 일으킬 수 있다.

Chapter 03

감각과 지각

1. 인간의 감각 민감도
2. 우리가 멋진 풍경을 보게 되는 과정
3. 우리가 아름다운 소리를 듣게 되는 과정
4. 우리가 세상을 지각하는 방식

우리 주변에 펼쳐져 있는 아름다운 산이나 저녁 무렵 세상을 붉게 물들이는 석양 그리고 오디오에서 흘러나오는 음악같이 우리를 행복하게 하는 모든 것들은 우리 감각기관을 통해 전달되는 물리적 자극들이다. 이러한 자극들을 아름답다고 인식하기 위해서는 감각과정과 지각과정을 거쳐야 한다. 예를 들면, 우리가 멋진 음악을 즐기기 위해서는 귀로 들어오는 음파 같은 물리적 자극이 감각과정을 통해 인간이 사용하는 신경신호로 변환되고 그것이 우리 뇌에 기억되어 있는 음악에 대한 정보와 상호작용하는 지각과정을 거쳐 "멋진 음악"으로 느껴지게 된다. 물론 감각과정과 지각과정은 서로 상호작용하기 때문에 이렇게 구분하는 것은 자연스럽지 않지만 설명을 위해 임의적으로 구분하고자 한다. 이 장에서는 우리가 얼마나 민감한 감각을 가지고 있는지를 그리고 시각과 청각 같은 대표적인 감각기관에서 이루어지는 감각과정을 살펴본 후 지각과정을 통해 우리가 세상을 어떻게 바라보는지 알아보자.

Chapter 03

감각과 지각

1. 인간의 감각 민감도

인간은 자신이 생각하는 것보다 훨씬 더 예민한 감각을 가지고 있다. 가령, 유능한 소믈리에는 와인의 향과 색깔, 맛으로 수백 가지 와인이 언제, 어디에서 생산되었는지 정확하게 구분하기도 한다. 그렇다면 인간이 가진 감각 민감도를 어떻게 찾아낼 수 있을까? 인간의 감각 민감도를 다루는 정신물리학(psychophysics)에서는 감각 민감도를 절대역과 변별역으로 구분하여 측정한다.

1) 절대역(absolute threshold)

어떤 사람이 민감한 감각을 가졌다고 말할 때는 어떤 자극이 있는지 정확하게 판단할 수 있는 능력을 지칭하는 것이다. 실제로 인간이 얼마나 민감한 감각을 가졌는지를 과학적으로 측정하기 위해서는 개인차에 무관하게 어떤 자극의 존재를 찾아낼 수 있는 기준을 정해야 하는데 그것이 바로 절대역이다. 즉, 절대역이란 자극이 존재하는지를 50%의 확률로 탐지할 수 있을 만한 자극의 강도를 말하는데 자극을 찾을 50%로 한 이유는 인간의 최대 감각 민감도를 찾아내기 위해서이다(가령, 낮에 빛이 보이는지를 물어보는 것은 무의미하기 때문이다). 인간의 감각 민감도를 대략적인 비유를 통해 살펴보면, 시각의 경우는 그믐날 밤 40km 떨어진 촛불의 밝기, 청각의 경우는 6m 떨어진 시계의 초침소리, 후각의 경우는 30평 아파트에 뿌려진 한 방울의 향수, 미각의 경우는 9ℓ의 물에 섞인 한 숟갈의 설탕 맛 정도라고 한다. 이러한 절대역은 임의적인 것이며 인간의 보고에 의해 결정되는 것이기 때문에 자극강도 같은 감각요인과 개인의 성격이나 기분 또는 피로도 같은 비감각요인의 영향을 받는다. 절대역의 판단에 미치는 감각요인과 비감각요인의 상대적 영향을 설명하기 위해 신호탐지이론(signal detection theory)이 사용된다. 신호탐지이론은 불확실한 상황에서 인간이 내리는 결정과정을 분석하기 위한 이론인데 [그림 3-1]의 b처럼 우리가 찾아야 하는 신호에는 대부분 방해자극이 포함되어 있으며, 신호를 찾는 과정은 방해자극만으로 되어 있는 분포에서 신호가 포함되어 있는 분포를 구분하는 것이라고 할 수 있다. [그림 3-1]의 a처럼 신호를 찾는 과정에서 사람들은 신호가 있다("예") 또는 신호가 없다("아니오")라고 결정을 내리는데 그 결과를 분류

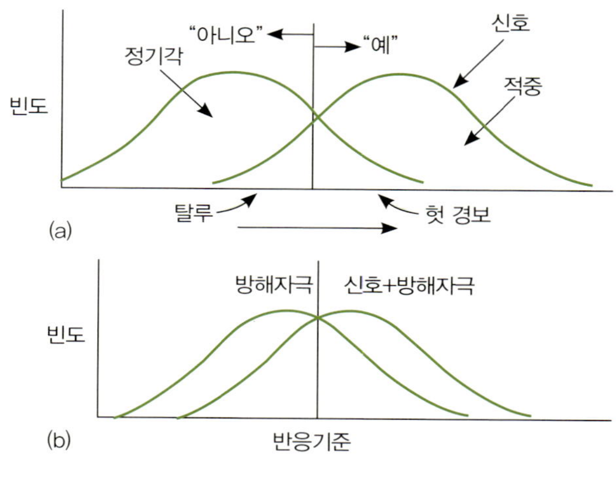

그림 3-1 | 신호탐지 이론에 따른 분석

3) 우리는 물체의 색깔을 어떻게 인식하나

우리는 물체의 색깔이 원래 존재하고 있다고 생각하지만 본래 색깔이란 존재하지 않으며 물체가 반사하는 빛의 파장에 시각 시스템이 반응하게 되어 색을 느끼게 되는 것이다. 그렇다면 우리 눈은 어떻게 물체의 색깔을 탐지할 수 있을까? 첫째 설명은 모든 빛은 삼원색에 의해 표현될 수 있으므로 우리 눈에 빛의 삼원색에 반응하는 수용기가 존재할 것이라고 가정할 수 있으며 이것이 영(Young)과 헬름홀츠(Helmholtz)가 주장한 삼원색설이다. 눈에 빛의 삼원색인 파랑, 초록, 빨강에 반응하는 세포가 존재할 것이라는 이들의 가정은 그동안 증명되지 못하였으나 현미분광측광법으로 눈의 망막에서 삼원색에 반응하는 수용기를 연구한 마크스(Marks, 1975)에 의해 증명되었다. 그러나 삼원색설 만으로는 색깔이 인식되는 과정을 설명하는데 한계가 있다. 우선, 삼원색설에 따르면 적색과 녹색을 볼 수 있어야 두 색이 혼합된 노란색을 볼 수 있는데 두 색을 볼 수 없는 적-녹 색맹도 노란색을 볼 수 있다는 것이 발견되었다. 또한 삼원색설에 따르면 같은 위치에 있는 색은 늘 같은 색으로 지각되어야 하는데 한 위치에서 두 색이 보이는 부적잔상효과(negative afterimage effect)가 나타난다. 가령, [그림 3-8]의 왼쪽에 있는 초록과 파랑으로 이루어진 태극모양을 계속 보고 있다가 오른쪽에 흰색 배경에 있는 점을 보게 되면 그 색깔의 보색인 적색과 노란색으로 이루어진 태극 색깔을 보게 되는데 이것이 부적잔상효과이다.

그림 3-8 | 부적잔상효과

헤링(Hering)의 대립과정설(opponent process theory)은 부적 잔상효과를 잘 설명하는데 대립과정설에 따르면 우리 뇌에 있는 세포는 적색-녹색, 청색-노란색이 한 쌍이 되어 색을 지각하게 되며 한 색이 활성화되면 다른 색을 억제한다. 그래서 하는 세포가 있으며 한쪽 색이 활성화되면 다른 쪽 색은 억제될 것이라고 가정하였다. 가령, 적색이 활성화되고 녹색이 억압되면 적색을 경험하고, 적색이 억압되고 녹색이 활성화되면 녹색을 경험하게 된다. 또한 각 쌍의 어느 한쪽이 활성화되는지에 따라 색이 다르게 지각되므로 적색-녹색의 적색과 노란색-청색의 청색이 활성화되면 보라색을 경험하게 된다. 드발루아와 제이콥스(DeValois & Javobs, 1968)이 우리 뇌의 외측슬상핵(lateral geniculate nucleus: LGN)에서 적색-녹색, 청색-노란색, 흰색-검은색에 대립적으로 반응하는 세포를 발견하여 대립과정설을 증명하였다.

그렇다면 삼원색설과 대립과정설 중 어느 것이 우리가 색깔을 보게 되는 과정을 잘 설명할까? 현재는 두 이론이 모두 맞지만 서로 다른 수준에 적용될 수 있다는 견해가 받아들여지고 있다. 허비치와 제임슨(Hurvich & Jameson, 1974)은 색깔을 처리하는 [그림 3-9] 같은 이론을 제안하였는데 그들에 따르면 물체의 색깔은 우

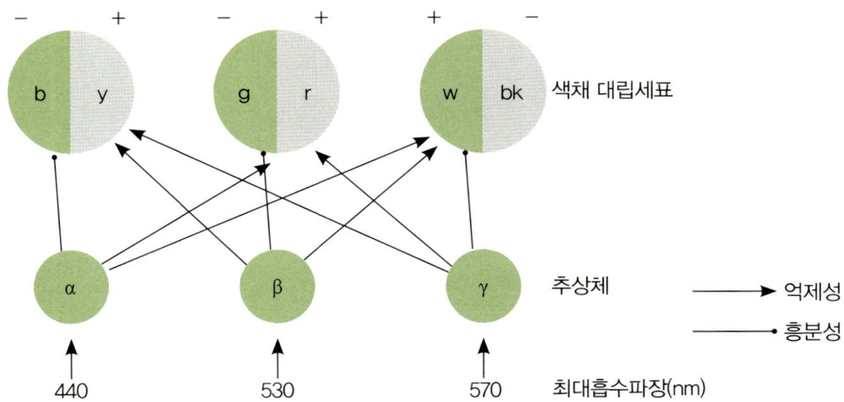

그림 3-9 | Hurvich & Jameson(1974)의 신경회로도식

선 망막의 추상체에 존재하는 빛의 삼원색에 반응하는 수용기에 의해 탐지된 후 뇌의 외측슬상핵에 있는 대립세포에 의해 파랑-노랑, 녹색-빨강, 흰색-검은색의 조합에 의해 처리된 후 대뇌의 시각영역으로 전달된다. 그렇다면 삼원색설과 대립과정설은 이론이 적용되는 위치만 다를 뿐 모두 맞는 이론이라고 할 수 있다.

인간이 색깔에 대해 보이는 반응

색은 물체가 빛을 반사하는 물리적 현상이지만 인간에게 다양한 심리적 반응을 유발한다. 첫째, 형태에 대한 반응은 대체로 인지적인데 비해 색에 대한 반응은 감정적인 경향이 있다. 가령, 파장이 긴 빨간색이나 노란색은 즐겁고 따뜻한 느낌을 주는데 비해 파장이 짧은 파란색이나 청록색은 가라앉고 차가운 느낌을 준다. 물론 색에 대한 심리적 반응은 주관적이고 어느 정도는 사전경험의 효과이므로 빨간색이 어떤 사람에게는 흥분을 일으키지만 어떤 사람에게는 편안함을 준다. 사전 경험의 효과를 통제하기 위해 어린이를 대상으로 실험한 결과 노란색은 행복감을 느끼게 하고 갈색은 슬픔을 느끼게 하는 것으로 밝혀졌으나 경험의 효과를 완전하게 배제하기는 매우 어렵다. 둘째, 색은 인간의 시간감각에도 영향을 미칠 수 있다. 즉, 적색이나 주황색 등 장파장 색이 칠해진 방에서는 단파장 색이 칠해진 방에 비해 시간이 길게 느껴진다고 한다. 그래서 사무실이나 공장과 같이 오랜 근무를 요구하는 곳에는 흰색이나 청색과 같이 단파장 색을 칠하는 경향이 있다. 셋째, 색은 사물의 상대적 위치를 지각하는 방식에 영향을 미칠 수 있다. 색깔에는 빨강이나 주황처럼 채도가 높고 밝은 색깔의 진출색과 파랑, 청록처럼 채도가 낮고 어두운 색깔의 후퇴색이 있다. 이러한 색의 특성은 교통안전에 중요한데 파란색 차와 빨간색 차가 동일한 위치에 있을 때 우리는 빨간색 차가 가깝게 있는 것으로 본다. 그에 따라서 파란색 자동차의 사고율이 높은 편이다.

4) 우리는 물체의 움직임을 어떻게 느낄 수 있을까

우리는 움직임에 매우 민감하기 때문에 움직임은 주의를 쉽게 끈다. 이렇게 움직임에 민감한 이유는 생존과 밀접한 관련이 있는데 맹수 같이 위협적인 대상의 움직임을 빨리 알아차릴수록 생존가능성이 더 높기 때문이다. 일반적으로 우리는 물체가 실제로 움직일 때뿐 아니라 물체가 움직이지 않을 때도 움직임을 느낄 수 있다. 우리가 물체의 움직임을 어떻게 느끼게 되는지 알아보자.

(1) 실제 물체가 움직일 때

어떤 사람이 우리 앞을 지나가면 그 사람의 움직임을 쉽게 알아차린다. 그렇다면 어떻게 그 사람이 움직인다는 것을 알 수 있을까? 우선 움직이는 물체는 자신의 배경을 차례대로 가리며 지나가기 때문에 물체가 움직인다는 것을 알게 된다. 대상의 움직임은 그 대상의 속성에 따라 딱딱한 운동(rigid motion)과 생물학적 운동(biological motion)으로 나뉘어진다. 공이나 자동차의 운동은 형태적 변화가 거의 없는 딱딱한 운동인데 비해 동물의 움직임은 움직임에 따라 형태가 달라지는 생물학적 운동이다. 요한슨(Johanson, 1975)은 어두운 방에서 피험자의 관절부위에 작은 전구들을 단 뒤에 걷거나 춤을 추는 등의 운동을 하게 하였다. 이들의 운동은 마치 여러 전구들의 물결과도 같은 인상을 주었는데, 놀랍게도 전구의 흐름 패턴(flow pattern)만으로도 사람들은 그가 남자인지 여자인지, 무슨 행동을 하고 있는지를 알아내었다. 실제로 우리는 아주 멀리 떨어져 있는 친구의 얼굴이 안보여도 독특한 걸음걸이로 그를 알아볼 수 있는데 이것이 흐름패턴을 지각하는

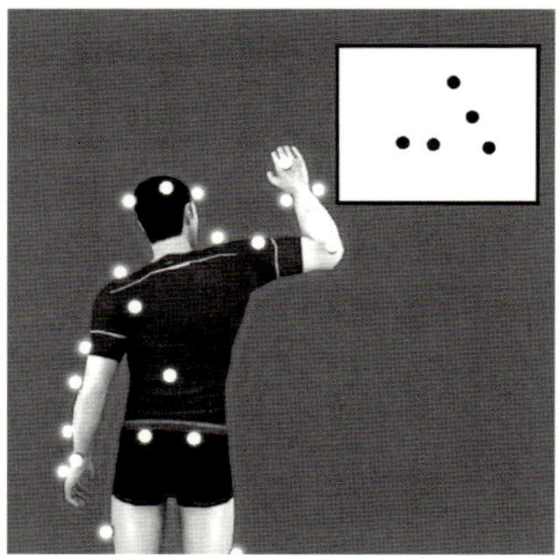

그림 3-10 | 생물학적 운동의 사례

예이다. 요한슨(1975)의 연구는 운동지각이 형태지각과는 독립적으로 일어날 수 있음을 보여준다.

(2) 물체가 움직이지 않는데도 움직이는 것처럼 느끼는 이유

실제운동은 물체가 실제로 움직일 때 움직임을 느끼는 것이라고 본다면 물체는 움직이지 않는데도 우리가 움직임을 느끼는 것을 가현운동이라 부르며 스트로보스코픽 운동, 유인운동, 자동운동 등이 있다. 첫째, 스트로보스코픽(storoboscopic) 운동은 일련의 자극이 짧은 시간간격(60~120msec)을 두고 제시되면 움직인다고 지각되는 것으로 영화나 네온싸인 광고는 이러한 스트로보스코픽 운동을 활용한 것이다. 가령, 영화에서 사용되는 영상물은 대체로 1초에 24프레임에 해당되는 고정된 이미지들로 이루어져 있는데 이것을 순서대로 빠르게 제시하면 고정된 이미지들은 실제로 움직이는 것처럼 느껴지게 된다. 즉, 연속적이지 않은 이미지와 이미지 사이를 우리 뇌가 연속적인 영상으로 만들어 인식하게 된다.

그림 3-11 | 스트로보스코픽 운동

둘째, 유인운동(induced movement)은 두 물체가 상대적으로 움직일 때 하나는 정지해 있고 다른 하나는 움직이는 것처럼 느끼는 것을 말한다. 가령, 여러분이 탄 기차가 역에 서 있을 때 갑자기 움직이는 느낌을 받고 놀라서 보니 옆의 기차가 움직였다는 것을 알게 되었던 경험이 있을 것이다. 일반적으로 두 물체 중에서 작은 물체가 움직이는 것으로 지각된다. 예를 들어, 구름 사이로 달이 움직이는 것처럼 보이는 것도 실제로는 구름이 움직이는 것이지만 달이 상대적으로 작기 때문에 달이 움직이는 것처럼 보이는 것이다. 셋째, 자동운동(autokinetic movement)은 어떤 사물을 볼 때 우리는 어떤 준거에 근거하여 그것을 위치를 확인하려고 하는데 배경이 너무 어두워 준거가 잘 보이지 않으면 준거를 찾는 과정에서 물체가 움직이는 것처럼 보일 수 있다. 어두운 밤에 묘지에 갔다가 도깨비불이 날라 다니는 것을 봤다는 옛사람들의 말도 이러한 자동운동의 결과일 가능성이 높다.

3. 우리가 아름다운 소리를 듣게 되는 과정

인위적으로 소리를 차단하지 않는다면 우리는 한순간도 소리 없이 지내는 것이 불가능하다. 그중에는 차의 경적소리, 공사현장 소리와 같이 정신적인 스트레스를 유발하는 소음도 있지만 아기의 웃음소리나 멋진 음악과 같이 마음을 편하게 해주고 즐겁게 해주는 소리도 있다. 그렇다면 우리는 어떻게 소리를 듣게 되는 것일까?

1) 귀의 구조

우리가 친구가 부르는 소리를 듣기 위해서는 [그림 3-12]와 같이 소리의 전달과 관련된 다양한 기관들이 작동해야 한다. 먼저 친구가 부르는 소리가 음파의 형태로 귀를 통과하여 고막을 자극하는데 이때 고막이 음파에 의해 흔들리면서 소리를 증폭하며 그것에 붙어있는 침골, 추골, 등골 등을 통해 소리를 내이로 전달하게 된다. 침골, 추골, 등골의 움직임은 바로 뒤에 있는 달팽이관(또는 와우각)의 앞부분에 있는 난원창을 자극하게 되는데 난원창이 움직이면 달팽이관을 채우고 있는 액체도 함께 움직여 달팽이관의 기저막에 붙어있는 청신경의 신경섬유인 유모세포의 활동을 일으키게 된다. 이 유모세포의 활동은 청신경을 통해 우리 뇌의 측두엽에 있는 청각피질에 정보를 전달하여 우리가 소리를 들을 수 있게 된다.

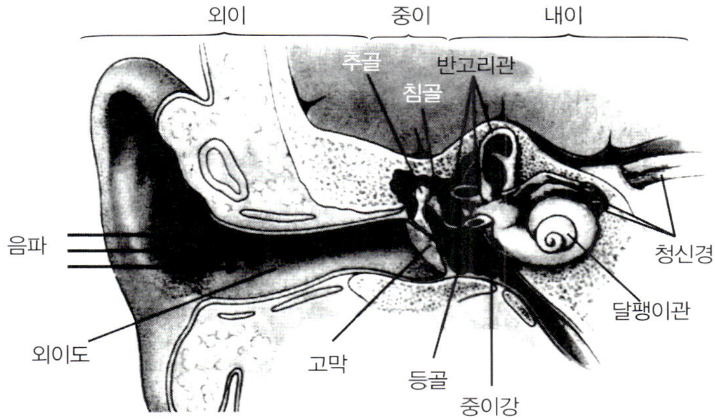

그림 3-12 | 소리는 듣게 되는 과정

소리는 공기를 통해 전달되기도 하지만 우리 얼굴에 있는 뼈를 통해 전달되기도 한다. 즉, 우리가 말을 하고 있을 때 그 소리를 귀를 통해 자신도 듣게 되고 얼굴에 있는 뼈를 통해 직접 전달되기도 한다. 자신의 목소리를 녹음해서 들어보면 낯설게 느끼지는 이유는 이렇게 다양한 경로로 소리가 전달되기 때문이다.

2) 소리의 음고와 위치를 어떻게 알아차리나

사람들의 말소리부터 시작하여 공사장에서 들리는 소음까지 우리 주변에는 무척 다양한 소리가 존재한다. 이러한 소리들의 물리적 진동수인 주파수는 음고(pitch) 같은 주관적 감각을 일으키지만 소리의 주파수가 음고와 일대일의 관계를 보이는 것은 아니다. 예를 들어, 피아노의 중간 C음은 261.6Hz이며 한 옥타브 위의 C음은 523.2Hz로 주파수가 두 배이지만 우리가 느끼는 음고는 두 배로 느껴지지 않는다. 그렇다면 물리적 진동인 주파수를 우리 청각시스템이 어떻게 음고로 지각하게 되는지를 알아보도록 하자.

음고에 대한 가장 대표적인 이론은 장소이론(location theory)과 빈도이론(frequency theory)이다. 헬름홀츠(Helmholtz)에 의해 제안된 장소이론은 [그림 3-13]에서 보는 것처럼 달팽이관에서 활성화되는 청신경의 위치에 따라 음고가 결정된다는 이론이다. 즉, 소리의 주파수가 높으면 달팽이관의 앞부분에 있는 청신경이 최대 활동을 보이는 데 비해 주파수가 낮으면 뒷부분에 있는 청신경이 최대 활동을 보인다는 것으로 나중에 본 베케시(von Bekesy)에 의해 증명되었다. 그에 비해 빈도이론은 러더포드(Rutherford, 1886)에 의해 제안되고 위버(Weaver, 1949)에 의해 수정된 이론으로 청신경의 발화빈도에 의해 음고가 처리된다는 것이다. 즉, 청신경이 동시에 활동하면 저음으로 지각되는 데 비해 시간차를 두고 활동하면 고음으로 지각된다고 가정한다. 그러나 빈도이론은 인간의 가청 주파수가 20000Hz까지인데도 청신경의 소리에 대한 반응은 4000Hz 이상 일어날 수 없다는 사실 때문에 비판을 받았다. 현재 고음은 장소이론의 주장처럼 달팽이관의 앞부분에 있는 청신경의 활동에 의해 처리되지만 저음은 빈도이론의 주장처럼 여러 청신경이 동시에 활동함으로써 처리되는 것으로 알려져 있다.

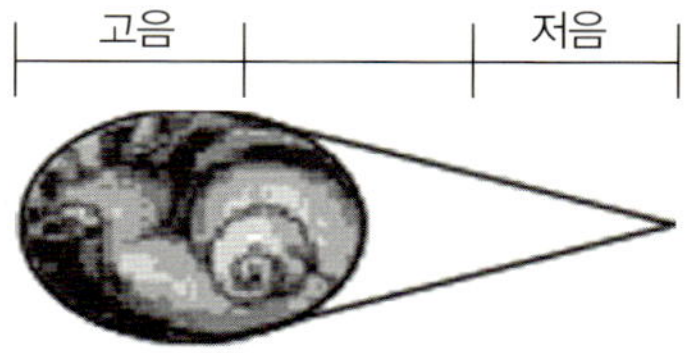

그림 3-13 | 달팽이관의 위치에 따른 음고의 처리

음고 만이 아니라 사람의 두 귀는 15cm 가량 떨어져 있어 소리를 듣는데 0.0000027초 정도 차이를 보이며 이러한 차이에 의해 우리는 소리의 위치를 판단한다. 실제로 소리의 위치를 잘 모를 때는 머리를 여기저기로 돌리는데 이것은 소리가 들리는 시간의 차이에 의해 소리의 위치를 판단하기 위해서이다. 우리가 자주 접하는 영화의 입체음향도 이러한 소리의 위치를 인식하는 인간의 청각능력에 바탕을 두고 있다.

연령에 따른 청각능력의 저하는 왜 일어나나?

나이가 들면 인지기능뿐 아니라 청각이나 미각능력도 함께 떨어지게 된다. 그렇다면 나이가 들면서 청각능력이 떨어지는 이유는 무엇 때문일까? 가장 먼저 생각해볼 수 있는 원인은 청신경을 비롯한 청각과 관련된 기관의 노화이다. [그림 3-14]에서 볼 수 있듯이 나이가 들면 청력이 쇠퇴하는데 특히 고음을 처리하기 위한 기능이 떨어져 자음보다 모음을 인식하는 데 어려움을 보이며 그로 인해 말을 제대로 알아듣지 못한다. 그렇기 때문에 노인들은 성인보다 고음인 아이들의 목소리를 잘 알아듣지 못한다. 특히 청각능력이 떨어지기 시작하면 가까이에서 말하더라도 잘 알아듣지 못할 뿐 아니라 정서적으로도 예민해지고 대인관계가 위축되는 경향을 보일 수 있다.

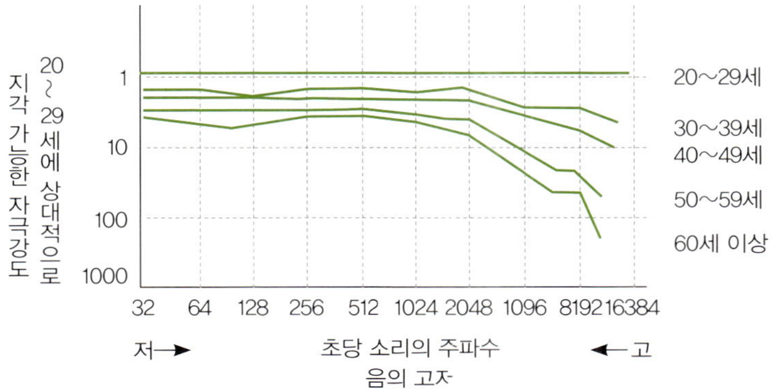

그림 3-14 | 주파수에 따른 연령별 지각 가능한 자극강도

청각능력이 떨어지는 것은 노화로 인한 생물학적 기능의 저하가 가장 큰 원인이지만 소음에 대한 반복된 노출도 원인의 하나라고 볼 수 있다. 예를 들어, 로젠 등(Rosen et al., 1962)에 따르면 소음에 대한 노출이 거의 없는 남태평양의 마반족의 경우 50대 남자들의 청력이 소음에 대한 노출이 심한 미국의 뉴욕에 사는 미국 남자 20대의 청력과 유사하다고 한다.

3) 음악은 우리 마음에 어떤 영향을 미칠까

음악은 언어와 함께 청각을 통해 전달되는 대표적인 정보로서 인간의 행동에 많은 영향을 미친다. 음악은 슬픔이나 기쁨 등 다양한 감정을 유발할 수 있고 특정한 방식으로 인간의 행동을 변화시키는 것이 가능하기 때문에 치료나 마케팅의 도구로 사용되는 경우가 많다. 여기에서는 음악에 대한 심리학적 해석과 우리 생활에 음악이 어떻게 활용되고 있는지 살펴보도록 한다.

(1) 음악을 들으면 왜 즐거울까

음악의 가장 중요한 효과 중 하나는 듣는 사람의 감정에 영향을 미친다는 것이다. 같은 소리라도 공사장의 소음은 부정적인 감정을 일으키는 데 비해 좋아하는 음악은 긍정적 감정을 일으키는데 그 이유는 무엇 때문일까? 한 가지 이유는 인간이 환경자극으로부터 규칙성을 찾아내고자 하기 때문이다. 예를 들어, 아기들도 규칙적으로 반복되며 낮은음에 잘 반응하므로 아기를 달랠 때 효과적이며 신생아실에서 미숙아에게 조용한 음악을 틀어주면 체중이 빨리 증가한다는 연구도 보고되었다. 이렇게 인간은 자연스럽게 연결되어 있는 음을 선호하며 그렇기 때문에 여러 주파수를 가진 소리가 무작위로 섞여있는 소음과 달리 소리가 규칙적으로 잘 배열되어있는 음악을 더 좋아하는 것으로 보인다. 특히 인간은 시각자극과 마찬가지로 청각자극도 지각적으로 체제화하여 받아들이려는 경향이 있으며 그렇기 때문에 소음보다 음악을 더 선호한다(Bregman & Campbell, 1971). 그러나 같은 음악이라도 연령에 따라 취향에 따라 좋아하는 음악이 다르며 좋아하지 않는 음악을 듣는 것을 싫어한다. 이렇게 같은 음악이라도 사람마다 좋아하는 음악이 다른 이유는 무엇 때문일까? 물론 다양한 원인이 있겠지만 가장 큰 이유는 음악에 대한 경험과 문화적 배경의 차이 때문일 가능성이 크다. 단순노출에 대한 제이언스 등(Zajonc, Shaver, Travris, & Van Kreveld, 1972)의 연구에서 볼 수 있듯이 어떤 자극이든 자주 접하게 되면 그 자극에 대한 호감이 증가하기 때문에 매스컴이나 음반을 통해 자주 접촉했던 음악을 선호하는 경향이 있으며 이러한 선호경향이 나이가 들어도 유지된다. 또한 프랑스의 사회학자인 부르디외(Bourdieu)는 문화적 경제적 배경이 인간의 행동에 무의식적으로 영향을 미치며 음악에 취향에도 그러한 배경이 영향을 미친다고 주장하였다. 음악을 이해하고 좋아하기 위해서는 교육과 비용이 요구되는 고급취향의 음악과 누가 들어도 이해하고 감정을 불러일으키기 쉬운 대중음악은 선호하는 계층이 다를 수밖에 없다. 물론 이러한 설명이 음악에 대한 선호를 모두 설명하지는 못하지만 음악에 대한 선호의 차이를 이해할 수 있는 한 가지 방법이다.

(2) 음악적 능력은 어떻게 발달하는가

음악을 학습할 수 있는 능력은 학자들에 따라 다양하게 정의되는데 고든(Gordon, 1986)은 '음악적 잠재력(musical aptitude)'이라는 용어를 사용한다. 고든(1986)에 따르면 음악적 잠재력은 인지능력과 매우 유사하다. 첫째, 모든 유아가 어느 정도의 지능(IQ)을 가지고 태어나듯 누구나 어느 정도의 음악적 잠재력를 가지고 태어나며 음악적 잠재력의 개인차는 지능과 마찬가지로 정상분포를 보인다. 즉, 68%의 유아는 평균적인 음악적 잠재력을 지니고 태어나며, 16%는 평균 이상, 16%는 평균 이하의 잠재력을 가지고 태어난다는 것이다(Gordon, 1990) 둘째, 음악적 잠재력은 피아제의 인지발달단계처럼 일련의 단계를 거쳐 발달한다. 유아가 음악을 배우는 과정은 언어를 배우는 과정과 유사하며 말하고, 듣고, 읽고, 쓰기 위해서는 언어적 사고능력이 필요하듯이 음악을 듣고, 연주하고, 쓰기 위해서는 음악적 사고능력이 있어야 하며 이것을 '오디에이션(audiation)'이라고 한다. 유아들은 다양한 음악활동들을 통해 오디에이션을 발달시키며 음악적 잠재력의 발달은 피아제의 인지발달이론에 근거하여 설명되고 있다. 가령, 음악적 잠재력은 리듬이나 음높이와 같은 청각적 정보의 보존능력과 관련되어 있으며(Norton, 1980), 아동들의 박자개념은 연령에 따라 발달하므로 형식적 조작기인 11세경이 되어야 박자 간의 관계를 이해할 수 있다(Jones, 1976).

음악적 재능은 선천적인가?

천재 음악가 모차르트의 어릴 적 일화를 보면 아버지를 따라 교회에 갔다가 그 곳에서 연주된 그레고리오 알레그리의 9성부 합창곡 '나를 불쌍히 여기소서'를 딱 두 번 듣고는 전곡을 그대로 오선지에 옮겼다고 한다. 모차르트뿐 아니라 바흐의 가계도 명곡을 남긴 작곡가들이 많고 세계적으로 유명한 연주가나 작곡가들 중에서 유대인의 비율이 유독 높은 것도 음악적 재능이 타고난 것이라는 생각을 하게 한다. 그러나 일반인들의 이런 생각과 달리 토스카니처럼 음악과 무관한 가족에서 유명한 음악가로 성장한 경우도 있고, 유명한 음악 콩쿠르에서 입상해서 음악가로 출세하는 것이 러시아에서 유태인들이 주거제한을 벗어날 수 있는 유일한 길이었기 때문에 유태인 중에 음악가들이 특히 많았다는 분석도 있다. 그렇다면 더 중요한 것은 음악적 재능을 어떻게 측정하느냐 하는 것이다. 음악적 재능을 정확하게 측정하는 방법이 있다면 음악적 재능이 선천적인지 후천적으로 길러지는지에 대해 분명한 결론을 내릴 수 있을 것이다.

음악적 재능은 직접 측정하기 어려운 내적 능력이기 때문에 대부분 일정한 기준에 의한 실험을 근거로 한 경험적 결과에 기초하여 측정된다. 즉, 이워트(Ewert, 1970)는 음악적 재능의 기준으로 뛰어난 음악적 능력, 조숙한 음악적 능력, 신속한 음악적 능력을 제안하고 있다. 뛰어난 음악적 능력이란 동일한 음악 학습활동 예를 들어, 시창, 청음, 악기연주에서 어떤 개인이 같은 조건의 다른 학습자보다 더 우월한 수행을 보이는 것을 말하고, 조숙한 음악적 능력이란 동일한 음악활동에서 어떤 개인이 동년배보다 뛰어난 능력을 보이는 것을 말하고, 신속한 음악적 능력이란 동일한 학습활동에서 다른 학습자에 비해 더 빠른 학습능력을 보이는 것을 말한다. 그러나 이워트(1970)의 기준은 주관적이기 때문에 특정한 개인이 얼마나 음악적 재능이 있는지를 판단하기 쉽지 않다. 클라이넨(Kleinen, 1986)은 음악적 재능이란 용어가 특정한 능력이 개인에게 있는지 여부를 판단하는 것이기 때문에 학문적 개념으로 적절하지 않다고 지적하고 음악적 재능이란 음악적 행동으로 나타나는 개인의 잠재적 혹은 발달되어진 능력의 한계를 나타나는 것으로 일반적으로 인간의 보편적 잠재능력을 지칭하는 천재성과는 다른 개념이라고 지적하고 있다.

이러한 제약에도 불구하고 음악적 재능을 측정하기 위한 표준테스트를 개발한 사람은 시쇼어(Seashore, 1938)로 《음악적 재능 측정방법》이라는 책에서 음고, 음장, 음색, 강약, 리듬에 대한 감각적 구별능력을 음악적 재능의 지표로 제안하였다. 여기서 시쇼어가 말하는 '재능'은 훈련에 의해 개발되는 것이 아니라 소리를 예민하게 듣는 선천적인 재능을 말한다. 음악적 재능이 선천적이라는 증거로 선천적으로 음악적 재능이 있는 사람은 절대음감을 가지고 있다고 주장하는 학자들이 있다. 절대음감이란 어떤 음이라도 들려주면 금방 음의 높이를 알아내는 절대음고(absolute pitch) 지각능력이라고 할 수 있는데, 미야자키(Miyazaki, 1989)의 연구에 따르면 절대음감을 가진 사람은 소리의 음고를 매우 빠르고 정확하게 판단하지만 그 수가 매우 적으며 3~5세에 조기음악교육을 경험한 사람들이 많아서 선천적인 능력이라기보다 후천적 교육의 결과일 가능성이 높다. 즉, 절대음감을 소유하려면 어릴 때부터 체계적으로 음악을 들어야만 하며 음악가로 성공하기 위해서는 선천적 능력뿐 아니라 어릴 때 이루어지는 음악교육의 영향이 매우 크다.

(3) 음악이 우리 생활에 미치는 영향

광고에 미치는 음악의 효과 우리는 TV나 라디오의 광고를 통해 다양한 제품에 대한 정보를 전해 듣는다. 제품에 대한 광고에서 빠지지 않는 것은 바로 음악으로 광고음악을 통해 많은 사람들이 특정한 제품에 대한 이미지를 떠올리고 제품을 구매하게 된다. 그렇다면 음악의 어떤 효과 때문에 광고에서 음악이 자주 사용되고 있을까? 첫째, 광고가 효과를 보이려면 청중의 주의를 끌어야 하는데 음악은 주의를 끄는데 매우 효과적이며 다른 광고 요소보다 광고 메시지에 대한 소비자의 반발을 감소시킬 수 있다는 장점도 가지고 있다. 즉, 소비자는 직접적 광고 메시지에 반발하는 경향이 있는데 음악과 함께 전달하면 음악에 주의를 기울이게 되고 이러한 반발경향이 감소하게 된다. 둘째, 음악은 고전적 조건형성과정을 통해 광고 메시지에 대한 긍정적인 인상을 형성하도록 도울 수 있다. 광고에서 사용되는 음악은 많은 사람들에게 긍정적인 감정을 불러일으킬 수 있는 것이 조심스럽게 선택되는데 긍정적 감정을 일으키는 음악과 광고 메시지가 반복해서 소비자에게 전달되면 음악이 주는 긍정적 감정이 광고 메시지와 연합되어 광고 메시지에 대해서도 긍정적 감정을 느끼게 된다. 이 과정은 고전적 조건형성에 의해 학습과정과 동일하며 인간뿐 아니라 동물에 대해서도 강력한 효과를 발휘한다. 셋째, 음악은 광고 메시지를 기억시키는데 효과적이다. 기억술(mnemonic)에서도 음악의 리듬이 정보를 기억하는데 효과적인 것으로 보고 있는데 한 연구에서 헨델의 음악을 들려주면서 음악에 맞춰 어휘를 제시하거나 음악 없이 어휘를 기억하도록 하였을 때 음악에 맞춰 어휘를 제공하였을 때 더 기억효과가 우수하였다. 이러한 결과가 관찰된 것은 음악이 광고 메시지와 연합되어 기억을 재생하는 단서로 기능하기 때문으로 보이며 기능성 자기공명영상(fMRI)을 사용한 연구에서도 광고음악을 들었을 때 기억의 재생활동이 활발하게 일어남을 발견하였다.

음악이 구매행동에 미치는 효과 수퍼마켓이나 백화점 같이 대규모 매장뿐 아니라 커피숍이나 패스트푸드점 같은 소규모 매장에서도 늘 음악이 들려온다. 이렇게 매장에서 음악을 틀어주는 것은 소비자를 즐겁게 해주려는 목적만 있는 것이 아니라 음악이 소비자의 구매행동에 영향을 미치기 때문이다. 슈퍼마켓이나 백화점 이용자들은 대부분 특별한 사전 계획 없이 구매행위에 나서고, 특히 여성은 충동구매 경향이 높다. 따라서 고객들이 매장에 머무는 체류시간이 길면 길수록 매상이 높아지는데 음악은 고객의 매장 체류시간에 영향을 미친다.

소비자 행동에 가장 큰 영향을 미치는 변수는 음악의 빠르기로 밀리만(Milliman, 1986)의 연구에 따르면 느린 템포의 음악일수록 소비자들의 매장 체류시간이 늘어난다. 즉, 느린 템포의 음악과 빠른 템포의 음악을 들려주었을 때를 비교하니 매장의 한 지점에서 다른 지점으로 이동하는 데 소요되는 시간이 각각 127초와 108초로 차이를 보였으며 매출액도 각각 16,740달러와 12,112달러로 차이를 보였다. 식당에서는 느린 템포의 음악을 틀어주면 식사시간이 길어지고 음료수 주문도 늘어나며, 빠른 템포의 음악을 틀어주면 음식을 빨리 씹게 되어 짧은 시간 내에 식사를 마치게 할 수 있다. 식사속도가 빨라지면 좌석의 회전율은 높아지는 대신에 손님당 매상은 적어진다. 따라서 패스트푸드 식당에서는 빠른 템포의 음악, 풀코스의 정식을 갖춘 고급 레스토랑에서는 느린 템포의 음악을 사용한다. 백화점에서도 세일 기간 중에는 매장 회전율을 높이기 위해 빠른 템포의 음악을 튼다. 음악의 빠르기 같은 양적 속성뿐 아니라 음악의 분위기와 같은 질적 속성도 구매행동에 영향을 미친다. 가령, 와인 매장에서 클래식과 팝 음악을 틀어주었더니 팔린 와인의 수에는 차이가 없었으나, 클래식을 틀었을 경우에 더 고급 와인이 팔리는 경향을 보였다.

음악을 통한 심리치료 음악치료는 학문적으로는 미국에서 시작되었지만 주술적인 음악과 함께 치료를 하던 무당들도 일종의 음악치료를 한 것으로 본다면 인류의 역사와 함께 시작되었다고 할 수 있다. 무당들이 굿을 할 때 북과 징을 두드리는 것은 환자의 심리상태에 영향을 줄 수 있었을 것이다. 음악치료가 본격적으로 발전되기 시작한 것은 제2차 세계대전 후 전쟁에서 귀환한 병사의 심신을 치료하기 위해서였으며, 90년대 이후에는 음악을 환자의 공포감이나 우울증 그리고 통증을 덜어주는 심리치료의 보조수단으로 사용되고 있다. 현재의 음악치료는 행동수정을 위해 사용하는 행동주의적 음악치료, 환자가 자신의 긍정적 자아를 찾고 잠재력을 표현하도록 강조하는 인본주의적 음악치료, 환자가 자신의 무의식을 탐색하도록 하고 전이를 유도하기 위해 음악을 사용하는 정신분석적 음악치료, 음악이 뇌기능에 미치는 영향을 통해 불안과 스트레스를 통제하는 생물학적 음악치료 등이 알려져 있다.

음악치료에서는 환자에게 처방된 음악들을 들려주는 수동적인 음악치료 방법을 사용하기도 하지만 즉흥연주나 노래 부르기와 같은 적극적인 음악치료 방법이 더 많이 사용된다. 수동적인 음악치료에서는 대개 환자의 심리상태와 비슷한 분위기의 음악을 틀어 환자의 마음을 열게 한 다음 정반대 성격의 음악을 들려주어 정서를 변화시키고 수용할 수 있는 분위기를 조성한다. 환자는 음악치료를 통해 내부에 쌓여있던 감정을 외부로 표출할 수 있어 증상을 완화시킬 수 있다. 또한 음악은 사람을 흥분시키거나 안정시키는 능력이 있으므로 환자의 정서상태에 따라서 그에 적절한 음악을 처방할 수 있다. 적극적인 음악치료에서는 노래 부르기와 같은 방법도 사용되지만 환자가 직접 북이나 방울 등 비교적 쉬운 악기를 연주하는 즉흥연주가 더 많이 사용된다. 즉흥연주의 목표는 치료대상자를 즉흥연주 과정에 참여시켜 음악에 대한 치료대상자의 반응이 치료 경험의 중심이 되게 하기 위해서이다. 이때 음악은 치료과정에서 자극과 반응 매개체를 제공하여 환자의 치료적 성장에 동기를 부여하고 긍정적인 영향을 미치는 주요한 수단으로 사용된다. 음악이라는 틀을 통해 자신의 내부경험을 표출할 수 있고, 그것이 치료사로부터 인정을 받을 때 이런 음악치료의 경험은 즐거운 경험이 되고 보다 나은 삶으로 도약을 하기 위한 토대가 될 수 있다.

음악치료가 효과를 보이는 이유

음악치료는 남성보다 여성에게, 성인이나 유아보다 청소년에게 효과가 큰 것으로 알려져 있다. 또한 음악치료는 우울증이나 조현병 환자를 대상으로 이루어지는 경우가 있지만 건강한 사람도 음악을 통해 스트레스를 완화시킬 수 있고 만성적 질병을 가진 사람의 경우에는 음악은 기분을 변화시키고 자아에 힘을 주므로 효과이다.

그렇다면 음악은 어떠한 치료적 효과를 가지고 있을까? 첫째, 음악은 다양한 음고를 포함하고 있으며 높은 음은 자극을 일으키고 낮은 음은 이완을 일으키기 때문에 음고의 변화를 통해 긴장과 이완을 유도할 수 있다. 둘째, 음악은 음의 강도에서 다르며 음의 강도는 정서나 기분에 영향을 미칠 수 있다. 즉, 외부환경에 대한 통제력이 떨어진 신체장애자에게 북을 치도록 하여 강도 높은 소리를 내도록 하면 자신감을 가지도록 하는데 도움이 될 수 있다. 셋째, 음색은 악기나 사람의 음성 등 다양한 소리를 구분하는 역할을 하므로 음악치료에서 음색의 구분은 주변 환경에 대한 관심을 일깨우거나 다양한 소리를 구분하는 훈련을 통해 인지능력을 향상시킬 수 있다. 넷째, 음악에 포함된 화성은 협화음과 불협화음으로 구분되며 화성을 통해 긴장과 이완을 유도할 수 있으며, 노래를 부르거나 악기를 연주할 때 화성을 활용하면 더 즐거운 음악경험을 하도록 유도하여 환자에게 자신감과 만족감을 가져올 수 있다. 다섯째, 리듬은 규칙적으로 반복되는 박자나 음의 흐름을 의미하며 리드미컬한 음은 사람의 운동기능을 향상시키고 기분도 향상시키는 효과가 있다. 여섯째, 가사는 정서를 이완시키고 기억을 활성화하는 효과를 가지고 있다. 가사는 이미 만들어진 것을 활용하거나 즉흥적으로 만들어 기존의 음악에 붙여 사용할 수 있는데 즉흥적인 가사는 자신의 내면세계를 반영하는 수단이 될 수 있고 과거에 즐겨 들었던 노래의 가사는 과거의 기억을 회상하는데 도움을 주기 때문에 치매환자들에게 도움이 되기도 한다.

4. 우리가 세상을 지각하는 방식

우리는 주변세계에서 들어오는 감각자극을 그냥 받아들이지 않고 자신에게 의미 있는 것으로 해석하여 받아들인다. 즉, 우리는 세상을 있는 그대로 보기보다 우리가 보고 싶은 방식으로 지각하고 있다고 할 수 있다. 그렇다면 우리는 세상을 어떻게 지각하고 있는지 알아보자.

1) 우리는 보고 싶은 것만 본다

우리가 살고 있는 세계는 수많은 사물이 존재하고 다양한 사건들이 일어나는 복잡한 곳이다. 그만큼 우리는 자극의 홍수 속에서 살아가고 있으며 그러한 자극 중에는 우리의 생존에 도움이 되는 것도 있고 그렇지 않은 것도 있기 마련이다. 따라서 우리는 자극들 중에서 우리에게 도움이 되는 것만을 선택적으로 볼 수밖에 없다. 그렇다면 어떻게 그런 일이 가능할까? 우선 우리는 원하는 자극에 선택적 주의를 기울일 수 있는 능력이 있으며 우리가 경험하는 세계는 이러한 선택적 주의에 의해 결정된 것이다. [그림 3-15]에 있는 네커 큐브(Necker cube)를 보면 어느 꼭지점에 선택적 주의를 기울이냐에 따라서 오른쪽에 있는 그림처럼 어느 한 가지로 보이게 되며 두 그림이 한 번에 보이는 경우는 없다.

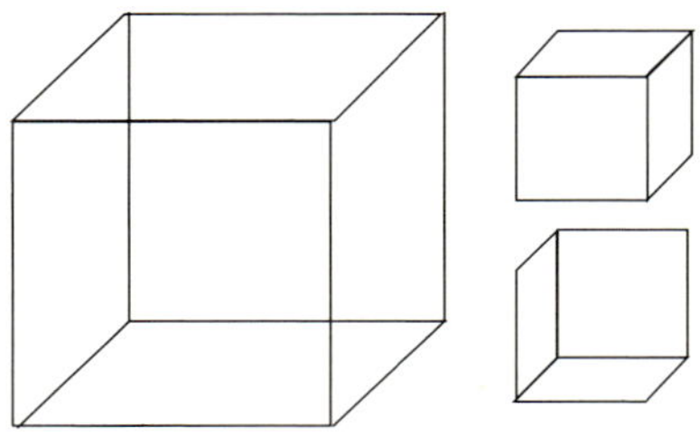

그림 3-15 | Necker cube

또한 선택적 주의만큼 중요한 것은 우리는 원하는 것을 보기 위해 그 밖의 다른 정보를 차단할 수 있다는 것이다. 흔히 "칵테일 파티 효과"라고 불리는 현상은 칵테일 파티에서 소음을 측정해 보면 대화 목소리의 크기보다 소음의 크기가 훨씬 큰데도 우리가 대화를 잘 이끌어나가는 것을 말하는데, 이것은 우리가 불필요한 정보를 차단하는 능력이 뛰어나다는 점을 보여준다. 이렇게 주의가 주어진 것만을 경험하고 그렇지 않은 것을 차단하는 이유는 특정한 순간에 인간이 의식할 수 있는 것에 한계가 있기 때문이다. 예를 들어, 코가 눈 사이에 있다든지 발로 신발을 누르고 있다는 것을 일일이 의식하면서 살기는 어렵다. 물론 주의를 기울이지 않았더라도 우리는 다양한 경로를 통해 들어온 자극에 어느 정도 반응할 수 있다. 가령, 시를 따라 읽는 동안 다른 쪽 귀에 친한 사람의 이름을 아주 작게 들려주더라도 그 소리를 쉽게 찾아낸다.

2) 우리는 세상에 의미를 부여한다

우리가 주변세계에서 받아들인 엄청나게 복잡한 자극들을 의미 있는 것으로 지각하기 위해서는 그것을 의미 있는 형태를 가진 것으로 조직화해야 한다. 이러한 조직화 과정을 체계적으로 연구한 학자들은 형태주의(Gestalt) 심리학자이며 그들은 우리가 세상을 볼 때 그것을 구성하는 요소들의 합으로 지각하는 것이 아니라 요소들을 의미 있는 단위로 조직화하여 지각한다고 보았다. 또한 게스탈트 심리학자들은 사람들이 자극들을 의미 있는 단위로 조직화하는 일반적 원리를 제시하였다.

(1) 전경과 배경의 분리

우리가 어떤 물체를 지각하기 위해서는 그 물체를 배경과 분리하여 지각해야 하는데 물체가 지각되면 물체는 배경과 구분되어 전경으로 지각된다. [그림 3-16]의 역전가능도형을 보면 모자를 쓴 젊은 여성으로 보이기도 하고 늙은 할머니 같이 보이기도 하는데 이러한 역전가능도형은 전경-배경 원리를 잘 보여줄 뿐 아니라 자신의 지각과정의 변화를 현상학적으로 관찰할 수 있게 해준다는 점에서 흥미롭다.

그림 3-16 | 역전가능도형

즉, 같은 형태라도 두 가지 이상의 지각경험을 할 수 있음을 보여주는 역전가능도형은 우리의 형태지각이 윤곽을 결정짓는 데서 끝나지 않고 형성된 윤곽을 의미 있는 대상으로 구성하는 능동적 과정임을 보여준다.

(2) 지각체제화원리(perceptual organization principle)

형태주의 심리학자들은 인간이 주변세계의 자극들을 의미 있는 것으로 지각하는 과정에 작용하는 일반적인 지각원리로 [그림 3-17]에 있는 지각체제화원리를 제안하였다. 즉, [그림 3-17]에서 볼 수 있듯이 근접성(proximity)은 서로 가까이 있는 것끼리, 유사성(similarity)은 비슷한 모양끼리, 좋은 연속성(good continuation)은 매끄러운 선으로 연결되는 일련의 점들끼리, 공통운명(common fate)은 동일한 방향으로 움직이는 것끼리 조직화되어 지각되는 경향을 보인다. 이러한 지각체제화의 원리는 실제 상황에서 한 가지 이상이 동시에 작용하는 경우가 있고 어떤 경우에는 서로 충돌하는 경우도 있다.

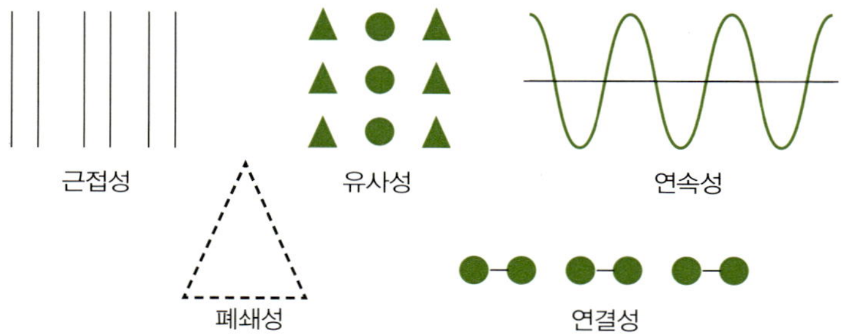

그림 3-17 | 지각체제화원리

3) 우리는 삼차원적 세상을 어떻게 지각할 수 있을까

우리가 평소에 느끼지 못하는 놀라운 사실은 눈의 망막에 맺히는 이미지는 이차원인데도 불구하고 우리는 삼차원적 세상을 지각하고 있다는 점이다. 게다가 이차원 이미지가 거리나 움직임에 따라 계속 변화되는데도 불구하고 우리가 지각하는 삼차원 이미지에는 큰 변화가 생기지 않는다. 어떻게 이런 것들이 가능할까? 망막의 이차원 이미지와 세상에 대한 삼차원 지각 간의 관계에 대한 설명은 철학에서 많은 논쟁이 이루어져 온 주제이기도 하다. 관념론에서는 인간이 세상을 삼차원으로 지각하는 능력이 선천적인 것이라고 보는데 비해 경험론에서는 실생활의 경험에서 얻어지는 것으로 본다.

세상에 대한 삼차원적 지각이 경험 때문이라고 보는 경험론의 입장을 지지하는 대표적 증거는 인간이 거리에 대한 경험적 단서를 이용하여 세상을 삼차원적으로 지각한다는 것이다. 즉, 단안단서(monocular cue) 또는 회화적 단서(pictorial cue)는 우리가 한쪽 눈만으로 세상을 볼 때도 거리감을 느끼도록 해주는 단서이다. 회화적 단서란 르네상스 시대 화가들이 그림의 입체감을 표현하기 위해 사용하였던 단서를 의미하며 인간은 이러한 회화적 단서에 대한 경험을 통해 물체와의 거리감을 지각하게 된다. 예를 들어, [그림 3-18]에서 겹쳐진 도형은 겹친 도형보다, 결 밀도가 높은 부분은 낮은 부분보다, 상대적인 높이가 더 높은 물체는 낮은 물체보다 더 멀리 있는 것으로 보인다.

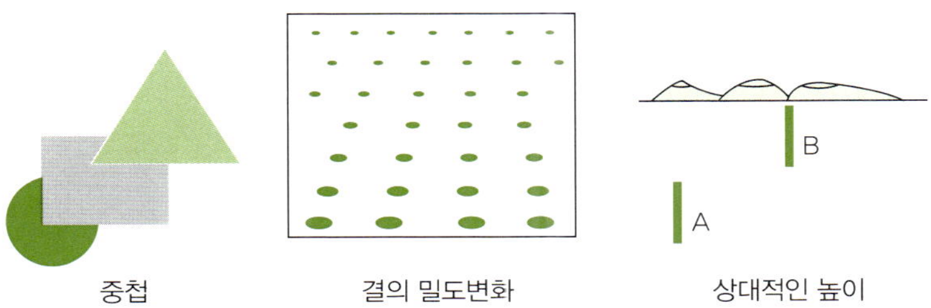

그림 3-18 | 회화적 단서의 예

그러나 회화적 단서 같은 단안단서와 달리 양안단서(binocular cue)는 세상을 삼차원으로 지각하는 능력이 선천적이라는 관념론의 입장을 지지하는 증거이다. 양안단서란 인간이 두 눈을 가지고 있기 때문에 생기는 것으로 같은 물체를 보더라도 두 눈이 서로 다른 상을 보기 때문에 나타나는 양안부등(binocular disparity) 현상이 대표적이다. 즉, 양안부등 단서로 인해 우리는 두 눈이 보는 이미지가 같을수록 멀리 있는 물체로 지각하는데 비해 두 눈이 보는 이미지가 다를수록 가까이 있는 물체로 지각하는 경향을 보인다. [그림 3-19]에서도 양안부등 때문에 엄지에 초점을 맞추면 깃발이 두 개로 보이고 깃발에 초점을 맞추면 엄지가 두 개로 보인다.

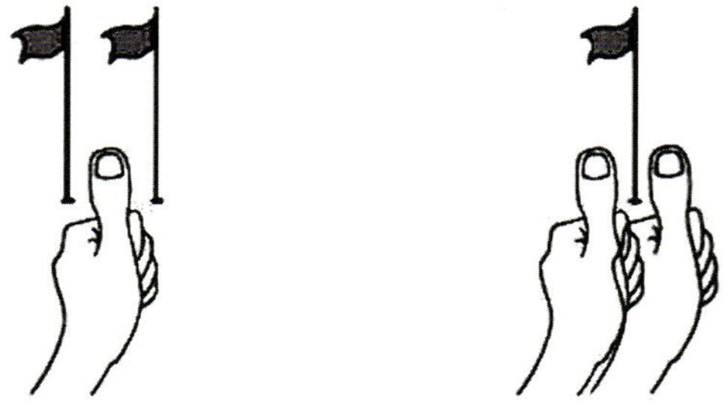

그림 3-19 | **양안부등 현상의 사례**

양안단서의 다른 사례는 수렴(convergence) 현상으로 [그림 3-20]과 같이 우리가 멀리 떨어진 물체를 볼 때는 안구근육이 이완되고 가까운 물체를 볼 때는 긴장되는 경향을 보인다. 그래서 어떤 물체를 볼 때 근육이 긴장된다면 가까이 있는 물체로 인식하고 근육이 이완되어 있다면 멀리 떨어진 물체로 인식한다.

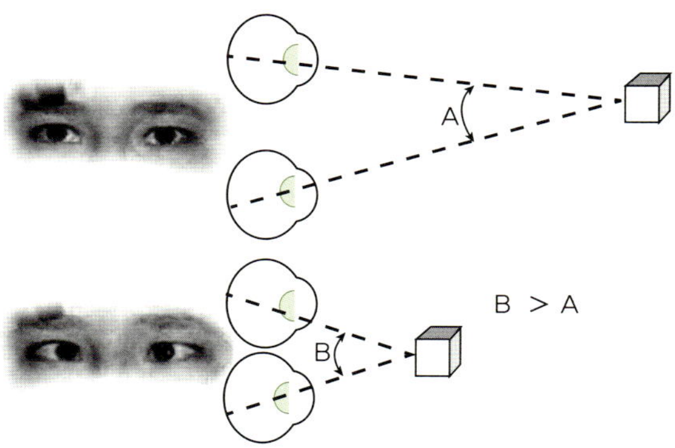

그림 3-20 | **수렴현상**

그러나 우리가 거리를 지각하는 것은 단안단서나 양안단서에만 의존하는 것은 아니며 운동시차나 생물학적 요인도 거리지각에 관여하고 있다. 우리가 버스나 기차를 타고 갈 때 멀리 있는 산은 천천히 움직이지만 가까운 가로수는 빠르게 시야에서 움직이는데 이것을 운동시차(motion parallax)라고 한다. 운동시차를 통해 우리는 시야에서 빠르게 움직이는 물체는 가까이 있는 것으로 지각하고 시야에서 천천히 움직이는 물체는 멀리 있는 것으로 지각한다. 한편 클락 등(Clark, et al., 1978)은 뇌에서 물체의 거리정보에 반응하는 세포를 발견하였다. 이러한 결과들을 볼 때 거리를 느끼는 인간의 지각능력이 상당 부분 선천적인 것이지만 어느 정도 경험의 영향을 받는 것으로 보인다.

4) 우리는 변화되는 세상을 항상 같은 것으로 볼까

우리는 한번 어떤 물체가 사과라고 지각하면 물체를 보는 각도나 물체와의 거리, 빛의 밝기에 따라 모습이 끊임없이 변화됨에도 불구하고 같은 사과라고 여긴다. 또한 같이 이야기하다가 집에 가는 친구의 모습을 보면 멀리 갈수록 크기도 작아지고 생긴 모습도 잘 보이지 않지만 그 친구를 같은 사람이라고 여긴다. 이것을 모양 항등성(shape consistency)이라고 하는데 어떻게 이러한 항등성이 가능한가? 가장 큰 이유는 우리가 이전에 그런 경험을 해봤기 때문이다. 즉, 멀리 떨어진 자동차는 크기가 작아 보이지만 가까이 오면 사람이 타기 적절한 크기가 되었던 경험을 해보았기 때문에 멀리 있을 때 작아 보여도 사람이 탈 수 있는 크기라고 생각한다. 즉, 거리와 크기가 역비례 관계에 있음을 경험을 통해 알고 있기 때문에 우리는 크기 항등성(size consistency)을 지각할 수 있는 것이다. 가령, 달은 하늘 높이 떠올랐을 때보다 수평선에 걸쳐 있을 때 더 크게 보이는데 이것을 달 착시(moon illusion)라고 부른다. 달착시가 일어나는 것은 [그림 3-21]과 같이 지평선에 있는 거리 단서들을 고려하여 지평선에 있는 달의 크기를 더 크게 보려고 하기 때문에 일어나기 때문이며 여러분이 종이를 말아서 거리단서 없이 달을 보면 갑자기 달이 작게 보인다.

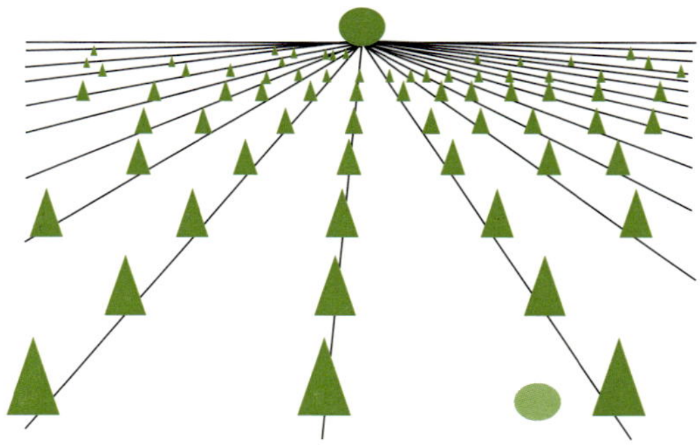

그림 3-21 | 달 착시 현상

항등성이 사전경험 때문에 일어난다는 것을 보여주는 다른 증거로 뮬러-라이어(Muller-Lyer) 착시가 있다. [그림 3-22]의 뮬러-라이어 착시도형을 보면 위아래 직선의 길이는 같지만 화살표가 밖으로 향한 것보다 안으로 향한 쪽이 더 짧아 보인다. 이에 대해 시걸(Segall, Chabris, & Herskovitz, 1966)은 뮬러-라이어 착시가 자신이 살고 있는 환경에 대한 경험 때문에 생겼을 것이라고 설명하고 수직과 수평 건물이 대다수인 도시에 사는 사람이 그러한 건물이 없는 밀림에서 사는 사람에 비해 더 큰 착시를 보일 것으로 예상하였다. 이것은 항등성이 사전경험의 영향을 받고 있음을 보여준다.

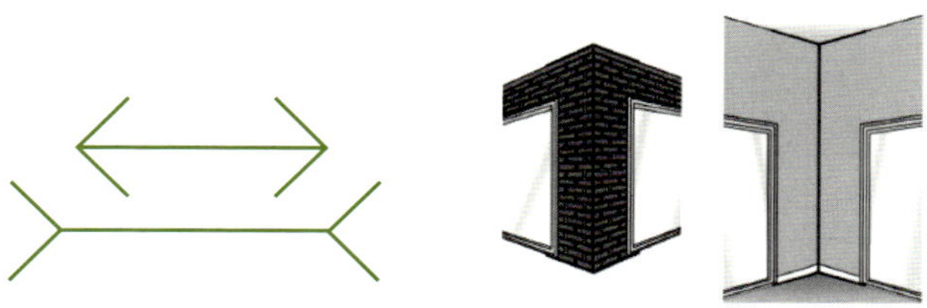

그림 3-22 | 뮬러-라이어 착시

그러나 항등성이 사전경험 때문만으로 인해 나타나지는 않으며 우리 뇌가 항등성을 지각할 수 있도록 적절히 구조화되었기 때문일 수 있다. 예를 들어, 햇빛 아래에서 검은 종이는 흰 종이가 실내에서 반사하는 것보다 100배 이상의 빛을 반사하지만 여전히 검게 보이는데 그것은 대상에서 반사되는 빛과 주변에서 반사되는 빛의 상대적 강도를 우리 뇌가 계산하기 때문이다. 이러한 밝기 항등성(bright consistency)은 항등성이 사전경험에 의해서단 지각되는 것이 아니라 우리 뇌가 그러한 항등성을 지각하도록 구조화되어 있음을 보여준다.

Chapter 04

동기와 행동

1. 동기에는 어떤 것들이 있을까
2. 인간의 다양한 욕구들
3. 성적 동기
4. 호기심 동기
5. 성취동기
6. 동기의 이론

살이 찌는 걸 알면서도 먹는 행동을 억제하지 못하는 사람도 있지만 장애로 인한 어려움을 극복하고 성공하려고 애쓰는 사람도 있다. 이렇게 사람마다 서로 다른 이유로 행동을 하지만 그들의 마음속에는 그 행동을 하도록 유도하는 동기(motive)가 존재하고 있다. 이렇게 동기는 어떤 행동을 할 것인지를 결정하고 그 행동을 일으키며 그것을 지속시키는 심리적 특성을 설명하기 위해 제안된 개념이다(Jones, 1955). 우리가 "저 사람은 왜 저렇게 행동할까?"라는 질문에 대한 답을 찾는 것은 동기를 묻는 것과 같다. 이 장에서는 사람들이 어떤 목표행동을 추구하도록 유도하는 동기에는 어떤 것들이 있는지 먼저 알아보고, 그러한 동기의 근원이 되는 배고픔, 성욕, 호기심, 성취욕구, 등 다양한 욕구들에 대해서 살펴보도록 한다. 끝으로 동기가 어떻게 행동을 일으키게 되는지를 설명한 심리학 이론들을 알아보도록 한다.

Chapter 04

동기와 행동

1. 동기에는 어떤 것들이 있을까

동기의 유형을 설명하는 다양한 이론이 있지만 가장 대표적인 이론은 매슬로(Maslow, 1970)의 욕구 위계이론(need hierarchy theory)이다. 매슬로(1970)는 인간이 생리적 욕구, 안전욕구, 애정과 소속감욕구, 자존감욕구 같은 결핍욕구(deficiency needs)와 인지적 욕구, 심미적 욕구, 자아실현 욕구 같은 존재욕구(being needs)를 가지고 있다고 보았다. 또한 욕구위계이론에 따르면 인간의 욕구는 다음과 같은 특징을 가지고 있다. 첫째, 결핍욕구는 결핍이 일어나야 유발되는 동기이지만 존재욕구는 완전하게 충족되기 어렵기 때문에 지속적으로 유발되는 동기이다. 둘째, 특정한 상황에서 사람들이 갖는 욕구들은 서로 경합할 수 있다. 가령, 학생의 경우에는 더 자고 싶다는 생리적 욕구와 학교에 늦으면 지각할 수 있다는 사회적 욕구가 경합하게 되고 결국 어쩔 수 없이 일어나게 된다. 셋째, 욕구는 생리적 욕구에서 자아실현 욕구에 이르기까지 위계적으로 조직화되어 있으며 하위 욕구가 만족되어야 더 상위욕구를 추구하게 된다. 가령, 키스 등(Keys, et. al., 1950)은 자원한 피험자들에게 6개월 반 동안 제한된 음식만 먹도록 하였는데 그 결과 먹는 것을 제외한 모든 것에 무감각해지고 대화의 주제도 음식과 먹는 것이 많아졌으며 사물함에도 이성의 사진보다 음식사진을 붙이는 경향이 증가했다고 한다. 이런 결과는 기본적인 욕구가 충족되지 않을 때 개인의 관심은 상위욕구에서 하위욕구로 이동한다는 것을 보여준다. 그러나 우리 사회를 보면 생리적 욕구가 충분히 만족된 상황에 있는 사람이라도 자기실현 같은 상위욕구를 추구하기보다 더 낮은 하위욕구를 추구하는 것을 보면 사람이 꼭 이론대로 행동하는 것 같지는 않다.

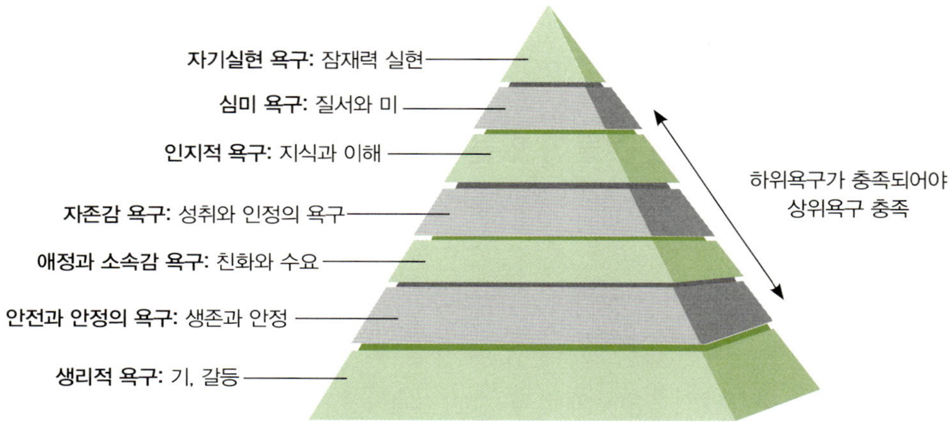

그림 4-1 | 매슬로의 욕구위계(need hierarchy)

2. 인간의 다양한 욕구들

1) 배고픔과 비만

사람마다 좋아하는 것이 다르지만 누구나 좋아하는 것을 들라고 하면 맛있는 음식을 먹을 때를 가장 많이 언급한다. 그만큼 인간에게 뭔가를 먹는다는 것은 단지 생존을 위해 혈당을 유지한다는 것 이상의 의미를 가지며 음식을 먹는 동안 행복감을 느낀다. 먹는다는 것은 이렇게 사람에게 즐거움을 주지만 경제적으로 풍요로워지면서 현대인들은 비만이라는 문제로 골치를 썩이고 있다. 이 절에서는 우리가 어떻게 배고픔을 느끼게 되는지 그리고 비만은 왜 생기고 어떻게 해야 하는지에 대해 알아보도록 하자.

2) 배고픔을 어떻게 느끼게 될까

동물들은 자기가 먹을 음식의 양을 스스로 조절하기 때문에 배고픔을 느끼면 먹는 행동이 일어나고 배고픔을 느끼지 못하면 먹는 행동이 중단된다. 그러나 인간은 배고픔이나 먹는 행동에 생물학적 요인만이 아니라 심리적 요인도 영향을 미친다. 우선 배고픔을 느끼게 되는 생물학적인 과정에 대해 알아보도록 한다.

우선 상식적으로 생각해볼 수 있는 이유는 배고픔이 위장과 관련되어 있지 않을까 하는 것이다. 보통 배고플 때 위에서 꼬르륵 하는 소리가 나는데 이 간단한 사실을 근거로 1912년에 캐논(Cannon)과 워쉬본(Washburn)은 위장의 수축 때문에 배고픔을 느낀다는 이론을 제시하였다. 그러나 외과적으로 위장이 제거된 사람도 배고픔을 느끼는 것을 보면(Wangensteen & Carlson, 1931) 위장과 배고픔 간의 관계는 그리 크지 않은 것으로 보인다. 한편 이중중추이론(dual center theory)이론에 따르면 우리 뇌의 시상하부에는 배가 고픈지를 알아내는 부위가 있는데 복내측 시상하부(ventromedial hypothalamus)에는 먹는 행동을 억제하는 중단시키는 포만중추가 있고, 외측 시상하부(lateral hypothalamus)는 먹는 행동을 일으키고 기아중추가 있다. 즉, 외측시상하부를 전기로 자극하면 이미 배가 불러도 더 먹으려고 하며(Stellar, 1954) 이 부위가 손상되면 먹는 행동이 일어나지 않는다(Teitelbaum & Epstein, 1962). 그에 비해 복내측 시상하부를 전기로 자극하면 배가 고픈데도 불구하고 먹는 행동이 중지되지만 이 부위가 손상되면 배가 부른데도 자꾸 먹게 되어 체중이 정상보다 세배나 증가하기도 한다(Wyrwicka & Dobrzecka, 1960). 이렇게 대뇌의 이중중추는 우리 몸에서 전달되는 신호를 바탕으로 배고픈지 아닌지를 판단하게 되는데 그러한 배고픔의 신호는 어떤 것일까?

배고픔의 신호 중 하나는 위장관에서 분비되는 콜레시스토키닌(cholecytokinin: CCK)이란 호르몬이다. 우리가 음식을 먹으면 위장관이 팽창하고, 이렇게 되면 반사적으로 위장관에서 CCK 호르몬이 분비되는데 이 호르몬은 식욕 중추를 자극하여 포만감을 느끼게 해서 식욕을 없앤다. 반대로 위장관에서 분비되며 배가 고플 때는 증가하지만 음식을 먹으면 금방 감소되는 그렐린(ghrelin)이라는 호르몬도 대뇌의 이중중추를 자극하여 배고픔에 영향을 미친다. 즉, 두 호르몬의 상반된 작용을 통해 배가 고플 때에는 식욕이 생기고 음식을 먹으면 식욕이 사라진다. 위장관에서 분비되는 호르몬은 짧은 기간 동안 일어나는 식욕변화와 관계되며 매일 점심 식사 때가 되면 배가 고프고 식욕이 증가하는 것은 이런 호르몬의 작용에 의한 것이다. 그에 비해 췌장에서 분비되는 인슐린과 지방 조직에서 분비되는 렙틴은 식욕을 장기적으로 조절을 하는 기제이다. 이들은 신체에 저장된 지방의 정도에 따라

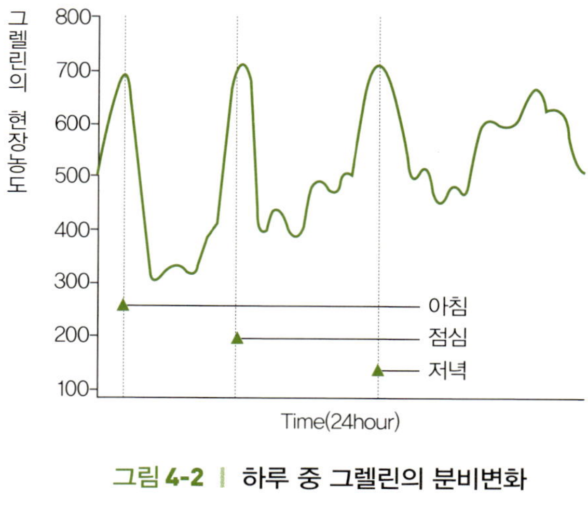

그림 4-2 | 하루 중 그렐린의 분비변화

혈액 속으로 분비되는데 몸에 지방이 늘어나면 이들이 분비되어 식욕 중추를 억제하고 혈액에 있는 영양분을 세포로 이동시켜 세포가 사용하도록 한다. 반대로 저장된 지방이 줄어들면 이러한 호르몬의 분비가 줄어들고 그 줄어든 정도는 뇌의 식욕중추에 전달되어 식욕을 증진시킨다. 이러한 호르몬들은 서서히 작용하며 장기적인 식욕 조절을 담당한다.

다양한 연구들이 이중중추이론을 지지하고 있지만 몇 가지 비판도 존재한다. 첫째, 포만중추를 제거하여 배가 부르다는 것을 느끼게 못하도록 하면 입맛이 까다로워지고, 먹이를 먹기 위해서 힘든 일을 하지 않으려는 경향을 보인다. 둘째, 기아중추를 자극하면 먹이가 있으면 먹이를 먹지만 그렇지 않으면 달리기를 계속하는 등의 흥분된 행동을 보인다. 이러한 결과는 기아중추의 자극이 식욕을 증진시켜 섭식행동을 일으키는 역할만을 하는 것이 아니라 일반화된 각성상태를 유발했을 가능성이 있다. 이렇게 본다면 배고픔을 다루는 뇌 부위가 이중중추이론에서 주장하는 것처럼 어떤 특정부위가 아니라 도파민을 사용하는 보상이나 각성과 관련된 여러 부위와 관련되어 있을 가능성이 있다. 지금까지 배고픔을 느끼는 과정에 관여하는 생물학적 기제에 대해 알아보았다. 섭식행동이 생물학적 기제에 의해 거의 통제되는 동물과 달리 인간은 여러 가지 심리적 요인과 환경적 요인이 섭식행동에 영향을 미치기 때문에 동물과 달리 비만이나 섭식장애들이 나타날 수 있다.

3) 비만의 심리학

인간은 오랫동안 좋은 환경에서 살지 못했기 때문에 굶는 경우가 많았고 그에 따라서 음식을 먹을 때 앞으로 있을 수도 있는 위기상황에 대응하기 위해 피하지방의 형태로 남는 영양분을 저장하려는 생리시스템이 진화되었다. 경제적으로 풍요로운 세상이 되었어도 진화에 의해 만들어진 생리시스템은 여전히 작동하기 때문에 비만문제가 현대인의 가장 큰 문제 중 하나가 되었다. 사람들이 비만에 대해 민감한 이유는 비만이 건강상 문제를 일으킬 뿐 아니라 사회적인 문제를 유발하기 때문이다. 우선 지방세포에는 모세혈관 밖에 없는데도 많은 양의 혈액을 필요로 하기 때문에 심혈관계에 부담을 주며, 무거운 체중으로 인해 관절을 마모시켜 관절염을 일으킬 수 있고, 기도에 지방이 쌓이면 수면 중 근육이 이완될 때 호흡곤란을 일으킬 수 있다. 또한 지방은 인체에 불필요한 면역반응을 일으켜 염증을 증가시키거나 혈관을 막아 심혈관계 장애를 일으킬 뿐 아니라 지방세포는 에스트로겐을 분비하여 유방암의 발생률을 증가시키는 역할을 한다. 비만은 건강상의 문제뿐 아니라 사회생활에도 영향을 미치는데 우리 사회는 외모를 중시하며 비만한 사람에 대해 나태하거나 게으른 사람으로 보려는 경향이 있다. 이러한 비만인에 대한 편견은 사회생활에서 불이익을 가져오며 어릴 때도 비만한 아이들은 또래 아이들에게 놀림을 받기 쉬우며 그로 인해 부정적인 자아개념을 형성하거나 위축된 대인관계를 보일 가능성이 매우 높다. 따라서 비만은 단순히 신체적 문제가 아니며 사회적 · 심리적 문제를 일으킬 가능성이 높은 현상이다. 여기에서는 비만의 원인과 대안에 대해 알아본다.

(1) 비만의 원인

비만은 인간에게 일어나는 특유의 현상이며 그만큼 생물학적으로만 설명할 수 없는 문제라고 할 수 있다. 그에 따라 비만의 원인을 밝히려는 많은 연구들이 이루어졌으며 비만의 발생에 유전적 원인, 생물학적 원인, 환경적 원인, 심리적 원인이 함께 영향을 미치는 것으로 보고 있다.

유전적 원인 우리가 주변에서 비만인 아이들을 보면 부모도 똑같이 뚱뚱한 경우가 많이 있다. 그만큼 비만은 유전에 의해 발생할 가능성이 있는데 입양을 통해 새 부모를 만난 아이들을 대상으로 조사한 결과 양부모보다 친부모의 체중과 더 유사하며(Stunkard, Thorkild, Hanis, & Teasdale, 1990), 이란성 쌍생아보다 일란성 쌍생아가 비만도의 일치 비율이 두 배 이상 높다(Bouchard, Despres, & Tremblay, 1991). 그렇다면 무엇이 유전될까? 우선 운동을 하더라도 에너지의 2/3가 기초대사에 사용된다고 볼 때 기초대사율이 유전될 가능성이 있지만 증거가 관찰되지 않았으며(Garrow, 1986), 그것보다는 지방을 분해하여 비만을 방지하거나 지방이나 당분을 에너지로 변화하는데 관여하는 유전자가 비만과 관련되었을 가능성이 높다(Glinker, 1978).

생물학적 원인 매우 드물지만 때로는 생물학적 원인으로 인해 비만이 발생할 수 있다. 예를 들어, 뇌하수체의 이상으로 인해 부신피질에서 코티솔이 과도하게 분비되는 쿠싱 증후군(Cushing's syndrome)은 내분비성 비만의 가장 흔한 원인이 된다. 이 증후를 보이는 환자는 몸 중심과 목 뒤에 지방이 집중적으로 축적되며 얼굴이 동그랗게 되고 사지는 가늘어지는 특징을 보이며 고혈압과 당뇨가 나타나기도 한다. 또한 중추성 비만은 뇌의 시상하부에 위치한 식욕중추의 이상에 기인하며 식욕을 잃게 하는 포만 중추에 문제가 생기면 과식하게 되어 살이 병적으로 찌게 된다. 반대로 식욕을 돋우는 기아 중추가 손상되면 식욕저하로 인해 병적으로 살이 빠지게 된다.

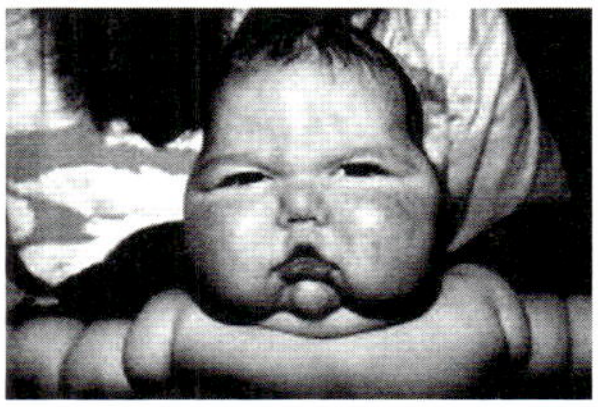

그림 4-3 | 쿠싱증후군

환경적 원인 일란성 쌍둥이와 같이 유전자가 동일할 경우 하나가 살이 찔 경우 다른 하나가 살이 찔 확률은 어린이일 경우에는 70%이지만 성인의 경우에는 30%로 감소한다. 이것은 비만이 유전에 의해서만 설명되기 어려우며 인간이 살아가는 환경이 비만에 영향을 미칠 가능성이 있음을 시사한다. 어릴 때 지방 등 칼로리 섭취가 많아지면 지방세포의 크기가 최소 크기의 여섯 배까지 증가할 수 있다. 성인기 비만은 다이어트로 감량이 쉽지만 어릴 때 시작된 비만은 감량이 어렵고 재발하기 쉬운데 그것은 어릴 때 시작된 비만은 지방세포의 수가 증가한 증식성 비만인 경우가 많은데 비해 성인기 비만은 지방세포의 크기가 커진 비대성 비만인 경우가 많기 때문이다. 따라서 어릴 때 고지방 식사를 피하고 골고루 먹는 식사습관을 갖도록 하고 규칙적으로 운동을 하도록 하여 정상 체중을 유지하도록 하는 것이 필요하다.

어린이 비만을 막으려면?

현재 우리나라의 취학 전 아동의 경우 10명 중 1명, 취학 후 18세까지의 어린이와 청소년은 5명 중 1명이 비만으로 나타났으며 10년 전보다 3배 이상 증가한 수치이다. 어릴 때 비만이었던 기간이 길면 길수록 성인이 된 후에도 비만일 가능성이 높다. 비만은 유전에 의해 결정되는 식욕조절 시스템의 기능 때문에 발생할 수도 있고, 특정한 호르몬이 과잉 분비되어 발생할 수도 있지만 비만의 발생에 가장 큰 영향을 미치는 요인은 부모가 어린이에게 제공하는 환경이다. 어머니는 어린이의 비만을 막기 위해 임신 이전부터 노력을 해야 한다. 임신 이전에 체중을 정상 체중으로 유지해야 하며 어머니가 지나치게 비만이 되어 있으면 태어나는 어린이의 사망률이 높으며 지방세포가 증가하기 시작하는 것이 임신의 마지막 3개월이기 때문에 아이가 모체 내에서 지나치게 살이 찔 수 있다. 또한 유아가 두 살이 될 때까지 비만인 상태로 있다면 절반은 다이어트에 실패한 것인데 왜냐하면 마른 아이의 지방세포 수는 2세~10세 사이에 별로 변화하지 않는데 비해 살찐 아이의 경우에는 지방세포가 계속 증가하기 때문에 어른이 될 무렵에는 정상적인 수의 3~6배까지 될 수 있다. 지방세포는 다이어트를 할 때 작아질 수 있지만 지나친 지방세포를 가지고 있으면 체중을 줄이기가 더욱 힘들어진다. 또한 분유보다 모유로 키우는 편이 비만을 예방할 수 있는 방법이다. 모유를 먹이면 아이가 어느 정도 마셨는지 어머니는 모르지만 아이는 필요한 양을 알고 있기 때문에 충분히 마신 후에는 젖을 그만 빨게 된다. 또한 어머니들은 아이를 데리고 다닐 때 가능하면 유모차를 태우지 말고 자기 힘으로 걷도록 하는 것이 필요하다. 영국 글래스고 대학 연구팀은 유아들의 신체 활동량이 줄면서 3살 때부터 비만이 시작된다는 연구결과를 발표했다. 자기 힘으로 걸어서 주변을 탐색하는 경험은 비만을 줄일 뿐 아니라 아이의 심리적 발달에도 도움이 된다.

심리적 원인 동물과 달리 인간의 섭식행동에는 생물학적 요인과 심리적 요인이 함께 영향을 미친다. 물론 음식을 오랫동안 먹지 못했을 경우에는 생물학적 요인이 먹는 행위를 좌우하지만 경제적으로 풍요로운 환경에서 살고 있는 대부분의 현대인들에게는 심리적 요인이 더 큰 영향을 미친다.

첫째, 사람들은 스트레스를 느끼거나 심리적으로 긴장하면 먹어서 푸는 경우가 있으며 이것이 비만과 관련된다. 정서각성이론(Emotional Arousal Theory)에 따르면 스트레스를 느낄 때 먹는 것은 효과적인 대응이다. 왜냐하면 우리가 불안이나 긴장을 느끼게 되면 스트레스 반응으로 자율신경계의 하나인 교감신경계가 활동하게 되는데 교감신경계는 혈압을 높이고, 심장을 더 빠르게 뛰게 하고, 근육을 긴장시키게 된다. 이러한 생리적 변화는 위험한 상황에서 신체를 보호하기 위한 자연스런 반응이지만 긴장을 더 높이는 부작용도 있다. 이때 뭔가를 먹게 되면 그것을 소화시키기 위해 부교감신경계가 활동하게 되고 그것과 길항관계에 있는 교감신경계의 활동은 억제되어 긴장이 줄어드는 결과를 가져오게 된다. 이렇게 뭔가를 먹었을 때 긴장이 완화되는 경험을 했던 사람은 다음에 다른 스트레스 상황에서도 반복적으로 먹는 행동을 반복하게 되어 살이 찔 수 있다.

둘째, 살이 찐 사람은 입맛이 까다롭고 자기가 진짜 배고픈 상태인지를 정확하게 판단하지 못한다. 따라서 입맛에 맞는 음식은 정상인보다 더 많이 먹는데 비해 입맛에 맞지 않는 음식은 잘 먹으려고 하지 않으며 음식의 맛이나 향에 쉽게 유혹될 가능성이 있다. 예를 들면, 정상인은 시간과 상관없이 배고프면 음식을 먹지만 비만자는 시계가 식사시간과 가까워졌을 때 음식을 더 먹는 경향을 보였으며, 아몬드를 접시에 담아 앞에 놓았을 때 정상인은 깐 아몬드와 까지 않은 아몬드를 비슷하게 먹었지만 비만자는 까지 않은 아몬드에는 거의 손을 대지 않았다(Schachter & Otanes, 1972). 이러한 결과는 복내측시상하부의 손상으로 인해 과식증에 걸린 쥐가 보이는 증상과 매우 유사하며 먹기 행동에 영향을 미치는 음식의 맛이나 향과 같은 외적 단서와 실제 배고픈 정도를 나타내는 내적 단서의 상대적 중요성을 평가하는 능력이 떨어지기 때문으로 보인다. 이렇게 비만자가 정상인에 비해 외적 단서에 더 민감한 이유에 대해 음식의 맛이나 향과 같은 외적 단서가 정상인보다 비만인에게 인슐린의 분비를 더 촉진하기 때문이라고 설명하기도 한다(Rodin, 1981). 그러나 외적 단서에 대한 민감성과 비만 간의 상관관계가 샤흐터(Schachter & Otanes, 1972)가 생각한 것보다 그렇게 높지 않다는 것이 밝혀졌으며 많이 먹어도 살이 찌지 않는 경우도 있어 유전이나 환경 등 다른 요인의 고려가 필요한 것으로 보인다.

(2) 다이어트

① 다이어트 실패의 이유

많은 사람들이 다양한 방법으로 다이어트에 도전하지만 성공하는 경우는 그리 많지 않은데 그 이유는 무엇 때문일까? 첫째, 어릴 때부터 비만이었던 사람은 지방세포수가 많은 경우가 많으며 지방세포수가 많은 사람은 기초대사를 위한 인슐린의 분비수준이 높기 때문에 살을 빼기 어렵다. 또한 기초대사는 연령이 증가할수록 감소하기 때문에 나이가 들면 자연스럽게 체중이 증가할 가능성이 높다. 둘째, 우리 몸은 안정된 체중을 유지하기 위해 체내 지방수준을 감시하기 때문에 조금만 방심해도 원래의 체중으로 되돌아 갈 가능성이 높다. 즉, 설정점 이론(set-point theory)(Keesy & Powley, 1975)에 따르면 지방 저장수준이 설정점 이하로 내려가면 이 변화를 보상하기 위해 섭식신호를 내거나 신진 대사율을 낮추게 된다. 설정점은 증가되기는 쉽지만 내려가기는 어렵기 때문에 다이어트로 인한 체중감소가 유지되기 위해서는 최소한 세 달 이상 같은 체중을 유지해야 한다. 그 밖에도 스트레스로 불안하거나 우울하면 과식을 해서 푸는 습관을 가지고 있거나 몸을 움직이는 것을 싫어하고 운동을 규칙적으로 하지 않으면 신진대사가 원활하지 않아 체중을 줄이기 어렵다. 다이어트는 몸무게를 일시적으로 줄여주기는 하지만 행동을 근본적으로 변화시키지 않으며 새로운 습관이 형성되려면 오랜 시간이 걸린다. 또한 체중을 줄이려는 사람들 대부분이 원하는 목표에 도달하면 다이어트에 소홀해지기 쉬운데 설정점 이론에서 언급했듯이 우리 몸은 원래의 체중으로 돌아가려는 경향이 있기 때문에 일정 기간 동안 줄어든 체중을 유지하지 않으면 체중을 줄이는 데 성공하지 못하다.

체중조절을 위한 다섯 가지 체크 포인트

1) 자신의 평소 식사습관을 확인한다.

살이 찐 사람은 비만의 원인을 식사습관이나 운동을 회피하는 습관에서 찾기보다 체질이나 상황에서 찾으려고 한다. 따라서 자신의 식사습관을 분명하게 이해하고 살이 찐 원인을 객관적으로 파악하는 방법이 필요한데 그것이 바로 다이어트 일기를 기록하는 것이다. 자신이 뭔가를 먹었던 시간, 장소, 음식의 종류, 같이 먹었던 사람, 음식의 양, 먹었을 때 한 행동, 먹었을 때의 기분 등을 메모장에 꾸준히 기록하면 자신의 식사습관을 발견할 수 있고 음식의 섭취와 관련된 환경적 심리적 자극을 파악할 수 있다.

2) 식욕을 일으키는 자극을 제한한다.

먹는 양을 줄이려면 음식에 대한 유혹을 뿌리치기 위해 안간힘을 쓰느니 아예 식욕을 유발하는 신호를 제한하여 자극을 덜 받는 편이 훨씬 효과적이다. 즉, 항상 같은 장소에서만 먹고 먹을 때는 오로지 먹는 행동만 하는 것으로 TV를 보고 싶을 때는 TV만 보고, 뭔가를 먹고 싶을 때는 TV를 끄고 미리 지정한 식탁에서만 먹도록 하면 습관적으로 먹는 행동을 줄일 수 있다. 또한 집안에 식욕을 유발할만한 자극들을 가능한 한 치우거나 제한하는 것도 통제하기 어려운 식욕을 막을 수 있는 방법이다. 가령, 과자나 빵은 가능한 한 집에서 치우고 식사도 작은 그릇에 담아서 먹으면 실제 식사량을 줄일 수 있다.

3) 식사습관을 바꾼다.

정상인에 비해 비만자들이 식사시간이 짧고 빨리 먹는 경향이 있다고 하는데 이것은 소화에도 좋지 않을 뿐 아니라 식사량을 줄이는데도 방해가 된다. 천천히 먹는 것을 돕는 한 가지 방법은 식사 도중에 숟가락을 5초간 내려놓는 훈련을 하는 것이다. 또한 과식을 초래하는 나쁜 식사습관에는 아이들이 남긴 음식을 먹어치우는 행동이나 허전하거나 기분이 우울할 때 음식을 먹어 기분을 조절하려는 행동이다. 남긴 음식은 과감하게 버리고 허전하거나 우울할 때 먹지 않고 운동이나 취미활동 등을 스스로 개발한다.

4) 운동과 관련된 행동을 바꾼다.

체중을 줄이는 방법에는 두 가지가 있는데 하나는 원하는 대로 먹고 에너지 소비량을 늘리는 방법이고, 다른 하나는 식사의 양을 줄이는 방법으로 바람직한 것은 운동을 하여 에너지 소비량을 늘이는 것이다. 일반적으로 운동에 대해 잘못된 생각을 가지고 있어서 운동을 포기하는 경우가 많다. 우선 운동을 하면 배가 고프다는 생각은 잘못된 것이며 운동을 하면 식욕이 감소하는 경향을 보인다. 그리고 운동으로 특정부위의 살을 뺄 수 있다는 생각은 잘못된 것이며 운동을 하면 몸 전체에서 유사한 비율로 감소하며 손발보다 몸통 쪽의 살이 더 빠진다. 또한 성인이 되면 운동으로 지방세포를 줄일 수 없지만 지방세포의 증식을 막아서 지방의 양을 줄일 수는 있다. 그리고 격심한 운동을 할수록 살이 더 빠진다고 생각하지만 격심한 운동은 피하지방을 분해하여 에너지로 이용하기보다는 혈액 중의 당질을 소비하게 되므로 조깅보다 조금 빠르게 오래 걷는 것이 지방을 줄이는 데 더 좋다.

5) 긍정적 강화계획을 세워 자신에게 보상을 준다.

체중 조절을 할 때 일정한 기준만큼 체중을 줄이는 목표를 달성하면 자기가 평소에 원하는 보상을 스스로에게 주는 것이 좋다. 그러나 음식으로 보상을 주는 것은 피하고, 갈수록 목표를 성취하기 어렵게 하면서 토큰 이코노미 테크닉을 사용하여 쿠폰을 모아 원하는 보상을 얻도록 하는 방법을 사용하는 것이 좋다.

② 다이어트를 꼭 해야 하는가

많은 여성들이 지나친 다이어트로 인해 신체적 심리적 후유증과 더불어 경제적 부담에 시달리고 있다. 물론 다이어트에 성공하여 원하는 몸을 가졌을 때 느끼는 행복감은 이루 말하기 어렵지만 다이어트로 인한 문제도 그만큼 많이 발생하고 있다. 첫째, 다이어트에 실패하게 되면 자기 통제감 혹은 자기효능감이 상실되고 행동조절이 안 되어 사람보다 오히려 더 먹을 수 있다. 따라서 다이어트는 굳은 의지를 가지고 있을 때 성공할 수 있으며 실패하더라도 과도한 자기비난은 피하는 것이 좋다. 둘째, 지나친 다이어트는 건강을 해칠 수 있다. 가령, 단백질이 부족하면 세균에 대한 저항력이 떨어져 병에 쉽게 걸릴 수 있으며 다이어트를 많이 하면 골다공증이 발생할 가능성도 높다.

다이어트에 대한 근본적인 반론으로는 “살이 찐 것이 꼭 나쁜 것인가?” 하는 것이다. 즉, 비만을 신체적 건강의 측면보다 미학적 문제로 보는 것은 문제이며 비만에 대한 기준 자체가 매우 문화 의존적이라는 것을 알아야 한다. 르네상스 시대의 화가들이 그린 그림을 보면 우리가 비만이라고 생각하는 체형도 당시에는 매우 아름다운 것으로 받아들여졌음을 알 수 있다. 문화적 차이로 인해 생기는 미적 기준은 시대나 문화에 따라 다르기 마련이고 그러한 관점에 따라 자신이나 타인을 평가하는 것은 잘못된 것이다. 게다가 살이 찐 사람은 마른 사람에 비해 결핵과 암 등의 질병에서 살아남을 가능성이 더 높고 자살율도 더 낮은 경향을 보인다.

(3) 식욕과 관련되어 있는 장애들

섭식장애는 음식을 먹는 행동에서 광범위한 장애를 보이는 것으로 크게 신경성 식용부진증(거식증)과 신경성 폭식증(과식증)으로 나누어진다. 섭식장애는 현대사회를 사는 우리들 주변에 점점 쉽게 발견되는 장애가 되어가고 있다. 여기에서는 대표적인 두 섭식장애를 알아본다.

① 신경성 식욕부진증(anorexia)

거식증이라고 불리기도 하면 살찌는 것에 대한 두려움으로 인해 식욕부진이 나타나고 스스로 식사를 제한하거나 먹은 것을 토하는 행동을 보인다. 신경성 식욕부진증이 발생하면 여성의 경우 월경은 중단되거나 지연된되고 적은 칼로리와 지방을 보상하기 위해 신진대사율이 느려지고 면역기능이 떨어져 감기에 잘 걸린다. 어떤 경우에는 입술과 손가락이 파래지고, 몸에는 솜털이 날 수 있으며, 수면 장애가 올 수 있다. 공복기간이 길어짐에 따라 변비가 나타나며 비타민과 무기질 등의 결핍으로 빈혈이 생기기도 한다. 신경성 식욕부진증은 개인주의적, 완벽주의적, 강박적이며 지적인 독신여성들에서 급증하고 있으며 남자보다 여자에게서 10에서 20배 정도 많이 발생하는 것으로 알려져 있다. 처음에는 상류층에서 많이 발생한다고 보았지만 최근의 역학조사에 따르면 모델이나 발레리나같이 마른 몸이 요구되는 직업을 가진 젊은 여성에서 가장 많이 발생한다고 한다.

신경성 식욕부진증 환자는 완벽주의적이고 성취지향적인 성격 특성을 가지고 있다. 이들은 항상 자신이 삶에 대한 통제를 상실할까봐 두려워하며 체중조절을 통해서 통제감과 성취감을 얻을 수 있다는 것을 발견하면 체중조절을 자신의 인생에서 가장 중요한 일로 생각하고 그에 따라 신경성 식욕부진증으로 발전하게 된다(Dejong et al., 1986).

일반적으로 여성은 이상적인 신체이미지를 상상할 때 현재 자신의 체중보다 훨씬 낮은 체중을 고려하는 데 비해 남성은 여성이 이상적으로 생각하는 체중보다 훨씬 높은 체중을 이상적으로 생각하는 경향을 보인다(Fallon & Rozin, 1985). 여성 신경성 식욕부진증 환자는 이런 경향성과 함께 멋진 모습에 대한 문화적 열망으로 인해 왜곡된 신체이미지를 가지고 있다.

신경성 식욕부진증은 쌍생아 연구에서 유전적 소인이 발견되긴 하였지만 일관된 결과를 보이지 않으며 날씬한 여성을 선호하는 문화적 선호로 인한 지나친 다이어트가 원인일 가능성이 높다. 가족관계이론에서는 식욕부진증 환자의 가족관계는 부모간의 관계가 원만하지 않고 부모와의 관계가 매우 밀착되어 있는 특징을 보인다. 이것은 부모 간의 갈등을 환자 자신의 문제로 이끌어 들이려는 시도로 보이며 식욕부진증을 통해 부모와의 밀착에서 벗어나 자율성을 얻으려는 시도라고 설명하기도 한다. 신경성 식욕부진증은 청소년 초기에 자신의 외모에 만족하지 못하고 체중을 줄여야겠다고 결정하고 다이어트를 시도할 때도 나타날 수 있다. 십대 소녀들에게는 다이어트가 매우 일반화되어 있지만 대부분 짧게 끝나거나 지속적으로 이루어진다고 해도 신체적으로나 정신적으로 해가 되는 경우는 드물다.

신경성 식욕부진증과 관련된 영화: 301 302(1995)

아파트 302호에는 신경성 식욕부진증에 시달리며 더이상 음식을 먹지 못하게 된 윤희라는 여자가 살고 있다. 어느 날 윤희네 옆집 301호에 남편이 사랑하는 애완견을 죽여 요리를 해 먹었다는 이유로 이혼당한 송희가 이사 온다. 301호 여자는 결혼 전 아름다운 몸매를 가지고 있었지만 결혼 후 집안에 틀어 박혀 남편을 위해 음식을 만드는 일을 유일한 낙으로 살아왔고, 남편이 늦게 돌아오면 애써 만들어 놓은 음식을 혼자 다 먹는 버릇이 생겨 보기에 흉할 정도로 뚱뚱하게 변해 버렸다. 아직까지 그녀는 요리 만드는 것을 삶의 유일한 낙으로 생각하고 있다. 302호 여자는 어린 시절 정육점을 하는 의붓아버지의 강간을 피해 정육점의 대형 금속냉장고 속으로 숨어 들어가는데, 이웃집 아이가 그녀를 흉내 내다 냉장고 속에서 얼어 죽는 끔찍한 일을 겪었다. 그 이후 윤희는 음식을 보기만 해도 토해내는 증상이 생겼고, 음식이나 섹스를 본능적으로 거부해 왔다. 301호 여자가 이사 온 날부터 301호 여자는 302호로 음식을 계속 나르고 302호 여자는 음식을 토하거나 버리는 행동이 반복된다.

② 신경성 폭식증(anorexcia nervosa)

신경성 폭식증은 빨리 다량의 음식을 먹는 것이 특징이다. 많이 먹어서 복통과 구역질이 날 때까지 먹고, 토하고, 이어서 죄책감, 자기혐오, 우울증으로 괴로워한다. 많이 먹은 후 일부러 토하거나 설사제나 이뇨제를 복용하기도 한다. 거식증보다 흔하게 나타나며 거식증 환자의 약 50%가 폭식을 한다는 조사결과도 있다. 신경성 폭식증 환자는 사회적으로 덜 고립되어 있고 성적으로 더 활동적이나, 자신의 충동적 행동을 통제하려는 욕구가 더 크고 약물중독의 문제를 더 많이 가지고 있다. 신경성 폭식증은 신경성 식욕부진증과 마찬가지로 심리적, 생물학적 원인으로 발생할 수 있지만 확실한 원인은 밝혀져 있지 않다. 우선 생물학적 원인으로 신경전달물질의 비정상적 분비가 고려되고 있는데 항우울제가 신경성 폭식증을 호전시킨다거나 혈액에서 높은 엔돌핀 수준이 발견된다는 것이 이를 뒷받침한다. 한편 신경성 폭식증의 원인을 어릴 때 부모와 헤어지는 경험을 하는 과정에서 발생한 양가적 감정 때문에 생긴 정서적 문제로 보기도 하고, 친밀하지 않고 갈등적인 가족관계와 무관심하고 거부적인 부모로 인한 정서적 결핍을 폭식을 통해 해결하려는 시도로 보기도 한다.

3. 성적 동기

먹지 않고서는 살 수 없지만 성적 접촉 없이도 살 수 있기 때문에 성적 동기는 박탈에 의존하지 않는다. 동물의 성행동은 대부분의 경우 성 호르몬에 의해 결정되지만 인간의 성행동은 성에 대한 지식과 태도와 같은 인지요소, 상대의 성적 매력이나 성적 자료와 같은 자극요소, 종교나 사회규범과 같은 문화요소에 의해 결정된다.

1) 무엇이 성행동을 일으킬까

생물학적 요인 성 호르몬이 성적 행동에 미치는 영향은 동물세계에서 쉽게 찾아볼 수 있다. 예를 들어, 수컷 쥐의 고환을 제거하면 남성 호르몬인 테스토스테론(testosterone)이 분비되지 않아 성적 관심이 없어진다. 그러다가 다시 테스토스테론을 주사하면 거세된 동물의 성적 욕구가 다시 되살아난다(Davidson, 1966). 그러나 영장류로 갈수록 호르몬이 성행동에 미치는 영향이 감소한다(Chambers & Phoenix, 1987). 예를 들어, 갱년기 장애나 수술로 인해 여성이 난소기능을 상실했을 경우에도 성충동에 거의 영향을 미치지 않는다(Kinsey, 1953). 그러나 페로몬(pheromone)이 인간의 성행동에 영향을 미친다는 연구도 있다. 가령, 목걸이에 남성의 겨드랑이 땀에서 분비되는 호르몬인 아드레노스테론(adrenosterone)을 담아 놓았을 경우에 여성의 남성과의 상호작용 빈도를 증가시킨다고 한다. 그러나 인간의 성행동에 미치는 성 호르몬의 영향은 매우 제한적이며 그렇게 큰 영향을 미치지 않는다(Persky, Lief, Strauss, Miller, & O'Brien, 1978).

자극 요인 인터넷에는 낯 뜨거운 성적 내용들이 범람하고 있으며 이러한 성적 자극이 성행동에 어떤 영향을 미치는 지가 관심거리가 되고 있다. 그러나 모든 사람이 선정적인 자극에 같은 정도로 반응하는 것은 아니며(Fisher, 1988) 여자들은 선정적인 자극에 대해 부정적이라는 보고가 있다(Kenrick & Drewett, 1980). 그러나 남자든 여자든 선정적인 자극에 대해 유사한 생리적인 반응을 보이지만(Fisher & Byrne, 1978) 여자보다는 남자에게 더 강한 영향을 미친다(Dworkin, 1981). 또한 선정적인 자극은 성 욕구 자체보다 성에 대한 태도에 영향을 미친다. 가령, 대학생들에게 1주에 3~6번씩 6주간 포르노 영화를 보여주었을 때 혼전성교나 혼외정사에 이전보다 자유로운 태도를 보이는 것이 발견되었다(Zilman & Bryant, 1984). 그러나 포르노 영화는 성 관계에 대해 비현실적인 기대를 갖게 하여 실제 성 관계에서 만족감을 감소시키는 부정적인 효과가 있음이 발견되었다.

포르노 영화는 정말 성범죄를 촉진할까?

성 범죄로 구속된 사람들 중 많은 사람들이 범죄동기를 포르노 영화에 의해 자극을 받았다고 증언한다. 범죄를 저지른 책임을 사회로 전가하려는 의도가 있지만 음란물에 대한 노출이 어느 정도 영향을 미쳤다는 점을 부정하기 어렵다. 그렇다면 포르노에 대한 노출이 성범죄에 영향을 미칠 수 있을까? 정화(catharsis)이론에 따르면 관찰자가 포르노에 등장한 인물들과 동일시하면서 억제된 욕구를 충족하기 때문에 폭력적인 성행동 욕구가 감소하여 성범죄를 감소시킨다. 사회학습이론에 따르면 포르노 영화는 시청자들에게 전에는 몰랐던 사실을 알게 하거나 시도하지 못했던 행위를 시도해 보게 만드는 효과를 보이므로 성범죄를 증가시킬 수 있다. [그림 4-4]를 보면 남자들에게 중성적 영화, 성적-비폭력적 영화, 성적-폭력적 영화를 보여주고 다른 피험자에게 전기충격을 주도록 해서 공격성을 측정하였을 때 성적인 영화를 본 피험자들은 다른 남자 피험자들에 대한 공격성이 증가하였다. 더욱이 강간장면이 담겨있는 공격적인 포르노 영화를 본 피험자들은 여자에 대한 공격성이 증가하였다(Donnerstein, 1980). 폭력적인 포르노물은 강압에 의한 성행위가 가능할 수 있으며, 여성이 그러한 성행위를 즐긴다는 생각을 하게하여 여성에 대한 남성의 공격행위를 증가시킬 수 있다. 그렇지만 포르노물이 반드시 성범죄를 증가시킨다는 결정적 증거는 없으며, 성범죄자가 특별히 일반인에 비해 포르노영화에 더 관심을 갖고 있지는 않다. 가령, 덴마크에서 1969년에 포르노영화를 처음 합법화한 후 포르노 영화 합법화 전과 후의 성범죄 발생률을 비교하였을 때 처음에는 성범죄가 증가하였지만 나중에는 거의 차이가 없었다.

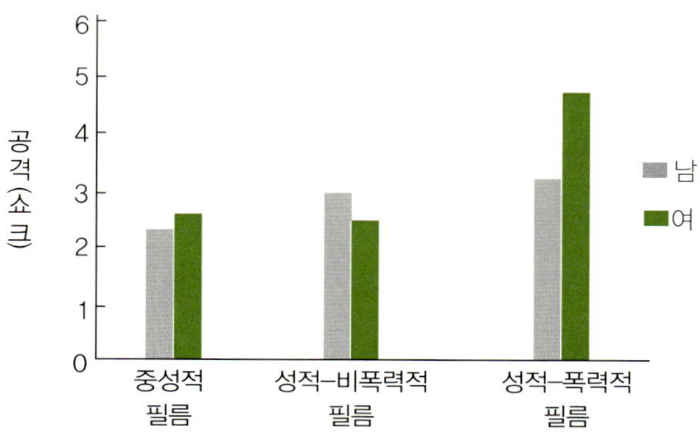

그림 4-4 | 공격적인 포르노의 효과

개인적 요인 인간의 성행동에는 개인의 성장환경과 성격도 큰 영향을 미친다. 가령, 어렸을 때 다른 원숭이와 어울리지 못하고 혼자 자란 원숭이들은 정상적인 성행동이나 모성행동을 보이지 않는다(Harlow & Suomi, 1971). 사람도 어릴 때 애착이 성공적으로 형성되지 않으면 정상적인 성행동을 보이지 않는다는 것이 발견되었다(Ainsworth, Blehar, Waters, & Wall, 1978). 즉, 어릴 적에 애착대상과 정상적인 애착을 형성하여 정서적 유대감이 잘 형성되지 못하면 성장한 후 남녀 간의 성적 교류에 문제가 생길 수 있다. 성격적인 측면에서 외향적인 사람들은 내향적인 사람들보다 성에 대해 더 적극적이며(Eysenck, 1976), 성적 욕구에 대해 죄책감을 느끼는 사람들은 그렇지 않은 사람들보다 성에 대해 보다 소극적이다(Mosher & Cross, 1971).

사회적 요인 우리 사회가 아이들에게 기대하는 성역할도 성행동에 큰 영향을 미친다. 우리 사회에서는 여성에게 "정서적, 수동적, 다정한" 같은 성역할을, 남성에게는 "공격적, 용감한, 적극적" 같은 성역할을 기대하며 이러한 성역할 기대는 성에 대한 욕구나 행동에 영향을 미친다. 예를 들면, 성 경험에서 소녀들은 공포나 죄의식을 주로 느끼는 데 비해 소년들은 어른다움과 즐거움을 주로 느낀다고 한다(Sorensen, 1973). 사회적 분위기는 연령에 따른 성행동의 변화에도 영향을 미친다. 성행동은 성인중기와 말기에 서서히 감소하는 경향이 있는데(Weizman & Hart, 1987), 이러한 성행동의 감소는 생리적 욕구의 감소보다 성에 대한 사회규범으로 인해 일어난다. 여러 문화권에서 노인들이 성행동을 하는 것을 금기시하는 사회규범이 일반화되어 있지만 실제로 연령이 증가한다고 해서 성행동이 그렇게 감소하는 것은 아니며 성적 관심은 70~80대에도 지속된다(Pocs, Godow, Tolone, & Walsh, 1977).

4. 호기심 동기

추동감소이론(drive reduction theory)은 사람이 생리적 긴장을 줄이기 위해 행동한다고 가정하지만 사람은 아무런 자극이 없는 상황보다 적절한 자극이 주어지는 상황을 더 좋아한다. 이러한 호기심 욕구는 인간만의 전유물이 아니며 동물들도 인간만큼은 아니지만 호기심을 가지고 있다. 예를 들면, 원숭이 사육실의 한쪽 창문에서는 움직이는 장난감 기차를 볼 수 있게 하고, 다른 쪽 창문에서는 아무 것도 놔두지 않았을 때 원숭이는 대부분의 시간을 장난감 기차를 보면서 보냈다. 우리가 버스나 철도를 이용할 때 창문 쪽 좌석을 선호하는 이유도 같은 이유라고 할 수 있다. 그렇다면 이렇게 유기체가 주변자극에 호기심을 가지는 이유는 무엇 때문일까? 그것은 호기심이 많은 유기체가 그렇지 않은 유기체에 비해 생존 가능성이 더 높았기 때문일 수 있다. 예를 들면, 먹이를 주지 않고 직선주로에 쥐를 데려다 놓았을 때 벽이나 바닥 냄새에 호기심을 보이며 먹이가 있는 곳에 천천히 도착하는 쥐와 옆을 쳐다보지 않고 먹이 쪽으로 내달리는 쥐가 있다. 단순하게 생각하면 먹이로 내달린 쥐가 생존에 더 도움이 되는 행동을 한 것처럼 보이지만 두 쥐를 복잡한 미로에 데려다 놓고 먹이상자까지 도달하는 시간을 측정해 보면 호기심을 보였던 쥐가 훨씬 빠르게 먹이상자에 도달한다. 이러한 결과를 보면 주변환경에 적절한 호기심을 갖는 쥐들이 자연적인 상황에서 생존할 가능성이 더 높을 수 있다는 것을 알 수 있다.

그렇다면 호기심에 영향을 미치는 요인들에는 어떤 것들이 있을까? 우선 생각해 볼 수 있는 것이 희소성이다. 가령, 사람들에게 초콜릿 쿠키의 맛을 평가하도록 했을 때 똑같은 쿠키인데도 불구하고 10개를 준 조건보다 2개를 준 조건에서 더 맛있다고 평가하였다(Wachtell, 1961). 이처럼 어떤 것이 많을 때보다 적을 때 더 관심과 주의를 끄는 것을 희소성의 원리라고 한다. 호기심에 영향을 미치는 또 다른 요인은 성격이다. 어떤 사람은 단조로운 상황에 잘 적응하는 데 비해 어떤 사람은 자극적이고 모험적인 생활을 선호하는 사람이 있는데 그런 사람은 감각 추구적 성격(sensation seeking personality)(Zuckerman, 1979)을 가지고 있다. 이들은 새로운 음악이나 위험한 여행 등 일상적이지 않고 새로우며 격렬한 경험을 추구하며 때로는 도박이나 성적 문란 또는 약물복용 등 사회적 규범을 무시하는 행동을 하기도 한다. 이렇게 자극 추구적 성격을 가진 사람들이 지루한 일상을 못 견디고 자극적인 생활을 추구하는 이유는 대뇌에서 분비되는 MAO의 수준이 낮아 노어에피네프린이나 세로토닌의 활동을 억제하기 때문에 새로운 자극에 대해 쉽게 식상하게 된다고 한다(Schooler, Zahn, Murphy, & Buchsbaum, 1978).

나는 얼마나 자극 추구적 성격을 가지고 있나?

다음 각 항목에 대해 자기가 좋아하는 것이나 자기 감정을 가장 잘 표현하는 항목을 하나씩 택하십시오.

1. A. 나는 둔하거나 싫증나게 만드는 사람에 대해서는 참지를 못한다.
   B. 나는 나와 대화하는 거의 모든 사람에게서 재미있는 어떤 것을 발견한다.
2. A. 훌륭한 그림이란 우리의 감정에 쇼크나 충격을 주는 것이다.
   B. 훌륭한 그림이란 평화와 안정을 주는 것이다.
3. A. 오토바이를 타는 사람은 스스로를 해치려는 무의식적 욕구를 가지고 있을 것이다.
   B. 나는 자동차 드라이브나 오토바이 타기를 좋아한다.
4. A. 나는 모든 사람이 평온하고 행복한 이상적인 사회에서 살고 싶다.
   B. 나는 역사 중에 혼란스러웠던 시대에 살았었으면 좋았을 것 같다.
5. A. 나는 때로는 아슬아슬한 일을 하는 것을 좋아한다.
   B. 현명한 사람은 위험한 일을 피한다.
6. A. 나는 최면술을 경험하고 싶지 않다.
   B. 나는 최면술을 경험하고 싶다.
7. A. 인생의 가장 중요한 목표는 가장 다양하게 또 가능한 한 많은 경험을 하는 것이다.
   B. 인생의 가장 중요한 목표는 가정의 평화와 행복을 발견하는 것이다.

8. A. 낙하산 점프를 한번 해보고 싶다.
   B. 낙하산을 착용하는 것과 상관없이 비행기에서 뛰어내리는 것은 절대 못할 것이다.
9. A. 나는 내 몸이 찬물에 익숙해지고 나서야 물에 서서히 들어간다.
   B. 나는 찬물이 담긴 풀이나 바다에 바로 뛰어들기를 좋아한다.
10. A. 휴가 때는 좋은 방과 침대에서 편안하게 지내고 싶다.
   B. 휴가 때는 야외로 캠핑하러 나가서 변화를 맛보고 싶다.
11. A. 나는 다소 떠들썩하더라도 기분을 표현하는 사람들이 더 좋다.
   B. 나는 조용하고 차분한 사람들이 더 좋다.
12. A. 나는 사무실에서 일하는 직업을 갖고 싶다.
   B. 나는 여행을 하면서 일을 하는 직업을 갖고 싶다.
13. A. 나는 추운 날에는 빨리 집에 간다.
   B. 나는 맑고 추운 날에는 오히려 기운이 난다.
14. A. 나는 똑같은 사람들과 계속 만나는 것이 재미없다.
   B. 나는 친한 친구들과 계속 편하게 지내는 편이 더 좋다.

■ 채점방식: 1A, 2A, 3B, 4B, 5A, 6B, 7A, 8A, 9B, 10B, 11A, 12B, 13B, 14A에 1점씩 주고, 점수를 합한다.
0~3: 매우 낮음, 4~5: 낮음, 6~9: 보통, 10~11: 높음, 12~14: 매우 높음

5. 성취동기

성취동기는 어려운 도전을 극복하고 다른 사람보다 우월하려는 욕구이며 [그림 4-5]처럼 성취동기가 높을수록 특허 같은 창조적 활동의 원동력이 되기도 한다. 성취동기가 높은 사람에게 보상은 크게 중요하지 않으며 어떤 목표를 세우고 이루었을 때 느끼는 성취감이 더 큰 자극제가 되는 경향이 있다. 성취동기는 기질과 같

은 유전적 요인이 영향을 미칠 수 있지만 대체로 사회화 과정에서 부모의 양육방식이 더 큰 영향을 미친다. 즉, 자녀가 독립심과 자존감을 갖도록 격려하고 반복적인 성취 경험을 통해 성취 지향적이고 자기 효능감이 있는 사고방식을 형성하게 되면 높은 성취동기를 갖게 된다. 기대-가치이론(expectancy-value theory)에서는 성취동기가 두 가지 근원에 의해 결정된다고 보는데 하나는 긍정적 근원인 성공추구 경향성과 부정적 근원인 실패회피 경향성이다(Atkinson & Birch, 1978).

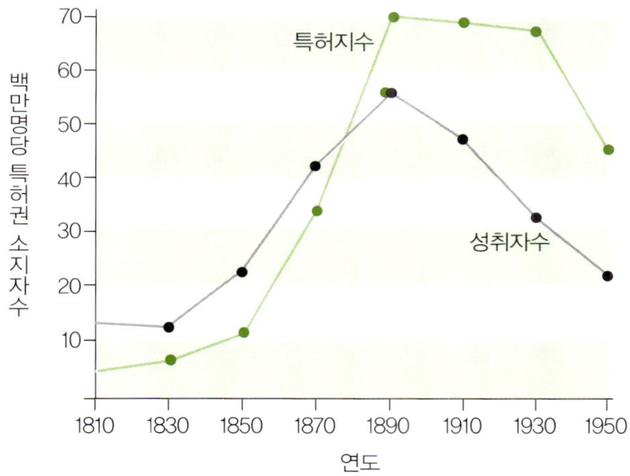

그림 4-5 | 성취욕구와 발명

1) 긍정적 근원

긍정적인 근원이란 어떤 상황에서 무엇인가를 성취하려는 경향성을 말하는데 성공하려는 동기의 강도, 과제에 대한 성공확률, 성공의 유인가에 의해 결정된다(Atkinson & Raynor, 1974). 성공하려는 동기의 강도는 성격의 안정적 측면으로서 성공하고 싶다는 의지가 얼마나 강한지 그리고 장기적인 목표를 위해 자신의 즉각적 욕구를 얼마나 잘 지연시킬 수 있는 지와 관련되어 있다. 가령, A형 성격을 가진 사람들은 현재의 경쟁사회에 잘 적응하는데 이들은 타인과의 경쟁에서 이기려는 공격적인 성격과 함께 성공하겠다는 강한 의지를 가지고 있다. 이런 부류의 사람들은 주로 자신의 우월함을 발휘할 수 있는 경쟁적인 직업에 종사하는 경향이 있다(McClelland, 1965). 자신이 맡은 일을 끈기 있게 열심히 하면 응분의 보상이 뒤따르기 마련이므로 성취욕구가 높은 사람들은 승진도 잘 되고 사회적 신분이 상승한다(Crockett, 1962).

긍정적 근원에서 성공하려는 동기의 강도는 성격적 측면을 나타낸다면 과제의 성공확률과 성공의 유인가는 상황적 측면을 나타낸다. 과제가 쉬울 경우에는 성공확률(Expectancy: E)은 높아지지만 성공했을 얻을 수 있는 유인가(Value: V)는 낮아질 수밖에 없으므로 성취욕구가 높은 사람일수록 두 요인간의 절충지점을 찾으려고 노력한다. 예를 들어, 심리학에서 높은 학점을 따려는 행동은 성취욕구의 강도, 높은 학점을 받을 가능성(확률), 높은 학점을 받았을 때 얻을 수 있는 보상(유인가)에 달려있다. 따라서 성취욕구가 어느 정도 있다고 가정할 때 교수가 아주 어려운 문제를 출제하거나(낮은 성공 가능성) 심리학이 전공과목을 공부하는데 별 도움이 안 된다고 생각한다면(낮은 유인가) 높은 학점을 따려는 행동은 줄어들 것이다. 이것을 볼 때 성취욕구가 높은 사람들이 왜 난이도가 너무 높지 않은 과제를 선택하는지를 이해할 수 있다.

A형 성격 테스트

매우 동의한다: 2점　약간 동의한다: 1점　전혀 동의하지 않는다: 0점

〈가: 심리특성〉

1. 일을 하고 있을 때 다른 사람이 방해하면 아주 불쾌하다. (　)
2. 나는 억울한 일이 있으면 흥분해서 잠을 잘 안 온다. (　)

3. 나는 일을 계획하고 예상대로 잘 진행되어 나갈 때 마음이 가장 뿌듯하다. ( )
4. 나는 사소한 일로 다른 사람들에게 짜증을 잘 낸다. ( )
5. 나는 나와 비슷한 또래의 사람이 나보다 잘 하는 것이 있으면 긴장된다. ( )
6. 나는 남들로부터 야망이 있고 끈기가 있다고 평가받는다. ( )
7. 나는 하던 일을 다 끝내지 못하면 가슴이 두근거리고 매우 답답하다. ( )
8. 내가 타고 가는 차 앞에서 다른 차가 우물쭈물 거리면 몹시 짜증난다. ( )
9. 나는 내가 하는 일이 장애물 없이 순조롭게 되어가기를 바란다. ( )
10. 나는 내가 하는 일의 질보다는 양이나 속도를 중시하는 편이다. ( )
11. 나는 일을 하지 않고 놀고 있으면 마음이 불안하다. ( )
12. 나는 하루가 너무 짧아 아쉬울 때가 가끔 있다. ( )
13. 나는 다른 사람보다 무슨 일이든지 더 잘해야 하다고 생각한다. ( )
14. 나는 인생의 목표가 사회적으로나 경제적으로 성공하는 것이라고 생각한다. ( )
15. 나는 일을 하지 않고 게으른 사람들을 보면 한심하게 느껴진다. ( )

점수 합계 ( )

〈나: 행동특성〉

1. 나는 한 번에 두 가지 이상의 일을 할 때가 있다. ( )
2.나는 다른 사람에 비해 말을 빨리 하는 편이다. ( )
3. 나는 어떤 일이고 서두르는 경향이 있다. ( )
4. 극장 앞에 줄이 길게 늘어서 있으면 차라리 다른 영화를 보는 편이다. ( )
5. 나는 어떤 약속이고 시간에 딱 맞추어 가는 편이다. ( )
6. 나는 어떤 게임이든 누구랑 하든 이겨야 시원하다. ( )
7. 나는 다른 사람에 비해 밥을 빨리 먹는 편이다. ( )
8. 나는 누가 나를 비난하면 바로 반박하는 편이다. ( )
9. 나는 운동이 필요한 것을 알지만 시간이 없어서 못한다. ( )
10. 나는 말할 때 자주 눈을 깜박거리는 편이다. ( )
11. 나는 얘기 할 때 제스처를 많이 쓰는 편이다. ( )
12. 나는 나도 모르게 발을 떠는 버릇이 있다. ( )
13. 나는 어떤 일이든지 내가 직접 해야 안심이 된다. ( )
14. 나는 젊을 때는 정신없이 바쁘게 살아야 한다고 생각한다. ( )
15. 나는 내가 감당하기 어려울 정도의 일을 떠맡는 경우가 있다. ( )

점수 합계 ( )

A형 성격 경향성: (가+나)÷2 = ( )

2) 부정적인 근원

사람은 성공하고 싶어 하는 만큼 자기가 하고 있는 일이 실패할까봐 두려워한다(Atkinson & Birch, 1978). 성공하려는 동기와 마찬가지로 실패하지 않으려는 동기도 성격적인 측면이며 성취행동을 자극할 수 있다. 예를 들어, 낙제에 따르는 부끄러움이나 비난을 두려워하기 때문에 심리학 과목을 열심히 공부할 수 있다. 또한 어떤 일에 실패할 가능성이 얼마나 되고 실패에 뒤따르는 심리적 부담이 얼마나 큰지도 성취행동에 영향을 미칠 수 있다.

3) 긍정적 근원과 부정적 근원의 상호작용

성공하려는 동기와 실패를 회피하려는 동기의 상대적 강도는 과제 선호도에 영향을 준다(Atkinson & Birch, 1978). 즉 어떤 상황에서는 실패를 회피하려는 동기가 강하면 성취를 위한 행동을 억제할 수 있다. 예를 들어, 심리학에서 학점을 따기 어렵다고 생각하면(실패에 대한 두려움이 크면) 심리학 과목을 아예 수강신청하지 않을 수 있다. 성취동기와 실패에 대한 두려움 간의 관계를 볼 때 동기와 정서는 서로 연결되어 있음을 알 수 있다. 예를 들어, 자기가 하고 있는 일에 불만을 가지면 새로운 직업을 구하기 위한 동기가 발생할 수 있으며 반대로 미인대회에 입상하려는 동기 때문에 대회에 참가하는 동안에 불안을 심하게 느낄 수 있다.

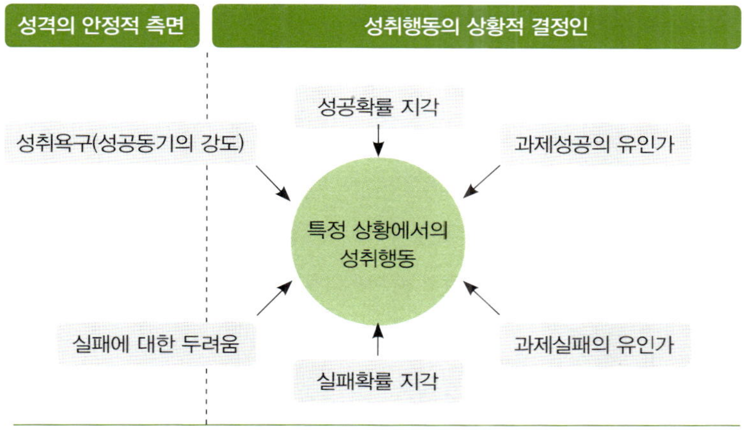

그림 4-6 | 성취동기의 결정요인

6. 동기의 이론

인간의 행동을 유발하는 동기가 어떻게 나타나는지는 철학자들도 관심을 가진 문제였다. 가령, 데카르트는 인간의 의지(will)가 행동을 일으키며 의지는 신체가 환경과 접촉할 때 나타나는 열정(passion), 쾌락(pleasure), 고통(pain)에 의해 유발된다고 보았다. 그러나 동기가 본격적으로 과학적 연구의 대상이 되기 시작하면서 다양한 심리학 이론들이 제시되었다.

1) 본능이론(instinct theory)

초기의 본능이론은 유기체의 생존에 필요한 행동을 일으키는 동기들이 선천적으로 주어진 본능이라고 가정하였다 그러나 5759개의 본능을 제안한 버나드(Bernard, 1924)처럼 무엇이 본능적 행동이고 무엇이 학습된 행동인지를 구분하기 어렵고, 본능이라고 알려진 행동도 나중에 보면 학습된 것인 경우가 많아 비판을 받게 되었다. 초기의 본능이론과 달리 윌슨(Wilson, 1975)과 같은 사회생물학자들은 생존 가능성을 최대화하기 위해 인간의 사회적 행동에도 자연도태가 일어나며 적응적인 행동은 유전자를 통해 다음 세대에 전달된다고 가정하였다. 즉, 사회생물학자들은 진화론적 가치가 있는 동기로 경쟁, 지배, 공격, 성과 같은 사회적 동기를 언급하고 있다. 가령, 경쟁심 자체가 생존에 도움이 된다면 더 경쟁적인 유전자가 다음 세대로 유전된다는 것이다. 경쟁심 자신의 자손을 보호하기 위해 진화된 이타적(자기희생적) 행동은 종의 다른 구성원에게 확대될 수 있다는 것이다. 따라서 이기적인 유전자가 전달되듯이 이타적인 행동을 일으키는 유전자도 전달된다는 것이다(Trivers, 1971). 그러나 Wilson의 이론은 사회적 행동을 설명하는 데 있어서 생물학의 영향을 과대평가하고 있으며, 사회현상마저도 진화의 결과라고 설명한다는 점에서 비판 받고 있다(Lewontin, Rose, & Kamin, 1984).

2) 추동이론(drive theory)

추동이론(Hull, 1943)에 따르면 생리적 결핍이 일어나면 생리적 욕구(need)가 나타나며 이것이 심리적 추동(drive)을 일으켜 생리적 욕구를 감소시키기 위한 행동을 유발한다. 즉, 체온이나 혈당 등은 신체 내에서 안정된 상태인 동질정체(homeostasis)를 유지하고 있는데 이러한 안정상태가 어떤 이유로 인해 깨지면 동질정체를 회복하려는 행동이 일어난다. 예를 들어, 체온이 떨어지게 되면 동질정체를 회복하기 위해 땀이나 오한과 같은 자동적 신체반응이 나타나는데 자동적 반응만으로 체온조절이 이루어지지 않으면 난로에 다가가거나 두꺼운 옷을 입는 행동이 나타나게 된다. 추동이론의 문제는 인간은 때때로 추동을 감소시키기 위해 행동하기보다 오히려 사우나나 등산과 같이 추동을 증가시키는 행동을 한다는 것이다. 맥길(McGill)대학 연구팀은 아무 것도 보지도 듣지도 못하도록 완전히 차단된 조건을 견디는 실험참가자에게 보상을 했지만 몇 시간 이상을 견디는 사람은 거의 없었다.

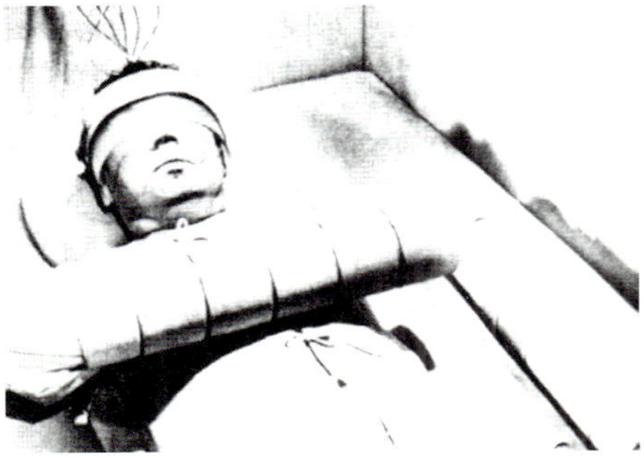

그림 4-7 | 완전히 감각이 차단된 채 누어있는 실험참가자의 모습

3) 기대-가치이론(expectancy-value theory)

기대-가치이론은 목표의 가치와 그 목표를 달성할 가능성이 동기를 결정한다고 본다(Atkinson & Burch, 1978). 즉, 가치(value)란 행동을 동기화시키는 힘이 있는 자극을 말하며 돈, 음식, 칭찬, 승진 등이 대표적인 사례로 음식 같은 것은 직접적으로 추동을 감소시키지만 돈 같은 것은 직접적으로 추동을 감소시키지 않는다. 또한 기대-가치이론에서 동기의 근원인 목표는 유기체 밖에 있는 자극이며 행동을 했을 때 그 자극을 얻을 수 있다고 기대할 경우에만 실제 행동이 나타난다. 즉, 직장에서 승진을 위해 얼마나 노력할 것인지는 승진할 수 있는 가능성에 대한 기대와 승진이 자신에게 얼마나 가치가 있는지에 달려있다.

4) 자기효능감 이론(self-efficacy theory)

반두라(Bandura, 1977)는 인간이 본능이나 외적 보상에 의해 조종되는 수동적 존재가 아니고 스스로 자신의 환경을 통제하고 자기를 조절할 줄 아는 능동적 존재라고 주장하였다. 그리고 인간의 행동은 자기 능력에 대한 효능기대(efficacy expectancy)와 특정한 행동을 했을 때 원하는 결과를 얻을 수 있다는 결과기대(product expectancy)에 의해 결정된다. 효능기대도 높고 결과기대도 높을 때는 자신감도 생겨 적극적으로 행동하지만, 효능기대는 높지만 결과기대가 낮으면 불평이 증가하여 환경을 변화시키려고 한다. 그에 비해 효능기대가 낮으면 결과기대가 높더라도 자기비하를 하거나 실망을 자주 하고, 결과기대 마저 낮으면 포기하고 무관심하게 된다. 또한 자기효능감은 실제 상황에서 어떤 일을 얼마나 잘 해낼 것인지를 정확하게 예측해주는 요인이다(Bandura, 1977). 그렇다면 어떻게 자기효능감을 높일 수 있을까? 우선 작더라고 성공을 자주 경험하거나 자기와 유사한 조건을 가진 모델이 노력하여 원하는 것을 성공적으로 이루는 것을 관찰하는 것이 자기효능감을 높이는데 중요하다. 또한 부모나 교사 같이 자신이 좋아하거나 존경하는 사람으로부터 격려나 칭찬을 받거나 스트레스를 받는 상황에서 자신이 느끼는 불안감을 스스로 잘 조절할 수 있을 때도 자기효능감이 높아지게 된다.

	결과 기대 +	결과 기대 −
효능 기대 +	적극적 참여, 자신감 스스로 만족	항의와 불평 환경변화의 시도
효능 기대 −	자기비하 실망	포기 무관심

인간의 모순된 행동

사람들은 뜨거운 사우나를 하는 것 같이 고통스러운 행동을 하기도 하고, 좋아하던 일에 싫증을 내기도 하는데 왜 이런 일이 일어날까? 반대과정이론(Solomon, 1980)에 따르면 유기체는 자극이 주어지면 어떤 반응을 한 다음에 반드시 그 반응과 반대되는 성질을 가진 반응을 하게 되어있다. 가령, 오른쪽 그림처럼 마약을 처음 접하게 되면 누구나 황홀함 같은 즐거운 반응을 보이지만 시간이 조금 지나면 그 반응과 반대되는 우울함이나 허탈감 같은 불쾌한 반응을 보인다. 게다가 같은 자극이 반복되면 자극에 대한 최초 반응의 강도는 감소하고 뒤따르는 반대 반응의 강도는 증가하게 된다. 그래서 마약에 반복하여 노출되게 되면 처음 보였던 유쾌한 반응을 유지하기 위해 마약의 양을 늘리게 된다. 반대로 스카이다이빙은 두려움 같은 부정적인 초기반응이 나타나지만 끝나면 상쾌함 같은 긍정적인 반응이 이어지는데 스카이다이빙을 계속하다 보면 두려움은 감소하고 상쾌함은 증가하기 때문에 스카이다이빙을 계속하게 된다.

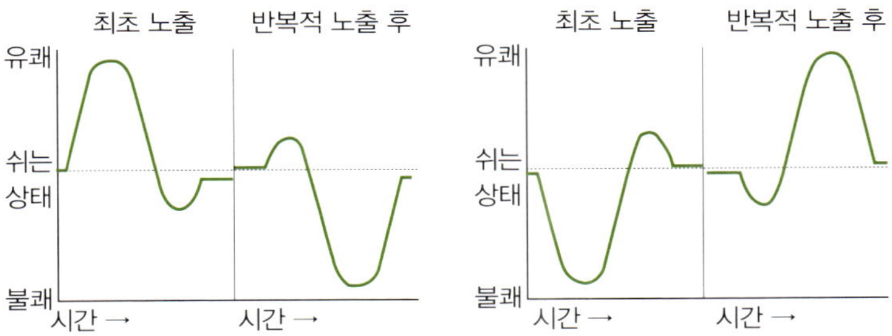

(a) 마약에 대한 반응 (b) 스카이다이빙을 할 때 반응

그림 4-8 | 마약과 스카이다이빙에 대한 인간의 반응변화

Chapter

05 학습과 지능

1. 학습이란 무엇인가
2. 학습과 인지
3. 지능은 무엇이고 어떻게 측정하나
4. 유전과 환경
5. 지능에서 관찰되는 개인차

학습이란 학습할 내용을 이해하고 그것을 기억하는 과정이라고 할 수 있다. 학습은 어릴 때부터 많은 학생들을 좌절시키고 힘들게 하는 문제로 열심히 공부를 해도 성적이 잘 오르지 않으면 머리가 나빠서 그런지 아니면 공부 방법에 문제가 있는지 고민을 하게 된다. 학습은 머리만 좋다고 되는 것이 아니라 학습할 내용을 이해하기 위한 사고력도 필요하고 그것을 효과적으로 잘 기억하기 위한 기억력도 필요하며, 포기하지 않고 공부를 꾸준하게 할 수 있도록 만드는 동기도 요구된다. 이렇게 학습에는 다양한 능력이 요구되기 때문에 학습을 잘 하는 학생과 못하는 학생은 같은 시간을 공부해도 효율성이 다르고 노력을 하는데도 성적이 다른 결과가 생기게 된다. 이 장에서는 학습에 관여하는 학습과 기억의 원리에 대해 먼저 알아보고 지능이 학습을 비롯한 우리 생활과 어떤 관련을 맺고 있는지도 함께 살펴보도록 한다.

Chapter 05

학습과 지능

1. 학습이란 무엇인가

"학습(learning)"이라는 말은 학교에서 하는 공부를 떠올리게 하지만 심리학에서의 학습은 더 넓은 개념으로 학교에서 하는 공부뿐 아니라 자전거 타기나 운전을 배우는 등의 다양한 활동을 경험을 통해 배우는 과정을 학습이라고 부른다. 우리는 경험을 통해 다양한 지식과 기술을 습득하고 이를 활용하여 사회를 살아나가는데 동물도 학습할 수 있는 능력을 가지고 있지만 인간만큼 그 능력이 뛰어난 종은 없으며 진화를 통하여 습득한 지적 능력 중 가장 중요한 것이 학습능력이다. 심리학자들은 동물을 대상으로 한 학습연구를 통하 학습원리를 찾아내고 그것을 인간에게도 적용하고자 하였다. 이 절에서는 동물을 대상으로 한 연구들을 통해 발견된 다양한 학습원리들을 알아보도록 하자.

1) 행동주의 학습원리

학습에는 추리나 사고 같은 인지과정이 개입되어야 하는 것이지만 단순하고 연합적인 것도 있다. 행동주의에서는 동물을 대상으로 단순하고 연합적인 학습과정을 설명하는 원리를 밝히고자 하였는데 대표적인 것으로 고전적 조건형성 원리와 조작적 조건형성 원리가 있다. 인간의 학습과정은 추리나 사고 같은 인지과정에 의해 이루어지기도 하지만 많은 학습은 단순하고 연합적인 과정을 통해 이루어진다. 이 절에서는 행동주의의 두 학습 원리에 대해 알아보자.

(1) 고전적 조건형성 원리

노벨상을 수상한 생리학자인 파블로프(Pavlov)는 타액분비와 관련한 반사행동을 연구하던 중 실험용 개가 먹이가 아닌 실험자의 발자국 소리만 들어도 타액을 흘린다는 것을 발견하였는데, 침 흘리는 것과는 아무런 관계가 없던 실험자의 발자국 소리에 개가 침을 흘렸다면 이것은 개가 발자국 소리와 침을 흘리는 반응 간의 관계를 새로 학습한 것이라고 볼 수 있다. 파블로프가 발견한 이러한 학습 원리를 고전적 조건형성 원리라고 부른다.

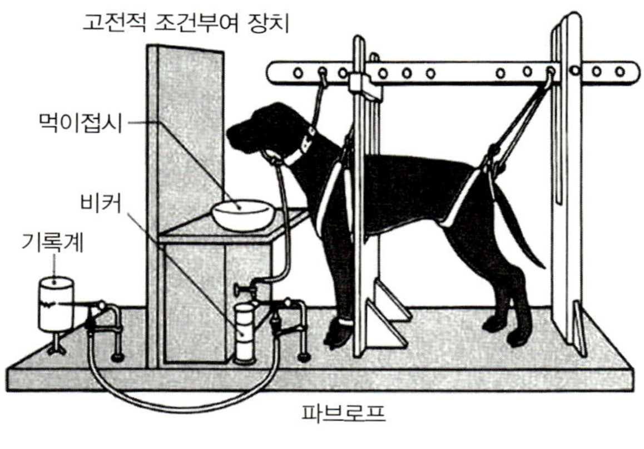

그림 5-1 | 파블로프의 고전적 조건형성 실험장치

고전적 조건형성은 "침 흘리기" 같은 무조건 반응(unconditional response: UCR)

을 일으키는 "음식" 같은 무조건 자극(unconditional stimulus: UCS)과 "발자국 소리" 같은 조건자극(conditional stimulus: CS)이 무즈건 자극과 반복하여 짝지어져 제시되면 나타나는 새로운 "침 흘리기" 반응인 조건반응(conditional response: CS)이 나타나는 현상이다. 고전적 조건형성 원리에 의한 학습은 우리 생활에서 광고의 효과나 특정한 대상에 대한 정서를 설명해 준다. 즉, TV 광고에서 연예인을 출연시키는 이유를 살펴보면 사람들은 연예인(무조건 자극)에 대해 호감(무조건 반응)을 가지고 있는데 연예인(무조건 자극)이 상품(조건 자극)을 반복해서 광고하면 상품에 대해 새로운 호감(조건 반응)이 나타나기 때문이다. 또한 사람들이 어떤 대상에 대해 무서움이나 미움 또는 사랑 같은 감정을 갖는지도 고전적 조건형성 원리에 의해 잘 설명된다. 예를 들어, 처음에는 쥐에게 공포를 느끼지 않았던 앨버트(Albert)란 아이에게 쥐(조건 자극)를 보여주면서 공포(무조건 반응)를 유발하는 큰 소리(무조건 자극)를 반복해서 들려주면 쥐에 대해 공포(조건 반응)를 보인다. 공포도 학습된 행동이기 때문에 고전적 조건형성 원리를 사용하여 제거할 수 있다. 예를 들어 쥐에게 공포를 보이는 앨버트에게 쥐를 아주 조금씩 가까이 접근시키면서 아이가 좋아하는 사탕을 주면 공포가 점차 사라지게 되며 이것을 역조건형성이라 부른다.

고전적 조건형성에서 관찰되는 학습현상

고전적 조건형성에 대한 연구가 진행되면서 다양한 학습현상이 관찰되었는데 대표적인 것을 알아보면 다음과 같다. 첫째, 조건 자극이 무조건 자극보다 선행되어야 학습이 가능하며 조건 자극이 무조건 자극의 0.5초 전에 올 때 가장 효과적으로 조건형성이 이루어진다. 둘째, 특정한 조건자극에 대해 조건 반응이 학습되면 그 조건자극과 비슷한 다른 자극에 대해서도 유사한 반응을 일어나면 이것을 일반화되었다고 한다. 일반화는 이전에 직면해 본 일이 없었던 장면에서 어떻게 유기체가 효과적으로 대응하는지를 설명해 준다. 셋째, 일반화와 반대로 특정한 자극에 대해서만 반응하려는 경향을 변별이라고 한다. 즉, 초록색 신호등이 켜지면 차들이 멈추는 것처럼 특정한 자극에 대하여서는 반응하고 다른 자극에 대해서는 반응하지 않는 것을 변별학습이라고 한다. 넷째, 계속해서 조건자극만 주어지고 무조건 자극이 주어지지 않으면 조건자극은 조건 반응을 일으키는 힘을 잃게 되는데 이것을 소거라 한다. 가령, 사람들에게 안전한 방식으로 높은 곳을 반복해서 경험하도록 하면 고소공포증이 치료될 수 있다. 다섯째, 소거가 일어난 후 일정기간 휴식이 주어진 후 조건자극을 제시하게 되면 조건 반응이 다시 나타나는데 이것을 자발적 회복이라 한다. 이것은 소거가 우리가 학습한 반응을 사라지게 하는 것이 아니라 조건자극이 주어졌다고 반드시 무조건자극이 주어지는 것은 아니라는 것을 새로 학습하는 것임을 보여준다.

(2) 조작적 조건형성 원리

고전적 조건형성 학습에서 유기체는 주어지는 조건자극과 무조건자극에 수동적으로 반응하는 역할만 하지만 자연상황에서 유기체는 행동을 통해 자신이 원하는 것을 얻으려고 하는 능동적 존재이다. 즉, 개는 주인이 먹이를 줄 때까지 기다리기보다 먹이를 달라고 주인을 따라다니며 재촉한다. 유기체는 주변자극에 능동적으로 반응하며 그 결과가 바람직한 것인지 아닌지에 따라 다음에 같은 반응을 할 것인지를 결정하는데 이것이 조작적 조건형성이다. 즉, 강화이론이라고도 부르는 조

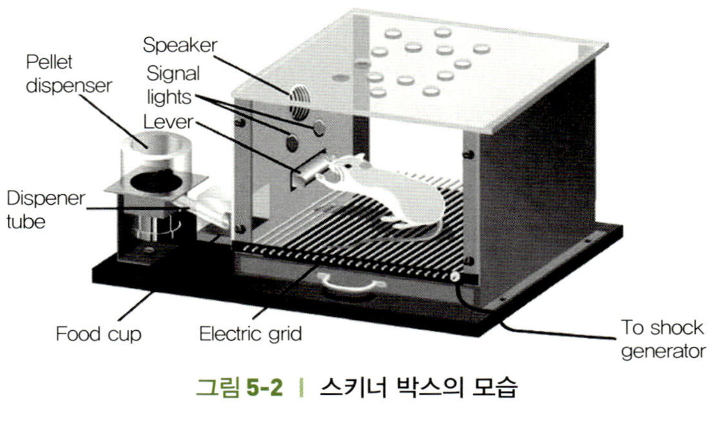

그림 5-2 | 스키너 박스의 모습

작적 조건형성에서 어떤 행동이 일어날 확률은 그 결과로 얻게되는 강화에 의존한다. 스키너(Skinner)는 스키너 상자라고 부르는 실험 도구를 사용하여 조작적 조건형성 원리를 실험하였는데, 스키너 상자 안에 쥐를 집어넣은 후 쥐가 지렛대를 누르면 먹이가 나오도록 하였으며 먹이는 행동을 강화하여 행동의 확률을 증가시킨다.

어떤 행동을 했을 때 주어지는 것으로 이후 행동의 빈도나 강도를 증가시키는 것을 강화(reinforcement)라고 하는데 강화에는 정적 강화와 부적 강화가 있다. 정적 강화란 행동을 했을 때 어떤 것이 주어져 행동의 빈도나 강도가 증가되는 것을 말하고, 부적 강화란 행동을 했을 때 어떤 것이 없어져 행동의 빈도나 강도가 증가하는 것을 말한다. 예를 들어, 칭찬을 받으려고 심부름을 더 하는 것은 정적 강화로 설명되고, 엄마의 잔소리를 안 들으려고 공부를 하는 것은 부적 강화로 설명된다. 또한 강화는 처벌과 구분되는데 강화는 어떤 행동을 증가시킨다고 한다면 처벌은 어떤 행동을 감소시키는 것이다. 예를 들어, 벽에 낙서를 하는 아이를 혼내면 낙서를 하는 행동이 줄어드는데 이것이 처벌이라고 할 수 있다. 그러나 처벌이 행동을 감소시키는 데 얼마나 효과가 있는지에 대해서는 의문이 제기되고 있다. 우선 처벌은 그것이 주어지고 있는 동안에는 반응을 억압하지만 처벌을 받았던 행동습관을 약화시키지는 않는다. 게다가 처벌은 행위자에게 부정적 정서를 유발하고 공격성을 증가시키며, 행동을 하지 말라는 지시만 할뿐 어떻게 하라는 것을 지시하지 않는다는 문제가 있다. 그렇다고 언제나 강화가 효과적인 것은 아니며 외적으로 주어지는 강화는 행동을 일으키는 내적 동기를 약화시킬 수 있기 때문이다. 가령, 그림을 그리고 노는 아이들에게는 그리는 것 자체가 즐거움인데 만일 그리는 행동에 대해 상을 주게 되면 그림을 그리는 행동이 오히려 줄어든다(Lepper & Greene, 1978). 이렇게 본다면 행동의 변화를 가져오는데 처벌보다 강화가 효과적이기는 하지만 내적 동기로 인해 일어나는 행동에 강화를 제공하는 것은 피하는 것이 좋다.

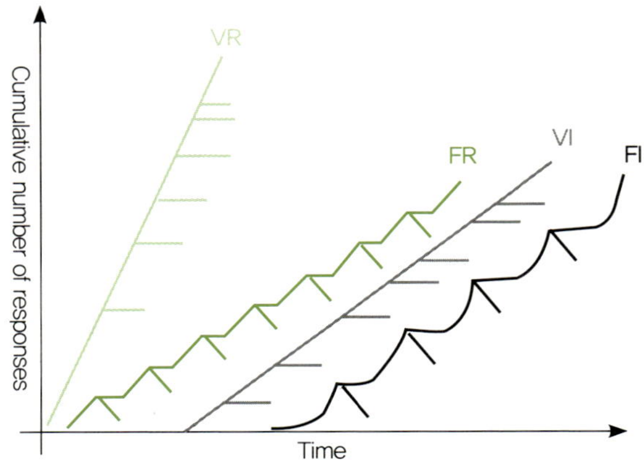

그림 5-3 | 강화계획에 따른 학습양상

조작적 조건형성과 관련된 현상 중 대표적인 것이 강화계획(reinforcement schedule)과 행동조성(behavior shaping)이다. 조작적 조건형성에서 강화를 주는 방식은 크게 연속강화와 간헐강화로 구분할 수 있는데 연속강화는 행동할 때마다 강화를 주는 것이고 간헐강화는 행동을 모두 강화하지 않고 일정한 스케줄에 따라 강화를 주는 것을 말한다. 연속강화는 학습이 빨리 이루어진다는 장점이 있으나 강화가 주어지지 않으면 그만큼 빨리 행동이 사라진다는 단점이 있다. 간헐강화에는 [그림 5-3]과 같이 고정간격(fixed interval: FI) 강화, 고정비율(fixed ratio: FR) 강화, 변화간격(variable interval: VI) 강화, 변화비율(variable ratio: VR) 강화 등이 있으며 이것을 강화계획(reinforcement schedule)이라고 한다.

고정간격 강화는 일정한 시간 간격이 지난 다음에 동물이 한 반응에 대해 강화를 하는 것으로 처음에 동물은 천천히 반응하는 경향을 보이지만 시간간격의 끝이 가까워 오면 반응속도가 증가한다. 고정비율 강화는 일정한 횟수의 반응에 강화하는 것으로 어떤 반응에 강화가 주어지고 나면 반응의 빈도가 떨어지는 강화 후 휴지(post-reinforcement pause) 현상이 나타난다. 변화간격 강화는 다양한 시간간격 후에 반응을 강화하는 것으로 평균 3분마다 강화를 받는 변화간격 강화에서는 강화를 30초 또는 7분 후에 받을 수 있는데 이렇게 강화하면 안정되고 높은 반응비율을 보인다. 마지막으로 변화비율 강화에서는 다양한 반응 횟수 후에 반응을 강화하는 것으로 평균 5회마다 강화하는 변화비율 강화에서는 강화를 20회 또는 2회 후에 받을 수 있는데 이렇게 강화하면 다른 강화계획에 비해 매우 높은 반응비율을 보인다. 행동조성(behavior shaping)은 차별강화와 점진적 접근을 통해 복잡한 행동을 학습시키는 것이다. 여기에서 차별강화(differential reinforcement)는 목표행동을 학습하는데 적합한 행동은 강화하고 그렇지 않은 행동은 강화하지 않는 것이고 점진적 접근(successive approximation)은 최종적인 목표행동과 유사한 행동을 점진적으로 강화하여 학습시키는 것이다. 가령, 자전거를 타기 위해서는 자전거에 오르는 것부터 균형을 잡는 것이나 달리면서 핸들을 조작하는 것까지 다양한 행동을 점진적으로 배워야 하며 이것은 행동조성을 통해 이루어질 수 있다.

2) 행동주의 학습원리의 한계

학습이 경험을 통해 점진적으로 일어나는 과정임을 전제하는 조건형성 원리는 20세 중반까지 심리학의 주류가 되었지만 학습이 반드시 조건형성 원리들만 따르는 것은 아니다. 쉬운 예로 학생들이 수학에서 증명문제를 풀거나 과학자들이 실험을 통해 어떤 사실을 찾아가는 과정은 조건형성 원리로 설명하기 어려운 추리나 사고 같은 인지과정이 개입된다. 행동주의에 기반한 학습원리가 모든 학습을 설명하기는 어렵다는 것을 입증한 학습현상들을 알아보자.

통찰학습(insight learning) 형태주의 심리학자인 쾰러(Köhler)는 유인원을 상대로 연구를 하는 과정에서 학습이 점진적이고 연속적인 것만은 아니며 통찰을 통해 일어나기도 한다는 것을 발견하였다. 쾰러는 행동주의자인 손다이크(Thorndike)가

(1) 기억이 저장되고 탐색되는 과정

공부가 잘 이루어졌다는 것은 잘 기억하고 잘 꺼낼 수 있다는 것을 의미한다. 좀 더 심리학적으로 말하면 정보를 장기기억으로 전달하는 부호화(encoding)와 저장(storage)이 잘 이루어졌고, 장기기억에 있는 내용을 상황에 적절하게 찾아내는 인출(retrieval)이 성공했다고 할 수 있다. 부호화와 저장 그리고 인출에 대해 좀 더 알아보자.

부호화(encoding) 과정 부호화란 우리가 보고 들은 것을 기억에 적합한 형태로 처리하는 과정을 의미하여 어떻게 부호화되었는지에 따라서 기억이 잘 될 수도 있고 그렇지 않을수도 있다. 그렇다면 어떻게 부호화되었을 때 기억이 잘 될 수 있을까? 첫째, 일반적으로 의미적으로 깊이 처리된 정보는 형태나 음운으로 얕게 처리된 정보보다 더 잘 기억되며 이것을 정교화 처리(elaborated processing)라고 한다(Craik & Lockhart, 1972). 가령, 단어가 대문자로 쓰였는지 또는 발음이 비슷한지를 묻는 것보다는 문장의 뜻에 맞는지를 물었을 때 기억이 더 잘 된다. 둘째, 단어를 기억할 때 단어의 의미만이 아니라 독특한 이미지를 함께 사용하여 기억하면 더 잘 기억되는데 이것은 이미지가 의미부호와 심상부호로 같이 기억되기 때문이다(Paivio, 1986). 즉, 이중부호론(dual code theory)(Paivio, 1986)에 따르면 우리가 심상을 이용하여 정보를 기억하게 되면 시각정보와 언어정보를 모두 처리하게 되며 이것이 기억을 더 강하게 만든다고 한다. 셋째, 기억할 내용을 의미를 가진 것으로 묶는 의미 조직화(semantic organization)을 사용하면 정보를 더 잘 기억할 수 있다. 가령, 우리는 많은 이야기 구조를 알고 있기 때문에 기억할 내용을 이야기 형식으로 만들면 기억에 효과적이다.

저장(storage) 과정 무엇인가를 학습하는 것은 기억에 저장하기 위한 것이며 정보가 저장되는 과정을 설명하기 위해 다양한 심리학 이론이 제시되었다. 대표적인 것이 기억을 저장소로 비유하고 감각기억, 단기기억, 장기기억으로 구분하는 중다저장모형(Atkinson & Shiffrin, 1968)으로 세 기억이 어떻게 다른지 알아본다. 첫째, 감각기억은 감각기관을 통해 들어온 자극에 대한 완전하고 정확한 표상을 아주 짧은 시간 동안만 유지하는 기억이다. 보통 눈으로 본 것을 기억하는 곳을 영상기억(iconic memory)이라고 하고 귀로 들은 것을 기억하는 곳을 잔향기억(echoic memory)이라고 하는데 일반적으로 잔향 기억은 영상기억보다는 정보가 더 오래 지속된다. 잔향기억은 어떤 소리가 중단된 다음에 4~5초가 지난 후에야 완전히 사라지는데(Darwin, Turvey, & Crowder, 1972) 잔향기억이 비교적 오래 지속되는 것은 방금 들은 문장의 전체적인 뜻을 이해하고 파악하는 데 도움이 된다. 감각기억에 저장되어 있는 정보는 우리가 의식하지 못하며 그들 중에서 어떤 정보에 선택적 주의가 기울여졌을 경우 정보가 단기기억으로 넘어오면서 우리가 그 정보를 인식하게 된다.

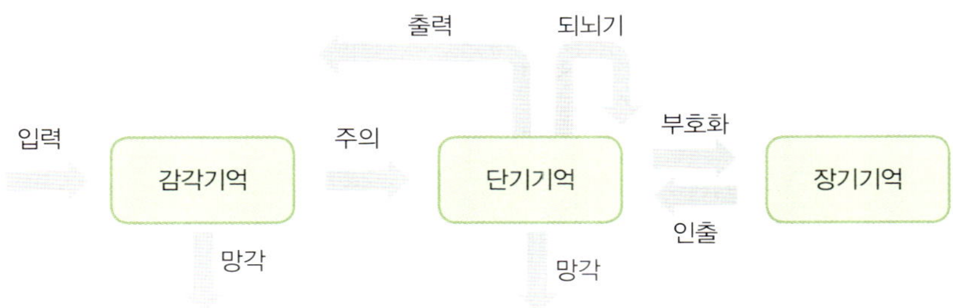

그림 5-7 | Atkinson & Shiffrin(1968)의 중다저장모형

둘째, 단기기억(short-term memory)은 감각기억에 있는 정보들 중에서 우리가 주의를 기울인 정보들이 저장되는 곳이다. 단기기억에 있는 정보도 그냥 놔두면 20초도 안 되어 거의 사라지지만 마음속으로 그 정보를 반복하여 외우는 시연(rehearsal)을 하게 되면 정보가 계속 단기기억에 유지된다. 또한 단기기억은 한 번에 일곱 개 정도의 정보만 유지할 수 있는 용량을 가진 빈약한 기억장치이지만

(Miller, 1956) 여러 정보들을 서로 관련된 정보로 묶는 군집화(chunking)를 통해 더 많은 정보를 유지할 수 있다. 가령, 체스 말판의 위치를 기억하는 과제에서 체스 전문가는 실제 대국의 경우에는 초보자보다 더 많은 위치를 기억하지만 체스 말을 무작위로 놓은 경우에는 초보자와 체스 전문가 간의 차이가 없었다(Chi, 1978). 그 이유는 실제 대국인 경우에는 전문가가 두 사람이 사용한 전략에 근거하여 위치를 군집화시킬 수 있었지만 무작위로 놓은 위치는 군집화가 어렵기 때문이다. 최근 들어 단기기억이라는 개념보다 작업기억(working memory)이란 개념이 더 보편적으로 받아들여지고 있는데, 단기기억은 정보를 저장하는 기능만 가정한 개념이지만 작업기억은 정보를 저장할 뿐 아니라 정보를 처리하는 기능도 포함한 개념이다(Baddeley, 2000). 즉, 작업기억은 시각정보를 저장하는 시공간메모장과 언어정보를 저장하는 음운고리, 장기억에서 불러온 정보를 임시로 저장하는 일화적 완충기 그리고 이러한 정보를 처리하는 중앙관리자(central executive)로 이루어져 있다.

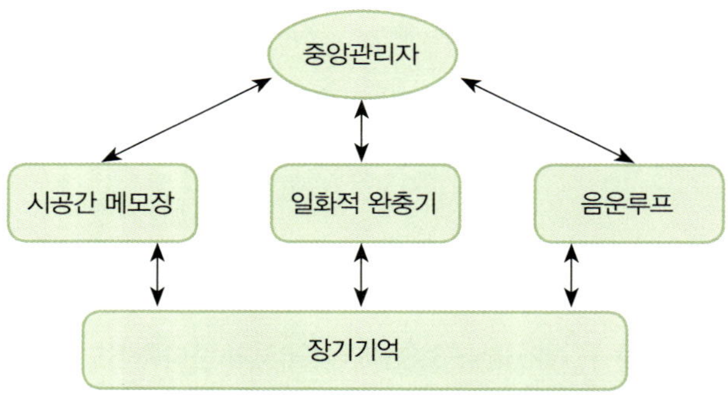

그림 5-8 | 작업기억(working memory) 모형(baddeley, 2000)

여기에서 중앙관리자는 감각기억에서 중요한 정보에 주의를 기울이고, 장기기억에서 필요한 정보를 찾으며, 그리고 불필요한 정보를 억제하는 등 다양한 정보처리가 이루어지는 곳이다. 셋째, 장기기억(long-term memory)은 정보를 거의 무한히 유지할 수 있는 영구적인 기억구조로 시각이나 청각 또는 미각이나 촉각도 오래 기억되는 경우도 있지만 일반적으로 장기기억에서 정보는 의미적으로 저장된다. 의미망모델(Collins & Quillian, 1969)에 따르면 장기기억에서 정보는 [그림 5-9]와 같이 보통 위계적이고 범주적인 방식으로 저장되어 있다. 가령, "연어"의 속성들은 "연어"에 모두 저장되어 있지 않고 더 높은 위계에 있는 "물고기"나 "동물"에 나누어 저장되어 있다가 "연어"라는 단어를 보면 활성화되어 "연어"가 어떤 물고기인지 알게 된다.

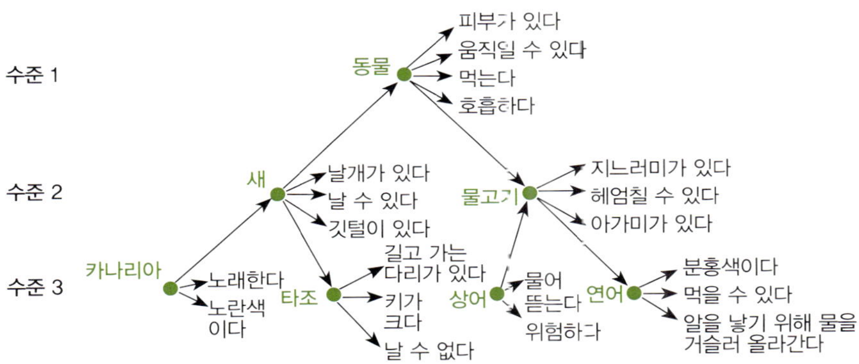

그림 5-9 | 의미망모델에 근거한 장기기억의 구조

장기기억이 의미망모델에서 이야기한 것과 같이 구조화되어 있다는 것을 어떻게 알 수 있었을까? 의미망모델에서는 "카나리아는 새인가?"라고 물었을 때가 "카나리아는 동물인가?"라고 물었을 때보다 더 빨리 대답을 할 것이라고 예상하며 실제 실험에서도 검증되었다. 또한 장기기억에는 서술기억(declarative memory)과 절차기억(procedural memory)이 저장되어 있는데 서술기억은 어떤 사물이나 현상의 사전적 의미가 저장되어 있는 의미기억(semantic memory)과 과거에 경험한 사건에 대한 기억이 저장되어 있는 일화기억(episodic memory)으로 이루어져 있다. 가령, 일주일 전에 친구와 산으로 놀러갔던 기억이 떠올랐다면 그것은 "일주일", "친구", "산", "놀러가다" 같은 단어에 대한 의미기억과 언제 누구랑 어디를 갔다는 일화기억이 합쳐져 있는 것이다. 또한 절차기억은 절차로 이루어진 지식에 대한 기억으로 평소에는 우리가 절차기억에 무엇을 기억하고 있는지 의식적으로 표현하지 못한다. 가령, 문법에 대해 정확하게 설명하지는 못하지만 우리는 문법에 맞게 말을 하거나 이해할 수 있으며, 자전거를 타는 방법을 구체적으로 설명하지 못하지만 자전거를 탈 수 있다.

기억이 단기기억과 장기기억으로 구성되어 있다는 증거들

우리 기억이 단기기억과 장기기억으로 구성되어 있다는 것을 지지하는 증거로는 계열위치효과(serial position effect)와 기억상실증에 대한 연구가 있다. 첫째, 단어목록을 주고 외우라고 하면 [그림 5-10]에서 볼 수 있듯이 대부분 목록의 마지막에 있었던 단어들을 가장 잘 기억하고 그 다음에는 맨 앞에 있었던 단어들을 잘 기억하고 중간에 있었던 단어들을 가장 기억하지 못한다(Murdock, 1962). 그 이유는 목록의 끝에 있었던 단어들은 아직 단기기억에 있기 때문에 기억이 잘 되는 신근성 효과(recency effect)를 보이는데 비해 목록의 맨 앞에 있었던 단어들은 반복하여 외우는 과정에서 장기기억으로 넘어가는 초두성 효과(primacy effect)를 보이기 때문이다.

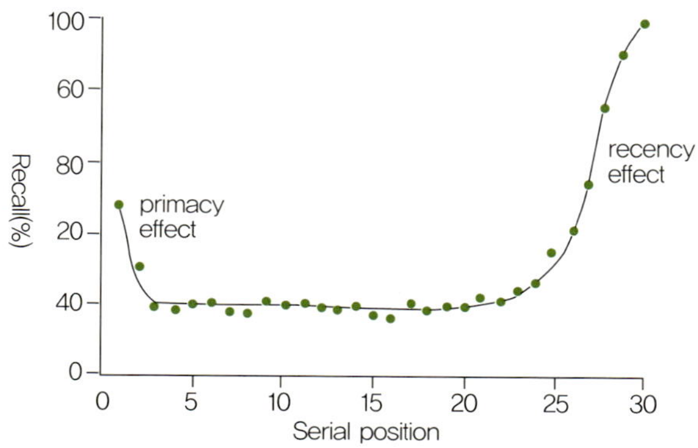

그림 5-10 | **계열위치효과**

둘째, 기억상실증에는 과거의 기억이 사라지는 역행성 기억상실증과 새로운 정보를 기억하지 못하는 순행성 기억상실증이 존재하는데 이것은 우리 기억이 단기기억과 장기기억으로 나뉘어진다는 것을 증명한다. 순행성 기억상실증(anterograde amnesia)은 정보가 단기기억에서 장기기억으로 전이되지 않는 장어로 우울증 환자나 노인의 경우가 많다. 그에 비해 역행성 기억 상실증(retrograde amnesia)은 과거에 경험한 내용이 잘 기억나지 않는 것으로 알츠하이머(Alzheimer)치매나 알콜성 기억상실증인 코르사코프 증후군(Korsakoff syndrome)을 가진 환자에게서 흔히 나타난다.

인출(retrieval) 과정 인출은 학습을 통해 저장했던 정보들을 기억에서 꺼내는 과정을 말하며 정보가 인출되는 과정은 단기기억과 장기기억에서 서로 다르다. 단기기억에 저장되어 있는 정보가 바로 인출되지만 장기기억에 저장된 정보는 인출을 위한 단서가 제공되었을 때 인출된다. 가령, 대학생들에게 침대, 사고, 의자, 책상 등 일상적인 단어들을 외우도록 한 후 기억나는 것을 모두 쓰라고 하였을 때 "가구"나 "과일" 같은 범주이름을 인출단서로 주면 더 많은 단어를 기억해 낼 수 있다(Tulving & Pearlstone, 1966). 둘째, 장기기억에서 일어나는 정보의 인출은 맥락의존적이라서 약호화할 때의 맥락과 인출할 때의 맥락이 유사할 때 가장 기억이 잘 나며 이것을 약호화 특수성 원리(principle of encoding specificity)라고 한다(Tulving & Thomson, 1973). 가령, 시험을 볼 장소에서 공부를 하면 시험을 볼 때 공부한 내용이 더 잘 기억나며 문장 속에서 의웠던 영어단어는 같은 문장이 제시되었을 때 그 의미가 더 잘 떠오른다. 약호화 특수성 원리는 상황에만 적용되는 것은 아니고 기분이나 감정 같은 내적 상태도 기억 단서가 될 수 있다. 특정한 기분이나 정서 상태에서 경험한 것은 비슷한 상태에서 더 잘 기억이 될 수 있다. 예를 들어, 부부싸움을 할 때는 서로 싸웠거나 기분이 나빴던 기억이 더 잘 기억되기 때문에 부부싸움이 더 거칠어진다. 그러나 장기기억에서 정보가 인출될 때 새롭게 재구성되는 경우가 많아서 기억의 신뢰성은 의심의 대상이 될 수 있다. 우선, 그림 같이 분명한 대상에 대한 기억도 언어적 명칭에 따라 서로 다른 것으로 기억될 수 있다. 가령, "C"와 "초생달" 그리고 "아령"과 "안경"은 언어적 명칭에 따라 서로 다른 것으로 인출된다. 또한 사람들은 인출하는 동안 기억을 자신의 도식(schema)에 맞추어 재구성하려고 시도한다. 예를 들어, 학생들을 "연구실"이라는 이름을 가진 방에서 기다리도록 하고 잠시 후 연구실에 대해 생각나는 것을 쓰라고 하면 학생들은 연구실에 없었던 책을 기억해 내는 경향을 보인다(Brewer & Treyens, 1981). 그리고 사람들이 세상에 대해 가지고 있는 도식인 스크립트(script)도 기억을 왜곡시킬 수 있다(Schank, 1984). 가령, 레스토랑에 가서 주문하고 밥을 먹고 나왔다는 이야기를 듣고 대부분의 사람들은 돈을 내고 나왔을 것이라고 추측한다. 그것은 사람들이 레스토랑에서 어떤 과정을 거쳐 음식을 먹는지에 대한 스크립트를 가지고 있기 때문이다.

망각(forgetting) 과정 단기기억과 장기기억에서 망각은 서로 다른 방식으로 일어난다. 첫째, 단기기억에서 정보는 시간이 지나 쇠퇴하거나 새로운 정보로 대치되어 망각된다. 시간에 따라 망각이 어떻게 일어나는지에 관심을 가진 에빙하우스(Ebbinghaus, 1885~1964)는 의미 없는 음절들이 적혀 있는 목록을 외운 후 망각이 어떻게 일어나는지를 관찰하여 망각곡선(forgetting curve)를 제안하였다. 망각곡선에 따르면 기억된 정보는 초기에 급격하게 망각되지만 시간이 지남에 따라 망각비율이 감소하는 경향을 보인다. 또한 단기기억의 용량은 제한되어 있으므로 새로운 정보가 들어오게 되면 오래된 정보를 대치하게 되어 망각이 일어난다. 둘째, 장기기억에서 일어나는

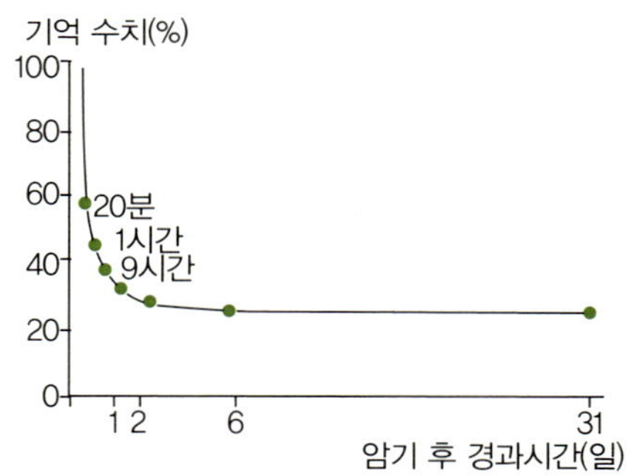

망각은 다른 정보의 간섭(interference)을 받아 일어나는 경우가 많으며 이것을 인출실패(retrieval failure)라고 한다. 간섭에는 현재 기억한 것이 다음에 기억할 내용을 간섭하여 망각시키는 순행간섭(proactive interference)과 나중에 기억한 것이 이전에 기억한 내용을 간섭하여 망각시키는 역행간섭(retroactive interference)이 있다. 가령, 이전 시간에 공부한 영어단어 때문에 다음 시간에 영어단어가 잘 기억되지 않는 경우가 순행간섭이고 다음에 공부한 내용이 전에 공부한 내용을 기억하는 것을 방해하는 것이 역행간섭이다. 간섭을 줄이기 위해서는 기억할 내용들이 서로 잘 구별되도록 맥락이 독특해야 하는데 기억할 단어를 이미지 등을 활용하여 독특하게 만들 수 있다.

기억을 잘 하는 방법

우리가 공부한 것을 잘 기억하기 위해서는 어떻게 해야 할까? 기억에 관한 에빙하우스의 연구에 따르면 망각이 일어나기 전에 반복학습하면 공부했던 내용이 장기기억에 저장되어 잊어버리지 않을 수 있다. 그러나 망각을 반복만으로 완벽하게 막을 수 없는데 그것은 망각이 시간이 지나 일어나는 쇠퇴과정이기도 하지만 간섭 때문에 일어나기도 하기 때문이다. 특히 많은 내용을 이해하고 기억해야 하는 공부에서 간섭은 필연적이므로 반복만으로 망각을 막기는 어렵다. 그렇다면 우리가 공부한 내용을 기억할 수 있는 효과적 기억방법은 무엇일까?

첫째, 공부해야 할 내용을 시각화한다. 이중부호이론에서 제시했듯이 같은 정보라도 시각화하게 되면 의미부호와 심상부호가 함께 처리되기 때문에 기억될 가능성이 높아진다. 둘째, 공부할 내용을 의미적으로 깊게 처리한다. 처리수준이론(Level of processing theory)에 따르면 동일한 정보라도 의미적으로 깊게 처리할수록 기억에 잘 저장된다. 따라서 내용을 그냥 반복하여 외우려 하지 말고 의미적인 연관성을 찾아 묶어서 공부하면 더 잘 기억된다. 셋째, 한 과목만 집중해서 공부하기보다 분산해서 공부한다. 망각이 일어나는 가장 큰 원인은 간섭이다. 간섭을 줄이려면 다양한 상황에서 내용을 학습하여 인출단서를 만들어야 하는데 한 과목을 집중하여 공부하면 간섭을 증가시킨다. 분산학습은 다양한 상황에서 공부가 이루어지기 때문에 인출단서가 증가하여 기억을 촉진한다. 넷째, 의미와 이해를 구분한다. 공부에서 중요한 것은 내용을 이해하는 것이지만 내용을 이해했다고 다 기억되는 것은 아니며 그 내용을 의미 있다고 느낄 때 기억이 잘 된다. 가령, 선생님이 시험에 나올지 모른다고 줄을 치거나 여러분이 평소에 관심이 있었던 분야의 내용이 나오면 다른 내용보다 더 주의를 기울이게 되고 기억이 잘 되는데 그것은 그 정보가 의미 있기 때문이다.

3. 지능은 무엇이고 어떻게 측정하나

지능은 환경에 적응하기 위해 필요한 지적 능력을 말하며 동기나 욕구 같은 정서적 측면과 독립적인 능력이다. 지능은 유전적 요인과 환경적 요인의 상호작용에 의해 결정되며 학교에서 이루어지는 학업성취를 어느 정도 예언해 주기 때문에 많은 사람들이 관심을 가지고 있다. 지능은 지능검사를 통해 측정될 수 있지만 지능검사를 통해 측정되는 능력은 지적 능력 중 일부에 한정된다. 이 절에서는 지능에 대한 이론을 간략하게 살펴본 후 지능검사가 어떻게 발전되어 왔고 그 의미는 무엇인지 알아보자.

1) 지능검사의 발전과정

19세기 후반 갈튼(Galton)은 《Heredity Genius(1869)》라는 책에서 지능은 유전되며 사회적 성취를 결정한다고 주장하였다. 갈튼은 영리한 사람은 감각 예민성이 특별히 뛰어날 것이라고 가정하고 단순한 감각과정을 측정함으로써 정신능력을 측정하는 지능검사를 만들었다. 즉 높은 음에 대한 민감성, 색채 지각 및 반응시간

등을 통해 정신능력을 측정하고자 하였으나 그러한 측정치는 학업성취 같은 지적 능력과 별 상관을 보여주지 못하였다. 프랑스의 비네와 시몽(Binet & Simon, 1905)는 국민학교에서 정상적인 수업을 이수할 수 있는 지적 능력을 가진 아이들을 선발하기 위해 지능검사를 최초로 개발하였다. 비네는 지능검사에 정신연령의 개념을 도입하였는데 특정한 생활연령을 가진 대부분(50~75%)의 아동들이 해결할 수 있는 문제들을 주고 맞춘 문제수로 정신연령(mental age)을 결정하였다. 미국의 터만(Terman, 1916)은 비네의 지능검사에 정신연령(mental age)을 생활연령(chronological age)으로 나눈 후 100을 곱하여 나온 점수인 IQ(intelligent quotient, 지능지수) 개념을 도입하여 스탠포드-비네(Stanford-Binet) 지능검사를 개발하였으며 나중에는 정신연령의 개념 대신 정상분포와 표준편차의 개념을 도입하였다. 정상분포를 사용하게 됨에 따라서 지능지수는 동일한 연령집단을 대상으로 작성한 규준에 근거를 두게 되었고 10세 아동은 10세 규준집단과 12세 아동은 12세 규준집단과 비교한다. 따라서 지능지수는 동일 연령집단에서 개인의 상대적 위치를 나타내는 것이고 지능지수는 연령증가에 따라 절대적으로 증가하지 않는다.

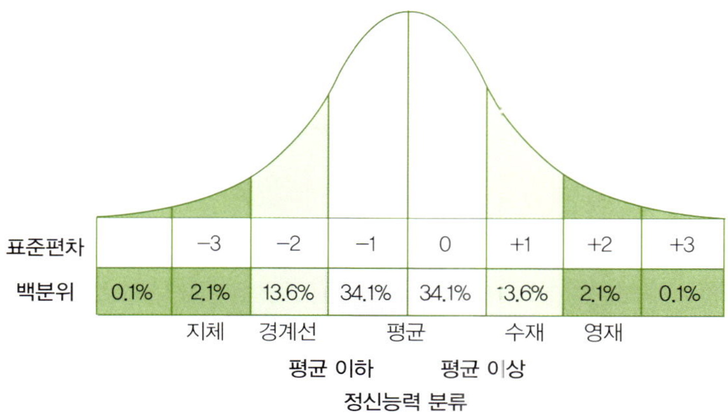

그림 5-11 | 지능지수의 분포와 지능지수에 따른 정신 능력

현재 가장 많이 사용되는 지능검사는 웩슬러(Wechsler, 1939)가 개발한 지능검사로 성인용(Wechsler Adult Intelligence Scale: WAIS), 아동용(Wechsler Intelligence Scale for Children: WISC) 그리고 유아용(Wechsler Preschool and Primary Scale of Intelligence: WPPSI)이 있다. 웩슬러 지능검사 5판은 지능이론뿐 아니라 인지발달이나 신경과학 등과 관련된 연구결과를 반영하여 개정되었으며 16개의 소검사로 이루어져 있다. 유동적 추론을 측정하는 새로운 3개의 소검사(무게비교, 퍼즐, 그림기억)가 추가되었고, 전체척도 점수와 기본지표점수(언어이해, 시공간, 유동추론, 작업기억, 처리속도)와 다섯 가지 추가지표점수(양적추론, 청각 작업기억, 비언어, 일반능력, 인지효율)를 제공하고 있다. 웩슬러 지능검사는 전체 지능지수도 알 수 있지만 각 인지기능을 영역별로 확인할 수 있도록 구성되어 있기 때문에 어떤 영역에 문제가 있고 어떤 영역이 강한지도 확인할 수 있으며, 소검사 간의 능력수준을 비교하거나 검사를 하는 동안 보이는 행동특성을 통해 불안이 높은지 학습성향이 어떤지도 확인할 수 있다. 이외에도 정보처리이론을 바탕으로 아동의 지능을 평가하기 위해 카우프만과 카우프만(Kaufman & Kaufman, 1983)이 개발한 K-ABC(Kaufman Assessment Battery for Children) 지능검사는 루리아(Luria)의 신경심리학이론과 Cattell-Horn-Carroll의 위계적 지능이론에 근거하여 만들어진 지능검사이다. 이 지능검사는 후천적으로 학습한 지식수준과 문제해결을 위한 인지적 능력을 구분하여 측정하며 검사에서 나온 결과를 두 이론적 관점에서 각각 진단하고 해석할 수 있으며 교육적으로나 심리적으로 문제가 있는 아동들을 이해하기 위해 순차처리, 동시처리, 학습력, 계획력, 학습력, 지식 등을 측정한다. 최근 개정된 K-ABC 2판 지능검사는 사고력과 전반적 인지능력을 모두 측정할 수 있고 인지능력에서 개인의 약점과 강점을 파악할 수 있으며 학습장애 같은 사고장애를 파악하는 데 도움이 된다.

2) 지능을 설명하는 이론

지능을 설명하는 이론은 다양하며 지능이론에 따라 서로 다른 지적 능력과 영역을 가정하고 있다. 여기에서는 지능에 대한 대표적인 관점인 심리측정적 관점, 정보처리적 관점, 다중지능적 관점으로 구분하여 설명하도록 한다.

심리측정적 관점 심리측정적 관점에서는 지능을 문제를 해결하고 환경에 적응하는 데 필요한 기억, 판단, 이해 등의 지적 능력으로 정의하고 지능검사를 통해 이러한 능력을 측정할 수 있다고 본다. 심리측정적 관점을 가진 학자 중 스피어만(Spearman)은 지능을 다양한 과제의 수행에 공통적으로 영향을 미치는 능력인 일반요인(g)과 특정한 과제의 수행에만 영향을 미치는 능력인 특수요인(s)으로 구분하는 데 비해 서스턴(Thurstone, 1938)은 지능이 언어이해력, 언어 유창성, 수리력, 기억력, 공간지각능력, 지각속도, 추리력 같은 기초정신능력에 의해 정의될 수 있다고 주장하였다. 또한 캐롤(Carroll, 1993)은 이러한 지능이론을 통합하여 삼층이론(Three stratum theory)을 제시하였는데 첫째 층에는 스피어만이 제시한 일반지능(g요인)과 유사한 단일능력 요인, 두 번째 층에는 유동지능과 결정화지능 같은 광범위 능력요인(broad ability factors), 셋째 층에는 서스턴(1938)이 제시한 기초정신능력 같이 특정한 과제의 수행에 요구되는 협소 능력요인(narrow ability factors)을 포함시켰다. 특히, 유동지능(fluid intelligence)은 정보를 얼마나 빠르고 정확하게 받아들이고 사용하는지와 관련된 지능으로 언어우추능력, 기억능력, 추상적 관계이해능력 등을 포함하며, 결정화지능(crystallized intelligence)은 경험이나 교육을 통해 얻게 된 지식이나 숙련도와 관련된 지능으로 어휘 이해력, 수리력, 일반지식 등을 포함한다(Cattell & Horn, 1966). 유동성 지능은 20대 초에 가장 높다가 점차 감소하지만 결정화 지능은 나이가 들수록 점점 증가하는 경향을 보이기 때문에 과학이나 예술분야의 재능은 어릴 때 발휘되지만 문학이나 역사 같은 분야의 재능은 더 나이가 들었을 때 발휘된다. 캐롤(Carroll, 1993)의 삼층이론론은 캐롤-혼-캐틀(Carroll-Horn-Cattell) 지능이론으로 발전되어 현대 지능검사의 기반이 되었다.

정보처리론적 관점 정보처리론적 관점은 인지과제의 수행에서 요구되는 정보처리적 요소에 근거하여 지능을 정의한다. 정보처리론적 관점을 취하는 지능이론 중 삼원이론(triarchic theory)(Sternberg, 2003)은 지능을 특정한 상황에 성공적으로 적응하는 능력이라고 정의하고 그에 필요한 지능으로 문제를 분석하고 해결하는데 필요한 분석적 지능(analytic intelligence), 새로운 상황에 적응하고 새로운 아이디어를 생성하는데 필요한 창의적 지능(creative intelligence), 잘 정의되지 못하고 다양한 해결책이 요구되는 일상적 문제의 해결에 필요한 실용지능(practical intelligence)을 제시하였다. 스턴버그(Sternberg, 2003)는 그동안의 지능검사가 학업성적과 달리 직업적 성공은 잘 예측하지 못한 이유로 학업적 상황과 사회적 상황에서 요구되는 지적 능력을 제대로 측정하지 못했기 때문이라고 지적하였다. 즉, 학업성취를 위해서는 분석적 지능이 중요하지만 사람을 관리하는 능력은 실용지능(Sternberg & Wagner, 1993)에 더 의존하기 때문이다. 한편 정보처리론적 관점을 취하는 또 다른 지능이론에는 PASS(planning, attention, simultaneous processing, successive processing) 모형이 있다(Das, Naglieri, & Kirby, 1994). PASS 모형은 인지기능에 대한 루리아(Luria, 1980)의 이론을 확장한 것으로 정보처리의 네 기능에 근거하여 지능을 정의하는데 첫째는 자극에 대한 주의집중 기능, 둘째는 여러 정보를 통합하여 동시에 처리하는 기능, 셋째는 정보를 순서에 따라 순차적으로 처리하는 기능, 넷째는 개인이 자신의 인지활동을 계획하고 분석하며 평가하는 기능이다. PASS 모형은 언어장애를 비롯하여 다양한 특수교육분야에 활용되고 있다.

다중지능적 관점 다중지능이론(multiple intelligence theory)(Gadner, 1999)은

특정한 영역에서는 탁월한 능력을 보이는 사람들을 연구하는 과정에서 개발되었다. 즉, 인간이 가진 지능은 언어, 논리, 수학, 공간, 음악, 운동, 대인관계, 자기이해, 자연지능 등 여덟 가지로 구분될 수 있으며 각 지능은 서로 독립적이라고 한다. 가드너(Gardner, 1999)는 다중지능 이론의 특징으로, 첫째, 모든 사람이 정도의 차이는 있지만 여덟 가지 지능을 모두 갖고 있으며 여덟 가지 지능이 통합되어 한 사람의 지능을 이루고 있다. 둘째, 모든 사람은 각 지능을 적절한 여건만 주어진다면 비교적 높은 수준까지 발전시킬 수 있다. 셋째, 여덟 가지 지능들은 항상 서로 상호작용하면서 작용한다. 가령, 요리를 할 때 먼저 요리법을 읽어야 하고(언어적 지능), 요리가 복잡하면 몇 단계로 나눌 수 있어야 하고(논리-수학적 지능), 가족의 모든 사람의 취향을 고려해야 한다(대인관계 지능). 넷째, 각 지능 영역 내에서도 특정한 능력이 존재할 수 있으며 그것을 향상시킬 수 있는 방법이 존재한다. 즉, 달리기는 잘 못하는 사람이 기민한 행동을 요하는 작업은 잘할 수 있다.

뇌와 지능 간의 관계

지적 능력의 근원이 되는 뇌와 지능과의 관계성에 근거하여 지능을 정의하려는 시도가 이루어지고 있다. 즉, 최근의 지능연구에서는 신경전도속도나 뇌파, 또는 뇌의 포도당 대사율과 지능 간의 관계를 분석하여 뇌와 신경기능과 지능 간의 관계를 다루고 있다. 반응시간을 사용한 연구에서는 참가자에게 컴퓨터 화면에 나타나는 초록색 불빛에 해당하는 반응키를 눌러 가능한 빨리 끄도록 하고 반응시간을 측정하였는데 반응시간은 지능검사 점수와 일반적으로 -.3~-.5의 상관을 보여 지능이 높을수록 반응시간이 빠르다는 것을 나타낸다. 신경전도 속도를 직접 측정한 연구에서는 흰색과 검은색 부분이 반복해서 바뀌는 체크무늬를 제시하는 동안 참가자들의 뇌파(N70과 P100)를 통해 뇌가 자극물에 반응하는 시간을 측정하였는데 신경전도속도와 지능검사와의 상관이 어느 정도 관찰되었다. 이런 연구들은 '신경 효율성 모형(neural efficiency model)'에 근거하고 있는데 지능이 신경생리학적인 처리 속도와 효율성의 차이를 반영한다고 보는 것이다.

3) 지능검사의 의미

사람들은 지능이 높으면 공부를 잘 할 것으로 기대하는데 실제로도 지능지수는 학업성취에 필요한 지적 능력과 높은 상관관계를 보이지만 지능지수와 학업성취 간의 상관관계는 0.3~0.7 정도로 편차가 크고 고학력으로 올라갈수록 낮아지는 경향을 보인다. 특히, 지능이 높으면 직업적으로 성공한 삶을 살 것으로 기대하는데 직업적 성공이 개인의 가치가 포함되는 개념이긴 하지만 지능지수와 직업적 성공 간에는 약간의 상관관계를 보인다. 즉, 지능지수가 높은 사람들은 지능지수가 낮은 사람에 비해 사회에서 선호되는 직업을 가질 가능성이 높다(Harrell & Harrell, 1945; Thorndike & Hagen, 1959). 왜냐하면 지능지수는 학업성취를 잘 예측하고 학업성취는 직업을 선택하는 데 중요한 요인으로 작용하기 때문이다. 그러나 지능지수가 직업적 성공을 예측하는 효과적인 지표인가에 대해서는 의문이 제기된다. 우선 몇 가지 인지 능력을 측정하는 지능검사와 달리 직장에서 요구되는 능력은 더 다양하며 직업적 성공에는 지능검사에서 측정되지 않는 사회적 지능이 더 중요할 수 있으며, 지능지수가 낮은 사람이라도 끈기와 노력으로 직무를 잘 수행할 수 있다. 또한 지능지수는 사회적으로 선호되는 직업을 선택하는 데 영향을 미치지만 그 직업 내에서 얼마나 업무를 잘 수행하는지는 제대로 예언할 수 없다(Ghiselli, 1966). 가령, 갓 개업한 변호사 100명의 평균지능을 안다고 해서 최고의 변호사가 될 가능성을 예언하기란 상당히 어려운데 그 이유는 변호사들의 평균지능이 상당히 유사하기 때문이다. 그동안 많은 회사에서 직원의 선발에 지능검사 점수를 활용해왔지만 지능검사 점수는 직업적 잠재력의 타당한 지표로 볼 수 없다(Berg, 1970). 그 결과 직원선발에서 지능검사를 사용하는 비율이 감소하였지만(Wigdor & Garner, 1982) 지능검사는 아직도 특정 직업과 관련있는 구체적인 능력을 측정하는 데 유용한 도구로 이용되고 있다(Schmidt & Hunter, 1981). 마지막으로 한편 지능지수는 인기 있는 직업을 가지는 데 영향을 미칠 수는 있지만 행복에는 그 다지 큰 영향을 미치지 못한다. 하바드대의 입학생들을 우수 집단과 열등집단으로 나누고 사십대 때 봉급, 지위, 행복감, 가정의 화목정도, 친구관계 등을 조사했을 때 두 집단 간의 차이가 거의 발견되지 않았는데 이것은 공부를 잘 한다고 꼭 행복한 것은 아니라는 것을 보여준다(Gardner, 1986).

정서지능(Emotional Intelligence)

정서지능은 메이어와 샐로비(Mayer & Salovey, 1990)와 가드너(Gardner, 1993)의 다중지능이론의 요소 중 개인 내 지능과 대인 간 지능을 확장하여 정서를 처리하는 능력을 설명하기 위해 제안한 개념이다. 메이어와 샐로비(1990)는 정서지능이 전통적으로 중요하게 다루어져 왔던 사회지능(social intelligence)의 하나이며 정서와 감정이 포함된 사회적 문제를 다룰 줄 아는 능력을 말한다고 보았다. 그러나 정서지능의 구성이나 개념이 모호하다는 비판이 제기되었으며 정서를 과연 지능이라고 할 수 있는지에 대해 의문을 가지고 있는 학자들도 있었다고 한다. 그에 따라 메이어와 샐로비(1996)는 정서지능의 개념적 모호성을 줄이기 위해 자신의 정서를 파악하고 표현하는 정서의 인식과 표현 영역, 정서를 이용하여 판단하고 기억하거나 다양한 관점을 취하고 문제를 해결하는 정서에 의한 사고촉진영역, 창조적 사고나 주의집중을 하거나 자신을 동기화하는 정서지식의 활용영역, 긍정적 혹은 부정적 정서를 받아들이거나 그것과 거리를 두거나 자신이나 타인의 정서를 조절하는 정서의 반영적 조절영역 등으로 정서지능을 정의하였다. 물론 정서지능에 대한 논쟁은 아직 이루어지고 있지만 정서지능은 기업이나 교육 분야에서 활발하게 연구되고 활용되고 있으며 골먼(Goleman, 1995)은 기존의 지능지수는 인지능력을 반영하는 데 비해 정서지수는 사회성, 인내력, 감수성 등을 반영하며 지능지수보다 정서지수가 사회적 성공을 더 잘 예측한다고 주장했다.

형은 오감에 의존하고 실제 경험을 중시하는 데 비해 직관형은 영감에 의존하며 미래지향적인 경향을 보인다. 정신적 태도와 기능에 따라 [그림 6-1]과 같은 서로 대비되는 여덟 가지의 성격유형이 나타나게 된다.

그러나 유형이론은 성격의 개인차가 선천적으로 주어지는 것이라고 가정하기 때문에 성격의 발달에 미치는 사회적 문화적 요인의 영향을 고려하지 못하며, 성격특성을 소수의 성격유형으로 구분하려고 하기 때문에 성격의 다양성을 무시한다는 한계점을 가진다.

(2) 특질이론(trait theory)

인간은 시간 공간에 걸쳐 일관된 행동패턴을 보이며 다른 사람과는 구별되는 특질을 갖는데 이것이 바로 성격특질(personality trait)이며 특질이론에서는 그러한 성격특질을 알아내고 체계적으로 분류하고자 하였다. 일반적으로 특질이론에서는 성격을 기술하는 단어들을 분류하여 인간의 특질을 찾는 방법을 사용한다. 즉, 올포트와 오드버트(Allport & Adbert, 1936)는 성격특성을 나타내는 단어들을 분석하여 성격특질을 행동 전반에 영향을 미치는 주 특질(cardinal trait), 행동에 일관된 영향을 미치며 어떤 사람을 설명할 때 주로 사용하는 중심 특질(central trait), 상황에 따라 변화될 수 있는 이차적 특질(secondary disposition)로 구분하였다.

올포트(Allport, 1897~1967)

아이젱크(Eysenck, 1916~1997)

아이젱크(Eysenck, 1952)도 성격을 나타내는 단어들을 요인분석법으로 분석하여 정신병적 경향성(psychoticism), 외향성(extroversion)과 신경증적 경향성(neuroticism) 등의 일반적 성격특질의 차원을 제안하였다. 여기에서 정신병적 경향성은 자기중심적이거나 반사회적인 정도를 나타내는 특질이고, 외향성은 다양한 환경에서 얼마나 활동적인지를 나타내는 특질이며, 신경증적 경향성은 정서가 부정적이고 민감한지를 나타내는 특질로 이러한 특질차원들은 생물학적 연구에서 지지를 받았다. 가령, 내향적인 사람에 비해 외향적인 사람은 주변자극에 대한 민감도를 나타내는 각성성(arousability)에서 더 높았으며(De Pascalis et al., 2004), 큰 소음에서도 높은 과제수행 능력을 보인다(Geen, 1984).

현재에는 아이젱크(1952)가 제안한 특질차원만으로는 인간의 복잡한 성격을 설명하기 어려워 〈표 6-1〉의 다섯 가지 특질차원으로 성격을 설명하는 5요인 성격이론(Big five personality theory)이 널리 받아들여지고 있다. 5요인 성격이론에서는 성격을 신경증적 경향성, 외향성, 개방성, 우호성, 성실성 등 5가지 요인과 그 하위요인으로 설명한다(Ozer & Reise, 1994). 5요인 성격특질은 삶의 만족도, 사교성 등 의미 있는 삶과 상관을 보이며 일상생활에 보편적으로 적용 가능한 성격특질이라고 할 수 있다(McCrae et al., 2005). 5요인 성격특질이 다양한 문화에서 일관성 있게 관찰되기는 하지만(McCrae, 2001) 성격특질들이 각 문화에서 사용되는 어휘에 대한 통계적 분석으로 추출된 것이기 때문에 문화별로 약간의 차이를 보일 수 있다.

표 6-1 | 5요인 성격이론의 5가지 대표 특질

특질요인	하위요인
신경증적 경향성	불안, 적대감, 우울, 자의식, 충동성, 스트레스 취약성
외향성	따뜻함, 사교성, 자기주장성, 활동성, 흥분추구, 긍정적 정서
개방성	공상, 심미성, 감성, 행위, 아이디어, 가치
우호성	신뢰, 강직함, 이타성, 순종, 겸손, 온화함
성실성	역능감, 질서, 의무준수, 성취노력, 자기훈련, 조심성

2) 과정이론: 정신분석적 관점

정신분석이론은 프로이트(Freud)에 의해 시작되었으며 프로이트는 다양한 임상 경험을 바탕으로 인간의 부적응행동이 무의식에 억압된 불안이나 욕망에 기인한다는 생각을 하게 되었다. 가령, 프로이트는 손이 마비된 히스테리 환자를 치료하면서 환자의 증상이 어릴 때부터 무의식적으로 억압한 성적 욕망과 관련되어 있으며 이러한 무의식적 욕망이 의식화되면 치료가 이루어진다는 것을 발견하였다.

프로이트의 성격이론은 몇 가지 특징을 가지고 있다. 첫째, 인간은 야만적이고 이기적 본성을 가지고 있으며 이것을 통제하기 위해서는 내면화된 도덕성이 요구된다고 본다. 둘째, 정신장애 중 대부분은 삶과 죽음의 본능에서 유발된 성욕과 공격성에 기인하며 그 이유는 성욕과 공격성이 다른 동기보다 사회적 통제가 심하고 쉽게 좌절되기 때문이다. 셋째, 의식은 늘 관습적 논리에 부합되도록 행동하기 때문에 무의식은 자유연상이나 꿈 분석 등 덜 논리적인 사고와 행동을 통해 분석되어야 한다고 본다. 넷째, 인간의 성격은 발달적 과정을 통해 형성된다고 보았다. 정신분석이론은 아직도 많은 치료자들이 정신분석을 자신의 이론적 토대로 삼고 있으며 정신분석적 기법뿐 아니라 무의식에 기반한 성격검사인 로르샤하 잉크반점검사나 주제통각검사 등의 투사검사는 현재도 여전히 임상현장에서 사용되고 있다.

성격의 구조 프로이트는 공격적이고 쾌락적인 본능과 이것을 통제하기 위한 내면화된 도덕성 간의 갈등을 현실적 요구와 적절히 조화를 시키는 과정에서 성격이 형성된다고 보았다. 이러한 생각을 뒷받침하는 것이 프로이트가 제안한 원초아(id)와 자아(edo) 그리고 초자아(superego)로 이루어진 성격의 구조이다. 이드(id)는 정신적 에너지의 저장소로 행동에 힘을 부여하는 생물학적 충동과 관련되어 있으며 쾌락원리에 지배된다. 자아(ego)는 현실원리에 따라 움직이며 즉각적인 만족을 추구하려는 이드와 현실을 중재하는 역할을 한다. 초자아(superego)는 무엇이 옳고 그른가에 대한 사회적 기준을 통합하는 성격의 요소로서 부모의 가치관, 선과 악, 도덕과 같은 사회적 규범이 내면화되어 형성된다. 프로이트는 이드, 자아 및 초자아는 일상적으로 갈등을 일으킬 수 있는데 이드는 충동을 즉각 만족시키려고 하지만 사회규범은 이를 저지한다. 예컨대, 당신을 자극하는 사람에 대해 이드는 주먹으로 때려주라고 지시하지만 초자아는 사회규범을 반영하여 이러한 충동을 억제하라고 지시한다. 프로이트는 성이나 공격성과 관련된 충동에 대한 갈등이 더 강력하다고 보았는데 그것은 성과 공격성은 다른 동기보다 사회적 통제를 받을 가능성이 더 높고 그 통제규범은 일관성이 없기 때문에 다른 욕구보다 좌절되기 쉽기 때문이다.

불안과 방어기제 우리가 경험하는 대부분의 내적 갈등은 어느 정도 해결할 수 있지만 성이나 공격성 충동과 관련된 갈등은 무의식에서 진행되기 때문에 해결되기 어렵고 그에 따라 불안을 유발할 수 있다. 프로이트 성격이론에서 중요한 개념인 불안은 불쾌한 정서 상태이며 누구나 여기에서 벗어나고 싶어 하는데 그 방법으로 방어기제를 사용하는 경향이 있다. 방어기제란 불안이나 죄책감과 같은 불쾌한 정서 상태에서 자기를 보호하기 위한 무의식적 반응으로 일종의 자기기만(self-deception)이라고 할 수 있다. 합리화(rationalization) 같은 방어기제는 받아들이기 어려운 상황을 그럴듯한 이유로 정당화하는 것인데 가령, 위법적인 방식으로 금전적 이익을 보고도 "누구라도 그런 상황에서는 그렇게 할꺼야!"라고 합리화하여 죄책감을 줄이고자 한다. 사람들이 가장 많이 사용하는 방어기제는 억압(repression)이다. 억압이란 죄책감을 일으키는 성적 욕구나 불안을 유발하는 갈등, 고통스러운 기억 등을 무의식에 묻어두는 방어기제이다. 투사(projection)와 치환(displacement)도 자기기만을 위한 방어기제의 하나로 투사는 자신의 감정이나 동기를 다른 사람의 탓으로 돌리는 것인데 비해 치환이란 어떤 대상에게 느낀 감정을 다른 대상에게 전환시키는 방어기제이다. 가령, 상대 여성에게 성적 충동을 느낀 남성이 그것으로 인해 죄책감을 느낀다면 죄책감을 줄이기 위해 상대 여성이 자신을 유혹한다고 생각한다면 이것은 투사이고, 직장에서는 상사에게 굽실거리는 사원이 집에 와서는 자녀나 아내에게 공격적으로 행동한다면 이것은 치환이라고 할 수 있다. 그 밖에도 자기 감정과 상반되게 행동하는 반동형성(reaction formation)이나 사람이나 집단과 실제적 또는 상상적으로 닮아감으로써 자존심을 고양시키려는 동일시(identification) 등이 있다. 가령, 문란한 친구를 지나치게 비난하는 것은 자신의 성적 충동을 방어하기 위한 것일 수 있으며 보통 사람들은 유명한 가수, 배우, 운동선수들을 동일시하여 자존감을 높이려 한다.

성격의 발달 프로이트는 성격이 생애 초기에 그 토대가 형성된다고 보았으며 강렬한 성적 충동을 어떻게 다루느냐에 따라 발달이 정상적으로 이루어질 것인지가 결정된다고 보았다. 프로이트는 성적 충동은 발달단계에 따라 특정 신체부위에 집중되며 각 발달단계마다 독특한 발달과제가 존재한다고 주장하였다. 인간은 각 발달단계마다 주어지는 발달과제를 각기 다른 방식으로 해결해 나가는데 한 발달단계에서 욕구가 지나치게 만족되거나 좌절되면 고착이 발생하여 다음 단계로 발달이 이루어지지 못하게 된다.

프로이트가 제안한 심리성적 발달(psychosexual development)단계는 다음과 같다. 구강기(oral stage)는 생후 1년 시기로 구강기에서는 주로 깨물기나 빨기와 같은 구강욕구를 충족시키는데 자신의 욕구가 언제나 즉시 만족되기 어렵다는 것을 인식하면서 자아의 발달이 이루어지기 시작한다. 이 시기에 이유시기가 너무 빠르거나 제한되어 고착이 일어나면 구강 공격적 성격으로 필기구, 껌, 손톱을 씹거나 말이 많거나 비만 등의 행동을 보이며, 구강욕구가 과도하게 충족되면 의존적이고 자기중심적인 구강 협응적 성격이 나타날 수 있다. 특히, 수유경험은 다음 발달단계에 중요한 역할을 하며 특히 이유방식이 가장 중요하다.

항문기(anal stage)는 1~3세 시기로 배설이나 배설의 보유와 같은 내장운동을 통해 성적 쾌감을 경험하며 이 단계에서 배변훈련을 통해 처음으로 사회적 현실에 직면하게 된다. 배변훈련이 적절하게 이루어지지 못하면 두 가지 유형의 성격을 보일 수 있는데 그 하나는 금욕과 지나치게 인색한 특성을 보이는 보유성격과 자기중심적이고 의존적이며 타인을 배려하지 않는 발산성격이다.

남근기(phallic stage)는 3~6세 시기로 이 단계에서는 생식기를 통해 쾌감을 추구하게 되며 남아는 어머니에 대해 성적으로 접근하고 아버지를 경쟁상대로 보아 적대시하고 거세불안을 보이는 오이디푸스 콤플릭스(Oedipus complex)가 나타나게 되고 여아는 이성인 아버지에게 관심을 기울이고 남근선망(penis envy)을 경험하게 된다. 아동은 동성의 부모에 대한 적대감을 허소하고 동성의 부모를 동일시하여 오이디푸스 콤플렉스를 극복하며 이것은 사회구범을 내면화하고 성정체감을 형성하는데 매우 중요하다.

잠복기(latent stage)는 6~12세 시기로 성적충동이 잠재되고 가족이라는 울타리를 벗어나서 사회생활에 요구되는 기술과 경험을 쌓는다. 사춘기 시기가 되면 생식기(genital stage)가 이어지며 이 시기에는 억압되었던 성 충동이 다시 활성화되어 성적 욕구를 만족시키려 하는데 전에는 자신에게 향했던 성적 에너지가 이제는 이성에게 향하게 된다.

정신분석의 발전 프로이트 이후 신프로이트학파(neo-Freudian)에 속한 아들러(Adler)나 융(Jung) 그리고 에릭슨(Erikson) 같은 학자들은 무의식의 중요성, 성격발달이론 그리고 방어기제 등 프로이트가 제안한 개념들을 수용하여 성격이론을 발전시켰다. 그러나 신프로이트 학파의 학자들은 본능보다 사회적 동기를 강조하였고, 자아의 기능을 중시하였으며, 성격이 전 생애에 걸쳐 형성되어 간다고 주장했다는 점에서 차이를 보인다.

(1) 아들러(Adler)의 개인심리학

아들러(Adler, 1870~1937)

아들러(Adler, 1870~1937)는 신체적 열등감의 극복과 우월감의 추구(striving for superiority) 같은 사회적 요소가 성격형성에서 더 중요하다고 보았으며 성격이 부모와 아동 간의 사랑이나 가족관계 또는 출생순위에 기반하여 발달한다고 주장하였다. 가령, 부모에게 지나친 사랑을 받은 아동은 좌절에 취약하며 자기중심적이고 미숙한 성격을 가질 수 있다. 아들러는 열등한 특징을 가진 사람들이 그 약점을 극복하려고 한다는 점에 주목하여 사람들은 신체적 결함뿐 아니라 심리 사회적 열등감을 극복하기 위해 노력하며 이러한 과정이 성공하면 바람직한 성격이 형성되지만 그렇지 못하면 컴플렉스가 생길 수 있다고 보았다. 심리 사회적 열등감에는 "나는 공부를 못한다." vs. "나는 공부를 잘하는 학생이 되고 싶다."와 같이 현재의 자신과 이상적인 자신간의 차이로 인한 열등감, "나는 공부를 못한다." vs. "세상에서는 공부를 잘하는 사람이 쓸모 있다."와 같은 자신에 대한 확신과 세상에 대한 생각간의 차이로 인한 열등감, "나는 자주 거짓말을 한다." vs. "사람은 진실해야 한다."와 같은 자기개념과 윤리적 관념간의 차이로 인한 열등감이 나타난다. 아들러는 인간의 기본적 동기로 '우월을 향한 노력'을 제안하고 이러한 동기가 열등감을 보상하려는 욕구에 기반하며 이러한 노력을 통해 환경을 통제할 수 있는 힘 또는 권력을 가질 수 있다고 보았다. 아들러는 처음에는 '공격성'을 강조하였지만 나중에 '권력의지' 그리고 '우월을 향한 노력'으로 점차 변화되었으며 이것은 열등감의 극복이라는 시각에서 인간적 가치라는 보다 큰 시각으로 변화되었기 때문이다.

(2) 융(Jung)의 분석심리학

융(Jung, 1875~1961)은 고고학, 강신술, 신화학, 동서철학, 천문학, 종교 등 다

융(Jung, 1875~1961)

양한 분야를 포괄하는 자신만의 분석심리학을 발전시켰다. 융은 개인 무의식을 가정한 프로이트와 달리 무의식에 집단무의식(collective unconsciousness) 개념을 추가하였는데 집단무의식은 과거 세대의 누적된 경험이 내재되어 있으며 모든 인간이 공유하는 것이고 세상을 느끼고 인식하는 방식에 영향을 준다. 가령, 유아는 경험이 없어도 어둠을 무서워하여 공포를 느끼며, 자기를 돌봐주는 성인들의 접근을 촉진하는 미소 짓기나 울기 등의 행동을 보이는데 이러한 행동은 문화적 차이에 무관하게 나타난다. 집단무의식을 구성하는 가장 기본적인 요소는 원형(archetype)이며 원형에는 상황에 맞게 자신의 모습을 제시하는 페르소나(persona), 남성이 가지고 있는 여성적 측면인 아니마(Anima), 여성이 가지고 있는 남성적 측면인 아니무스(Animus), 인간의 부정적인 측면을 반영하지만 창의성과 자발성의 원천이 되는 그림자(shadow)가 있다. 그러나 인간의 정신에서 가장 중요한 것은 자아(ego)이며 자아는 다양한 원형과 성격 요소들을 통합하고 조화롭게 유지하는 역할을 하므로 자아가 건강하고 모든 원형들이 잘 성숙해야 바람직한 성격을 형성할 수 있다고 보았다.

(3) 에릭슨(Erickson)의 전 생애적 발달이론

에릭슨(Erickson, 1902~1994)은 성격발달에서 가장 중요한 요인이 자아이며 성격이 생애 초기에 결정된다고 보았던 프로이트와 달리 성격은 전 생애에 걸쳐 발달한다고 보았다. 즉, 인간은 자신이 속해 있는 사회와 상호작용하며 이 과정에서 심리사회적 위기를 겪게 되는데 이러한 위기를 잘 극복하면서 바람직한 성격이 형성되어 간다고 보았다. 에릭슨이 제시한 심리 · 사회적 발달의 8단계는 양육자의 보살핌에 의해 심리사회적 위기의 극복여부가 결정되는 신뢰 대 불신의 시기, 배변훈련을 비롯하여 부모와 아동 간의 사회적 관계가 중요한 자율 대 수치 및 회의의 시기, 자발적 행동에 대한 부모의 태도가 중요한 주도성 대 죄책감의 시기, 학교에서 사회생활에 필요한 기술을 습득하는 근면성 대 열등감의 시기, 아동기가 끝나고 성인기가 시작되며 정체감을 형성하기 시작하는 정체감 형성 대 역할혼미의 시기, 자신의 정체성을 우정이나 사랑 등을 통해 타인에게 시험 받고 안정된 대인관계가 형성되는 시기인 친밀감 대 고립감의 시기, 다음 세대에 공헌하려는 시도를 하며 그러한 시도가 실패하면 자기 중심적 탐욕에 몰입하는 생산성 대 정체의 시기, 과거의 삶을 인정하고 수용하거나 과거에 대해 절망과 분노를 느끼는 시기인 자아통합 대 절망의 시기로 이루어져 있다.

표 6-2 | 프로이트와 에릭슨의 발달단계

연령	에릭슨				프로이트
	심리사회적 위기	중요한 관계범위	자아특질	병리	
0~2세 (유아기)	신뢰 대 불신	어머니	희망	위축	구강기
2~4세 (초기 아동기)	자율성 대 수치 및 회의	부모	의지	강박적 행동	항문기
4~6세 (학령 전기)	주도성 대 죄책감	가족	목적	억제	남근기
6~12세 (학령기)	근면성 대 열등감	이웃, 학교	능력	무력함	잠복기
12~20세 (청소년기)	자아정체감 대 역할혼란	또래집단	성실	거부	생식기
20~24세 (성인 초기)	친밀감 대 고립감	애정, 우정, 경쟁, 협동의 상대들	사랑	배척	–
24~65세 (성인기)	생산성 대 침체	직장, 확대가족	배려	거절	–
65세 이후 (노년기)	자아통합 대 절망	인류, 동족	지혜	–	–

3) 과정이론: 행동주의 관점

반두라(Bandura, 1925~)

기본가정 초기 행동주의자들은 프로이트가 가정한 이드, 자아, 초자아와 같은 관찰할 수 없는 성격개념을 인정하지 않으며 사람들이 보이는 일관적인 행동패턴인 성격을 반응경향성으로 설명하였다. 즉, 사람들은 경험을 통해 특정한 상황과 관련한 안정된 반응경향성을 학습하며 그러한 경향성 때문에 특정한 상황에서 일관성 있게 행동한다. 이러한 반응경향성은 조건형성 학습원리에 근거하여 학습되는데 바람직한 결과(강화)가 수반되면 그 반응이 증가하지만 부적인 결과(처벌)가 수반되면 그 반응경향은 감소한다. 가령, 어떤 모임에서 친구들과 즐거운 시간을 보냈다면 다음에도 또 친구들과 어울리려고 할 것이며 이러한 경향성은 사교성이라는 성격특성으로 정의될 수 있다. 그러나 반응경향성만으로는 성격의 다양성을 설명하기 어렵다는 것이 밝혀지면서 반두라(Bandura, 2001)는 인지적 개념에 근거한 행동주의 관점인 사회인지이론을 제시하였다. 반두라(2001)는 강화나 처벌 같은 환경적 조건이 인간의 행동에 영향을 주기도 하지만 신념이나 기대와 같은 심리적 요인이 환경을 결정하기도 한다고 주장하는 측면에서 상호결정론적 입장을 취한다. 상호작용결정론(reciprocal determinism)에 따르면 개인의 선호는 환경의 선택에 영향을 미치며 선택된 환경이 다시 개인의 선호를 강화하게 된다. 가령, 산을 좋아하는 사람은 쇼핑보다 등산을 좋아하게 되고 등산은 다시 산을 더 좋아하도록 만든다. 또한 개인과 타인 간의 상호작용도 개인의 성향을 강화할 수 있다. 가령, 내성적인 사람은 주변사람들에게 말을 걸거나 자기노출을 하려고 하지 않기 때문에 주변사람들이 접근하지 않게 되고 그 결과 내성적인 성격이 더 강해질 수 있다.

성격에서 중요한 인지요인 행동주의 관점에서는 다양한 인지요인이 개인의 성격을 결정한다고 가정한다. 첫째 요인은 개인이 자기 주변의 환경을 얼마나 통제할 수 있다고 느끼는지를 말하는 통제감(controllability)이다. 사람은 자기가 자신의 운명을 결정할 수 있다고 보는 내적 통제자와 운명이나 타인이 자신의 운명을 결정한다고 보는 외적 통제자로 구분될 수 있으며, 내적 통제자는 외적 통제자보다 학교에서 더 좋은 성적을 보이고 건강하며 우울수준도 낮다(Presson & Benassi, 1996). 또한 반복된 좌절로 인해 환경에 대한 통제감이 떨어지게 되면 학습된 무기력(learned helplessness)에 빠질 수 있으며 학습된 무기력에 빠지면 동기가 저하되고 우울수준이 높아지는 경향을 보인다(Seligman, 1975). 가령, 요양원에 수용되어 있는 노인들은 대부분의 일들을 다른 사람이 대신하기 때문에 환경에 대한 통제감을 갖기 어려워 의기소침하고 우울수준이 높은데 노인들에게 매일 메뉴를 고르게 하거나 식물화분의 위치를 결정하도록 하는 등 사소한 결정권한을 부여하여 통제감을 높이면 건강이 좋아지고 사망률도 낮아진다. 둘째 요인은 어떤 일을 수행할 수 있는 자신의 능력에 대한 믿음인 자기효능감(self-efficacy)이다. 일반적으로 자기효능감이 높은 사람은 자신의 행동이 긍정적 결과를 가져올 것이라고 믿지만 자기효능감이 낮은 사람은 그러한 믿음이 없기 때문에 자신감이 낮고 늘 걱정하는 경향을 보이며 이러한 차이는 다양한 분야에서 행동에 영향을 미친다. 즉, 자기효능감이 높은 사람은 어려움에 직면했을 때 더 많은 노력을 기울이고, 다양한 학습전략을 사용하므로 좋은 학업성취를 보인다(Komarraju & Nadler, 2013). 또한 금연이나 체중감량 같은 건강과 관련된 분야에서도 자기효능감이 높은 사람들이 더 높은 성공율을 보인다(Peters, Potter, Kelly, & Fitzpatrick, 2019).

4) 과정이론: 인본주적 관점

인본주의적 관점은 무의식적 욕구나 외적 환경보다 개인이 자기 자신과 세계를 어떻게 지각하고 해석하는지가 성격을 결정한다고 본다. 가령, 약속에 늦은 친구를 책망하는 것은 늦게 왔다는 행동 자체가 아니라 그것을 잘못된 행동으로 해석하기 때문이다. 인본주의적 관점을 취하는 대표적인 연구자로는 로저스, 매슬로 등이 있다.

(1) 로저스(Rogers)의 인간중심이론

로저스(Rogers, 1902~1987)는 자기(self)를 성격구조의 핵심개념으로 간주하며 자신만의 고유한 신념체계를 자기개념(self-concept)이라고 부른다. 자기개념은 무의식속에 잠재되어 있는 것이 아니며 모든 사람이 "나는 게으르다", "나는 솔직하지 못다", "나는 성실하다" 등의 자기개념을 인식할 수 있다. 사람들은 긍정적인 자기개념을 갖기를 원하기 때문에 자신의 경험을 왜곡하는 경향이 있으며 이러한 자기개념과 현실 간의 차이를 불일치(incongruence)라 부른다. 로저스는 어릴 때부터 자기개념과 경험 간의 일치 또는 불일치가 성격발달에 미치는 영향을 연구하였다. 모든 사람들은 부모로부터 사랑받고 수용받으려는 욕구를 가지고 있는데 어릴 때 어떤 부모는 애정을 조건적으로 표현하는 경우가 있다. 즉 아동이 부모의 기대에 맞게 행동할 때에만 애정을 표현하는 경우가 있는데 이렇게 부모의 사랑이 조건적이면 아동은 자신의 가치를 인식하지 못하고 부정적 자기개념을 형성하며 인정을 받기 위해 경험을 왜곡할 수 있다. 반면 부모가 무조건적인 애정을 보여주면 아동은 자신이 사랑받을 가치가 있다고 생각하여 긍정적인 자기개념을 형성한다.

로저스(Rogers, 1902~1987)

자기개념은 인간의 행동에 두 가지 방식으로 영향을 미칠 수 있는데, 하나는 자기개념과 일치하는 방향으로 행동하려고 한다는 것이고, 다른 하나는 자기개념을 유지하기 위해 자기개념과 일치하지 않은 정보를 회피하거나 왜곡하려 한다는 것이다. 가령, 자신을 관대한 사람이라고 생각한다면 자기개념에 맞추어 주변 사람들에게 관대하게 행동하겠지만 친구가 자신을 이기적이고 자기중심적이라고 말했다면 자기보다 더 이기적인 사람들이 많다고 생각하거나 친구가 자기를 질투해서 그런 말을 하고 있다고 생각할 것이다. 로저스는 이렇게 자기개념과 일치하지 않은 정보를 알게 되면 불안을 경험하며 불안을 방어하기 위해 자기개념과 일치하는 방향으로 현실을 무시하거나 부인하거나 왜곡시킨다고 보았다. 로저스는 이론뿐 아니라 치료에서도 자기개념을 강조하였으며 내담자 중심 치료법(client-centered therapy)에서는 치료자의 개입이나 활동이 최소화되고 내담자가 말하는 것에 공감하고 집중하는 것이 강조된다. 특히, 상담자가 갖추어야 할 특성으로 일치성(congruence), 무조건적 긍정적 존중(unconditional positive regard) 그리고 공감적 이해(empathic understanding)가 요구된다. 만일 치료자가 내담자와 의미 있는 방식으로 관계를 맺을 수 있다면 치료적 변화는 자연스럽게 일어날 것으로 생각하였다.

(2) 매슬로(Maslow)의 자기실현이론

매슬로는 인간이 자신의 잠재력을 최대한 발휘하려는 자기실현 욕구를 가지고 있다고 가정하였는데 이것은 인간이 성장에 대한 내적 동기를 가지고 있다는 로저스의 주장과 유사하다. 특히, 매슬로는 건강한 성격의 특징을 밝히기 위해 심리검사나 면접법을 통하여 정신적으로 건강한 1%의 대학생을 선발하여 이들의 특징을 연구하거나 역사적으로 존경받는 위인들의 전기를 분석하였다. 이런 연구결과에 따르면 자아실현을 한 사람은 현실과 자신을 잘 조화시키며 개방적이고 자발적이고 주변의 사건이나 사람을 있는 그대로 받아들이고 평가한다. 또한 타인의 욕구에 민감하지만 의존하지 않아 가치 있는 인간관계를 발전시키며 일을 추구하고 유머를 즐긴다. 이들은 다른 사람에 비해 절정경험(peak experience)을 더 많이 경험하였으며 극단적인 성격특징을 잘 조화시키는 경향이 있다. 즉, 어린 아이 같으면서도 어른스럽고, 논리적이면서도 직관적이고, 순종적이면서도 반항적인 경향이 있다. 매슬로는 신경증은 기본적으로 자아실현에 대한 내적 경향성이 억제될 때 나타나며 자아실현을 통해 인간은 더 많은 창의성과 생산성을 나타낼 수 있다. 매슬로는 인간은 기본적 욕구가 충족되면 자신의 잠재력을 발휘하려는 자기실현 욕구를 가지고 있다고 보고 이러한 욕구들이 위계적으로 이루어져 가정하는 욕구위계이론(need hierarchy theory)을 제안하였다. 욕구위계설에 따르면 사람은 욕구위계에서 하위에 있는 결핍욕구들이 충족되면 더 상위에 있는 존재욕구를 추구한다.

3. 성격의 평가: 성격검사

우리가 자신이나 타인의 성격을 파악하기 위해서는 오랜 경험이 요구되며 그렇게 하더라도 주관적이며 부정확한 판단을 하기 쉽다. 그렇기 때문에 성격은 성격을 측정하기 위해 만들어진 심리검사를 사용하여 파악하는 경우가 많다. 그 이유는 성격검사는 인간의 다양한 성격특성을 다면적으로 평가할 수 있으며, 표준화를 거치기 때문에 객관적인 평가가 가능하기 때문이다. 실제로 성격검사는 임상장면에서 정신장애를 진단하거나 직업을 결정하는 데도 사용되며 회사나 정부에서 적합한 인재를 선발하기 위해서도 활용되고 있다. 성격검사는 크게 자기보고형 성격검사와 투사형 성격검사로 나눌 수 있다.

1) 자기보고형 성격검사

자기보고형 성격검사는 특정한 행동을 설명하고 있는 질문에 수검자가 응답하면 그것을 채점하여 수검자의 성격을 판단하는 검사이다. 자기보고형 성격검사는 수검자가 누구보다 자신을 잘 알고 있으며 자신의 감정을 잘 파악할 수 있다는 논리에 근거하고 있다. 그러나 자기보고형 성격검사에서는 피검자가 자신의 반응을 고의적으로 조작할 수 있고 사회적 바람직성 및 반응양식이 검사문항에 대한 반응에 영향을 줄 수 있다는 단점도 있다. 자기보고형 성격검사에는 감각추구척도와 같이 단일한 성격특성을 측정하기 위해 고안된 것도 있지만 다면적 인성검사(MMPI)와 같이 다차원적 성격특성을 동시에 측정하기 위한 검사도 있다.

(1) 단일한 성격특성을 측정하는 검사

권위주의 성격척도 권위주의 성격척도는 권위주의적 성격특성을 얼마나 가지고 있는지를 알아보기 위해 만들어진 척도로 아도르노(Adorno) 등(1950)이 파시즘 성향 척도(potentiality for Fascism)에 근거하여 처음 만들었고, 민경환(1989)이 한국형 권위주의 성격척도를 제작하였다. 권위주의 성격척도는 "사람은 모두 천성적으로 남을 지배하고 싶어 한다."나 "사람의 가치는 얼마나 성취를 이루었느냐에 달려있다." 같은 문항들을 통해 권위주의적 성격을 평가한다. 일반적으로 권위주의를 가진 사람은 애매한 것을 참지 못하고(Rokeach, 1948), 소수집단의 구성원을 배척하고 보수적인 정치적 경제적 태도를 가지고 있다(Izzatt, 1971).

감각추구(sensation seeking) 척도 반복된 작업에 권태를 더 많이 느끼고 새롭고 참신한 것을 추구하는 경향인 감각추구경향을 평가하기 위해 만들어진 척도이다. 감각추구 경향이 강할수록 신기하거나 다양한 감각경험을 추구하고 그러한 경험을 얻기 위해 신체적 재정적 사회적 위험을 감수하려는 경향을 보인다. 감각추구 척도는 주커만(Zuckerman, 1961)이 처음 개발하였는데, 위험한 활동을 선호하는지를 나타내는 스릴모험 추구(thrill and adventure seeking: TAS), 사회적 규범에 의한 억제에 저항하려는 경향을 나타내는 탈제지 추구(disinhibition seeking), 변화에 대한 욕구를 나타내는 권태에 대한 민감성(boredom susceptibility), 다양한 경험을 통해 각성을 추구하는 경향을 나타내는 경험추구(experience seeking) 등 네 가지 하위 척도로 이루어져 있다. 감각추구 척도에서 평균적으로 남성이 여성보다 더 높은 점수를 보이며, 젊은 사람이 노인보다 더 높은 점수를 보인다(Zuckerman & Neeb, 1980).

(2) 다차원적 성격특성을 측정하는 검사

다면적 인성검사(Minnesota Multiphasic personality Inventory: MMPI) 다면적 인성검사는 1942년에 미네소타(Minnesota) 대학병원의 임상심리학자였던 해다웨이(Starke Hathaway)와 정신과의사였던 맥킨레이(Jovian Charnley Mckinley)가 이상행동을 객관적으로 측정하기 위해 제작한 성격검사로 문항이 임상적 진단을 근거로 개발되었으며 지금도 가장 많이 사용되는 정신장애 진단용 검사이다. 처음에

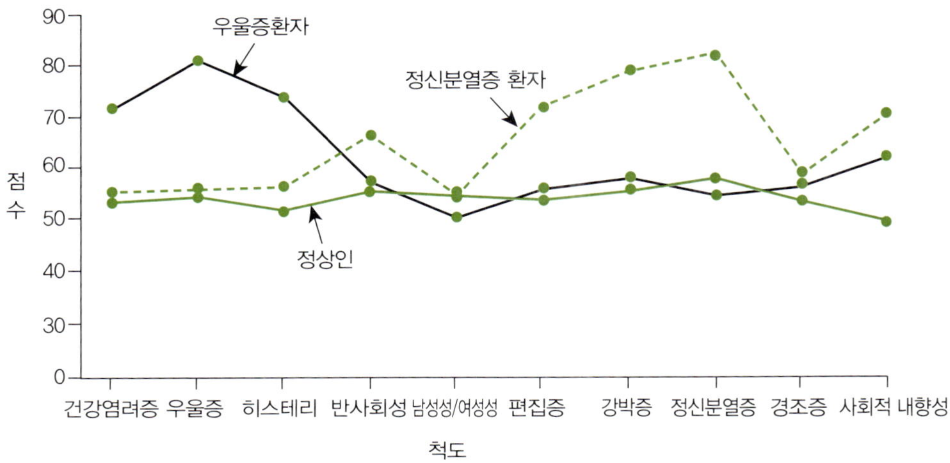

그림 6-2 | MMPI-Ⅱ 프로파일 임상척도의 사례

는 여덟 개의 임상 척도로 이루어져 있었지만 1946년에 두 개의 임상 척도(남성성-여성성, 내향성)가 추가되어, 4개의 타당도 척도와 10개의 임상 척도로 이루어진 총 566문항의 검사로 발전하였다. 최근에는 성차별적인 언어를 없애고 15개의 새로운 척도와 규준을 포함한 MMPI-2가 출판되었으며 우리나라에서도 2005년에 한국판 MMPI-2와 청소년용 MMPI-A가 개발되어 사용되고 있다. 다면적 인성검사는 심리적 문제를 객관적으로 평가해주기 때문에 정신과 전문의, 임상심리사, 상담사 등 다양한 분야의 전문가들이 사용하고 있으며 징병검사에서 정신적 문제를 가진 장병을 걸러내기 위해 사용되기도 한다. 그러나 다면적 인성검사는 정신장애의 진단을 위한 것이며 규준이 되는 집단도 정신과 환자이므로 정상인에게는 사용하기에는 제한이 있다.

(3) 16PF 성격검사

16PF는 이상 성격보다 정상 성격의 기본차원을 측정하기 위해 캐틀(Cattell, 1949)에 의해 만들어진 성격검사이다. 캐틀은 4,504가지의 성격특성에 관한 형용사를 수집하고 동의어를 제외한 후 171가지의 성격특성 목록을 만들었으며 이것을 요인 분석하여 [그림 6-3]과 같은 16가지의 기본 성격차원을 추출하였다. 16PF는 187개의 문항으로 이루어져 있으며 온정성, 자아강도, 지배성, 정열성, 도덕성, 대담성, 예민성, 공상성, 실리성, 자책성, 진보성, 자기결정성, 자기통제성, 불안성 등 16가지의 기본적인 성격차원을 측정한다. 16PF는 현재 세계에서 가장 널리 사용되고 있는 검사 가운데 하나이며, 거의 모든 성격범주를 포괄하고 있어 일반인들의 성격이해에 매우 적합한 검사이다.

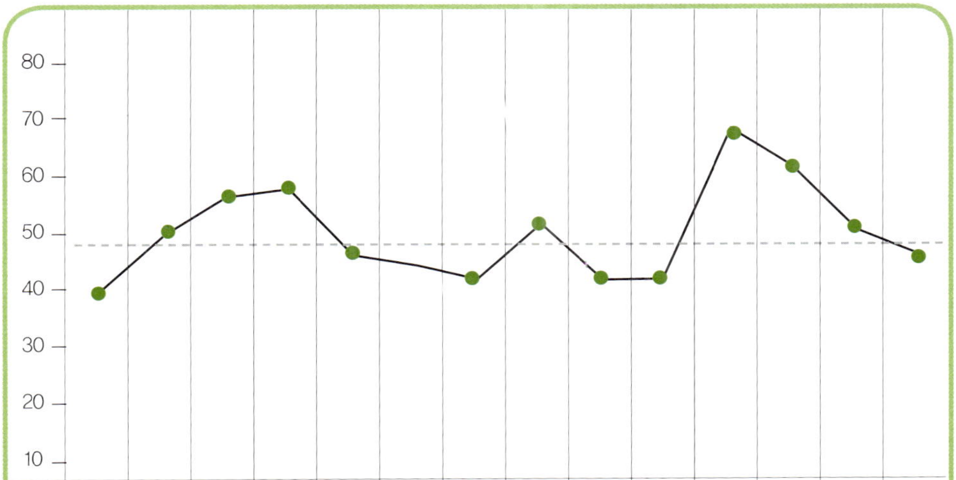

척도명	온정성	자아 강도	지배성	정열성	도덕성	대담성	예민성	공상성	실리성	자책성	진보성	자기 결정성	자기 통제성	불안성
T점수	40	51	60	61	49	46	42	54	43	43	76	68	53	49
백분율	16	54	84	86.5	46	34	21	66	24	24	99.5	96	62	46

그림 6-3 | 16PF 검사의 프로파일 사례

(4) MBTI

융(Jung)의 성격유형론에 바탕을 두고 실생활에서 쉽게 성격을 구분할 수 있도록 발전시킨 설문지가 MBTI(Myers Briggs Type Indicator) 성격유형검사이다. MBTI에서 말하는 성격의 기능에는 주 기능, 부 기능, 3차 기능, 그리고 열등기능이 있는데 이 가운데서 4가지 척도(scale)와 8가지 선호지표(preference)를 배합하여 16가지 유형으로 구분하여 발전시켰다. 먼저 4가지 척도는 정신에너지의 방향이 어느 쪽이냐에 따라 외향(Extroversion)과 내향(Introversion)으로 나누어지고 정보수집과 인식기능의 선호도에 따라 감각(Sensation)과 직관(iNtuition)으로 나누어진다. 그리고 의사결정, 판단기능의 선호도에 따라 사고(Thinking)와 감정(Feeling)이 있고 삶의 패턴과 행동양식 선호도에 따라 판단(Judging)과 인식(Perceiving)이 있다. 이 같은 4가지 척도와 8가지 선호 경향은 서로가 배합되어 〈표 6-3〉과 같이 16가지의 성격유형으로 구분된다.

표 6-3 | MBTI에서 나타나는 16가지 성격유형

ISTJ	사실적이고 체계적이다.	ESTJ	객관적이고 논리적이다.
ISFJ	섬세하며 조직적, 헌신적이다.	ESFJ	사교적이고 감동적이며 성실하다.
INFJ	충실하며 창의적이다.	ENFJ	외교적이고 책임감있다.
INTJ	논리적이고 비판적이다.	ENTJ	전략적이고 공정하다.
ISTP	객관적이고 실제적이다.	ESTP	행동 지향적이고 열정적이다.
ISFP	온화하고 협동적이다.	ESFP	사교적이고 개방적이다.
INTP	논리적이고 사색적이다.	ENTP	진취적이고 이론적이다.
INFP	부드럽고 창의적이고 자발적이다.	ENFP	활동적이고 자발적이다.

2) 투사형 성격검사

임상 장면에서는 겉으로 관찰되기 어렵고 내담자 스스로 인식하기 어려운 무의식적 성격구조를 알아야 할 경우가 많은데 이때 사용될 수 있는 검사가 투사적 기법(projective technique)으로 만들어진 검사들로 대표적인 것이 로샤 잉크반점(Rorschach ink-blot) 검사와 주제통각검사(Thematic Aperception Test)이다.

그림 6-4 | 로샤검사의 자극 사례

로샤 잉크반점검사(Rorschach Inkblot Test) 로샤(Rorscha)가 1921년에 만든 투사형 성격검사로 대칭적인 잉크반점이 그려진 10개의 카드로 이루어져 있다. 10개의 카드 중 5개는 무채색 카드이고 2개는 검정색과 붉은색이 혼합된 카드이며 3개는 여러 가지 색으로 이루어진 카드이다. 10개의 카드를 사람들에게 하나씩 순서

대로 제시하면서 무엇처럼 보이는지(내용), 어떤 부분을 보는지(위치), 왜 그렇게 보는지(결정요인)를 분석하여 사고나 정서, 대처행동이나 대인관계 방식 등 성격특성에 대해 알아낸다. 로샤 잉크반점검사는 사람들이 의식하지 못하는 성격특성을 알아낼 수 있다는 장점도 가지고 있지만 검사자의 주관적 평가에 근거하고 있어서 행동을 예측하기 어렵다는 단점도 동시에 가지고 있다. 그래서 엑스너(Exner, 1993)는 로샤검사에서 보이는 수검자의 반응을 문제해결과정으로 간주하고 검사결과의 객관적 해석절차를 제시하여 로샤검사가 임상진단에서 다시 중요한 검사로 인정을 받는 데 큰 기여를 하였다.

그림 6-5 | 주제통각검사의 예

주제통각검사(Thematic Apperception Test: TAT) 주제통각검사는 머레이(Murray, 1943)가 개발하였으며 모호한 상황에서 인물들이 그려져 있는 30개의 그림카드와 1장의 백지카드로 이루어져 있다. 피검자에게 그림카드를 하나씩 제시하면서 이야기를 만들어보도록 요구하는데 이때 피검자는 이야기를 만들어 내는 동안 그림에서 주요인물을 찾아내고 인간과 세상에 대한 자신의 관점을 그림에 투사하기 때문에 검사자는 이야기를 분석하여 동기나 관심사, 그리고 세상이나 자신을 바라보는 관점 등을 알아내게 된다. 검사자는 카드를 바탕으로 만들어낸 이야기에서 반복하여 나타나는 주제와 주제 간의 관계를 통해 피검자의 내면적인 갈등과 정서 그리고 욕구 등을 찾아내게 된다. 주제통각검사도 주관적이기 때문에 해석이 왜곡될 수 있어서 임상장면에서 성격검사로 쓰이기보다 개인의 동기나 감정을 이해하는 한 가지 방식 정도로 사용되는 경향이 있다.

4. 자아와 성격

우리가 사회에서 만난 사람을 평가할 때 가장 자주 사용하는 말은 성격이다. 어떤 사람은 느긋한 성격을 가지고 있고 어떤 사람은 급한 성격을 가지고 있다. 이렇게 본다면 어떤 사람을 가장 잘 파악할 수 있는 것은 그 사람이 가진 성격이라고 할 수도 있지만 느긋한 성격을 가진 사람이라도 상황에 따라서는 급하게 행동하는 경우도 있고 급한 성격을 가진 사람도 느긋하게 행동하는 경우도 있기 때문에 성격만으로 그 사람을 정확하게 알기는 어렵다. 자아(self)는 성격과 같이 인간의 안정된 측면뿐 아니라 상황에 따라 변화되는 측면도 포함한 개념이며 그렇기 때문에 자아는 어떤 사람의 행동을 가장 잘 이해할 수 있는 기반이 된다.

1) 자아의 정의

우리가 자아를 확인할 수 있는 가장 쉬운 방법은 "나는 누구인가?"에 대한 질문을 하고 어떤 대답을 하는지 알아보는 방법이다. 인간은 대체로 자신의 독특한 면을 우선적으로 제시하는 경향이 있기 때문에 그 사람이 어떤 자아를 가지고 있는지 가장 잘 파악할 수 있다. 예를 들면, 뚱뚱한 사람은 몸무게를 우선 이야기하고 늙은 사람은 나이를 먼저 이야기한다. 또한 사람은 자신이 가진 독특한 특성에 근거하여 다른 사람을 바라보기 때문에 그 사람에게 다른 사람을 평가하도록 하면 자기 자신의 특성을 평가에 반영하게 된다. 자아가 어떻게 이루어져 있는지를 처음 언급한 학자인 제임스(James)는 자아가 신체나 소유물과 관련된 물질적 자아(material self), 타인의 평가와 관련된 사회적 자아(social self), 자신의 성격이나 능력과 관련된 심리적 자아(spiritual self)로 이루어져 있다고 보았다. 자아의 구조에는 문화가 영향을 미칠 수 있는데 미국인은 개인적 특성에 의해 자신을 표현하는 데 비해 일본인은 사회적 관계에 의해 자신을 표현한다(Cousins, 1989). 특히, 개인주의문화와 달리 집단주의 문화에서는 자아가 자신의 성격이나 정서에 기반한 사적 자아, 자신이 속한 집단에 의해 근거한 집단 자아, 타인의 평가에 의해 파악된 공적 자아로 이루어져 있다고 한다(Triandis, 1999).

2) 자아의 형성과정

타인과의 비교 취업면담을 할 때 자기보다 뛰어난 경쟁자를 만나면 자아 존중감이 떨어지는 데 비해 자기보다 낮은 경쟁자를 만나면 자아 존중감이 높아진다(Morse & Gergen, 1970). 이렇게 사람은 다른 사람들과 자신을 비교하여 자신의 자아를 알게 된다. 그렇다고 해서 아무하고나 비교하는 것은 아니고 능력이나 특성에서 자신과 비슷하거나 조금 더 나은 사람과 비교하는 경향을 보인다. 〈표 6-4〉를 보면 학생들은 자신보다 공부를 잘하고 동성인 사람들의 시험점수를 알려고 하는 경향을 보인다(Feldman & Ruble, 1981).

표 6-4 | 성별, 능력에 따른 관심도

피보험자 성		시험성적				
		매우 잘함	잘함	중간	못함	아주 못함
남자	남자 대상	3.4	3.5	3.1	0.9	1.0
	여자 대상	2.7	2.4	2.1	0.3	0.5
여자	남자 대상	2.5	1.9	1.7	0.4	0.5
	여자 대상	2.8	3.0	2.6	1.1	1.0

※ 높은 점수는 높은 관심을 나타냄. 시험성적은 비교집단의 성적임.

타인의 평가 자아를 알게 되는 보다 직접적인 방법은 자신에 대한 타인의 평가

기평가에서만 관찰되는 현상이고 타인의 평가에서는 큰 상관을 보이지 않는다 (Gabriel, Critelli, & Ee, 1994). 또한, 사람들은 자기존중감이 높은 사람들이 낮은 사람들보다 공부나 일을 더 잘하고 삶의 만족감이 높을 것이라고 생각하지만 둘 간의 상관은 학교, 직장, 삶에서 성공한 결과로 나타나는 것이며 자기존중감이 원인이 아닐 수 있다. 실제로 종단연구에서 학교에서의 학업성취와 자기존중감 간의 관계는 거의 관찰되지 않았다(Baumeister et al., 2003). 이렇게 본다면 성격의 한 측면인 자기존중감은 자신의 재능이나 노력의 결과로 주어지는 특성이며 자기존중감의 수준보다 안정성이 더 중요하다고 할 수 있다.

행동의 일관성 사람은 보통 자신이 옳다고 생각하는 방식대로 행동하지는 않으며 대부분 즉흥적으로 행동하는 경향이 있으며 자신의 행동에 자아가 관여되었을 때 비로소 자신의 행동이 기준에 맞는지를 다시 생각해 보게 된다. 자의식 이론 (Wicklund, 1975)에 따르면 의도적 행동은 의식의 초점이 내부에 있어 높은 자의식을 보이는 데 비해 즉흥적 행동은 의식의 초점이 외부에 있어 낮은 자의식을 보인다. 특히 자의식이 강해지면 자신의 행동과 내적 기준을 비교하며 행동과 내적 기준 간의 괴리가 커지면 행위자를 불편하게 만들어 그 상황에서 벗어나게 하거나 괴리를 좁히려는 행동을 한다. 예를 들면, 성격검사의 결과가 좋지 않을 경우에는 대기실에 거울이 있을 때 자리를 빨리 떠나는 경향을 보인다(Duvall & Wicklund, 1972). 또한 할로윈날에 캔디나 과자를 집어 가는 아이들의 행동을 관찰하면 자의식이 높을 때 더 규율에 맞게 행동하는 경향을 보인다(Beaman et al., 1979).

5. 성격의 안정성

대부분의 사람들은 성격이 크게 변화되지 않지만 어떤 사람은 오랜만에 만났을 때 성격이 변한 것을 느끼기도 한다. 성격이 변한다는 것은 성격 자체가 변한다기보다 원래 가지고 있었던 성격의 요소가 양적으로 변화되었다고 보는 것이 더 정확하다. 즉, 우리는 내향적 성향과 외향적 성향을 동시에 가지고 있는데 어릴 때 내향적 성향이 강한 소심했던 사람이 사회생활을 하면서 외향적 성향이 증가하면 적극적이고 밝은 성격으로 변할 수 있다. 그렇다면 성격은 변화될 수 있는 것인가?

안정적인 측면 우리가 가진 성격특성 중 유전이나 생물학적 요인의 영향을 받는 활동수준, 자극민감성, 사회성 같은 성격특성은 잘 변화되지 않는다(송길연 외, 2012). 이와 관련된 연구에서 성격 5요인은 3세부터 일관성을 보이며 50대까지 나이가 들수록 일관성이 증가한다고 한다(Roberts & Amin, 2008). 이것은 청소년 시기에 나타나는 정체성 혼란이나 결혼을 통한 가족의 형성 그리고 중년기의 위기에도 불구하고 성격이 크게 변하지 않는 이유를 잘 설명한다. 즉, 어릴 때 성실성이 높아 과제 지속성이 높은 아동들은 성인이 되었을 때도 성취 지향적인 성향을 보인다(Caspi, Elder, & Bem, 1988). 혈압, 수입, 행복감, 자존감 수준 같은 요인에 비해 성격의 일관성이 높은 편이지만 성인은 청소년보다 청소년은 유아보다 성격의 안정성이 높은 경향을 보인다(Caspi & Silva, 1995). 이렇게 본다면 성격은 어릴 때나 나이가 들어서도 조금은 변화되기도 하지만 전체적으로는 큰 차이를 보이지 않기 때문에 일관적으로 느껴지는 것이다.

변화가능한 측면 성격이 안정적 특성이며 생애초기 이후에는 그다지 큰 변화를 보이지 않는다고 보았던 프로이트(Freud)와 달리 인간의 성격은 일생을 거쳐 변화되며 50대는 넘어야 안정되는 경향을 보인다. 가령, 개방성과 활력은 유아기와 학창 시절에 증가하며 나이가 들면 감소하는 데 비해 정서적 안정성은 생애 초기에 급격하게 변화하지만 그 이후에는 안정되는 특성을 보인다. 이렇게 나이가 들수록 개방성과 활력이 감소하는 것은 긍정적 감정을 덜 경험하고 사교성이 적어지기 때문이다. 그러나 나이가 들수록 성격이 긍정적으로 변화되어 자신감이 높아지고 쾌활해지며 정서적으로 안정되며 성실해진다. 이렇게 성격특성 중 대부분이 긍정적으로 변화되는 것은 사람들이 직장이나 학교에서 사람들과 만나면서 자기주장이나 자기통제감 그리고 책임감이 높아지며 그로 인해 인격적으로 성숙하기 때문으로 보인다(Roberts, Walton, & Viechtbauer, 2006). 가령, 사회생활에서 직위가 높아지면 외향성의 요소인 자신감이나 우월감이 향상되고 성실성의 요소인 책임감과 능숙함도 함께 향상된다.

6. 성격의 남녀차이

우리가 남녀의 차이에 대해 가지고 있는 생각은 개인적인 경험이나 타인을 통해 간접적으로 들은 정보에 근거한 것이 많다. 그렇기 때문에 실제보다 과장되거나 잘못 이해되고 있는 면이 많이 있다. 여기에서는 남자와 여자가 성격에서 어떤 차이를 보이는지 그리고 그 원인은 무엇인지 알아보도록 하자.

1) 남녀차이를 보이는 성격특성

공격성의 차이 우리는 일반적으로 남자들이 여자들보다 더 공격적이라고 생각한다. 실제로 여섯 개의 문화권에 사는 3세에서 11세 사이의 아동에 대한 연구(Whiting & Whiting, 1975)에서 남자아이는 여자아이보다 더 공격적이었으며 범죄율에서도 남자가 여자보다 더 높았다. 이러한 결과를 볼 때 남자가 여자에 비해 더 공격적이라는 생각은 타당한 결론이라고 할 수 있다. 그러나 공격성에서 관찰되는 남녀 간의 차이가 잘못된 증거에 기반하고 있다는 주장도 있다. 우선, 행동에서는 남성이 여성보다 더 공격적이지만 공격성의 잠재력에서는 차이가 없을 수 있다. 가령, 성인을 모방하여 공격행동을 하는 아이들에게 보상을 주게 되면 여자아이도 남자아이만큼 공격적으로 행동하였다(Bandura, 1973). 또한 남자들은 공격성을 행동적으로 표현하지만 여자들은 언어적으로 표현하는 경향을 보인다(Bardwick, 1971). 즉, 남자들은 공격성을 신체적 공격행동으로 표현하는 경향을 보이지만 여자들은 "그렇게 하면 선생님에게 이를 거야!"와 같이 언어를 통해 사회적 공격행동을 더 많이 보인다.

공감능력의 차이 여성은 남성에 비해 더 주변 사람들의 정서에 더 민감하며 공감을 더 잘한다(Doherty, 1997). 즉, 공감을 측정하는 자기보고형 척도에는 "함께 이야기하던 누군가 울기 시작하면 나도 눈물이 난다." 같은 문항이 포함되어 있는데 이런 문항에 여성들은 남성들보다 더 민감하게 반응하며 이것은 여성이 남성보다 주변사람들의 행복이나 공포, 분노 등에 더 공감하는 경향이 있음을 보여준다. 그러나 이러한 연구들은 실제행동보다 자기보고식 설문지에 근거한 것이라서 완전하지는 않다(Feingold, 1994). 가령, 여성은 자기보고형 설문지에서는 남성보다 더 공감적인 것으로 나타났지만 얼굴표정이나 신체적 고통 같은 것으로 측정하면 큰 차이를 보이지 않는다(Eisenberg & Lennon, 1983). 이것은 공감이나 동정에서 나타나는 성 차이가 성 역할 고정관념의 영향을 받을 수 있음을 보여준다(Ickes, Gesen, & Graham, 2000).

수동성의 차이 우리사회에서 남성은 적극적이고 지배적인 데 비해 여성은 소극적이고 순응적이라는 성 고정관념이 보편적으로 받아들여지고 있다. 실제로 남녀가 섞여 있는 집단에서 여성은 남성보다 말을 더 적게 하고 지도자의 역할을 떠맡지 않으려고 하는데 이것은 여성이 집단에서 남성보다 더 수동적 경향을 보인다는 것을 시사한다(Martocchio & O'Leary, 1989). 이렇게 수동성에서 보이는 남녀차이는 우리 사회에 존재하는 성역할 고정관념에 기인한다. 가령, 남성은 사적인 상황보다 공적인 상황에서 타인에게 덜 동조하는 경향이 있는데 이것은 여성보다 남성이 독립적으로 행동해야 한다는 사회규범 때문이다. 그러나 여성이 남성보다 더 수동적이라는 연구결과들을 새로운 관점에서 바라보면 잘못된 결론일 가능성이 있다(Eagly & Johnson, 1990).

첫째, 연구자가 남성이었으므로 여성의 동조행동에 더 주의를 기울였을 가능성이 있다. 즉, 여성이 동조적일 것이라는 남성의 고정관념이 연구에 영향을 미칠 수 있다. 둘째, 전통적 여성의 역할에 대한 고정관념이 동조에 호의적이기 때문이다. 실제로 여성이 더 동조적이더라도 우리 사회의 성 역할 고정관념에 따라 행동하기 때문이라는 것이다. 셋째, 여성이 사회적으로 남성보다 낮은 지위를 차지하기 때문에 리더십을 발휘할 기회가 없다. 즉, 여성이 리더십을 발휘하기 위해서는 그에 적절한 지위에 있어야 하는데 남성위주의 우리 사회가 여성에서 그러한 지위를 허용하지 않는다는 것이다.

2) 남녀차이의 원인

남자와 여자의 차이를 살펴보기 전에 고려되어야 할 것은 남녀 간의 차이가 평균의 차이를 의미한다는 것이다. 즉, 평균적으로 볼 때 3세 소녀는 3세 소년보다 타인에 의존적이지만, 어떤 동갑내기 소녀는 다른 소년들보다 더 독립적일 수 있다.

또한 성격에서 나타나는 남녀 간의 차이는 어디까지가 선천적인 것이고 사회화의 결과인지 구별하기 쉽지 않다. 이 절에서는 성격에서 남녀 차이가 관찰되는 다양한 원인에 대해 알아보자.

(1) 생물학적 원인

우리는 남자와 여자가 신체적으로나 심리적으로 많이 다르다는 것을 잘 알고 있다. 또한 이러한 차이가 생물학적 차이와 같은 선천적인 원인 때문에 생겼을 것으로 생각하는 경향이 있다. 남녀의 차이가 생물학적 차이에 기인하는지를 다루는 연구가 이루어지고 있지만 아직 분명하지는 않다. 그렇다면 남녀의 차이가 생물학적 원인에 기인한다는 몇 가지 증거들을 살펴보기로 하자.

첫째, 우리 몸의 신진대사를 조절하는 호르몬은 남녀 간의 차이에 영향을 미칠 수 있다. 가령, 스트레스 상황에서 남성의 경우에는 투쟁 및 도피반응을 증가시키는 노르에피네프린이나 테스토스테론 같은 호르몬의 분비가 증가하는 데 비해 여성은 친구들을 찾거나 모성행동을 증가시키는 옥시토신의 분비도 함께 증가한다(Taylor et al., 2000). 옥시토신은 배려와 친교반응을 촉진하며 남성들에게 옥시토신을 투여하면 실제로 비언어적 민감성이 좋아지는 경향을 보인다(Domes et al., 2007). 둘째, 결정적인 것은 아니지만 여성과 남성의 차이는 뇌구조의 차이에 기인할 수도 있다. 우선, 뇌의 좌반구와 우반구간의 의사소통을 담당하는 구조인 뇌량이 남자보다 여자 쪽이 더 큰데 이것은 여자가 남자보다 사람의 감정을 더 잘 읽어내는 이유가 될 수 있다. 이와 관련된 연구에서 무의미한 단어들을 두 개씩 스크린에 비추면서 서로 운율이 맞는지 판단하도록 하였을 때 남자는 모두 왼쪽 눈썹 뒤에 있는 언어를 관장하는 좌뇌의 하전두회 부위가 활발한 움직임을 나타냈지만 여자 19명 중 11명은 그 부위 외에도 감정영역인 우측 눈썹 뒷부분도 활동을 나타냈다. 우측뇌는 주로 감정정보를 처리하므로 여자들은 단어를 생각하는 데 자신의 정서적 특성을 더 많이 동원하는 셈이 된다.

(2) 사회적 원인

남성적 기능에서 남성보다 월등한 성적을 내는 여성이 있는가 하면, 남성이 여성적 기능에서 여성보다 뛰어난 경우도 있다. 후천적 경험은 남녀 간의 차이에 영향을 미칠 수 있을 뿐 아니라 생물학적 특성에도 영향을 미칠 수 있다. 예를 들어, 장난감과 미로로 가득찬 공간에서 자란 쥐는 밀폐공간에서 자란 쥐에 비해 신경망이 더 많이 형성된다는 사실에서 알 수 있듯이 두뇌는 가변성을 지니고 있다. 그렇다면 성격에서 남녀 차이에 사회적 원인이 어떤 영향을 미치는지 알아보자. 첫째, 부모의 양육방식은 성격의 남녀차이에 큰 영향을 미친다. 즉, 부모들은 남아에게 어느 정도 공격성을 허용하는 반면 여아에게 허용하지 않는다. 또한 출산 후 24시간이 지난 초산 부모들도 아들은 크고, 단단하고, 민첩하다고 여기는 반면 딸은 작고 연약하다고 인식한다. 사회학습이론에서도 남녀 간의 차이가 선천적인 것이 아니라 부모를 통해 사회화된 것일 수 있다고 보았다(Bandura, 1977). 가령, 여아를 더 많이 안아 주고, 대화를 하여 의존감과 감정적 유대를 발달시키는 데 비해 남아들에게는 독립심을 강조하여 정서적 이유를 더 일찍 시키는 경향을 보인다. 둘째, 아이들이 사회에서 접하게 되는 학교와 미디어의 편향성도 성격의 남녀 차이에 영향을 미칠 수 있다. 가령, 그동안 공교육에서 남자는 기술과목, 여자는 가정과목을 편성하는 방식으로 독립적이고 경제적 기여를 하는 남자의 성역할과 아름답고 자기희생을 통해 가족을 위하는 여성의 성역할을 강조하는 교과과정을 운영해 왔다.

교사와 학생의 상호작용에서도 가장 좋아하는 남학생은 똑똑한 학생인데 비해 여학생은 착한 학생이다. 이러한 교육방식은 여성과 남성이 사회에서 기대하는 성역할에 맞추어 행동하도록 유도할 수 있다. 또한 사회적 인식의 변화에 의해 여성에 대한 미디어의 태도도 많이 변화되었지만 아직도 여성을 다루는 미디어 기사는 전체의 6% 정도에 불과하며, 여성의 이상적 성격을 순종적이고 정서적인 것으로 제한하는 경우가 자주 발견된다. 특히, 드라마나 영화에서 자기주장이 강하고 능력이 있는 여성을 부정적인 성격으로 묘사하는 경우가 많고 스토리도 주변 사람들에게 안 좋은 인상을 주는 것으로 전개되는 경우가 많다. 이러한 미디어의 영향 속에서 자라나는 아이들은 자성적 예언(self-fulfillment prophecy)를 통해 사회적 기대에 자신의 행동을 맞추어나가게 될 수 있다. 셋째, 남녀의 전형적인 성격은 남녀에게 주어진 사회적 역할의 차이에 기인할 수 있다. 즉, 가부장적인 사회에서 여성에게는 가족을 돌보는 사회적 역할이 주어졌고 남성에게는 가족을 부양하는 사회적 역할이 주어졌는데 이러한 사회적 역할에서 여성은 순종이나 수동성 같은 성격특성이 강조되고 남성은 공격성이나 적극성 같은 성격특성이 강조된다.

사회역할이론(Social Role Thoery)(Eagly, 1987)은 성격에서 보이는 성차가 사회에서 수행하는 역할 때문에 진화되었다고 주장하였다. 역사적으로 남성은 더 많은 권력과 지위를 가진 역할을 수행하였기 때문에 높은 공격성, 자기주장성 같은 지배적 행동을 발달시켜왔고, 여성은 그러한 권력과 지위를 갖지 못했기 때문에 순응성, 낮은 공격성, 협력성 같은 종속적 특성을 발달시켜 왔을 수 있다(Eagly & Wood, 1999). 실제로 같은 사람이라도 감독관 역할을 수행하도록 하면 지배적 행동을 보이는 데 비해 부하직원의 역할을 수행하도록 하면 순종적으로 행동하는 경향을 보인다(Moskowitz, Suh, & Desaulniers, 1994).

Chapter 07

정서와 조절

1. 정서에 대한 이론
2. 정서의 기능
3. 정서의 표현
4. 다양한 정서
5. 정서를 조절하는 방법

사람은 때로는 슬퍼하고 때로는 화내고 때로는 즐거워한다. 사람마다 감정의 원인도 다르고 감정이나 표현되는 강도도 다르지만 어떤 식으로든 감정을 느낀다는 점에서는 공통점을 가진다. 그렇다면 사람은 왜 감정을 느낄까? 그 대답은 동물과의 비교를 통해서 얻을 수 있는데 인간과 마찬가지로 동물도 감정을 일으키는 데 필요한 뇌의 구조들을 가지고 있으며 그것은 감정이 생존에 필수적이라는 것을 의미한다. 즉, 동물도 자기보다 더 강한 동물이 나타났을 때 공포를 느껴야만 더 빨리 피할 수 있고 생존 가능성도 높아진다. 그렇지만 감정은 생물학적 요인만으로 설명되기 어려우며 집단 내의 위계구조 같은 사회적 요인도 감정에 영향을 미칠 수 있으며 이것은 인간이나 동물 마찬가지이다. 이 장에서는 감정이 유발되는 과정을 살펴보고 그것이 어떻게 조절될 수 있는지를 알아보자.

Chapter 07

정서와 조절

1. 정서에 대한 이론

감정이 왜 일어나는가 하는 문제는 오래전부터 심리학자들의 관심을 끌어왔으며 제임스-랑게(James-Lange)의 말초설과 캐논-바드(Cannon-Bard)의 중추설이 초기의 대표적 정서이론이다. 말초설은 화가 나서(감정) 싸운다는(행동) 우리의 상식과 달리 싸우다 보면(행동) 심장도 뛰고, 얼굴도 붉어지며 그 결과로 화가 난다고(감정) 보았다. 어떻게 생각하면 불합리하게 들리지만 웃다가 보면 저절로 마음이 즐거워지고 울다가 보면 저절로 슬퍼지는 것을 보면 설득력이 있는 이론이라고 할 수 있다. 문제는 말초설의 가정과 달리 신체반응이 정서와 1:1 대응을 보이지 않으며, 정서를 신체반응보다 더 빨리 느끼는 경우도 있다는 것이다. 게다가 인위적으로 신체변화를 일으켜도 정서를 느끼지 못할 수 있다는 것이다. 그에 비해 중추설은 정서에 의한 생리적 변화와 정서에 대한 인지적 경험은 거의 동시에 일어나기 때문에 분리하기 어렵다고 본다. 즉, 뱀과 같은 정서유발 자극은 대뇌피질과 시상하부를 함께 자극하여 뱀이 위험하다는 생각과 공포라는 감정을 동시에 느끼게 한다. 따라서 우리가 경험하는 정서는 상황에 대한 판단에 바탕을 두며 생리적 변화가 없어도 상황에 근거하여 정서를 느낄 수 있다. 가령, 다른 사람은 모두 양복을 입고 왔는데 자기만 수영복을 입고 왔다면 그 상황 때문에 부끄러움을 느끼게 되고 그로 인해 생리적 변화가 생길 수 있다. 그렇다면 초기의 정서이론을 대신하는 새로운 정서이론인 생물학적 정서이론과 심리적 정서이론에 대해 알아보자.

얼굴표정과 말초설

정서에 대한 말초설은 우리 상식과 일치하지 않지만 말초설을 지지하는 정서이론이 제안되기도 하였는데 바로 안면피드백이론이다(Tomkins, 1962). 얼굴은 감정을 표현하는 역할을 할 뿐 아니라 배우처럼 얼굴표정을 의도적으로 지으면 감정이 달라지기도 한다. 가령, 사람들에게 아이 사진을 보도록 한 후 사진 속의 아이가 얼마나 공격적으로 보이는지를 평가하는 실험을 하였는데, 한 조건에서는 찡그린 표정을 짓도록 하고 다른 조건에서는 웃는 표정을 짓도록 한 후 사진을 보게 하였다. 그 결과 웃는 표정을 지은 조건보다 찡그린 표정을 짓은 조건에서 아이를 더 공격적으로 평가했다(Laird, 1967). 만일 얼굴표정이 감정을 유발할 수 있다면 우리도 얼굴표정으로 우리 감정을 변화시킬 수 있을까? 실제로 학생들에게 가상의 인물에게 전기충격을 주도록 하고 전기충격을 줄 때마다 고통스런 표정을 짓도록 하였는데 이 학생들은 얼굴표정을 짓지 않은 학생들에 비해 식은땀을 더 많이 흘리고 심장이 더 빨리 뛰었다고 한다(Vaughn & Lanzetta, 1981). 이 실험을 보면 얼굴표정이 우리 감정에 실제로 영향을 미친다는 것을 보여주며 즐거운 표정을 짓는 것은 세상을 즐겁게 사는 방법이라고 볼 수 있다.

1) 생물학적 정서이론

생물학적 입장을 지지하는 연구자들은 감정을 유발하는 곳이 있다고 주장하였다. 예를 들어, 클뤼버와 부시(Kluver & Bucy, 1962)는 원숭이의 변연계에 있는 편도체를 손상시키면 공격성이 상실되는 데 비해 편도체의 외측을 전기자극하면 공격성을 보이고 중심내측을 전기자극하면 공격성이 감소된다는 결과를 발견하였다. 이것은 변연계를 중심으로 한 대뇌구조가 감정을 통제할 가능성을 보여주며 이것은 파페즈(Papez) 회로라고 불렀다. 그러나 감정에는 생물학적 요인뿐 아니라 인지적 요인도 영향을 미친다는 것이 발견되면서 르두(LeDoux, 1996)는 새로운 이론을 제안하였다. 즉, 외부에서 주어지는 정서자극이 시상에 도달하면 일부는 하위경로를 통해 편도체에 전달되어 무의식적으로 처리된 후 신속한 정서반응을 일으키는데 비해 일부는 상위경로를 통해 대뇌피질로 전달되어 적절한 정서반응인지를 판단하게 된다. 이렇게 본다면 우리가 느끼는 정서는 하위경로를 통해 편도체에서 빠르게 처리되어 즉각적으로 정서반응이 나타나는 과정과 대뇌피질에서 정서의 적절성을 판단하여 정서반응을 수정하는 과정을 통해 느낀다고 할 수 있다. 그뿐 아니라 감정을 유발하는 과정이 특정한 대뇌구조에 의존하는 것이 아니라 신경전달물질이 관여한다는 견해가 제기되기도 하였다. 예를 들어, 감정과 관련된 대표적 정신장애인 우울증은 대뇌의 다양한 부위에서 사용되는 세로토닌 계통의 신경전달물질의 수준이 정상수준에 비해 낮다.

거짓말 탐지기는 진실을 찾아낼 수 있을까?

최근 거짓말 탐지기로 뇌물을 준 사람의 죄를 밝혀냈다는 기사가 있었다. 실제로 사람들이 거짓말을 하는지 안 하는지를 거짓말 탐지기로 알아낼 수 있다면 범죄여부를 밝히는 데 큰 도움이 될 수 있다. 그렇다면 거짓말 탐지기는 어떻게 거짓말을 알아낼 수 있을까? 일반적으로 거짓말을 하면 죄의식을 느끼며 그렇게 되면 몸에서 스트레스 반응이 유발되어 교감신경계가 활동한다. 거짓말 탐지기는 이러한 교감신경계의 활동을 탐지하는 기계장치라고 할 수 있다. 폴리그래프(polygraph)라고 불리는 거짓말 탐지기는 사람의 심장 박동, 혈압, 피부전도반응(GSR), 호흡 등 교감신경계의 활동을 측정하는 기계이다. 거짓말 탐지기는 감정을 자세하게 구분하지는 못하지만 우리가 스트레스를 얼마나 강하게 느끼고 있는지를 측정할 수 있다. 사람마다 같은 스트레스에 대해 서로 다른 반응을 보이기 때문에 스트레스의 강도를 비교할 기준을 찾기 위해 거짓말 탐지기를 사용할 때 누구라도 거짓말을 할 수도 있는 통제질문(예를 들면, "당신 지금까지 한 번도 거짓말 한 적이 없습니까?"라는 질문)을 사용한다. 통제질문에 대해 평소에 민감한 사람은 민감한 반응을 보일 것이고 침착한 사람은 큰 반응을 보이지 않을 것이다. 그리고 사건과 직접적으로 관련된 질문과 전혀 관련되어 있지 않은 질문을 하여 통제질문과의 차이를 비교하면 상대방이 거짓말을 하고 있는지를 대략 찾아낼 수 있다. 그러나 거짓말 탐지기에 의해 범죄 여부를 가리는 것은 이론적 문제점과 함께 실질적인 문제들을 가지고 있다. 우선 거짓말을 하면 죄의식을 느낄 것이고 죄의식을 느끼면 교감신경계가 활동할 것이라는 논리는 반드시 맞는 것이 아니다.

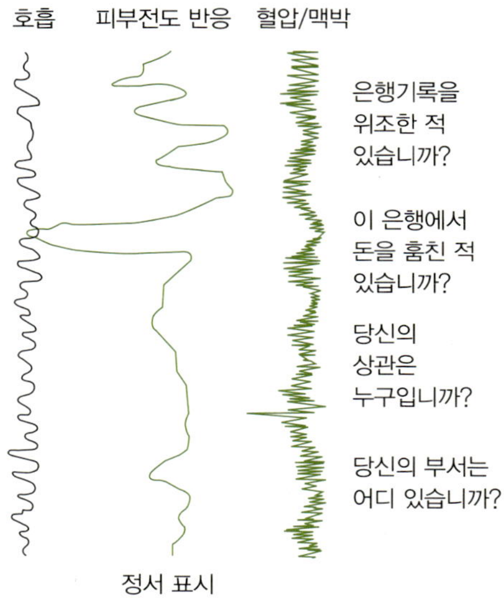

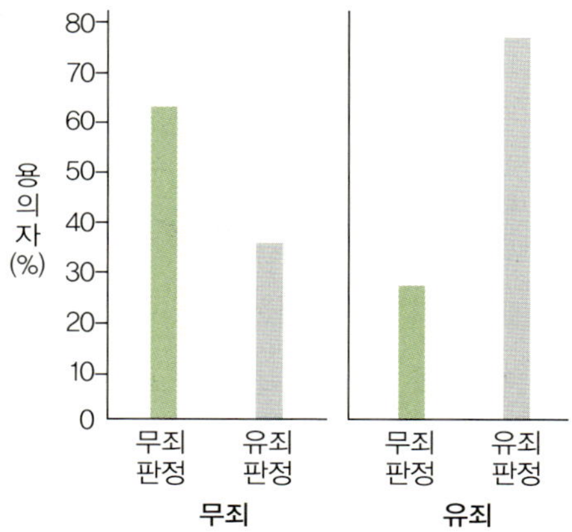

가령, 100명의 절도 혐의자(50명은 실제 범죄자 나머지 50명은 무죄)를 대상으로 거짓말 탐지기를 사용했을 때 그림과 같이 무죄인 사람 중 1/3이 유죄판정을 받았으며 유죄인 사람 중 1/4이 무죄판정을 받았다(Kleinmuntz & Szucko, 1984). 이처럼 거짓말 탐지기의 오류율이 높은 편이기 때문에 법정에서 증거로 채택하기 어렵다. 실제로 1988년 미국 의회는 거짓말 탐지기를 사용하지 못하도록 하는 법을 통과시켰다.

2) 심리학적인 정서이론

정서에 대한 심리학적 이론들은 정서에서 인지의 역할을 강조한다. 즉, 생리적 흥분 자체는 정서 중립적이므로 사람이 어떤 감정을 느낄 것인지는 그것을 해석하는 인지적 평가에 의해 결정된다고 본다. 이것을 이요인 정서이론(Two factor theory of emotion)(Schachter & Singer, 1962)이라고 부른다. 이와 관련된 연구에서 사람들에게 신체를 각성시키는 에피네프린 주사를 놓은 후 알약을 나눠주고 흥분시키는 약이라고 정확한 정보를 주거나 틀린 정보를 주거나 아무 정보를 주지 않았다. 그리고 실험에 같이 참여한 보조자가 일부러 화가 난 표정을 짓거나 즐거운 표정을 짓도록 하였는데 알약의 약효에 대한 정보를 듣지 못했거나 틀린 정보를 들

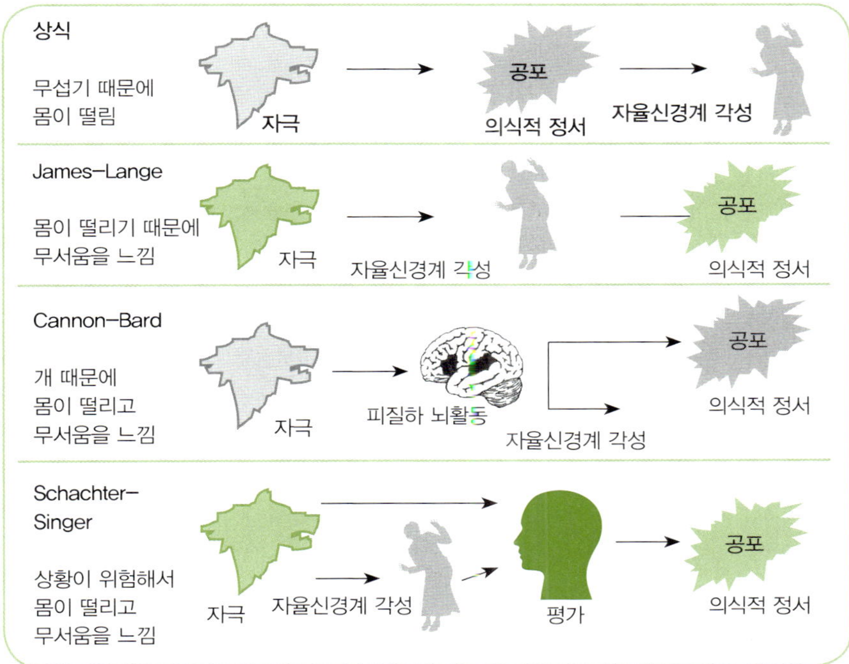

그림 7-1 | 심리학적 정서이론의 비교

었던 피험자들은 보조자와 유사한 감정을 보인 데 비해 정확한 정보를 들은 피험자는 보조자의 감정에 영향을 받지 않았다.

이렇게 보면 정서는 자동적으로 경험되는 것이 아니라 주변 상황을 평가한 후 경험된다고 이야기할 수 있다. 그러나 이요인 정서이론은 몇 가지 한계점을 가지고 있다. 우선 상황이 항상 정서에 큰 영향을 미치지는 않는다는 점이다. 사람들은 자기가 흥분한 원인을 알지 못하면 부정적인 정서를 경험하는 것으로 받아들이는 경향이 있으며(Marshall & Zimbardo, 1979), 흥분한 이유를 해석할 때 즉각적인 상황보다 과거경험을 고려하는 경향이 있다(MasLach, 1979). 즉, 사람들은 이상하게 심장이 두근거리고 흥분되면 자기가 불안을 느끼고 있다고 생각하는 경향이 있으며, 어두운 골목에서 누군가와 부딪혔을 때 과거에 안 좋은 경험을 했었던 사람은 두려움을 경험할 가능성이 더 높다.

한국인의 화병과 감정

우리나라 사람들은 무엇인가 억울한데 해결되지 못하는 일을 겪으면 화병에 걸리겠다고 말한다. 실제로 화병에 걸리면 가슴이 답답하고 초조하며, 심장이 벌렁거리고, 소화가 안되며, 가슴에 덩어리가 뭉친 것 같고, 열이 치민다. 화병의 신체적 증상은 뚜렷하지만 내시경이나 뇌조영술 같은 검사에서는 별 이상을 보이지 않는 경우가 많아 화병이 심리적 요인에 의한 것임을 보여준다. 미국정신의학협회에서는 1996년부터 화병(hwa-byung)을 '분노의 억압에서 기인하는 한국인에게만 나타나는 특이한 현상'으로, '문화 증후군(culture-bound syndrome)'의 하나로 분류해 놓고 있다. 화병은 남편의 외도나 시댁과의 문제, 자녀교육 등 심리적 문제를 가진 여성에게 많이 나타나는 장애인데 유교적 윤리관과 가부장제 그리고 체면을 중시하는 문화가 이러한 화병의 발병에 큰 역할을 하는 것으로 보이며 요즘 들어 개인의 행복을 중시하는 문화가 보편화되면서 이러한 문화적 요인에 의한 영향을 많이 감소하고 있다. 한편 화병을 일으키는 심리적 요인으로는 '과거의 고통스러운 경험'을 생각해볼 수 있는데 타인에게 당했던 억울한 경험, 학교 내 집단 따돌림, 직장이나 군대 같은 위계조직 내 갑질 등에서 오는 속상함이 화병을 유발할 수 있다. 일반적으로 생물학적 요인으로 화병은 세로토닌

(serotonin)이란 뇌 신경전달 물질과 관련되어 있으며 혈중 세로토닌이 적으면 공격성이 높아지고 분노가 발생하기 쉽다. 실제로 화병 치료에 쓰이는 약물도 세로토닌 분비를 촉진하거나 재흡수를 막는 성분이 포함되어 있다.

화병을 치료하기 위해서는 환자와 함께 화병을 유발한 대상에 대해 적절한 대처방법을 함께 찾는데 상담과정에서 상담자가 보이는 공감과 감정이입 그리고 격려 만으로도 효과를 보일 수 있다. 요즘 개인의 행복을 중시하는 문화가 보편화되면서 화병이라는 말이 많이 사라졌지만 화병은 여전히 한국인에게는 일반적인 장애로 인정되고 있다. 그렇다면 화병을 예방하려면 어떻게 해야 할까? 우선 자기주장을 하기 전에 자기와의 속삭임, 즉 '내적 대화'를 하는 것이 좋다. 자신에게 지나친 요구를 하는 사람에게 화를 내기 전에 "이 문제가 관심을 가질 만큼 중요한 일인가", "내 주장이 정당한가", "내 주장을 어떻게 표현하는 것이 효과적인가" 등 세 단계로 자문자답해 스스로를 설득한 뒤, 세 가지 모두에 확신이 섰을 때 억눌린 감정을 표현하는 것이 좋다. 또한 부정적인 생각을 중단하고 관심을 딴 데로 돌리거나, 남의 입장에서 생각해 보는 것도 좋은 방법이다.

2. 정서의 기능

1) 행동의 유발

정서는 어떤 행동을 하기 쉽게 하거나 어렵게 할 수 있는데 이것은 정서가 동기화 과정과 생리적 과정에 영향을 미치기 때문이다. 우선 정서는 정서를 유발한 사건에 대해 어떤 반응을 보일 것인지를 결정함으로써 행동을 동기화한다. 예를 들어, 사나운 개가 으르렁거리면 공포라는 정서가 일어나고 공포를 피하기 위해 도망가는 행동을 동기화한다. 정서의 강도가 클수록 동기화 과정을 통해 행동이 유발되거나 지속되는 효과도 함께 증가하지만 모든 정서가 동기화 효과를 가지는 것은 아니다. 슬픔과 같은 정서는 행동을 동기화시키기보다 오히려 행동을 위축시키는 효과를 가지기도 한다. 한편 정서는 행동을 시작하기 위해 필요한 생리적 변화인 투쟁-회피(fight-flight) 반응을 유발하는 기능도 한다. 이러한 투쟁-도피 반응은 스트레스 상황에서 흔히 일어나는 생리적 반응이다. 가령, 우리가 공포를 느끼게 되면 교감신경계가 활성화되고 스트레스 호르몬이 분비되어 위협적인 대상과 맞서 싸우거나 회피하는 데 필요한 에너지를 공급하고 발생할 수 있는 부상에 대비하도록 한다. 또한 불안은 위협적인 대상에 대해 주의를 집중하도록 하여 위험한 상황에 적절한 방어행동을 촉진하는 역할을 한다. 이렇게 위협적인 대상에 주의를 집중할 수 있는 것은 정서가 주의의 폭을 좁혀 위협의 대상이 되는 자극에 주의를 집중시키도록 하는 정서적 증강(affective enhancement)을 일으키기 때문이다(Easterbrook, 1959).

2) 기억과 지각

정서는 행동뿐 아니라 기억이나 판단 같은 인지 과정에도 영향을 미치며 정서를 유발하는 자극은 그렇지 않은 자극에 비해 오래 기억되고 정서와 짝지은 정보는 정서적 가치를 갖게 된다. 가령, 나라 이름을 긍정적 단어와 반복해서 짝지으면 부정적 단어와 짝지은 나라에 비해 더 긍정적으로 평가된다. 인지적 네트워크 모델(cognitive network mode)(Bower, 1981)은 이러한 인지와 정서 간의 관련성을 잘 설명하는데 이 모델에 따르면 특정한 정서와 연관된 사건, 경험, 생리적 변화, 의미 등은 서로 연결된 네크워크로 기억에 저장되어 있다. 이 네트워크는 자극의 의미에 의해서도 활성화될 수 있지만 자극이 갖는 정서에 의해서도 활성화될 수 있다. 예를 들어, "치과병원"이라는 단어를 들으면 치과병원에 갔었던 경험이나 그

때 느꼈던 불안 등이 함께 활성화된다. 또한 우리는 밤늦게 집에 갈 때 무섭다는 기분을 느끼면 과거의 무서웠던 경험들이 머릿속에 떠올라서 더 무서워지는 경험을 하기도 하는데 이렇게 특정한 정서 상태에서 기억되었던 정보가 나중에 같은 정서 상태일 때 더 잘 기억나는 현상을 "정서 의존기억(mood dependent memory)"이라고 부른다.

그렇지만 정서 의존기억에 대한 연구는 서로 일치하지 않는 결과를 보이는 경우가 많아 아직 분명한 결론을 내리기 어렵다. 가령, 일반적으로 좋은 날씨에는 삶에 대한 만족도가 더 높아지지만 삶에 대한 만족도를 질문하기 전에 현재 기분을 물어보면 날씨에 따른 차이가 사라진다(Schwarz & Clore, 1983). 이러한 결과는 자기 기분이 삶에 대한 만족도와 별 상관이 없다는 것을 알게 되면 기분이 삶의 만족도를 평가하는데 별 영향을 미치지 않는다는 것으로 정서의 영향이 꼭 자동적인 것은 아니라는 것을 보여준다. 인지에 미치는 정서의 영향을 잘 보여주는 사례는 엘리엇(Elliot)이란 인물에 관한 다마지오(Damasio, 1994)의 연구이다. 엘리엇은 40대의 평범한 미국 사업가로 뇌종양 수술을 받은 후 약속을 자꾸 어기고 투자를 잘못하여 결혼, 사업, 대인관계에서 실패를 거듭하게 된다. 엘리엇의 지능이 정상임에도 불구하고 이렇게 의사결정이나 계획 수립에 문제를 보이는 이유를 연구한 다마지오(Damasio, 1994)는 뇌종양 수술을 받는 과정에서 정서를 경험하는 능력이 일부 상실되었기 때문이라고 설명하였다. 엘리엇의 인지기능은 정상이었지만 정서기능의 훼손으로 인해 합리적인 판단을 하지 못했던 것이며 이것은 의사결정 같은 인지적 기능에 정서가 핵심요소임을 보여준다.

한편 우울한 사람에게는 슬픈 사건이나 슬픔 음악이 더 마음에 다가온다고 한다. 이렇게 정서는 우리가 세상을 어떻게 지각하는지에 큰 영향을 미친다. 가령, 음악으로 행복하거나 슬픈 정서를 불러일으키면 현재의 정서 상태와 일치하는 단어를 더 빠르게 판단하는 경향을 보였는데(Metcalfe, 1989) 이것은 정서가 주의 범위를 좁히고 초점이 된 자극에 보다 주의를 집중시키는 정서적 촉진(affective enhancement)을 가져오기 때문이다(Easterbrook, 1959). 즉, 불안은 위협적인 외부자극에 대하여 방어행동을 유발하는 기능을 할 뿐만 아니라 위협 자극에 대해 주의를 집중시키는 기능도 한다. 이렇게 정서는 위협을 줄 수 있는 자극에 주의를 집중시켜 지각적 처리를 촉진시킴으로써 더 효율적으로 행동하도록 하는 적응적 기능을 한다.

3) 성격과 정서

성격은 인간의 안정적 경향성을 나타내는 개념으로 성격은 정서적 경향성에 기반하고 있다. 가령, 우울한 사람은 친구와 어울리려고 하지 않고 세상을 부정적으로 생각하는데 이러한 행동이나 사고 경향성은 정서에 의해 유발된다. 즉, 우리가 어떤 정서를 지속적으로 경험하게 되면 그것과 관련된 행동이나 생각을 자주 할 수 밖에 없으며 이런 정서-인지-행동 패턴이 성격을 형성하게 된다. 실제로 경험하는 정서와 아이젱크(Eysenck)의 성격검사인 아이젱크 성격 질문지(Eysenck Personality Questionaire) 간의 상관관계를 조사하면 정서와 신경 과민성 간의 상관관계가 관찰된다. 정서는 안정성(stability)과 활성화 역치(activation thresholds)라는 두 가지 측면이 있으며 이것은 개인의 성격과 연관되어 있다. 즉, 어떤 안정된 성격을 가진 사람이 있고 어떤 사람은 불안정한 성격을 가진 사람이 있으며 여기에서 안정적이라는 뜻은 극단적인 정서를 잘 경험하지 않는 사람들을 지칭하는 것이다. 또한 어떤 사람은 작은 일에도 쉽게 감동하고 쉽게 놀래는 데 비해 어떤 사람은 큰 일이 있어도 감정의 변화가 별로 나타나지 않는데 이것은 정서의 활성화 역치가 다르기 때문이다.

3. 정서의 표현

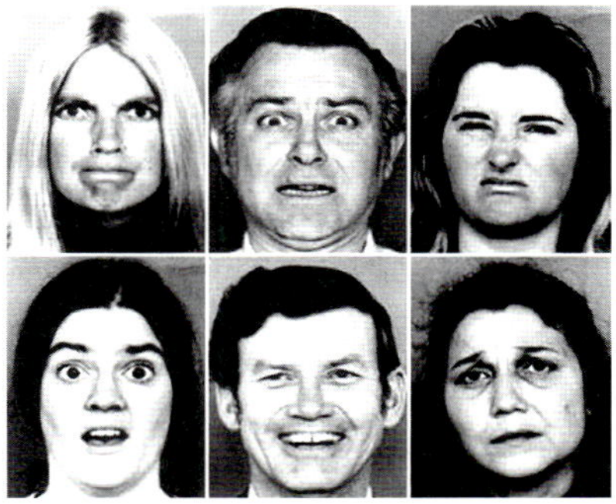

다윈(Darwin) 이후 많은 학자들이 정서표현에 관심을 가져왔으며 그들의 공통된 결론은 정서표현이 부분적으로는 생득적이지만 학습의 영향을 받는다는 것이다. 가령, 슬프면 울고 기쁘면 웃는 행동은 문화차이와 무관하게 나타나며, 태어날 때부터 앞을 보지 못하는 어린이들도 나이가 들면서 다양한 정서표현을 하게 된다는 것(Eibl-Eibesfeldt, 1979)은 정서표현이 생득적이라는 점을 시사한다. 또한 인간의 기본적인 정서인 행복, 분노, 슬픔, 혐오, 공포 및 놀라움에 대한 얼굴표정을 보여주고 그 표정과 관련된 정서를 찾아내게 하면 문화차이가 거의 관찰되지 않는다(Ekman & Friesen, 1975). 이것은 문화와 관계없이 보편적 정서를 표현하는 얼굴표정이 있음을 보여준다. 그러나 다윈(Darwin)이 언급한 것처럼 정서표현 중 어떤 것은 문화마다 다르며 경험을 통해 학습된다. 가령, 우리나라나 일본과 같은 집단주의 문화권에서는 개인의 감정을 억제하는 것을 미덕이라고 보지만 미국이나 서유럽과 같은 개인주의 문화권에서는 개인의 감정을 솔직하게 표현하는 것을 바람직한 것으로 여긴다. 특히 키스를 하거나 껴안는 것과 같이 의사소통을 위해 사용되는 정서표현은 문화의 영향을 받으며 학습된 것이라고 할 수 있다. 이렇게 본다면 정서표현은 생득적인 표현과 문화적으로 학습된 표현을 포함하고 있다고 할 수 있다.

가짜 미소와 진짜 미소

에크만(Ekman)은 "행복 근육"이라 부르는 대광대근 및 눈둘레근과 관련된 미소를 뒤센 미소(Duchenne smile) 또는 디 미소(D smile)라고 부르고 미소는 짓지만 "행복 근육"이 움직이지 않는 것을 넌뒤센 미소(non-Duchenne smile)라고 불렀다. 이 명칭은 눈둘레근의 활동을 가장 처음 발견한 프랑스 해부학자 뒤센(Duchenne, 1806~1875)을 기리기 위한 것이다. 행복 근육이 움직이는 뒤센 미소는 1~5초간 지속되며 입꼬리 양쪽이 같은 정도로 올라간다. 그에 비해 넌뒤센 미소는 짧은 순간 나타나기도 하고 비행기 스튜어디스처럼 오랜 기간 지속되기도 한다. 뒤센 미소는 긍정적인 감정경험을 하는 동안 활성화되는 대뇌 영역의 활성화와 함께 일어난다. 뒤센 미소는 생득적인 것으로 생후 10개월 된 아기도 엄마가 다가가면 환한 얼굴로 뒤센 미소를 짓지만 낯선 사람이 다가가면 경계하는 넌뒤센 미소를 짓는다. 또한 졸업 앨범사진에서 뒤센 미소는 졸업 후 인생에서 행복한 삶의 가능성을 예측하는 좋은 단서가 된다는 결과도 발표되었다(Kraus & Keltner, 2009). 뒤센 미소를 지은 여성은 상대적으로 안정되고 행복한 결혼생활을 하였으며 목표지향적인 삶을 살았고 높은 성취감을 경험하였다.

1) 정서의 유형

인간이 표현하는 정서유형은 다양한데 비연속적인 접근과 연속적인 접근에서는 인간의 정서유형을 서로 다른 방식으로 구분한다. 비연속적 접근에서는 인간에게 질적으로 서로 다른 기본정서가 존재한다고 가정하는데 어떤 학자는 기대, 기쁨, 놀람, 슬픔, 분노, 혐오, 두려움, 수용 등 여덟 가지의 기본정서가 있다고 가정하고(Plutchik, 1980), 다른 학자는 행복, 놀람, 슬픔, 분노, 혐오, 경멸, 두려움 등 여섯 가지의 기본정서가 있다고 가정한다(Ekman, 1972). 특히 에크만(Ekman, 1972)은 브라질, 아르헨티나, 일본, 미국 등 다양한 문화권의 사람들에게 얼굴표정 사진을 보여준 뒤 얼굴에 드러난 정서와 그 정서를 가장 잘 표현하는 낱말을 짝을 짓도록 했는데 그 결과 문화권에 상관없이 사람들은 기쁨, 슬픔, 분노, 공포, 놀람, 경멸 같은 기본정서를 비교적 정확하게 인식한다는 것을 발견했다.

한편 정서를 질적이 아닌 양적으로 구분하는 차원적 접근이 있다. 러셀(Russell, 1980)은 그림과 같이 쾌감 차원과 각성수준 차원에 근거하여 정서에 대한 원형모형(circumplex model)을 제시하였다. 그림에서 가로축은 쾌감-불쾌감 수준 그리고 세로축은 흥분-안정 수준을 나타내며 정서 단어들은 두 차원의 수준에 적절하게 배치되어 있다. 일사분면에는 유쾌하고 흥분된 정서를 나타내는 기쁨, 행복함 등이 있고, 이사분면에는 유쾌하고 안정된 정서를 나타내는 평온함, 기분 좋음 등이 있으며, 삼사분면에는 불쾌하고 안정된 정서를 나타내는 우울함, 지루함 등이 있고, 사사분면에는 불쾌하고 흥분된 정서를 나타내는 화남, 두려움 등이 있다.

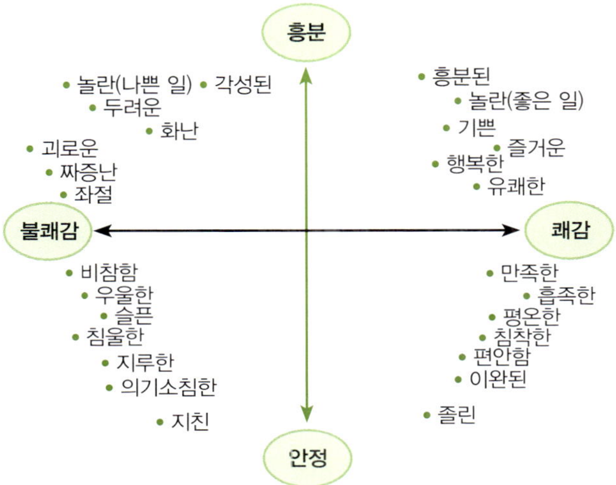

2) 뇌와 정서표현

우리가 상대방의 정서상태를 읽어낼 때 가장 많이 활용하는 단서는 얼굴표정으로 감정이 문화보편적이라는 주장도 얼굴표정에 대한 연구에서 얻어졌다(Ekman & Friesen, 1975). 인간의 얼굴은 대칭적이지 않으며 정서를 표현할 때 좌측 얼굴과 우측 얼굴은 차이를 보이는데 그것은 좌측 얼굴과 우측 얼굴의 근육수축 차이 때문이다. 특히 정서를 표현할 때 얼굴의 좌측면에서 차이가 분명한데 이것은 우반구가 정서를 통제하기 때문이다. 가령, 좌측 얼굴만으로 합성된 얼굴과 우측 얼굴만으로 합성된 얼굴을 제시하고 어느 쪽이 감정을 정확하게 구분할 수 있는지 비교하면 사람들은 좌측 얼굴로 합성된 얼굴이 감정을 더 분명하게 보여준다고 응답하였다(Heilman, 1990). 또한 우반구는 목소리의 톤에 영향을 미쳐 정서와 관련된 말을 표현하는데 관여하며 우반구가 손상되면 감정이 배제된 건조한 음성을 보인다.

감정의 효과적인 표현방법

감정은 참는다고 사라지지 않으며 억누른 감정이 신체적으로나 정신적으로나 문제를 일으킬 수 있기 때문에 감정은 표현되어야 하지만 감정을 자기 마음대로 표현하게 되면 인간관계에 문제를 일으킬 수 있고 사회생활도 어렵게 할 수 있기 때문에 적절한 방법으로 표현되어야 한다. 그렇다면 감정을 어떻게 표현해야 하나? 감정을 적절하게 표현하는 방법을 배우기 위해서는 감정표현이 왜 어려운지부터 이해해야 한다. 사람들이 상대방의 감정표현에 대해 불쾌하게 생각하는 것은 세 가지 원인 때문이다. 첫째, 사람들은 상대방에게 감정을 표현할 때 사실만 언급하지 않고 그 사실에 대한 평가를 언급한다. 예를 들면, 약속시간에 늦게 온 친구에게 "왜 이렇게 늦었니?"라고 했다면 사실을 말하는 것이기 때문에 문제가 없지만 대개 사람들은 상대방에게 "너는 왜 이렇게 늘 늦니?"라고 말하는데 이것은 "늦었다"는 사실과 "너는 문제가 있다"는 평가를 동시에 하는 것이기 때문에 상대방의 기분을 상하게 한다. 둘째, 사람은 누구나 사적 이미지보다 공적 이미지가 더 돋보이기를 원하기 때문에 상대방에게 부정적인 감정을 표현하게 되면 상대방의 공적 이미지가 손상되어 기분이 상하게 된다. 셋째, 대개 부정적인 감정을 표현하게 되면 상대방에게 어떻게 해줄 것을 요구하는 경우가 많은데 그러한 요구는 자신이 타인에 의해 좌지우지 된다는 인상을 갖게 하므로 자신의 잘못에 대해서는 동의하면서도 부정적으로 반응하는 경우가 많다. 그렇다면 어떻게 해야 감정을 적절하게 표현할 수 있을까?

첫째, 상대방의 행동이나 말로 인해 불쾌한 감정을 갖게 되었다면, 그에 대해 평가를 하지 말고 사실만을 언급해야 한다. 만일에 상대방이 약속시간에 늦었다면 약속시간에 늦었다는 사실에만 비난을 한정시킬 필요가 있다. 둘째, 공개된 장소에서 상대방에게 무안을 주어 그의 공적 이미지를 손상시키지 말아야 한다. 사람은 잘못을 인정하면서도 공개적으로 자신에게 무안을 준 상대방에게 강한 분노를 느끼기 마련이다. 따라서 상대방의 말이나 행동에 대해 부정적인 감정을 가지고 있다면 가능한 한 사적인 장면에서 상대방에게 전달하는 것이 더 효과적이다. 셋째, "말 한마디로 천 냥 빚을 갚는다"는 속담이 있는 것처럼 자신이 말하고자 하는 것을 어떻게 전달하느냐는 감정의 효과적인 전달에서 필수적이다. 일반적으로 사람들은 화가 났을 때 상대방을 중심으로 말을 전달하는 "You-message" 대화법을 사용하지만 자신의 감정을 중심으로 말을 전달하는 "I-message" 대화법을 사용한다면 상대방의 기분을 상하지 않도록 하면서도 자신의 감정을 정확하게 전달할 수 있다. 상대방이 약속시간을 어기고 아주 늦게 왔다고 가정해보자. 만일 "너 왜 이렇게 늦게 오니? 앞으로 약속시간 어기면 다시는 안 만난다."고 말했다면 상대방은 늦게 왔기 때문에 할 말은 없지만 기분이 무척 상할 것이다. 그러나 "네가 늦게 와서 나 무척 짜증나. 앞으로 약속을 잘 지켜준다면 기쁘겠어!"라고 말한다면 언급한 모든 내용이 사실이기도 하고 자신의 행동 때문에 상대방의 기분이 얼마나 상했는지 알게 되었기 때문에 미안한 생각도 들 것이다. 이렇게 자신의 감정을 표현할 때는 상대방의 행동을 어떻게 바꿀까 생각하기보다 자신의 감정을 솔직하게 전달하는데 관심을 기울여야 한다.

4. 다양한 정서

행복 사람은 누구나 행복을 추구하는데 그것은 행복한 사람이 세상을 더 긍정적으로 받아들이고 타인을 더 호의적으로 바라보며 활기 있고 만족스런 삶을 살기 때문이다(Meyers, 1993). 그렇다면 행복은 무엇일까? 행복은 욕망이 충족된 상태로 보는 쾌락주의와 자신의 잠재력을 발휘하여 가치 있는 삶을 사는 상태로 보는 자기실현적 관점으로 설명될 수 있다. 우리는 쾌락적 관점으로 행복을 보기 쉽지만 욕망의 충족만으로 행복을 얻기는 어렵다. 왜냐하면 사람들은 욕망이 얼마나 충족되었는지보다 다른 사람이나 과거와 비교하여 욕망이 얼마나 충족되었는지를 판단하기 때문이다. 아무리 많은 것을 가지고 있어도 자기보다 더 나은 사람과 비교하거나 과거가 현재보다 더 좋았다면 행복하기 어렵다. 또한 인간은 쾌락적응 때문에 욕망이 충족되더라도 금방 익숙해져 행복감을 느끼지 못하는 경향이 있다. 이렇게 본다면 자신의 긍정적 성품과 잠재능력을 충분히 발휘하여 개인적으로나 사회적으로 가치 있는 삶을 구현하였을 때 행복할 수 있다는 자기실현적 관점이 더 행복의 정의에 가깝다고 할 수 있다. 이와 관련하여 칙센트미하이(Csikszentmihalyi, 1991)는 욕망에 근거한 쾌락(pleasure)과 원하는 목표를 달성하거나 잠재력을 발휘하는 과정에서 경험하는 즐거움(enjoyment)을 구분하고 행복은 쾌락보다 즐거움에 바탕을 두고 있다고 주장하였다. 행복에 관심을 가지고 긍정심리학을 시작한 셀리그만(Seligman)도 행복하기 위해서는 단순한 쾌락을 얻으려고 노력하기 보다 즐거운 삶(pleasant life), 적극적인 삶(engaged life), 의미 있는 삶(meaningful life)을 추구해야 한다고 주장하였다.

슬픔 우리는 나이가 들면서 드러내고 슬퍼하는 것을 부끄러워 하며 특히 남성의 경우에는 사회적 고정관념 때문에 슬픔을 표현하는 것을 더 기피한다. 그러나 슬픔은 적응적 기능을 가지는데 심한 스트레스를 받을 때 몸에 대한 관심을 증가시켜 에너지를 보존하고 더 심각한 손상을 막도륵 도우며, 잘못된 선택이나 행동을 했을 때 활동성을 떨어뜨려 자신을 되돌아보고 더 적절한 선택이나 행동을 취할 수 있게 도와주고, 주변 사람들의 관심을 유도하여 도움행동을 증가시키는 역할을 한다. 가까운 사람을 상실하거나 원하던 목표를 포기하는 과정에서 느끼는 슬픔을 적절하게 표현하는 것은 몸과 마음의 건강을 위해 필요한 것이라고 할 수 있지만 슬픔에 빠져서 지나치게 우울을 느끼고 폐쇄적인 생활을 하게 되면 일상생활에 지장을 받을 수 있다. 슬픔을 잘 극복하기 위해서는 우선 상실이나 좌절을 인생의 한 부분으로 자연스럽게 받아들이고, 어떤 일도 우리 삶에 영구적인 영향을 미치지는 않는다는 태도를 가질 필요가 있으며 이런 사람은 슬픔을 더 잘 극복한다(Gilbert, 1998). 또한 자신이 겪고 있는 상실이나 좌절에서 새로운 의미를 찾는 과정을 통해 슬픔을 극복할 수 있다. 가령, 사랑하는 아내가 먼저 떠나 슬픔을 견디지 못하던 남편은 만약 아내보다 자신이 먼저 떠났다면 아내가 얼마나 슬퍼했을지 상상함으로써 슬픔을 극복할 수 있다.

분노 분노는 일상생활에서 자주 경험하는 정서이며 날씨나 교통체증 같은 외적 요인 때문에 발생하기도 하지만 상대방이 의도적으로 불공정하게 행동한다고 생각될 때도 발생한다. 분노의 표현은 문화적 영향을 받는데 우리나라와 같은 집단주의 문화에서는 분노를 표현하는 것을 금기시 하는 데 비해 개인주의 문화에서는 분노를 솔직하게 표현하는 것을 더 선호하기도 한다. 그렇다면 분노는 표현해야 할까 아니면 참아야 할까? 적절하게 표현되기만 한다면 분노는 목표에 접근하려는 동기를 강화시키며, 자신에 대한 과소평가를 막고, 동기수준을 유지하는데 도움을 줄 수 있다. 가령, 중립적인 물건과 함께 분노를 표현하는 얼굴사진을 잠깐 보여주게 되면 공포나 중립적인 얼굴과 함께 보여준 물건보다 선호하는 경향을 보였다(Aarts, Ruys, Veling, Renes, de Groot, van Nunen, & Geertjes, 2010). 그러나 때로는 분노가 지나쳐 이성을 잃고 가까운 사람에게 심한 말이나 행동을 하게 되는 경우도 있는데 이것은 편도체(amygdala)가 대뇌피질의 이성적 통제를 벗어나기 때문에 나타나는 현상으로 편도체 납치(amygdala hijack)이라고도 부른다. 이런 행동은 대인관계에 문제를 가져올 뿐 아니라 사회생활도 어렵게 할 수 있기 때문에 분노를 적절하게 조절할 수 있어야 한다. 분노를 조절하기 위해서는 우선 자신이 화가 났다는 사실을 인정할 필요가 있는데 분노를 인정하면 우리 뇌가 분노를 조절하기 위해 작동하기 시작한다. 또한 화가 났을 때 잠시 멈추어 흥분을 가라앉힌 후에 화가 난 이유를 찾아보는 습관을 가질 필요가 있다. 우리가 타인에게 화를 내는 이유는 대부분 타인이나 상황에 대해 가지고 있는 자신의 경직된 신념 때문일 가능성이 높다. 가령, 약속시간에 늦은 친구에게 화가 나는 것은 "진정한 친구라면 약속을 반드시 지켜야 해."라는 경직된 신념 때문일 수 있다.

어떻게 해야 행복할까?

사람이 느끼는 정서 중 가장 긍정적인 것은 행복이며 누구나 행복한 삶을 원하고 그렇게 되기 위해 노력한다. 행복이란 정서는 주관적이어서 연구의 대상으로 적절하지 않다고 생각되어 왔으나 긍정심리학이 유행하면서 행복에 대한 관심도 증가하고 있다. 그렇다면 어떻게 해야 행복할까? 우선 로빈슨 등(Robinson et al., 2005)은 행복하다고 느끼는 사람은 외향적이고 낙천적 성격인 반면 불행하다고 느끼는 사람은 내향적이고, 우울한 성격인 경향이 있다고 주장하였다. 외향적 성격을 가진 사람은 맛있는 저녁식사나 감동적인 영화나 음악처럼 생활 속의 사소한 만족에서도 행복감을 느끼며 불행한 경험을 쉽게 잊는다. 그에 비해 불행한 사람은 사소한 즐거움을 가볍게 여기고 불행한 사건을 과대 지각하며 쉽게 잊지 않는다. 따라서 행복은 상황 자체에 있기보다 상황에 대한 해석과 관련되며 그런 의미에서 성격은 행복의 결정요인이다. 그러나 좋은 성격만으로 행복한 삶을 누릴 수 있는 것은 아니다. 매슬로가 말했듯이 인간에게는 생존을 위해 충족되어야 할 기본적인 욕구들이 있다. 인간은 기본적인 욕구가 충족되지 않으면 자존감을 유지한다든지 자기의 잠재력을 실현한다는 보다 고차적 욕구를 추구하지 않는다. 디에너 등(Diener et al., 2000)의 조사에서도 밝혀졌듯이 나라의 1인당 GDP와 주관적 행복감 간에는 0.47의 상관 관계, 실제 구매력과는 0.53의 높은 상관관계가 있다. 그렇다면 로또와 같은 행운이나 교통사고와 같은 불행이 행복에 영향을 미칠까? 단기적으로는 이러한 사건이 행복에 긍정적이거나 부정적인 영향을 미칠 수 있지만 장기적으로는 다른 요인들이 더 중요하게 작용한다.

동기에 대한 반대과정이론에서도 긍정적이거나 부정적인 효과를 보이는 a과정이 나타난 후 그것과 반대되는 효과를 보이는 b과정이 이어지며 시간이 지남에 따라서 a과정의 효과는 줄어들고 b과정의 효과는 증가한다고 본다. 반대과정이론을 로또 당첨에 적용하면 처음에는 극단적인 행복감이 a과정으로 나타나지만 다음에는 불안감이나 혼란스러움 같은 b과정이 이어지며 시간이 지나면 행복감은 줄어들고 불안감이나 혼란스러움이 증가할 수 있다. 실증적 조사에서도 로또와 같은 행운은 시간이 지남에 따라서 그것으로 인한 행복감은 줄어들고 부정적인 효과를 나타내는데 그전에는 소소한 행복감을 주던 일상적 일들이 더 이상 행복감을 주지 못하게 되기 때문이다. 교통사고와 같은 불행도 일시적으로 행복감을 줄어들게 하지만 미래를 그렇게 불행하게 바라보게 하지는 않으며 과거를 더 행복했던 것으로 바라보도록 만든다. 즉, 불행을 겪은 사람들이 일시적으로는 좌절감을 느끼지만 자신의 불행에 잘 적응해 나간다.

5. 정서를 조절하는 방법

정서조절에 대해 맥코이와 마스터스(McCoy & Masters, 1990)는 "자신 혹은 타인의 현재 부정적인 정서경험을 변화시키며, 부정적인 상태의 경험을 방지하고, 긍정적인 정서상태의 경험을 유지하는 것"으로 정의하였다. 사회생활을 하다보면 여러 상황에서 다양한 감정이 유발되기 마련이며 그러한 감정을 모두 표현하게 되면 대인관계에 문제가 생길 수 있기 때문에 자신의 감정을 효과적으로 조절하는 방법을 아는 것이 중요하다. 그렇다면 어떻게 감정을 조절할 수 있을까?

1) 정서가 조절되는 과정

정서조절 과정모형(Gross, 2001)에 따르면 정서조절은 정서가 발생하기 전에 이루어지는 사전-중심(antecedent-focused) 정서조절과 정서가 발생한 후에 이루어지는 반응-중심(response-focused) 정서조절로 구분될 수 있다. 사전-중심 정서조절에는 상황선택이나 주의할당 그리고 인지변화 등의 전략이 사용된다. 여기에서 상황선택이란 자신이 원하는 정서를 유발하는 상황에는 접근하지만 그렇지 않은 정서를 유발하는 상황은 회피하는 것으로 친구와 노는 것을 좋아하는 학생은 노래방을 가겠지만 혼자 집에서 공부하는 것은 피할 것이다. 주의할당은 자신에게 부여된 상황을 바꾸기 어려운 경우에 다른 것에 주의를 기울여 정서를 조절하는 것으로 집에서 공부를 할 수밖에 없다면 공부보다 휴대폰에 주의를 기울여 친구와 대화를 하려고 할 것이다. 마지막으로 인지변화는 상황의 의미를 해석하는 방식을 바꿔 정서를 조절하는 것으로 시험에서 나쁜 성적을 받았다면 "공부를 안 한 것이 아니라 공부한 곳에서 문제가 나오지 않아서 그런 거야."라고 생각을 바꿀 수 있다. 한편 반응-중심 정서조절에서는 반응수정이나 정서표현 억제 같은 전략이 사용된다. 반응수정이란 불안할 때 술을 마셔서 불안을 줄이려고 하거나 운동을 통해 분노를 조절하는 것을 말하고 정서표현 억제는 어떤 상황에서 자신이 느끼는 정서가 적절하지 않다고 생각하면 정서표현을 억제하는 것이다. 사전-중심 정서조절에서는 인지변화가 주로 사용되고 반응-중심 정서조절에서는 정서표현 억제가 주로 사용된다.

2) 정서를 조절하는 이유

우리는 사회생활을 하면서 자신이 느끼는 정서를 조절해야 하는 경우를 자주 경험한다. 그렇다면 사람들이 정서를 솔직하게 표현하지 못하고 조절하는 이유는 뭘까? 첫째는 사람들이 불쾌한 정서보다 유쾌한 정서를 좋아하기 때문이다. 불쾌한 기분은 인간을 고통스럽게 하기 때문에 음악을 듣거나 친구와 술을 마시는 등의 행동을 통해 그것을 조절하고자 한다. 두 번째 이유는 인간관계에서 상황에 적절한 방식으로 정서를 표현하고자 하기 때문이다. 정서는 보통 타인과의 사회적 상호작용에서 발생하는 경우가 많으며 정서는 자신의 의도나 생각을 전달하므로 사회적 상황에서 중요한 의미를 가진다. 즉, 사람은 상대방이 표현하는 정서를 보고 마음 상태를 추측하고 그에 맞추어 행동하며 자신이 전달하고자 하는 내용에 맞추어 자신의 정서를 왜곡하기도 한다. 예를 들면, 무슨 말을 했을 때 상대가 화를 내면 자기 말에 상대를 기분 나쁘게 하는 내용이 있을 것이라는 추측을 하게 되며 상대와의 관계가 중요하면 분노를 숨기고 다정하게 말을 건네기도 한다. 즉, 사회적 상호작용에서 정서표현을 조절하는 것은 정서표현을 하는 것만큼 중요하기 때문에 사람들은 문화적 제시 규칙(cultural display rule)에 따라 자신의 정서를 최소화하거나 과장하거나 숨기는 방식으로 정서를 조절하며(Ekman, 1972), 사회적 상황에 적절하게 정서를 표현할수록 더 좋은 평가를 받는다(Kenny & De Paulo, 1993).

3) 정서를 조절하는 방법

정서를 조절하는 것은 생각보다 쉽지 않은 일이며 어느 정도는 성격적 특성에 의존한다. 정서적 안정성이 높은 사람은 급격한 정서변화를 잘 보이지 않을 뿐 아니라 정서를 잘 조절하는 데 비해 정서적 안정성이 낮은 사람은 정서를 조절하는 것이 쉽지 않다. 일반적으로 정서는 생리적 방법, 인지적 방법, 행동적 방법에 의해 조절될 수 있다.

생리적 방법 만성적으로 우울하거나 불안한 정서를 가진 사람은 생리적으로 세로토닌 등의 신경전달물질의 대상에 문제가 있는 경우가 많으며 이것을 치료하기 위해 다양한 항우울제나 항불안제가 사용될 수 있다. 특히 항우울제는 그 효과가 나타나는데 시간이 많이 소요되고 신경과민이나 피로감 등의 부작용이 나타난다는 문제가 있으며 심리치료를 통해 행동변화를 유도하지 않으면 정서조절의 효과가 단기적일 가능성이 크다. 정서를 조절하는 다른 방법으로는 근육긴장을 푸는 방법이 있다. 사람이 스트레스를 받게 되면 교감신경계의 활동이 증가하여 각종 생리적 각성반응이 일어난다. 이때 근육을 이완하면 민감해진 신체의 각성이 낮아지게 되고, 불안 수준이 낮아지게 된다. 근육을 이완할 때는 손이나 발처럼 말초근육부터 시작하여 가슴이나 등과 같은 중심 근육 순으로 이완하는 것이 좋은데 우선 두 손을 꽉 쥐었다 놓으면서 긴장된 상태와 이완된 상태를 느끼도록 하고 점진적으로 팔과 발, 허벅지와 엉덩이, 등과 어깨, 가슴과 배 순서로 긴장과 이완을 반복하면서 근육의 긴장을 푼다.

생리적 각성상태를 조절하는 방법에는 명상도 있다. 명상은 혈압과 심장박동률을 감소시켜 생리적 각성상태를 완화하고 심리적 안정감을 증가시켜 삶의 질을 향상시킨다. 명상은 동양의 종교에 근원을 두고 있지만 정서적 동요를 안정시킬 수 있는 명상의 효과로 인해 스트레스와 관련하여 많은 연구가 이루어지고 있다. 명상은 면역기능을 높이고 피로를 줄이며(Carrington, 1993) 신체적으로나 정신적으로 건강하게 한다(Orme-Johnson, 1987; Alexander, Rainforth, & Gelderloos, 1991). 명상이 생리적 기능에 어떤 변화를 가져오는지와 무관하게 명상은 정서적 긴장을 줄이는데 효과적이기 때문에 벤슨(Benson, 1975)은 누구나 손쉽게 명상을 통해 이완할 수 있는 간이명상법을 제안하였다. 우선 근육의 긴장을 풀고, 눈은 반쯤 감고, 허리는 반듯하게 하여 편안한 자세를 취한다. 그리고 꽃이나 초와 같은 대상물에 주의를 한정시켜 지금 마음속

에 있는 생각을 비우고 자신의 날숨과 들숨에 주의를 기울인다. 호흡에 집중하면서 열을 세면서 들이쉬고 열을 세면서 내쉰다. 끝으로 깊은 호흡을 멈추고 마음을 안정시킨 후 천천히 눈을 뜬다.

심리적 방법 우울이나 불안 같은 정서적 문제는 심리적 원인과 연관되어 있으며 이것을 다루기 위해 인지치료기법이 사용된다. 인지치료기법인 합리정서행동치료(REBT)(Ellis, 1962)에서는 어떤 사건이 일어났을 때 우리가 느끼는 정서는 그 사건에 대한 비합리적인 신념 때문에 일어난다고 본다. 즉, 정서를 촉발하는 사건인 A(Activating event)은 그 사건에 대한 해석으로서 정서를 유발하는 비합리적인 신념 B(Belief)를 통해 부적절한 정서나 행동 C(Consequences)를 일으킨다고 본다.

표 7-1 | 합리적–정서적 치료에 근거한 인지 재구조화 방법

단계 사례	스트레스 상황(A)	감정(C)과 수준평가	비합리적 신념 (B)과 확신수준	비합리적 신념의 논박(D)	현실적 사고	감정의 변화 느끼기(E)
사례	"나는 오늘 미팅을 나가 유머러스한 말을 했는데 상대방 여자가 아무 반응을 보이지 않았다."	나는 그 상황에서 **"실망했다"**(90%), **"화 났다."**(70%)	**"실망했다"고 느낀 것**은 "유머에 반응을 보이지 않은 것은 그녀가 나에게 별로 관심이 없다는 뜻이다"(90%)라고 생각했기 때문이다.	**맞는 증거**("그 애는 저녁식사 권유도 거절했다.") **대안적 해석**("그녀가 지금 기분이 안 좋아 웃을 기분이 아닐 수 있다.") **심각성 판단**("그녀가 나를 좋아하지 않아도 나에게는 더 많은 기회가 있다.") **도움여부**("유머에 반응을 보이지 않았다고 나를 좋아하지 않는다고 생각하는 것이 무엇에 도움이 될까?")	"그녀가 내 유머에 반응을 보이지 않은 것은 내가 유머를 그럴 듯하게 하지 못했을 수도 있고, 그녀가 조금 내성적일 수도 있다. 설사 그녀가 나를 싫어한다고 해도 세상을 살면서 그런 일은 많이 생길 수 있다."	**현실적으로 사고했을 때** 자동적 사고에 대한 믿음(30%) 당시에 현실적으로 사고했다면 느꼈을 감정 실망한다(20%) 화난다(20%) 그렇다면 지금 해야 할 일은? "더 재미있는 이벤트를 준비해서 그녀에게 전화한다"

가령, 미팅을 나가서 나름 재미있는 이야기를 했는데 상대방이 웃어주지 않으면(A) 실망하고 화가 날 수 있는데(C) 실제로 그런 감정과 생각을 하게 된 것은 "유머에 반응을 보이지 않는 것은 그녀가 나에게 관심이 없다는 의미이다."거나 "누구든지 내가 웃기는 말을 하면 조금이라도 웃어줘야 한다."는 비합리적 신념(B) 때문일 수 있다. 이런 경우에 다음과 같이 비합리적인 신념에 의문을 제기하여 합리적인 신념으로 바꾸는 인지적 재구조화(cognitive restruction) 과정을 거치면 정서적 문제가 감소하여 더 건강한 삶을 살 수 있게 된다.

행동적 방법 행동적 방법을 통해 정서를 조절하는 방법에는 행동치료기법이 대표적이며 그 밖에 글쓰기나 운동 등이 있다. 행동치료는 행동주의의 학습원리인 고전적 조건형성과 조작적 조건형성 원리에 기반하고 있으며 행동을 직접 변화시켜 정서를 조절한다. 우선 고전적 조건형성 원리가 적용된 행동치료 기법을 보면 체계적 둔감화(systematic desensitization)와 내파 치료(implosion therapy)가 있다. 체계적 둔감화는 공포를 유발하는 대상과 관련하여 가장 약한 공포를 유발하는 장면에서 가장 심한 공포를 유발하는 장면으로 점진적으로 옮겨가면서 점진적인 노출과 근육이완을 통해 공포를 줄이는 방법이다. 그리고 내파치료는 처음부터 가장 두려워하는 상황이나 자극에 노출시키고 그 자극이 유발했던 공포나 불안이 줄어들 때까지 반복하도록 하는 방법이다. 예를 들어, 고소 공포증이 있는 사람에게 밑이 보이는 높은 곳에 올라가 있는 장면을 반복하여 상상하도록 하거나 가상현실

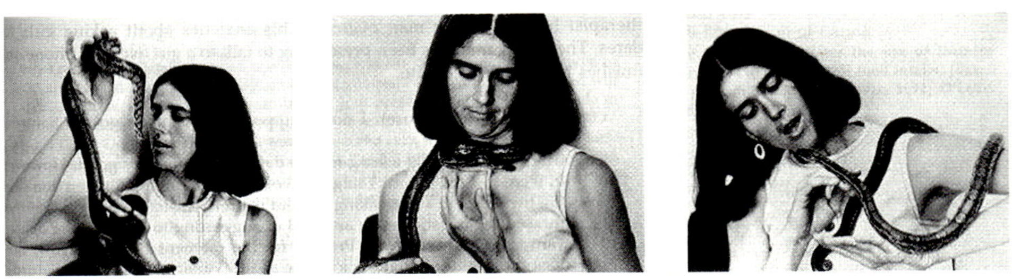

(virtual reality) 기계를 사용하여 높은 곳에 올라가는 경험을 하도록 하면 점차 공포가 줄어들게 된다.

한편 사람들은 자신의 고통스러운 사건에 대해서 글을 쓰거나 말을 함으로써 정서를 조절할 수 있다. 페니브레이크와 빌(Pennebaker & Beall, 1986)은 사람들에게 괴로웠던 사건과 그때의 감정을 4일 동안 글로 쓰도록 하였는데 첫 날에는 교감신경계 활동이 증가하여 스트레스를 느끼고 있음이 발견되었으나 날이 지남에 따라서 생리적 각성이 점차 감소한다는 것을 발견하였다. 이러한 결과는 고통스럽거나 상처가 되는 사건을 마음속에 담아두는 것은 정서적 문제를 유발하는 데 비해 이것을 밖으로 드러내고 이야기하고 글을 쓰는 과정을 통해 정서를 조절할 수 있음을 보여준다. 그 밖에도 운동을 통해 정서를 조절할 수 있는데 운동은 긴장과 이완을 반복하여 신체적 긴장을 풀어주고, 운동을 위해 현재 상황에서 벗어날 수 있으므로 기분전환이 되며, 운동을 하는 동안 정서조절에 도움이 되는 신경전달물질이 분비된다. 맥캔과 홈즈(McCann & Holmes, 1984)는 우울한 대학생을 대상으로 운동, 이완훈련, 통제집단으로 나누어 우울증의 변화를 측정한 결과 운동을 한 집단의 여대생들이 가장 우울한 증상이 완화된 것으로 보고하였다.

Chapter 08

이상행동과 치료

1. 이상(abnormality)과 정상(normality)을 구분하는 기준
2. 이상행동에 대한 이론적 입장
3. 이상행동을 정신장애로 분류하는 기준
4. 주요 정신장애에 대한 소개

우리는 정신적으로 이상이 있는 사람들을 우리와 전혀 다른 존재로 생각하지만 실제로 대부분의 사람들이 정상과 이상 중간에 위치하며 이상이라는 기준도 상대적이고 주관적인 기준이기 때문에 어떤 기준을 따르느냐에 따라 정상일수도 있고 비정상일수도 있다. 또한 정신장애는 다른 질병과 달리 치료가 안 된다고 생각하지만 정신장애도 적절한 치료를 받으면 완벽하지는 않더라도 정상적인 생활이 가능한 수준까지 치료가 가능하다. 이 장에서는 정상과 이상을 구분하는 기준이 뭐고 이상행동을 보이는 장애에는 어떤 것들이 있는지 알아보자.

Chapter 08

이상행동과 치료

1. 이상(abnormality)과 정상(normality)을 구분하는 기준

우리가 어떤 사람의 행동을 판단할 때 이상과 정상을 구분하는 것은 쉽지 않지만 그동안 이상과 정상을 구분하기 위해 일반적으로 적용되어온 기준이 있다. 우리가 이상 행동이라고 부르는 기준에는 어떤 것들이 있을까?

통계적 기준 어떤 행동을 이상하다고 판단할 때 가장 흔하게 생각해 볼 수 있는 기준은 대부분의 사람들이 그렇지 않은데 혼자 독특한 방식으로 행동하는 경우이다. 즉, 어떤 행동에 대한 정상분포에서 95%의 범위를 벗어난 행동을 이상행동이라고 부를 수 있다. 예를 들어, 부모님의 장례식에서는 누구나 슬픈 감정을 느껴야 하는데 혼자 즐거운 느낌이 든다면 이것은 정상적인 행동이라고 부를 수 없다. 그러나 우리가 이상행동으로 느끼는데도 통계적 기준에 따르면 이상행동이 아닌 경우가 있을 수 있다. 예를 들어, 사람이 죽었는데도 그 사람의 목소리가 들린다면 이상행동이지만 통계적으로 볼 때 남편이 사망한 후 미망인의 50~90%가 남편의 목소리를 듣는 경험을 한다는 점에서 이러한 행동은 이상행동으로 보기 어렵다.

사회규범 기준 어느 사회나 그 사회에서 정상적이고 바람직하다고 여기는 행동이 있다. 만일 어떤 사람이 그가 속한 사회에서 정상적이고 바람직하다고 여기는 행동을 하지 않는다면 이상행동이라고 볼 수 있다. 예를 들어, 우리나라에서는 남자가 치마를 입는 것을 정상적이라고 보지 않기 때문에 치마를 입고 다닌다면 이상행동을 한다고 볼 수 있다. 물론 사회규범은 문화와 시대에 따라 달라지기도 한다. 가령, 과거에는 누구나 비정상이라고 보았던 동성애를 최근에는 개인의 성정체감 차이라고 여기고 이상행동으로 보지 않는 경향을 보인다.

부적응행동 어떤 행동은 자기 자신이나 자기가 속해 있는 집단의 정상적인 기능에 위해를 가할 수 있다. 가령, 공포증이나 알코올 중독과 같은 행동은 개인이 직장이나 학교 등의 사회에서 정상적인 적응을 하는 데 심각한 문제를 제기할 수 있기 때문에 이상행동이라고 할 수 있다. 또한 살인이나 성범죄 같은 범죄도 개인이 사회에 적응하는 데 직접적인 문제를 일으키는 것은 아니더라도 방치하게 되면 집단의 정상적인 기능에 심각한 문제를 가져오기 때문에 이상행동이라고 할 수 있다.

개인적 고통 기준 알코올 중독이나 성범죄 같이 누가 판단해도 부적응적인 행동이 아니더라도 자신이 정상적으로 일상생활에 적응하는 것을 방해하는 행동이라면 이상행동이라고 할 수 있다. 이러한 행동은 개인마다 그 심각성이나 중요성이 다를 수 있다. 예를 들어, 불면이나 거식증은 자신이나 집단의 정상적인 기능이 위해를 가하는 것은 아니지만 생활에 불편을 가져오고 경우에 따라서는 심각한 고통을 느끼게 하므로 이상행동이라고 할 수 있다.

2. 이상행동에 대한 이론적 입장

이상행동이 발생하는 원인이나 그 증상에 대해 다양한 이론적 입장들이 존재하므로 이상행동을 설명하는 방식도 다르다. 과거에는 특정한 이론적 입장에 근거하여 이상행동을 설명하는 경향이 있었지만 지금은 이상행동의 다양한 측면을 설명하기 위해 다양한 이론적 입장들을 수용하는 다중접근을 취하는 경향이 있다.

생물학적 입장 유전적 이상이나 뇌의 구조적 손상 그리고 그것으로 인한 생화학적 이상이 이상행동을 유발한다고 보는 입장이다. 일반적으로 이상행동이 유전적 이상으로 인해 발생하는지를 알아보기 위해 가계연구, 쌍생아 연구 그리고 입양아 연구들이 주로 이루어진다. 가계연구에서 유전이 조현병이나 양극성 기분장애의 발병에 영향을 미친다는 사실이 밝혀졌으며 쌍둥이 연구에서도 양극성 기분장애가 동시에 발병할 확률은 일란성 쌍둥이에게서 73%였고 이란성 쌍둥이에게서 17%로 유전의 영향이 높음이 발견되었다. 또한 입양아연구에서도 정신장애의 발병에 양부모보다 친부모가 더 큰 영향을 미친다는 결과가 발견되었다. 한편 뇌의 구조나 생화학적 이상이 이상행동과 관련되어 있다는 증거도 있다. 즉, 조현병 환자의 경우 뇌실은 정상인보다 더 크지만 전두엽 피질이나 해마 그리고 편도체는 위축되어 있으며, 정서적 각성과 주의집중에 관여하는 도파민의 수준은 높았지만 긍정적 기분과 수면 그리고 통증을 조절하는 세로토닌의 수준은 낮았다. 이렇게 보면 이상행동에 생물학적 요인이 영향을 미치는 것은 분명해 보이지만 생물학적 요인뿐 아니라 심리사회적 요인도 이상행동에 영향을 미친다.

정신분석학적 접근 정신분석학에서는 이상행동이 영유아기에 이루어지는 심리성적발달이 불완전하게 이루어졌을 때 발생한다고 본다. 가령, 항문기 시기에는 욕망과 현실을 조절하는 자아가 형성되는데 이 시기에 건강한 자아가 형성되지 못하면 욕망을 적절히 조절하지 못하여 불안이 발생할 수 있다. 또한 이상행동은 성격을 이루는 세 구조인 원초아(id)와 자아(ego) 및 초자아(superego) 간의 갈등이 적절하게 해결되지 못했을 경우에도 나타날 수 있다. 예를 들어, 자아가 약하여 원초아나 초자아의 요구에 대응하기 위해 과도하게 방어기제에 의존하게 되면 자기기만이나 현실도피와 같은 이상행동을 보일 수 있다. 정신분석학적 접근은 제시한 개념이 추상적이어서 연구를 통해 검증되기 어려우며 성격이 형성되는 과정이나 성격구조 간의 갈등 같은 개인측면에만 초점을 두어 사회문화요인의 영향을 간과한다는 문제로 비판을 받는다.

행동주의적 접근 이상행동이 다른 행동과 마찬가지로 상황에 적절하지 못한 반응을 학습하였기 때문에 일어나는 것으로 본다. 예를 들어, 이상행동을 하면 주변 사람들이 관심을 보이게 되고 그것이 강화로 작용하여 더 심한 이상행동을 반복하게 될 수 있다. 또한 부적절한 방식으로 자신의 문제를 해결하는 모델의 행동을 모방하여 이상행동을 보일 수도 있다. 가령, 거식증을 보여 주변사람들로부터 관심을 받고 있는 가족을 모델링하여 거식증을 보일 가능성이 있다.

인지적 접근 인간은 누구나 자신과 자신의 환경에 대한 지각을 결정하는 도식(schema)을 가지고 있는데 이 도식이 잘못된 과거경험이나 생각으로 인해 건강하지 못하게 형성되어 있으면 우울하거나 부정적인 정서를 보일 수 있다. 즉, 건강하지 못한 인지구조를 가지고 있으며 자신이나 타인 그리고 세상을 바라보는 방식에 영향을 미친다. 가령, 불안한 사람은 위험에 예민한 인지도식을 가지고 있어 “세상은 위험한 곳이다”라는 역기능적 신념으로 나타난다. 또한 우울한 사람은 세상의 부정적 측면에 민감한 인지도식을 가지고 있으며 자신의 경험을 부정적으로 왜곡하여 자신에 대한 부정적 사고와 심상을 가지게 되며 이것이 우울증 같은 이상행동을 가져온다.

생물사회학적 관점 취약성 스트레스 모델(Zubin & Spring, 1977)에 따르면 이상행동은 가족의 사망이나 실직 또는 실연 같은 심리사회적 스트레스와 생리적 과민함이나 부정적 성격 같은 취약성이 상호작용하여 일어나며 사람마다 취약성과 스트레스가 정신장애의 발생에 미치는 영향이 다를 수 있다고 본다. 취약성-스트레스 모델에 따르면 인간의 행동은 개인과 환경의 상호작용에 의해 주로 결정되지만 이상행동에서 더 중요한 것은 외부자극에 의미를 부여하는 부적응적 사고나 신경전달물질의 변화 같은 생물학적 요인 같은 취약성 요인이다. 즉, 심리사회적 스트레스 사건을 경험할 때 유전이나 성격에 의해 결정된 취약성으로 인해 그 사건의 의미를 과장되게 해석하여 부정적 사고를 나타내거나 신경전달물질의 변화를 초래하면 우울증 같은 이상행동이 나타나게 된다(Kwon, 1992).

3. 이상행동을 정신장애로 분류하는 기준

이상행동을 분류하는 기준을 개발하는 것은 정신장애 분야에서 공통적으로 사용하는 용어를 제공하여 의사소통의 혼란을 줄이고 과학적 연구와 치료를 돕는 역할을 한다. 그러나 분류기준은 환자에 대한 고정관념을 형성하여 환자의 증상이나 치료효과에 대해 선입견을 줄 수 있다는 믄제를 가지고 있다. 이상행동을 정신장애로 분류하기 위한 기준에는 미국정신의학회의 DSM(Diagnostic and Statistical Manual for Mental DIsorders)-5와 세계보건기구(WHO)의 ICD(International Classification of Diseases)-11이 현재 사용되고 있다. DSM-5는 특정한 이론적 관점보다는 정신장애의 증상을 위주로 정신장애를 분류하고 있으며 ICD-11과 조화를 이루도록 개정되었다. 특히, 임상적 유용성과 타당성 문제로 DSM-4에서 사용되던 다축 진단체계를 폐기하고 범주적 평가와 차원적 평가를 함께 도입하여 정신장애를 신경발달장애, 정신분열 스펙트럼장애 등 20개의 범주로 나누고 지적장애, 의사소통장애 등 하위범주로 300개 이상의 장애를 포함하고 있다.

4. 주요 정신장애에 대한 소개

DSM-5에는 환자의 이상행동을 근거로 다양한 정신장애가 진단될 수 있지만 여기에서는 일반인들에게 친숙하고 증상이 뚜렷한 정신장애를 중심으로 소개한다.

1) 불안장애(Anxiety Disorder)

사람은 자신이 감당하기 어려운 위협이나 위험에 부딪히면 불안을 느끼게 된다. 시험이 다가왔다든지 아니면 밤에 어두운 길을 걸을 때 뒤에서 발걸음 소리가 나는 경우에 불안을 느끼는 것은 당연한 일이라고 할 수 있다. 그러나 대부분의 사람들이 별 어려움이 없이 지낼 수 있는 상황에서 불안하다면 이것은 불안장애로 의심할 수 있다. 불안장애는 범불안장애나 특정공포증, 광장공포증, 사회불안장애, 공환장애 등 많은 하위 장애들로 이루어져 있으며 우리는 그 중에서 우리가 친숙한 장애를 중심으로 알아보도록 하겠다.

(1) 범불안장애(generalized anxiety)

범불안장애는 걱정을 늘 많이 하고 사소한 일에도 긴장을 잘하며 이러한 특성 때문에 과민하고 만성피로를 느끼며 수면장애 같은 신체 증상을 보이는 경우에 진단된다. 남성보다 여성이 더 많이 진단되고 어릴 때 발생하여 평생 동안 지속되는 경향이 있기 때문에 성격장애로 설명하는 학자도 있다.

원인 우선 유전적 원인이 있을 수 있는데 일란성 쌍둥이가 이란성 쌍둥이보다 발병 일치도가 높고 직계가족에서 많이 발생하는 경향을 보인다. 또한 뇌의 신경전달물질인 GABA나 노어에피네프린이 비정상적으로 분비되는 것을 볼 때 생물학적 요인도 범불안장애에 관여하고 있는 것으로 보인다. 심리적 원인으로 정신분석적 관점에서는 성격구조 간의 불균형 때문에 무의식에 억압된 원초아의 충동을 자아가 통제하지 못할 때 일어난다고 가정하는 데 비해 인지적 관점에서는 위험에 대한 인지도식이 잘 발달되어 있어서 위험요인에 더 민감하고 위협적으로 해석하며 스스로의 대처능력을 과소평가하기 때문에 나타난다고 본다.

치료 다른 불안장애에 비해 범불안장애는 흔한 편이며 주로 벤조디아제핀계 약물을 사용하여 자극에 대한 과민성을 낮추고 사고와 행동을 진정시키는 치료가 이루어지지만 인지나 행동기능의 저하 등 부작용을 보이는 문제가 있을 수 있다. 그리고 인지행동치료에서는 위험요인에 대한 생각을 현실적으로 변화시켜 자신의 불안을 스스로 조절하도록 하는 방법으로 범불안장애를 치료한다.

(2) 특정 공포증(specific phobia)

특정 공포증은 특정한 대상이나 상황에 대해 지속적으로 불합리한 공포를 느끼는 것으로 그러한 공포가 불합리한 것을 알면서도 공포에서 벗어나지 못한다. 특히, 특정 공포증은 공포를 유발하는 대상이나 상황보다 그것으로 인해 장래에 발생할 수 있는 부정적 결과를 두려워하기 때문에 나타나게 된다. 가령, 폐소 공포증은 폐쇄된 공간 자체보다 그곳에 갇힐지 모른다는 생각 때문에 공포를 일으키게 된다. 특정 공포증은 공포를 유발하는 자극의 특성에 따라 동물이나 곤충에 대한 공포인 동물형, 태풍이나 높은 곳 같은 것에 대한 공포인 자연 환경형, 피나 주사에 대한 공포인 혈액–주사–손상형 등이 있다.

원인 행동주의적 관점에서 특정 공포증은 무서운 상황과 어떤 대상 간의 고전적 조건화를 통해 처음 학습되며 그것을 회피하는 과정에서 특정 공포증이 유지되는데 이것은 조작적 조건형성 원리에 의한 것이다(Mowrer, 1952). 특히 생존에 위협을 주는 자극에 대한 특정 공포증은 단 한번의 경험만으로도 쉽게 발생하며 소거도 어렵다(Seligman, 1971). 가령, 고속도로 톨게이트에서 심각한 자동차 사고를 경험한 사람은 톨게이트만 봐도 공포를 느끼는데 이것은 단 한번의 사고로도 발생한다. 정신분석적 관점에서는 무의식에 억압된 원초아의 충동과 상징적으로 관련된 대상이나 상황에 대해서 특정 공포증을 느낀다고 가정하는 데 비해 인지적 관점에서는 사람이 자신이 처한 부정적 상황의 부정적 측면은 과대평가하고 자기 자신의 대처능력은 과소평가하는 비합리적 신념을 가지고 있기 때문에 특정 공포증이 나타난다고 본다.

치료 행동주의적 관점에는 체계적 둔감화나 노출치료에 의해 특정 공포증을 주로 치료한다. 체계적 둔감화에서는 가장 심한 공포에서 가장 적은 공포를 일으키는 상황으로 점진적으로 상상하면서 근육이완을 통해 공포반응을 조절한다. 또한 노출치료에서는 실제 공포를 유발하는 상황에 노출시키거나 상상을 통해 노출시킨 후 그러한 노출이 부정적 결과를 일으키지 않는다는 것을 인식하도록 하여 공포를 감소시킨다. 인지적 관점에서는 특정한 대상에 대해 공포를 유발하는 비합리적 신념을 논박하고 합리적 신념으로 대치하여 치료한다.

영화에서 나타난 특정 공포증: 패닉룸(panic room, 2002)

뉴욕의 고급주택에 강도가 들면서 주인 모녀인 멕과 사라가 완벽하게 차단된 공간인 패닉룸에 피하게 되는데 이 패닉룸은 전화선, 감시 카메라, 자체 환기시스템, 물과 비상식량 등 모든 것이 갖추어져 있는 곳이다. 문제는 도둑에 쫓겨 패닉룸에 갇히게 된 멕이 특정 공포증의 하나인 폐소 공포증을 가지고 있다는 것이다. 이 영화는 폐소 공포증의 전형적인 모습을 잘 보여준다.

(3) 사회불안장애(social anxiety disorder)

사회적 상황에 노출되었을 때 불안을 느껴 타인과의 상호작용을 두려워하고 회피하는 것이 사회불안장애이다. 보통 심한 긴장이나 창피한 경험으로 인해 갑자기 시작될 수 있으며 성인이 되면서 약화되거나 악화될 수도 있다. 예를 들어, 많은 사람 앞에서 이야기를 할 필요가 없었던 사람이 그런 상황이 요구되는 직장을 갖게 되면 사회불안장애가 발생할 수 있다.

원인 사회불안장애는 가까운 가족 사이에 흔하며 일란성 쌍둥이가 이란성 쌍둥이에 비해 일치율이 높아 이러한 기질이 유전되는 것으로 보인다. 또한 사회불안장애를 보이는 사람들이 자율신경계 활동의 불안정 때문에 사회적 자극에 쉽게 흥분하고 불편해 하며 그것으로 인해 사회적 위축이나 낯선 사람에 대한 두려움을 보이기도 한다. 심리적 원인으로 인지적 관점에서는 자신이나 타인에 대한 부정적이며 역기능적인 신념으로 인해 사회공포증이 나타난다고 본다. 자기가 이야기하고 있는데 상대방이 하품을 하는 상황에서 역기능적 신념이 활성화되면 방어적 행동과 자기 초점적 주의 같은 변화가 자동적으로 발생하며 이것이 반복되면 사회불안을 느끼게 된다(Clark & Wells, 1995).

치료 약물치료로 과거에는 항우울제나 MAO억제제가 사용되었지만 최근에는 세로토닌 재흡수 억제제가 사용되고 있으며 약물투여를 중단하면 증상이 재발되는 문제가 있다. 인지적 관점에서는 사회적 상황에 대해 환자가 가지고 있는 부정적 사고를 수정하는 인지적 재구성과 집단 구성원 앞에서 발표를 하는 것 같은 반복노출, 청중과 발표자의 역할을 바꾸는 역할연습 같은 것으로 사회불안장애를 치료한다.

(4) 공황장애(panic disorder)

갑작스럽게 극심한 두려움이 밀려오며 몸의 떨림이나 전율, 심장항진, 그리고 죽음에 대한 두려움 등의 신체적, 인지적 증상들이 갑자기 일어난다. 이러한 발작이 있는 동안에는 숨이 가쁘고, 몸이 떨리며, 가슴의 통증이나 답답함, 질식할 것 같은 느낌, 미칠 것 같은 두려움이나 자신을 조절할 수 없을 것 같은 두려움 등의 증상이 나타난다. 불안이 급속도로 최고조에 달하고, 곧 죽을 것 같은 위급감과 그러한 상황에서 도피하고 싶은 마음이 일어난다. 이러한 증상은 일반적으로 급작스럽게 나타나서 10분 동안에 절정에 이르는 것이 특징이다. 아무 이유 없이 갑자기 일어나기도 하지만 스트레스로 인해 아주 피곤하거나 흥분했을 때 정서적 충격을 받았을 때 일어나는 경향을 보인다.

원인 생물학적 관점에는 혈액 내의 CO_2 수준이 갑자기 높아지면 과잉호흡을 유발하여 공황발작을 일으킨다는 질식오경보이론(Klein, 1993)이 있으며, 인지적 관점에서는 외적 자극이나 불쾌한 기분이나 신체감각 같은 내적 자극이 위협적으로 지각되면 걱정과 염려를 하게 되며 이것이 다양한 신체감각을 유발하는데 이것을 파국적으로 해석하는 과정이 악순환되면서 공황발작이 일어난다고 본다(Clark, 1986). 한편, 정신분석이론에서는 불안을 야기하는 충동을 방어기제가 성공적으로 대응하지 못하거나 광장공포증과 함께 나타나는 경우가 많다는 점에 착안하여 어릴 때의 분리불안이나 중요한 타인의 상실경험에 기인하는 것으로 설명한다.

치료 약물치료로는 벤조디아제핀(benzodiazepine)계 약물, 삼환계 항우울증제, 세로토닌 재흡수 억제제 등이 사용되지만 의존성이나 성기능 장애 같은 부작용이 관찰된다. 인지행동치료에서는 불안을 조절하는 복식호흡훈련과 긴장이완훈련, 신체감각에 대한 파국적 해석을 막는 인지적 수정, 공포상황에 대한 점진적 노출 등이 사용된다.

2) 강박 및 관련장애(Obsessive-Compulsive and Related Disorders)

강박 및 관련장애는 문을 잠그지 않고 그냥 나오지 않았나 생각하거나 악수할 때 세균에 오염되지 않을까 하는 생각이 반복되는 것처럼 생각하고 싶지 않은 생각이나 심상이 자신의 의지와 무관하게 반복되는 강박관념(obsession), 열쇠로 문을 계속해서 잠그거나 밖에서 돌아오면 손을 몇 번씩 닦는 것처럼 비합리적 의식이나 행동이 반복되는 강박행동(compulsion)을 포함하는 정신장애이다.

(1) 강박장애(Obsessive-Compulsive Disorder)

강박장애는 강박사고와 강박행동으로 이루어져 있는데 강박사고는 고통스런 생각이나 심상 또는 충동이 반복적으로 머리에 떠오르는 것이고 강박행동은 강박사고와 불안을 감소시키기 위해 같은 행동을 반복하는 것이다. 강박장애에는 세 유형이 있는데 순수한 강박사고형은 강박행동이 일어나지 않고 강박사고만 나타나는 유형이고, 내현적 강박행동형은 강박사고와 함께 숫자나 단어를 외우는 등의 내면적 강박행동이 나타나는 유형이며, 외현적 강박행동형은 강박사고와 함께 청결행동, 확인행동, 수집행동 등이 강박적으로 나타나는 유형이다.

영화를 통해 본 강박장애:
이보다 더 좋을 수는 없다(As good as it gets, 1997)

작가인 유달은 거리의 보도블럭 선을 밟지 않고 걸으며, 늘 같은 식당, 같은 자리에서 늘 같은 음식을, 자신이 갖고 다니는 숟가락으로 먹는다. 강박장애로 인해 자신이 음식점에 갔을 때, 자신이 늘 앉던 자리에 앉아있던 손님을 쫓아내는 소동을 벌이는 정도에 이른다. 이 영화에서는 강박장애의 많은 특징을 볼 수 있다.

원인 생물학적 관점에서는 강박 및 관련장애가 전두엽의 기능손상으로 반복적 행동을 억제하지 못하고 기저핵의 손상으로 부적절한 자극에 집착하는 것을 억제하지 못하기 때문에 나타난다고 가정한다. 인지적 관점에서는 불쾌한 생각이 반복해서 떠오르는 침투적 사고와 그것에 의미를 부여하는 자동적 사고 때문에 강박 및 관련장애가 나타난다고 가정한다(Salkovskis, 1985). 즉, 머리에 반복해서 떠오르는 침투사고에 대한 평가에서 파국적 해석이 나타나고 이것이 불안을 유발하며 불안을 줄이기 위해 강박행동을 보이게 되는데 이렇게 침투사고를 억제하려는 시도가 오히려 그 생각이 더 떠오르게 하는 악순환이 반복되면서 강박사고로 발전

한다(Rachman, 1998).

치료 강박사고에 대해 클로미프라민(clomipramine)이나 세로토닌 재흡수 억제제 같은 약물이 처방되기도 하지만 행동치료나 인지치료가 주로 사용된다. 행동적 관점에서는 강박행동을 보이는 상황을 실제로 또는 상상으로 노출시키면서 강박행동을 못하게 함으로써 강박행동을 하지 않더라도 두려워하는 일이 일어나지 않는다는 것을 학습하는 노출 및 반응방지법(exposure and response prevention: ERP)이 사용되며, 인지적 관점에서는 침투적 사고에 대한 파국적 사고를 줄이기 위해 침투적 사고를 객관적으로 평가하는 기법이 사용된다.

(2) 신체변형장애(Body Dysmorphic Disorder)

신체변형장애는 외모에 대해 왜곡된 지각을 하여 자신의 외모를 기형이라고 생각하고, 외모를 자꾸 타인과 비교하여 심각한 심리적 고통을 느낀다. 그에 따라 성형으로 모습을 바꾸고자 하지만 그 결과에 불만족하고 다른 신체특성에 집착하는 모습을 보이며 심한 열등감과 낮은 자신감을 보인다.

원인 인지적 관점에서는 환자가 자신의 외모나 신체적 매력에 대해 더 부정적이고 위협적인 것으로 평가한다고 가정한다. 이러한 자신의 신체에 대한 부정적 평가는 외모에 대한 지나친 민감성에 기인하며 그로 인해 자신의 외모를 비판적으로 평가하고 사소한 결함에 집착하고 "외모에 결함이 있으면 아무도 좋아하지 않을 것이다." 같은 비합리적 신념을 보인다(Veale, 2004).

치료 신체변형장애 환자들은 성형수술에 집착하지만 증상을 완화하는 데 도움이 되지 않으며 심각한 신체변형 환자의 경우에는 세로토닌 재흡수 억제제가 처방되며 경미한 신체변형환자의 경우에는 행동치료 중 노출 및 반응방지법(ERP)을 사용할 수 있다. 즉, 신체에 대한 불만과 사회적 거부에 대한 두려움을 가진 환자에게 불안의 위계를 작성하도록 하고 점진적으로 노출하면서 거울을 보거나 과도한 화장 같은 행동을 금지한다. 또한 자신의 외모에 대해 현실적 생각을 갖도록 인지재구성 기법을 사용할 수 있다.

3) 외상 및 스트레스 사건 관련 장애(Trauma and Stressor Related Disorders)

우리가 극복하기 어려운 심각한 외상적 사건을 경험하거나 목격했을 때 우리는 심각한 심리적 신체적 증상을 유발하는 외상 및 스트레스 사건 관련 장애를 겪을 수 있다. 외상 및 스트레스 사건 관련 장애에는 외상 후 스트레스 장애, 급성 스트레스 장애, 반응성 애착장애, 탈억제 사회관여장애, 적응장애 등이 있으며 여기에서는 외상 후 스트레스 장애와 반응성 애착장애에 대해 알아본다.

(1) 외상 후 스트레스 장애(Posttraumatic Stress Disorder: PTSD)

처참한 교통사고나 전쟁 또는 폭력적인 성경험 같은 충격적인 사건을 경험하고 나면 그 후유증으로 그 사건을 반복적으로 다시 경험하면서 각성이 증가하고 외상과 관련된 자극을 회피하려는 반응을 보인다. 외상 후 스트레스 장애 환자에게서 나타나는 주요 증상을 보면 다음과 같다. 첫째, 외상사건과 관련된 기억이나 감정이 의식에 자꾸 침투하여 재경험하게 되고, 둘째, 외상사건과 관련된 자극(장소나 사람)을 회피하며, 셋째, 외상사건과 관련된 인지와 감정에서 부정적 변화가 일어나 사건의 일부를 기억하지 못하거나 사건의 원인이나 결과를 왜곡하여 자신이나 타인을 책망하기도 하고, 넷째, 각성과 반응성에서 변화가 생겨 평소에도 늘 과민하고 주의집중이 안 되고 사소한 자극에서 쉽게 놀란다.

원인 외상 후 스트레스 장애는 유전적으로 스트레스에 취약할 경우에 발생하기도 하지만 정신분석적 관점에서는 외상사건에 대한 퇴행과 억압 그리고 부인 같은 방어기제의 효과적인 사용이 실패했기 때문에 나타난다고 본다. 또한 행동주의적 관점에서는 외상적인 사건이 불안을 유발하는 무조건자극이 되고 그 사건과 관련된 단서가 조건자극이 되어 불안반응이 고전적 조건형성된 것이라고 본다. 그리고 인지적 관점 중 정서적 처리이론(emotional processing theoryl)(Foa et al., 1989)에 따르면 외상적인 사건을 경험한 피해자는 그것과 관련된 부정적 정보의 연결망으로 이루어진 공포 기억구조를 형성하는데 외상적인 경험과 관련된 단서들은 이 공포기억구조의 연결망을 활성화하여 침투증상을 유발하고 그것을 회피하거나 억압하려는 시도가 외상 후 스트레스 장애를 일으킨다고 가정한다.

치료 세로토닌 재흡수 억제제나 삼환계 항우울제 같은 약물이 외상 후 스트레스 장애를 치료하기 위해 처방되기는 하지만 그 효과가 분명하지는 않다. 정신분석적 관점에서는 방어기제에서 벗어나 외상사건에 직면하도록 새로운 해석을 통해 건강한 자아기능을 회복하도록 유도한다. 한편 행동치료에서는 이완훈련 및 호흡훈련을 통해 이완한 상태에서 외상관련 자극이나 상황에 점진적으로 노출시켜 둔감화하는 노출치료를 사용하거나 외상기억을 떠올리면서 안구운동하도록 하여 외상적인 기억과 관련된 부정적 사고나 감정을 약화시키는 안구운동 둔감화 및 재처리치료(EMDR)를 사용한다(Shapiro, 1989).

(2) 반응성 애착장애(Reactive Attachment Disorder)

반응성 애착장애는 안정적 애착실패로 인해 발생하는 문제로 부모나 타인과의 접촉을 회피하고 위축된 대인관계를 보인다. 부모의 이혼이나 가정불화, 어머니의 우울증, 시설수용 생활 등으로 인해 어릴 때 충분한 애정을 받지 못했거나 학대나 방임을 겪었을 때 발생한다. 반응성 애착장애는 타인과의 관계를 회피하는 억제형과 누구에건 친밀함을 보이는 탈억제형으로 구분되는데 전자가 반응성 애착장애,

후자가 탈억제 사회관여장애로 불린다.

원인 반응성 애착장애는 애착문제와 관련되어 있지만 아동의 기질과 양육행동이 상호작용해서 나타나는 것으로 볼 수 있다. 대상관계이론에 따르면 아동은 부모의 학대나 무관심에 처음에는 저항하지만 나중에 좌절하게 되어 애착시도를 중단하며 그것으로 인해 부모를 낯선 사람을 대하듯 무관심하게 대하거나 회피하게 된다고 설명한다. 특히, 아동은 애착에 근거하여 타인의 행동을 예상하고 자기 행동을 결정하는 내적 작동모델(internal working model)을 형성하는데 일관성 없는 양육이나 학대를 받은 아동은 자신이 가치 없는 존재이고 타인은 적대적 존재라는 내적 작동모델을 형성하게 되고 이것이 반응성 애착장애의 원인이다(Bowlby, 1969), 또한 동일한 애착문제를 경험하더라도 억제형과 탈억제형 애착장애를 보이는 것은 아동의 기질과 관련되어 있다. 가령, 억제형 애착장애는 기질적으로 과민한 아동에게 주로 관찰되는데 아동의 과민성은 양육자의 학대나 방임을 유발하게 되고 위축된 회피행동을 보일 수 있다.

치료 반응성 애착장애가 주로 애착이론에 근거하여 설명되기 때문에 치료도 애착이론에 근거하며 양육자의 정서적 감수성과 반응성을 증진시켜 아동과 양육자의 애착관계를 개선하는 데 초점을 두고 있다. 즉, 아동을 안전하고 안정된 양육환경으로 옮긴 후 양육자와의 긍정적 상호작용을 통해 내적 작동모델을 긍정적으로 변화시키도록 유도하게 된다. 특히 반응성 애착장애의 치료에는 아동이 흥미를 느끼고 쉽게 몰입할 수 있는 놀이치료가 효과적이며 치료자는 놀이를 하면서 양육자로 하여금 긍정적 상호작용을 하도록 유도한다.

4) 해리장애와 신체증상 관련 장애(Dissociative Disorders and Somatic Symptom and Related Disorders)

사람은 정체감을 유지하기 때문에 상황이 변화되어도 자기의식을 유지하는데 감당하기 어려운 충격을 받게 되면 자신을 보호하기 위해 의식이 단절되는 해리현상이 나타날 수 있다. 이외에도 종교나 게임에 몰입하는 경우에도 해리현상이 나타날 수 있고 이러한 해리현상이 지나쳐 부적응 양상이 나타나면 해리장애라고 할 수 있다. 여기에서는 해리성 정체감 장애와 전환장애를 주로 설명하고 이인증/비현실감 장애와 질병불안장애를 함께 설명하도록 한다.

(1) 해리성 정체감 장애(Dissociative Identity Disorder)

해리성 정체감 장애는 통합되어 있어야 할 정체감이 분열되어 있고, 외상적 사건에 대한 기억이 잘 떠오르지 않으며 이러한 증상으로 심리적인 고통이나 사회적 적응에 문제를 보이는 것을 말하는데 예전에는 다중성격장애로도 불렀다. 개인이 가진 여러 인격들 중에서 처음에 존재했던 인격은 우울하거나 죄책감을 가지고 있는 경우가 많은데 비해 다른 인격들은 전혀 다른 성격적 특성을 보이는 경향이 있다. 자주 영화나 드라마의 소재가 되는 빙의도 해리성 정체감 장애의 하나라고 할 수 있다.

원인 해리성 정체감 장애에 대한 외상모델에 따르면 해리현상은 아동기에 경험한 고통스런 외상적 경험을 회피하기 위한 방어로 나타나게 되는데 5세 이전에 외상적 경험을 하게 되면 정체감을 확립하지 못하고 해리를 방어전략으로 사용하게 되어 대체인격을 형성하는 경우가 많다고 한다. 한편 신해리이론(neo dissociation theory)(Hilgard, 1977)에 따르면 인간은 외부세계에 대한 정보를 처리하기 위해 여러 개의 인지체계들을 활용하는데 외상적 사건을 경험하게 되면 인지

체계들 중 일부가 분리되어 그 인지체계가 독립적으로 기억하고 행동하게 되면서 해리성 정체감 장애가 발생하게 된다. 즉, 우리는 불쾌한 경험을 잊기 위해 억압과 해리를 사용하는데 억압은 의식을 수평적으로 분할하여 불쾌한 기억을 무의식화하는데 비해 해리는 의식을 수직적으로 분할하여 불쾌한 기억을 고립시킨다.

치료 해리성 정체감 장애의 치료는 다양한 인격들을 통합하여 정체감을 증진하는 것을 목적으로 하며 치료자는 중립적 입장을 유지하면서 여러 인격들과 좋은 관계를 형성하고 외상적 경험을 점진적으로 노출시켜 정화하도록 도우며 그것을 통해 인격들 간의 조화를 추구한다.

영화를 통해 본 해리성 정체감 장애: 파이트 클럽(fight club, 1999)

자동차 회사의 리콜 심사관으로 일하는 잭은 고급 메이커만을 고집하지만 일상의 무료함과 공허함에서 늘 탈출을 꿈꾼다. 그러다 타일러를 만나는데 타일러는 비누를 만드는 사람으로 자신을 자학하며 폭력만이 세상을 정화시킬 수 있다고 생각한다. 잭은 타일러와 함께 서로를 때리는 폭력클럽까지 만들지만 결국에는 자신이 생각하는 타일러의 모든 것이 자기 자신이라는 것을 깨닫게 된다.

(2) 전환장애(Conversion Disorder)

과거에는 히스테리(hysteria)라고 불렀던 것으로 심리적 원인으로 인해 신체증상을 보이는 장애이다. 환자는 마비, 목소리 이상, 섭식불능 등 운동기능의 이상을 보이거나 촉각이나 통각의 상실, 보지 못하거나 듣지 못함 같은 감각기능의 이상 같은 증상을 보인다. 특히 전환장애는 남성보다 여성에게 더 많이 발생하는데 이것은 사회문화적 요인이 발병에 영향을 미친다는 것을 보여준다.

원인 정신분석적 관점에서는 무의식적 감정을 표현하려는 욕구와 그것에 대한 두려움 간의 갈등 때문에 전환장애가 발생한다고 가정한다. 가령, 사춘기에 증가하는 성적 욕구는 어린 시절의 성적 외상경험과 함께 두려운 기억을 떠올리게 하며 이것에 대응하기 위한 방어로 신체증상이 나타나게 된다. 행동주의적 관점에서 전환장애는 충격적 사건이나 정서적 상태 후에 생기는 신체적 이상이 타인의 관심을 끌면 이것이 불쾌한 과제나 책임을 회피하는 수단이 되면서 나타난다고 본다 (Blind, 1982).

치료 치료방법이 잘 개발되어 있지 않지만 전환장애를 유발한 외상적 사건을 탐색하고 그에 대한 부정적 사고를 인지적 재구성을 통해 현실적으로 변화시키도록 유도하여 치료한다. 또한 전환장애를 통해 환자가 얻게 되는 가족이나 타인의 관심 같은 보상을 찾아내어 이를 감소시키고 스스로 대응할 수 있도록 돕는다.

(3) 기타 해리장애

이인증/비현실감 장애(Depersonalization/Derealization Disorder) 현실이 평소와 다르게 낯설게 느껴지거나 세상이 예전과 다르다고 느껴지는 비현실감이 지속되는 장애가 이인증/비현실감 장애이다. 환자는 자신이나 세상을 평소와 다르게 느끼므로 현실감각이 일시적으로 손상되어 자아와 분리되어 자신을 로봇처럼 느끼기도 한다. 이 장애는 전쟁이나 외상사건 등 생명을 위협하는 상황이나 낯선 곳을 여행할 때 나타날 수 있으며 자아에 대한 인식이 발달하는 아동기에 나타난다. 정신분석적 관점이론에서 이인증은 외상적 사건을 경험할 때 자신과 현실을 실제가 아닌 낯선 것으로 느끼도록 하여 불안을 유발하는 소망이 의식에 들어오는 것을 막는 방어기제의 하나로 설명하는 데 비해 인지적 관점에서는 행동하는 자기와 관찰하는 자기가 평소에는 통합적으로 기능하지만 심한 불안이나 공포를 느끼게 되면 분리되면서 이인증을 경험하게 된다고 설명한다(Arlow, 1966). 정신분석적 관점에서는 이인증 증상을 줄이기 위해 불안을 유발하는 외상기억을 상기하도록 한 후 어떤 무의식적 갈등이 증상을 일으키는지를 인식하도록 하여 통제감을 높인다. 인지적 관점에서는 이인증에 대한 정확한 정보를 제공하여 파국적 귀인을 하지 않도록 돕고, 일기 쓰기를 통해 자신의 증상을 관찰하고 예측할 수 있도록 하는 인지행동치료 기법을 사용한다(Hunter et al., 2005).

질병불안장애(Illness Anxiety Disorder) 자신이 심각한 질병에 걸렸다는 공포를 보이고 이것에 집착하는 장애로 건강염려증(hypochondriasis)이라고도 부른다. 환자는 자신이 심각한 질병에 걸렸다는 생각에 집착하지만 신체적 증상이 경미한 경우가 많아 어떤 학자는 이 장애를 성격으로 보기도 한다. 행동주의적 관점에서는 환자 역할을 하면 가족이나 주변사람의 동정이나 관심을 얻고 싫어하는 의무를 회피할 수 있다는 것을 배워 증상이 지속되는 조작적 조건형성의 하나로 본다(Kreitman et al., 1965). 그에 비해 인지적 관점에서는 환자가 자신의 신체감각을 과장되게 지각하고 신체증상을 왜곡하여 자신이 병에 걸렸다고 해석하기 때문이라고 본다(Barsky & Klerman, 1983). 행동치료에서는 신체감각을 질병과 관련하여 해석하는 것에 금지하고, 신체부위에 주의를 집중하여 유사한 신체감각을 느껴보도록 하며, 병원을 방문하여 질병을 확인하고 안심을 구하는 전략을 사용한다.

5) 우울장애와 양극성 장애(Depressive and Bipolar Disorder)

19세기 말 독일의 정신과의사인 크래펠린(Kraepelin)이 정신병의 형태를 크게 분열증과 조울증(manic-depressive illiness)으로 분류했을 만큼 기분장애는 자주 나타나는 정신장애의 하나이다. 우울장애는 기분이 너무 가라앉아서 고통스럽고 일상적 생활에 적응하기 어려운 경우를 말하는 데 비해 양극성 장애는 기분이 지나치게 들뜨거나 산만하고 무모한 행동을 하는 조증 상태와 우울 상태가 불규칙하게 반복되어 불안정한 기분을 보이는 경우를 말한다. DSM-VI에서는 양극성장애와 우울장애는 기분장애의 하위장애로 분류되었지만 DSM-5에서는 두 장애를 서로 다른 원인을 가지고 있고 치료방법도 다른 장애로 간주하고 있다. 여기에서는 우울장애와 양극성 장애의 원인이 무엇이고 어떻게 치료해야 하는지 알아보자.

(1) 주요 우울장애(Major depressive disorder)

우울감이나 슬픔, 그리고 무가치감 같은 정서특성, 눈물이나 무표정, 그리고 흥미의 저하 같은 행동특성, 부정적인 사고와 무능감이나 무가치감 그리고 타인과 세상에 대한 적대감 같은 인지특성은 주요 우울장애의 전형적 특징이며 우리 주변에서 가장 흔하게 볼 수 있다. 주요 우울장애는 정신장애 중 유병률이 가장 높은 장애이며 우울 정도가 심해지면 자살시도의 가능성이 높아진다.

원인 정신분석적 관점에서는 부모를 비롯한 주요 대상을 상실했을 때 나타난 분노가 억압으로 인해 자기에게 향해졌을 때 우울장애가 나타난다고 본다. 행동주의적 관점에서는 좌절경험이 반복되면 환경을 통제하지 못할 것이라는 부정적 기대인 학습된 무기력을 형성하게 되고 그것 때문에 상황을 변화시키려는 노력을 하지 않게 되어 주요 우울장애가 발생한다고 가정한다. 인지적 관점에서는 부정적이고 비관적인 인지도식이 주요 우울장애를 일으키는 일차적 원인이라고 보는데 이러한 역기능적 인지도식은 어릴 때 형성되며 유사한 부정적 상황에 직면하면 자동적으로 활성화되어 상황의 의미를 부정적으로 왜곡하여 우울을 유발한다고 본다. 특히, 주요 우울장애 환자가 가진 역기능적 인지도식은 인지삼제(cognitive triad)라고 부르는 자신, 자신의 미래, 주변 환경에 대한 부정적인 자동사고를 유발하며 이러한 자동사고는 흑백논리나 과잉 일반화 같은 인지왜곡을 통해 현실을 실제보다 더 부정적으로 인식하도록 만들어 우울한 감정을 일으킨다. 생물학적 관점에서는 주요 우울장애의 발생확률이 일반인보다 직계가족에서 더 높으며 일란성 쌍생아의 동시 발병확률이 이란성 쌍생아보다 더 높다는 증거를 근거로 주요 우울장애가 유전에 의한 것임을 주장한다. 특히, 노어에피네프린이나 도파민 등의 신경전달물질이 과다하면 조증 증상이 나타나지만 부족하면 우울증 증상을 보인다는 카테콜라민 가설이 제안되었지만 카테콜라민 수준의 증가가 바로 우울증 완화를 가져오는 것은 아니라는 연구결과가 보고된 바가 있다.

치료 주요 우울장애에 대한 가장 효과적인 치료는 인지행동치료와 약물치료을 함께 시행하는 것이다. 인지행동치료에서는 주요 우울증 환자가 자기가 가진 자신과 세상에 대한 잘못된 역기능적 신념을 유연하고 현실적인 신념으로 대체하기 위해 A-B-C 기법이나 일기 쓰기 같은 방법을 사용하고, 부정적 인지왜곡을 찾아내 합리적이고 긍정적 사고를 하도록 돕는다. 또한 주요 우울증의 치료를 위해서는 세로토닌 재흡수 억제제가 주로 처방된다.

영화를 통해 본 주요 우울증: 물고기 자리(2000)

친구가 없는 애련은 사진을 찍는 등 혼자 만의 생활에 만족하면서 살아간다. 애련은 고등학교 때부터 약하지만 주요 우울장애를 겪고 있었는데 동생의 군입대와 남자친구인 동석과의 헤어짐으로 인해 심각한 주요 우울장애로 발전하게 된다. 애련은 키우던 붕어를 손으로 압사시키고 동석의 집에 드나들며 물건을 새것으로 바꾸는 등의 통제능력을 상실한 모습을 보이다가 자살을 시도한다.

(2) **양극성 장애**(Bipolar disorder)

우울한 기분이 증가하는 우울 상태와 긍정적 기분이 증가하는 조증 상태가 교차되어 나타나는 장애로 과거에는 조울증이라고도 불렀다. 조증 상태에서는 말이 많고 자신감이 넘치며 잠도 자지 않고 과대망상적 사고를 보인다. 양극성 장애에는 긍정적 기분이 증가는 조증 상태를 주로 보이며 적응에 어려움을 보이는 제1형과 약한 경조증을 보이고 사회적 적응에 어려움을 보이지 않는 제2형으로 구분된다.

원인　양극성 장애는 유전의 영향이 강한 장애로 가족 중 유사한 장애를 보이는 경우가 많으며 일란성 쌍생아는 주요 우울장애에서는 40%의 일치를 보이지만 양극성 우울장애에서는 70%를 보여 유전적 원인이 있음을 보여준다. 정신분석적 관점에서 조증과 우울증은 갈등의 결과라는 점에서 유사하며 분노 에너지가 내부로 향하면 우울증이고 외부로 향하면 조증이라고 본다. 인지적 관점에서는 조증과 우울증 모두 현실에 대한 왜곡된 인지도식 때문에 나타나는 것으로 간주하지만 우울증은 인지왜곡이 상실과 실패에 근거하는 데 비해 조증은 성취나 성공에 근거하고 있다는 점에서 다르다. 가령, 조증 상태에서는 과잉 일반화 같은 인지왜곡 때문에 한두 번의 성공만으로도 무엇이든 성공할 것으로 기대하고 자신의 능력을 과대 추정한다.

치료 기분을 안정시키는 리튬(lithium)이 조증에 주로 처방되며 항경련제도 처방되는 경우도 있지만 약물치료만으로는 재발할 가능성이 높기 때문에 심리치료를 병행하는 경우가 대부분이다. 양극성 장애는 재발가능성이 높기 때문에 환자가 규칙적인 생활을 하려고 노력해야 하고 감정조절 기술을 배워서 자신의 증상이나 생활을 잘 관리해야 한다. 또한 인지행동치료를 통해 부정적 경험을 인지적 재구성을 통해 새롭게 해석하도록 하고 규칙적인 생활과 수면을 하도록 도울 수 있다.

6) 정신분열 스펙트럼 장애(Schizophrenia Spectrum Disorders)

정신분열 스펙트럼 장애는 정신장애 중 가장 증상이 심각하고 일반인들에게도 널리 알려진 정신장애 유형으로 전형적인 증상은 말이 논리적이지 않고 연상 장애를 보이며, 피해망상을 보이고, 망상 같은 사고장애를 보이며, 주변 세계를 비현실적으로 보는 특성을 보인다. 심한 경우 환각이나 환청을 보거나 상황에 적절하지 못한 정서를 보이고, 이상한 행동을 반복하거나 움직이지 않는 운동장애 같은 증상을 보이기도 한다. 임상장면에서는 정신분열증 만큼 심각하지 않지만 유사한 유전적 환경적 원인을 가진 장애들이 있어 정신분열 스펙트럼 장애라는 말을 쓰게 되었다(Tandon & Carpenter, 2012). 정신분열 스펙트럼 장애에는 정신분열증, 그리고 심각도가 정신분열증보다 낮은 분열정동장애, 정신분열형장애, 단기 정신증적 장애, 망상장애 등의 하위유형이 있다.

(1) 정신분열증(Schizophrenia) 또는 조현병

정신분열증은 대표적인 정신장애로 2007년 정신분열증이라는 단어가 주는 거부감 때문에 조현병으로 명칭을 변경하였다. 정신분열증 환자는 피해망상, 과대망상 같은 다양한 망상(delusion)을 보일 수 있으며, 자기 행동이나 생각에 대해 간섭하는 목소리 같은 것을 듣는 환청이나 남들은 볼 수 없는 것을 보는 환시 같은 환각(hallucination)을 보이기도 한다. 또한 사고장애로 인해 논리적이지 않고 앞뒤가 맞지 않는 혼란스러운 언어(disorganized speech)를 사용하고 나이가 많은 사람에게 반말을 하는 것 같이 상황에 적절하지 않은 혼란스러운 행동(disorganized behavior)을 보이기도 한다. 그밖에도 의욕이나 목표 없이 사회적 활동에 무관심한 채로 오랜 시간을 보내는 둔화된 정서표현(diminished emotional expression)을 보인다.

원인 조현병이 유전적 원인으로 인해 발생한다는 증거는 양부모보다 친부모와 공병율이 높다거나 일란성 쌍둥이가 이란성 쌍둥이보다 높은 공병률을 보이는 것을 증거로 볼 수 있다(Tsuang & Vandermy, 1980). 또한 조현병이 과도한 도파민 분비와 관련되어 있다는 도파민 가설(Carlsson & Lindquist, 1963)은 조현병 치료에 도파민 분비를 감소시키는 사용되는 약물이 사용된다는 결과에 의해 지지된다. 그러나 도파민의 분비이상과 조현병 간의 관련성이 분명하지 않아 세로토닌과 도파민이 함께 조현병에 영향을 미친다는 세로토닌-도파민 가설(Meltzer, 1993)이 제기되기도 하였다. 한편 인지적 관점에서는 조현병을 주의기능의 손상으로 인한 사고장애로 간주한다(Silverman, 1964). 즉, 조현병 환자들의 비논리적이고 와해된 사고나 언어는 낮은 주의기능으로 인해 의식에 침투하는 부적절한 정보를 억제하지 못하기 때문이라고 할 수 있다. 정신분석적 관점에서는 심리적 갈등에 대한 방어에 의해 자아기능이 발달초기로 퇴행하기 때문에 발생한다고 보는 갈등모형(conflict theory)과 심리적 갈등으로 인해 외부세계로 향했던 리비도가 내부로 향하여 자기상에 투사되면서 망상이 증가하기 때문이라고 보는 결손모형(deficiency model)이 있다. 한편 조현병을 가족관계나 사회환경적 요인에 의 해 설명하기도 하는데 조현병 환자의 가족은 애매하고 불명확한 의사소통을 하거나 논리적 연결이 부족한 비논리적 의사소통을 하는 경향이 있으며 이것이 정상적이고 합리적인 사고를 방해하여 조현병에 영향을 미칠 수 있다고 본다(Wynne & Singer, 1963). 물론 환자의 취약성과 스트레스가 상호작용하여 발생한다는 취약성-스트레스 모형(Zubin & Spring, 1977)도 조현병을 설명하고 있다. 즉, 생물학적 소인이나 부모의 양육방식이나 기질 같은 심리사회적 요인으로 인한 취약성을 가진 환자가 스스로 감당하기 어려운 스트레스 사건을 경험하게 되면 조현병이 발생할 수 있다.

치료 조현병 환자는 입원치료를 원칙으로 하는데 낮은 현실검증력과 망상이나 환각 때문에 자신이나 타인에게 위해를 가할 가능성이 있기 때문이다. 조현병의 치료를 위해 흥분 그리고 환각이나 망상을 억제하는 클로재핀(clozapine)이 처방되지만 근본적인 치료와 사회에 적응하기 위해서는 심리치료도 함께 이루어져야 한다. 즉, 정신분석적 관점에서는 환자와의 지지적 관계형성을 통해 자아기능을 강화하여 갈등과 불안을 방어하는 자아의 방어기능을 강화하는 치료를 하는데 비해 행동주의적 관점에서는 사회적 적응력을 향상시키기 위한 토큰 이코노미(token economy) 기법이나 불안을 다루기 위한 체계적 둔감화 같은 행동치료 기법이 사용된다(Slader, 1972). 또한 사회적 상호작용 기술을 배우고 동료로부터 정서적 지지를 받도록 집단치료를 받거나(Kanas, 1986) 환자와 가족 간의 효과적인 의사소통이나 건강한 감정표현 방법을 가르치는 가족치료가 이루어지기도 한다.

(2) 기타 정신분열증 스펙트럼 장애

정신분열장애와 유사한 증상을 보이지만 그 심각성이나 지속기간 그리고 기분장애의 유무에서 차이를 보이는 정신장애들이 있다. 즉, 분열정동장애는 조현병 증상과 더불어 우울증이나 조증이 함께 나타나는 장애이고, 정신분열형장애는 조현병과 유사하지만 정서반응이 활발하고 회복이 6개월 이전에 이루어지는 장애이다. 또한 단기 정신증적 장애는 조현병의 주요증상인 망상, 환각, 혼란스러운 언어나 행동이 나타나지만 1개월 정도의 짧은 기간에만 발생하는 장애이며, 망상장애는 피해망상이나 관계망상 등의 망상을 1개월 이상 보이기는 하지만 조현병으로 진단되지 않는 경우를 말한다.

영화를 통해 본 조현병: 장화홍련(2003)

이 영화는 우리나라 고전인 장화홍련을 소재로 한 영화로 새엄마와 수미 수연 자매 간의 갈등 이야기이다. 하지만 결과적으로 모든 일들이 다 망상이었고 수미가 혼자 상상한 일이다. 수미는 사고로 죽은 동생이 새엄마 때문에 죽었다는 생각과 자기가 나가지 않았으면 죽지 않았을 거라는 생각에 조현병에 걸려 자신의 옆에 동생이 있고 한집에서 사는 것처럼 동생을 본다. 그러나 아빠의 눈에는 동생이 보이지 않고 수미에게만 보이기 때문에 갈등이 생기고 수미는 해리형 장애까지 생겨 원래 자신의 인격과 함께 새엄마의 인격을 동시에 갖게 된다. 그래서 어떤 때는 새엄마가 되어 동생을 괴롭히고 가두다가 다시 자기 인격으로 돌아와 동생을 구해준다.

7) 성격장애(personality disorder)

성격장애란 한 개인이 어릴 때부터 지닌 지속적인 행동방식이 현실에 적응하는데 기능적으로 문제를 초래하게 되는 장애를 말한다. 성격장애로 진단되려면 개인의 행동이 그가 속한 사회의 문화적 기대에서 심하게 벗어나야 하고, 행동이 고정되어 융통성이 없고 생활전반에 영향을 미치며, 사회적 직업적 그리고 다른 중요한 영역에서 심각한 고통이나 기능장애를 초래해야 한다. 우리 주위에는 지나치게 의존적인 사람도 있고, 공격적인 사람도 있고, 수줍어서 대인접촉이 거의 없는 사람도 있는데 이것이 장기화되고 습관화되어 생활에 지장을 주면 성격장애라고 할 수 있다. 일반적으로 성격장애자는 자신을 환자로 여기지 않기 때문에 치료가 어렵고 일생 동안 계속되며 문화에 따라 서로 다르게 수용되기도 한다. DSM-5에서는 사회적으로 고립되어 있고 기이한 성격을 보이는 A군 성격장애, 과도하게 극적이고 정서적인 B군 성격장애, 불안하고 두려움을 많이 보이는 C군 성격장애로 구분한다.

(1) A군 성격장애

편집성 성격장애(paranoid personality disorder) 충분한 근거 없이 친구나 주변 사람들이 자신을 관찰하고 해를 끼치고 기만한다고 의심한다. 어떠한 정보가 자신에게 나쁘게 이용될 것이라는 잘못된 두려움 때문에 다른 사람에게 비밀을 털어놓기를 꺼린다. 모욕이나 상처 받는 것을 용서하지 못한다. 정당한 이유 없이 애인이나 배우자의 정절에 대해 반복적으로 의심한다. 편집성 성격장애를 가진 사람은 주변 사람들과 지속적인 갈등을 경험하기 때문에 스트레스가 많아 우울증, 공포증, 강박장애, 알코올 남용 등의 정신장애를 보이기도 하고 다른 성격장애를 함께 가지기도 한다. 편집성 성격장애는 "사람들은 악의적이고 기만적이다", "사람들은 기회만 있다면 나를 공격할 것이다", "긴장하고 경계해야 나에게 피해가 없을 것이다" 같은 부정적 사고가 원인일 수 있다(Beck & Freeman, 1990). 이러한 타인에 대한 적대적 신념과 선택적 지각은 타인의 적대적 행동을 유발하고 이것이 다시 자신의 왜곡된 신념을 확신하는 악순환이 형성된다. 이러한 편집성 성격장애의 특성은 어린 시절 부모의 가학적인 양육으로 인해 내면화한 자신과 타인에 대한 가학적 태도와 기본적 신뢰의 결여 때문에 나타날 수 있다(Cameron, 1963). 편집성 성격장애의 치료는 쉽지 않지만 상담자가 환자에게 솔직하고 개방적인 태도를 보이고 적대적인 감정을 수용하여 신뢰감을 형성할 필요가 있다. 치료자가 내담자의 감정과 갈등을 공감적으로 수용하게 되면 내담자는 자신이 직면한 문제를 좀 더 객관적으로 인식하고 해결하려고 시도하게 된다.

분열성 성격장애(schizoid personality disorder) 분열형 성격장애 환자는 인간관계에 관심이 없고 감정표현이 부족하여 사회적으로 고립되어 있고 타인에게 무관심하다. 따라서 혼자 하는 일에서는 문제가 없지만 대인관계가 필요한 일에서는 문제를 보인다. 성격이 지나치게 내향적이며 온순하고 빈약한 정서가 특징이며 즐거움을 찾지 않고 성적 관심을 거의 보이지 않는다. 분열성 성격장애는 부모로부터 충분히 수용되지 못하거나 거부당한 경험 때문에 발생하는 기본적 신뢰의 결여에 기인하는데 외적으로는 대인관계에 무관심한 것처럼 보이지만 내적으로는 예민하고 경계하는 특징을 가지고 있어 두 특징이 자기표상에 통합되지 못하고 분열되어 있다(Akhtar, 1987). 또한 분열성 성격장애 환자는 자신이 사회생활에 부적절하다는 부정적 자기개념을 가지고 있으며 이러한 생각이 타인과의 거리를 유지하려는 행동을 유발한다(Beck & Freeman, 1990). 분열성 성격장애를 치료하기 위해 치료자는 인내심을 갖고 내담자의 침묵이나 소극적 태도를 수용하고 사소한 정서반응에 반응하고 공감해주면서 마음을 열도록 한 후 사회적 상황에서 즐거운 경험을 하도록 돕고 인간관계를 형성하고 유지하는 기술을 훈련시켜야 한다.

분열형 성격장애(schizotypal personality disorder) 사회적으로 고립되어 있다는 점에서는 분열성 성격장애와 유사하지만 특이한 사고패턴과 기이한 언행을 보이는 특징을 보인다. 이러한 특징으로 인해 대인관계뿐 아니라 사회적 적응에 문제를 보인다. 분열형 성격장애는 유전적 원인도 있지만 어릴 때 부모의 무관심과 방임을 경험한 경우가 많으며 그로 인한 불안정한 애착이 성격장애의 원인일 가능성이 있다. 망상이나 기이한 언행, 사회적 고립을 치료를 위해 할로페리돌(haloperidol) 같은 약물이 사용되며 사회적 기술훈련을 통해 사회적 고립을 줄이도록 훈련한다.

(2) B군 성격장애

반사회성 성격장애(antisocial personality disorder) 사회규범이나 법을 무시하고 타인의 권리를 침해하며 폭력적인 행동을 보이는 것이 주된 증상이다. 이러한 특징으로 인해 절도나 폭행 등의 사건을 자주 일으키며 자신의 행동에 대한 죄의식을 거의 느끼지 않으며 설사 잘못을 시인했다 하더라도 순간을 모면하기 위한 속임수인 경우가 많다. 또한 타인의 고통이나 감정을 무시하며 자신의 이득을 위해서는 쉽게 거짓말을 하고 꾀병을 부린다. 불안정하고 공격적인 성향이 있어서 약물중독이나 성범죄에 빠지기 쉽다. 쌍둥이 연구나 입양아 연구에서 유전적 원인이 영향을 미친다는 사실이 밝혀져 있으며 전두엽이 비정상적으로 느린 활동을 보인다는 연구결과도 있다(Raine, Venables, & Williams, 1990). 그러나 부모의 신체적 학대나 무관심한 양육, 교사의 낙인이나 형제의 범죄 같은 심리사회적 원인도 반사회성 성격장애에 영향을 미친다(Farrington & West, 1990). 반사회성 성격장애 환자는 스스로 치료를 받는 경우가 거의 없으며 치료에 대한 동기가 낮고 권위적 인물에 저항하기 때문에 치료하기가 어렵다.

영화를 통해 본 반사회성 성격장애: 아메리칸 사이코(2000)

패트릭 베이트먼은 젊고 잘 생겼으며 돈도 많고 늘 좋은 식당에서 식사하는 사람이지만 내면을 들여다 보면 분노와 질투심으로 가득차 있다. 어느 날 패트릭은 친구들과 누구 명함이 더 멋진지 대결을 하는데 자기보다 더 좋은 명함을 가진 친구 때문에 자존심을 상하게 되고 그 친구를 살해하게 된다. 이렇게 조금이라도 자존심을 상하면 살인을 저지르며 겉모습이나 명품에 대한 집착은 거의 광적이다. 그는 헬스장에서 멋진 피부와 몸매를 과시하고 자신보다 못한 사람을 모욕하며 희열을 느낀다. 친구를 살해하려고 초대하여 살인을 할 때도 피가 튀지 않게 하려고 바닥에 신문지를 깔아놓는다.

연극성 성격장애(histrionic personality disorder) 다른 사람들의 관심을 집중시키기 위해 자신의 외모를 이용하고 끊임없이 과장된 감정표현을 하며 남을 조종하거나 통제하려고 시도하고 상대방의 의견도 자기중심적으로 해석한다. 극적인 감정을 자주 보이지만 감정기복이 심하여 표현된 감정에 깊이가 없고 피상적으로 느껴지며 다른 사람에게 관심과 주목을 받는 것에 집착하여 충족되지 않으면 불안해하며 대인관계에서 자주 갈등을 겪는다. 정신분석적 관점에서 볼 때 연극성 성격장애는 오이디푸스 갈등과정에서 나타나는 것으로 보이며 여성의 경우 엄마의 사랑을 의심하고 아빠에 집착하면서 아빠의 주의를 얻기 위해 애교나 과장된 감정표현 방식을 습득하게 된다. 인지적 관점에 따르면 연극성 성격장애 환자는 "나는 부적절한 존재이며 혼자 사는 것은 너무 힘들다"는 신념을 가지고 있기 때문에 적극적으로 타인의 관심과 애정을 추구한다고 가정하며, 타인이 자신의 생존에서 중요하다고 생각하기 때문에 타인의 관심을 얻기 위해 외모, 애교, 과장된 표현 등을 사용하게 된다. 치료과정에서 겉으로는 상담자에게 협조적으로 보이지만 실제로는 조종하려고 시도하기 때문에 신뢰관계를 형성하기 어렵다. 그렇지만 상담자는 환자의 대인관계 문제에 초점을 맞추고 타인에 대한 지나친 의식이나 조정 또는 의지가 결국에는 타인의 애정을 잃게 만든다는 것을 인식시켜 애정을 얻을 수 있는 적절한 방법을 훈련시킨다.

자기애성 성격장애(narcissistic personality disorder) 자기애성 성격장애 환자는 자신이 타인과 다른 특별한 존재이며 특별한 대우를 받아야 한다는 특권의식을 가지고 있어 오만한 행동을 나타내며 타인이 자신을 존경하기를 기대하는데 그렇지 않으면 주변사람들을 무시하거나 분노를 느낀다. 이들은 성공, 권력, 명석함, 아름다움과 같은 공상에 몰두하며 자신의 목적을 달성하기 위해 타인을 이용하려고 한다. 정신분석적 관점에서는 발달과정에서 부모에 대한 사랑이 좌절되면서 대상애(object love)를 형성하지 못하고 유아기적 자기애에 고착되어 나타나는 것으로 보며 인지적 관점에서 자기애성 성격장애 환자는 어릴 때 부모나 중요한 타인들로부터 "나는 너무나 우월하기 때문에 특별한 대우를 받아야 한다"는 자기애적 신념을 형성하며 그것과 일치된 정보에만 주의를 기울이게 되면서 비정상적 자기애가 형성된다고 본다. 정신분석적 관점에서는 상담자가 전이를 통해 어릴 때 좌절된 욕구에 공감해주고 충족시켜 주면 자기애적 특성이 완화된다고 본다. 인지적 관점에서는 자기애성 성격장애의 가장 핵심적인 특징인 과도한 자기상, 평가에 대한 과도한 예민성, 공감의 결여를 가져오는 비현실적 자기개념을 교정하여 더 유연하고 현실적으로 바꾸도록 하고 타인의 감정에 대한 자각을 증진시키며 공감하는 능력을 향상시켜 치료한다.

경계선 성격장애(borderline personality disorder) 극단적인 심리적 불안정성으

로 감정, 사고, 행동, 대인관계 모든 면에서 불안정을 보이며, 타인으로부터 버림받는 것을 무엇보다 두려워하여 이것이 예상되면 극단적인 불안정이 발생한다. 남들에게 버림받지 않을까 하는 느낌 때문에 불안을 느끼고 혼자 있는 것을 두려워하지만 조그만 일로도 쉽게 분노를 느낀다. 행동이 돌발적이고 통제가 안 되어 낭비, 성적 문란, 도박, 과식 등의 행동을 보일 수 있다. 경계선 성격장애는 행동억제와 관련된 세로토닌의 낮은 활동수준이나 자기조절기능과 관련된 뇌의 신경인지적 손상에 기인할 수 있다. 대상관계이론에서는 경계선 성격장애가 유아기에 이루어진 분리-개별화의 고착에 기인한다고 보는데 분리개별화가 이루어지지 못하면 유아는 엄마가 보이지 않을 때 심하게 걱정하고 불안을 보이며 이러한 경향이 어른이 되었을 때 혼자 있는 것을 두려워하는 경계선 장애로 나타날 수 있다. 또한 인지적 관점에서는 경계선 성격장애 환자가 세상을 위험하고 악의에 가득 차 있는 곳으로 보고, 자신은 힘이 없고 상처 받기 쉬운 존재로 보는 부적응적 신념을 가지고 있다고 가정한다.

경계선 성격장애 환자는 대인관계가 불안정하기 때문에 치료관계의 형성이 어렵다고 알려져 있다. 일단 치료관계가 형성되면 내담자의 자아를 강화하여 불안을 인내하고 충동을 통제하도록 하며, 긍정적 측면과 부정적 측면이 분리된 내담자의 자기와 타인의 표상을 통합시켜 안정된 자기인식과 대인관계를 형성하도록 한다. 인지적 관점에서는 먼저 내담자와의 신뢰형성에 노력하고, 다름에는 점진적으로 내담자의 흑백논리적 사고를 변화시키고 정서조절 능력을 향상시키기 위해 사건의 의미를 해석하는 대안적 사고방식을 훈련시킨다.

영화를 통해 본 경계선 성격장애: 얼굴 없는 미녀(2004)

아무도 오지 않은 파티의 주인공 지수는 붉은 핏물의 욕조 속에서 발견된다. 그녀는 지적이고 매혹적이지만 천국과 지옥을 오가는 경계선 장애로 정신과 전문의 석원의 상담을 받게 된다. 석원은 지수의 병이 누군가에게 버림받을지도 모른다는 위기감에서 생기는 마음의 병이라는 것을 알고 안타까워하지만, 병원을 떠나게 되고 그로부터 1년 뒤, 더욱 불안하고 위태로워진 지수와 안정되어 보이지만 더욱 차가워진 석원은 아주 우연히 만나게 된다.

(3) C군 성격장애

강박성 성격장애(obsessive personality disorder) 강박성 성격장애 환자는 지나치게 완고하고 감정표현이 인색하여 대인관계에서 따뜻함이나 부드러움을 표현하는 능력이 제한되어 있고, 완벽주의적이고 성취지향적이어서 다른 사람들에게 거리감을 주게 된다. 모든 일이나 자신의 사생활이 일정한 틀에 맞게 유지되고 있는지에 대해 지나치게 신경을 쓴다. 대인관계에 있어서 윗사람에게 철저히 복종하지만 다른 사람들도 자기에게 복종하기를 원하며 아래 사람이 완벽하지 못할 때는 경멸하고 분노를 느끼지만 겉으로 잘 표현하지는 않는다. 이들은 혹시 실수를 하지나 않을까 하는 두려움 때문에 모든 일에 우유부단한 자세를 취한다.

정신분석적 관점에서는 강박성 성격장애의 한 원인으로 어릴 때 부모의 과잉통제적 양육태도가 언급된다. 부모로부터 사랑과 보살핌을 받지 못한 아이는 애정에 대한 갈망으로 인해 부모에 대한 분노를 지니고 있지만 부모에게 처벌당하지 않고 인정받기 위해 철저하게 자신을 통제하고 실수를 하지 않으려는 경향을 발전시키게 된다고 한다. 인지적 관점에서 강박성 성격장애 환자는 "나는 실수를 하지 않아야만 가치 있는 존재이다." 같은 불합리한 신념과 함께 흑백논리나 파국적 사고 같은 인지왜곡을 많이 보인다. 따라서 정신분석적 관점에서는 어린 시절 부모에 대한 부정적 감정과 감정표현에 대한 두려움 그리고 감정을 통제하려는 노력을 인식하도록 하고 전이와 통찰을 통해 치료한다. 인지적 관점에서는 내담자의 부적응적 신념을 탐색하고 그것으로 인한 부정적 결과를 확인하여 이해하도록 하며 좀 더 현실적이고 유연한 신념을 대체하도록 한다.

의존성 성격장애(dependent personality disorder) 의존성 성격장애의 주된 특성은 타인의 도움과 관심을 항상 필요로 하며 자기 삶에 있어서 책임을 타인에게 맡기려 한다. 자신감이 결여되어 혼자 있을 때 심한 외로움을 느끼고 염세적이고 수동적이며 성적이나 공격적인 느낌을 표현하는 데 두려움을 갖는다. 또한 의존성 성격장애자는 어떤 일이든 혼자 해결하지 못하고 주변에서 의존할 상대를 찾으며 상대에게 순종적이고 복종적인 태도를 보인다. 의존성 성격장애는 어릴 때의 성장환경과 밀접한 관련을 맺고 있는데 선천적으로 허약하고 병치레가 잦은 아이들은 부모의 과잉보호를 유발하기 때문에 성장한 후에도 타인에게 의존하려는 경향이 높다. 또한 자녀를 과잉보호하는 부모는 부모에 의존하는 행동은 보상하고 독립하는 행동은 거부하는 경향이 있으며 이러한 경험이 축적되면 의존성이 발달할 수 있다. 또한 인지적 관점에서 의존성 성격장애 환자는 "나는 혼자 세상에 대처할 수 없으며 의지할 사람이 필요하다."는 불합리한 신념을 가지고 있으며 이러한 신념은 타인에게 의존하게 만들며 보살핌을 얻는 대가로 자신의 권리나 주장을 포기하도록 한다. 따라서 정신분석적 관점에서는 내담자의 의존적 소망을 좌절시키고 독립적으로 행동을 할 수 있도록 내담자가 가지고 있는 상실과 독립에 대한 불안에 직면하도록 하여 치료한다. 인지적 관점에서는 부모를 비롯한 중요한 타인으로부터 스스로 독립할 수 있도록 자기신뢰와 자기효능감을 키우기 위해 일상생활의 문제를 스스로 해결할 수 있는 문제해결기술이나 의사결정기술을 습득하도록 한다.

Chapter 09

인간의 발달

1. 신생아의 놀라운 능력
2. 영유아기의 사회성 발달
3. 아동기의 발달
4. 청소년기의 발달

아이는 하나의 인격체이기도 하지만 주변 환경에 의해 쉽게 영향을 받기 때문에 잘 키우기 위해서는 많은 사랑과 지식이 필요하다. 즉, 아이는 가지고 태어난 기질 같은 유전적 요인과 부모의 양육방식 같은 환경적 요인 간의 상호작용을 통해 인지적 심리적 사회적으로 발달하게 된다. 이 장에서는 우선 아기가 선천적으로 가지고 태어난 능력들과 아기가 건강하고 밝게 성장하는데 영향을 미치는 유전과 환경 요인들에 대해 알아본다. 그리고 아기의 정서적, 도덕적 그리고 인지적 발달이 어떤 과정을 통해 일어나는지도 살펴본다.

Chapter 09

인간의 발달

1. 신생아의 놀라운 능력

신생아는 성인의 보호를 필요로 하는 무기력한 존재로 보이지만 실제로는 우리가 상상하는 것보다 많은 능력을 가지고 있다. 또한 신생아들이 가지고 태어난 능력은 영유아기를 거치면서 정교한 수의운동으로 바뀌게 되는데 이 시기를 1차 성장급등기라고 한다. 여기에서는 우선 신생아들이 보이는 놀라운 능력에 대해 먼저 알아보자.

1) 반사행동

신생아는 태어날 때 일련의 반사행동을 가지고 태어난다. 신생아가 가지고 태어난 반사행동들을 모두 열거하기는 어렵지만 대표적인 것으로는 찾기 반사, 빨기 반사처럼 아기가 무엇인가를 먹는 데 필요한 반사행동, 모로(Moroe) 반사나 루밍(looming) 반사처럼 위험한 상황에서 매달리거나 피하는 데 필요한 반사행동, 바빈스키(Babinski) 반사처럼 신경계의 미성숙을 보여주는 반사행동 등이 있다.

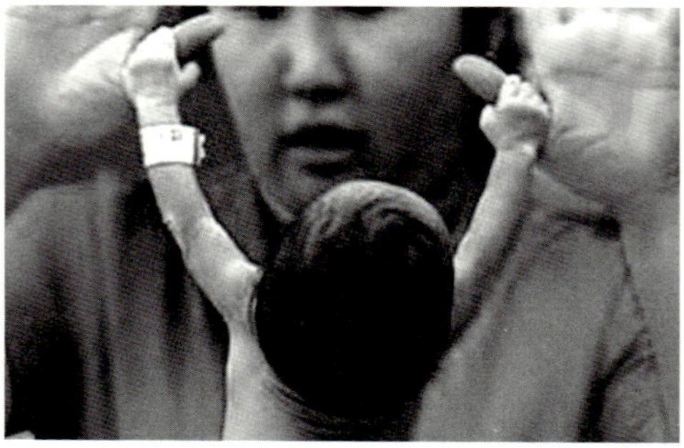

그림 9-1 | 모로 반사의 예

특히 연령이 증가하면서 신생아의 생존을 돕기 위한 반사행동은 신경세포의 수초화가 진행되어 정보전달이 빨라지고 간뇌대신 운동피질이 운동을 통제하면서 점차 사라지고 수의적 행동이 나타나게 되며 그 과정은 [그림 9-2]와 같다.

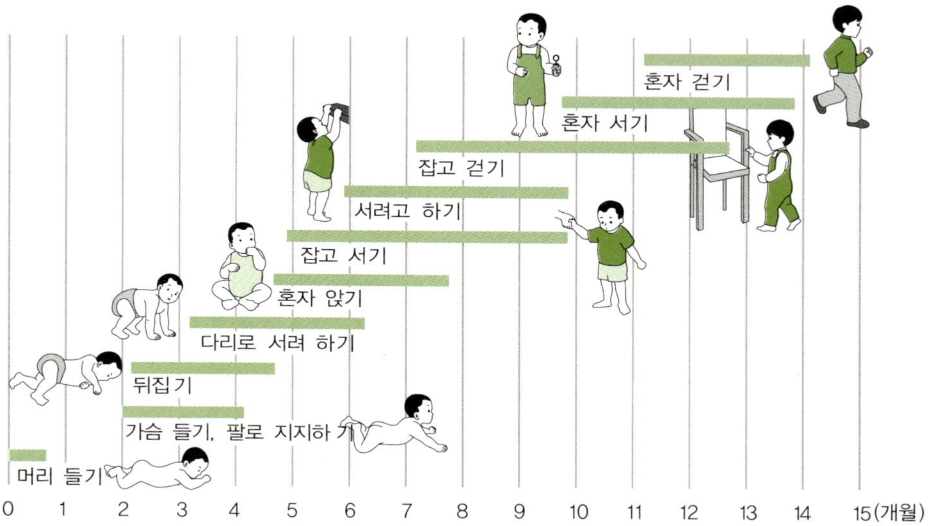

그림 9-2 | 연령에 따른 운동능력의 발달과정

어머니는 아기를 왼쪽 가슴에 안을까? 아니면 오른쪽 가슴에 안을까?

미국에서 행해진 연구에 따르면 오른손잡이 어머니 255명 중 83%, 왼손잡이 어머니 32명 중 78%가 왼쪽 가슴에 아기를 안는 경향을 보인다고 한다. 왜 그럴까? 어머니들이 왼쪽 가슴에 아기를 안는 주된 이유는 어머니의 심장 위치와 관련되어 있다. 아기는 어머니의 심장박동에 민감하며 아기에게 심장의 박동률인 1분에 70회의 소리를 들려주면 울음을 그친다. 즉, 아기는 어머니의 심장박동소리를 들으며 심리적 안정감을 느끼며 어머니는 그러한 사실을 무의식 중에 알게 되기 때문에 왼쪽 가슴에 아기를 안게 된다.

2) 지각능력

신생아들은 무엇을 듣고 무엇을 볼까? 아기가 흥미를 보이면 젖을 더 세게 빤다는 것에 착안하여 아기가 어떤 소리를 듣는지에 대한 연구를 하였는데 생후 3일밖에 되지 않은 신생아도 엄마와 타인의 목소리를 구분할 수 있으며 엄마의 목소리를 더 들으려고 한다는 것이 밝혀졌다(DeCasper & Fifer, 1980). 물론 처음 태어났을 때는 자궁 속에 있을 때 들었던 것처럼 울림이 있는 엄마 목소리를 좋아하지만 3주 후에는 변형되지 않은 엄마 목소리를 더 좋아한다고 한다. 또한 생후 18시간 된 신생아도 자신의 울음소리와 다른 아기의 울음소리를 구분한다는 결과가 보고되기도 하였다.

그렇다면 신생아의 시각능력은 어느 정도일까? 일단 아기는 시야가 20~30cm로 제한되어 있지만 자신의 시선 안에 있는 물체에 초점을 맞추려고 노력하며 생각보다 뛰어난 시각능력을 보여준다. 우선, 신생아는 무엇인가 보려고 할 때 새롭거나 복잡한 자극을 더 선호한다. 가령, 다양한 물체를 보여주면서 신생아와 성인의 뇌파를 측정해 보면 새로운 물체를 볼 때 관찰되는 아기의 뇌파는 성인의 뇌파보다 더 강하다(Courchesne, 1987). 그리고 신생아는 단순한 도형보다 복잡한 도형을 선호한다. 그래서 [그림 9-3]처럼 과녁모양보다 얼굴모양을 더 선호하는 경향을 보인다(Fantz & Miranda, 1975).

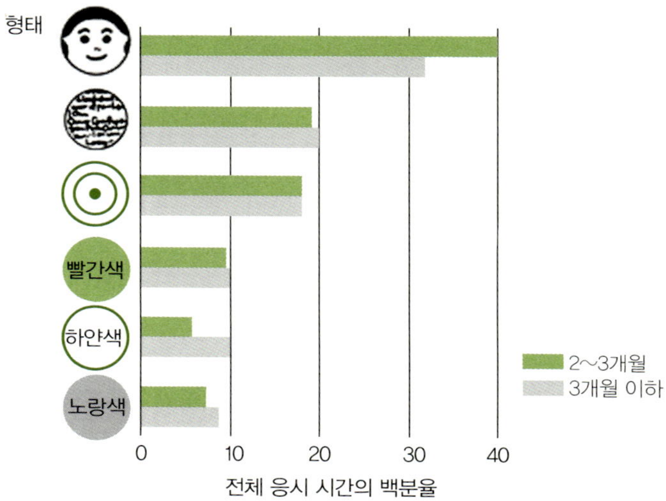

그림 9-3 | 아기들이 좋아하는 그림과 색

또한, 생존에 도움을 주는 깊이지각 능력이 발달 초기에 나타난다. 가령, 유리가 깔려있지만 시각적으로는 벼랑처럼 보이는 시각적 벼랑(visual cliff)을 사용한 연구(Gibson & Walk, 1960)에서 6개월 된 아기도 깊이를 지각하여 공포를 느끼기 때문에 엄마가 시각적 벼랑 건너편에서 아기를 부르더라도 다가가지 않으려고 한다. 생후 6개월이면 높은 곳에 대한 경험이 있기 때문에 깊이에 대한 지각이 선천적이라고 이야기하기 어렵다고 볼 수 있지만 생후 2개월 된 아기를 대상으로 깊이지각 실험을 다시 한 결과(Campos et al., 1970)에서도 깊이를 지각하는 능력이 관찰되었다.

그림 9-4 | 시각적 벼랑 실험

출처: Gibson & Walk(1960).

3) 인지능력

신생아는 생각보다 뛰어난 반사행동이나 지각능력을 가지고 있을 뿐 아니라 훌륭한 인지능력도 가지고 태어난다. 첫째, 신생아는 좋은 기억능력을 가지고 있으며 5개월 된 유아도 2분 동안 본 얼굴그림을 2주 후까지 기억할 수 있다(Fagan, 1972). 다른 연구에서도 2주 내지 4주 된 신생아는 자신이 들었던 단어들을 4~5일 이후까지 기억하고 있다는 것이 증명되었다. 영유아기 아기의 기억능력은 성인만큼 효율적이지 않은데 이것은 해마(hippocampus)를 비롯한 기억에 필요한 대뇌영역이 아직 성숙되지 않기 때문이기도 하지만 기억을 위한 방략이 성인만큼 발달되어 있지 않았기 때문이기도 하다.

신생아의 기억능력은 시연(rehearsal)이나 의미 조직화(semantic organization)와 같은 기억방략의 발달과 함께 서서히 증가한다(Flavell, Friedrichs, & Hoyt, 1970). 가령, 그림을 순서대로 기억하라고 하였을 경우 5세 아이는 10%, 7세 아이는 60%, 10세 아이는 85%가 자발적으로 시연하는 경향을 보이며, 의미 조직화는 10~12세에 가서야 나타난다. 둘째, 신생아는 개념을 추상화하는 능력도 가지고 있다. 즉 3

개월 된 신생아들에게 같은 크기의 각(angle)들을 계속 보여주었을 때 흥미를 잃는 경향이 있음을 발견하였는데 이것은 신생아들이 두 변과 각의 크기라는 구성 요소들을 통합하여 '각짐(angleness)'이라는 추상개념을 형성했음을 보여준다(Cohen, 1976). 추상개념을 인식하는 아기의 능력은 말을 배우는데 도움이 되며 그전에 배우거나 다른 사람이 가르쳐 주지 않았던 언어적 표현을 사용하는 데 도움이 되다. 가령, 아기가 세 살 정도 되면 레몬조각을 "달"이라고 부르기도 하는데 이것은 레몬조각과 동화책에서 봤던 초승달 간의 유사성을 발견했다는 것을 보여준다. 또한 아기는 검은 구름을 보고 "화가 났다"고 말하는데 이것은 아기가 폭풍우와 검은 구름이 공통적으로 가지는 좋지 않은 감정의 측면을 발견했음을 알 수 있다.

4) 정서특성

신생아의 정서특성에 대해 다양한 연구가 이루어졌으나 가장 흥미 있는 것은 아기의 기질에 대한 것이다. 신생아는 특유의 기질을 가지고 태어나는데 기질은 정서적 반응 경향성이나 행동 경향성을 말하는 것으로 비교적 어릴 때부터 안정적 특성을 보인다. 가령, 토마스와 체스(Thomas & Chess, 1989)는 기질에서 나타나는 개인차가 생후 2~3개월에 안정되며 3개월 때 평가한 기질이 10세 때의 기질을 잘 예언한다고 한다. 신생아의 기질은 크게 네 가지 유형으로 분류될 수 있는데 전체의 40%는 수면과 식사가 규칙적이고 긍정적 정서를 보이며 낯가림을 덜 보이는 순한 유형의 아기이고, 15%는 환경변화에 대한 적응이 느리고 수면과 식사가 불규칙적이며 낯가림이 있는 느린 유형의 아기이고, 10%는 수면과 식사가 불규칙적이고 환경변화에 저항하며 부정적 정서를 강하게 표현하는 까다로운 유형의 아기이고, 나머지 30%는 앞에서 소개한 세 유형의 특성을 조금씩 공유하고 있는 복합형 아동이다.

5) 아기의 발달에 미치는 유전과 환경의 영향

아기들은 다양한 인지적 신체적 잠재력을 가지고 태어나지만 정상적으로 성장하기 위해서는 유전적으로 이상이 없어야 하고 적절한 환경적 조건도 주어져야 한다. 그렇다면 유전적 요인과 환경적 요인은 아기의 발달에 어떤 영향을 미칠까? 일반적으로 아기의 발달에 미치는 유전과 환경의 영향을 연구하기 위해서 가족사 연구, 쌍생아 연구, 입양아 연구 등을 사용한다. 가족사 연구는 혈연관계에 있는 친척 간의 유사한 특성을 연구하여 유전과 환경의 영향을 평가한다. 예를 들면, 인구의 1%가 발생하는 정신분열증이 정신분열증 환자의 가족은 8.5%가 발생하는데 이것은 정신분열증이 유전적 원인을 가지고 있음을 시사한다. 문제는 가족이 유사한 환경을 공유하므로 관찰된 차이가 유전에 의한 것인지 환경에 의한 것인지 불분명하다는 점이다. 쌍생아 연구는 일란성 쌍생아와 이란성 쌍생아의 특성을 비교하여 유전과 환경의 영향을 분석한다. 예를 들어, 지능지수의 경우 일란성 쌍둥이 간의 상관이 .95인데 비해 이란성 쌍둥이 간의 상관은 .55인데 이것은 지능에 미치는 유전의 영향이 크다는 것을 의미한다. 입양아 연구는 입양된 아이가 생물학적 부모와 양부모 어느 쪽과 더 유사한지를 비교한다. 예를 들어, 지능의 경우에 친부모와 .36의 상관을 보이는 데 비해 양부모와도 .31의 상관을 보여 유전뿐 아니라 환경도 지능의 발달에 중요함을 보여준다.

아기의 발달에 미치는 유전의 영향을 다룬 연구들이 많이 이루어지고 있지만 몇 가지 사례를 통해 유전의 영향을 알아보자. 우선 동물을 사용한 연구(Hal1, 1951)에서 [그림 9-5]와 같이 낯선 상황에서 몸을 움츠리고 소변을 보는 등 불안정한 정서를 보이는 쥐와 그러한 반응을 거의 보이지 않는 쥐를 골라 동종끼리 번식시켰을 경우에 정서적으로 혼란을 보이는 쥐들을 계속 정서적 혼란을 보였다. 이러한 결과는 유전적 요인이 유기체의 행동에 중요한 영향을 미치고 있음을 시사한다.

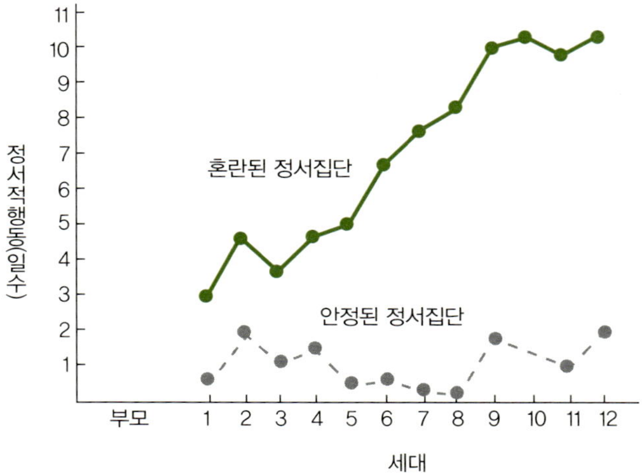

그림 9-5 | 정서반응에 미치는 유전의 영향

유전의 영향과 관련된 또 다른 연구에서 일반인이 조현병에 걸릴 확률은 1% 내외지만 혈연관계에 있는 부모나 형제가 조현병을 가지고 있다면 10% 가까이 증가하며 양부모 모두가 조현병을 가지고 있는 경우에는 50%로 증가한다고 보고되었다(Gottesman, 1991).

환경의 영향은 유전자에 없는 모든 것을 지칭하며 여기에서는 생화학적 환경과 심리사회적 환경이 아기의 발달에 어떤 영향을 미치는지 알아본다. 생화학적 환경 중에서 우선 임산부가 복용한 약물의 영향을 생각해볼 수 있다. 1960년대에 입덧 진정제로 쓰인 약물인 탈리도마이드는 사지기형인 아이를 출산하는 부작용을 보였으며 산모의 알콜중독으로 인한 F.A.S.(Fatal Alcohol Syndrome)는 아기의 신체적 정신적 발달에 심각한 문제를 일으킬 수 있다(Clarren & Smith, 1978). 또한 산모의 심리적 환경은 아기의 정서에 중요한데 만일 임신부가 스트레스에 시달리면 태아는 스트레스 호르몬의 영향을 받으며 그 결과로 신체발달이 지체되고 지능도 떨어지며 대인관계에서 위축된 행동을 보일 수 있다. 가령, 새끼를 밴 쥐에 불규칙한 간격으로 시끄러운 소음으로 스트레스를 준 후 태어난 새끼 쥐들을 관찰한 결과 새끼 쥐들은 공포감을 느끼고 안절부절못하며 외부 자극에 매우 민감한 행동을 보였다(Weinstock, Matlina, Maor, Rosen, & McEwen, 1992). 산모의 스트레스는 아기의 뇌에서 감정을 조절하는 가바(GABA) 수용체의 분비조절을 어렵게 하여 새끼 쥐들의 정서에 악영향을 미친 것으로 나타났다.

아기의 발달에는 유전과 환경이 상호작용하면서 영향을 미치는데 유전과 환경의 상호작용은 다양한 방식으로 이루어지게 된다. [그림 9-6]의 A와 같이 유전적 차이가 어떤 환경조건에서도 달라지지 않는 경우가 있는데 예를 들어, 영양섭취가 적게 이루어지든 많이 이루어지든 남녀 간의 유전적 차이는 환경에 의해 역전되기 쉽지 않다. 또한 B같이 환경적 조건에 따라 유전적 차이가 반대로 작용하는 경우도 있는데 유럽에서는 유럽인의 결핵에 대한 저항력이 생존 가능성을 높이는 데 비해 아프리카에서는 아프리카인의 황열병에 대한 저항력이 생존가능성을 높인다. 또한 C에서와 같이 우수한 유전적 요인을 가지고 있는 사람과 그렇지 않은 사람 간의 차이는 환경조건이 좋아짐에 따라서 더 커질 수 있다. 가령, 환경이 좋지 않으면 지능이 유전적으로 좋든 나쁘든 별 차이를 보이지 않지만 환경이 좋으며 지능이 유

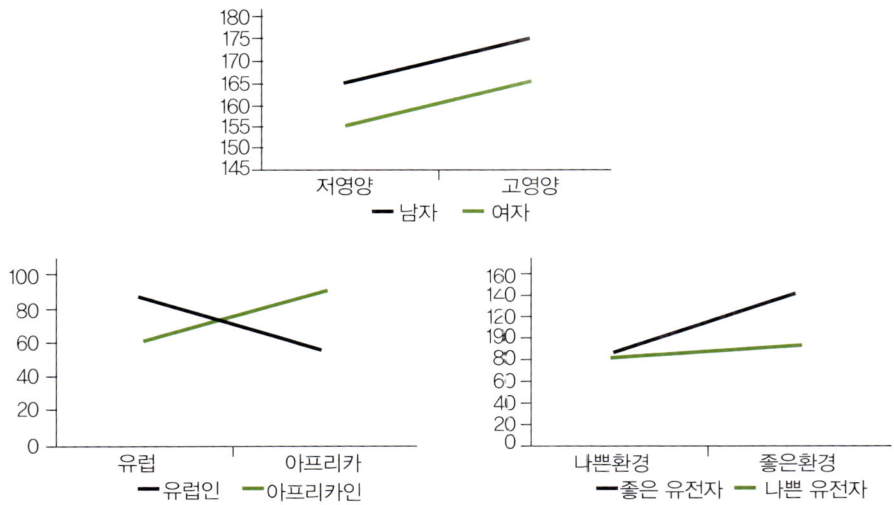

그림 9-6 | 유전과 환경의 상호작용

전적으로 좋은 사람이 더 높은 지능을 보일 수 있다.

2. 영유아기의 사회성 발달

아기는 사람 목소리가 나는 방향으로 머리를 돌리며 사람의 얼굴을 더 오래 응시한다. 또한 신생아도 성인의 얼굴표정을 흉내내는 경향을 보인다(Melzoff & Moore, 1977). 이렇게 아기는 사회적 반응에 민감하고 사회적 상호작용을 추구하는 경향을 가지고 있다. 여기에서는 아기의 사회성 발달에 중요한 애착과 사회규범과 관련된 도덕성이 어떻게 발달하는지 알아본다.

1) 애착의 형성

아기는 엄마를 통해 세상을 경험하게 되며 신체적 심리적 만족을 얻게 되므로 엄마는 아기의 사회성 발달에서 가장 중요한 존재이다. 특히 아기는 생후 6개월쯤 자신을 돌봐주는 엄마에게 강한 정서적 유대감을 갖게 되고 엄마가 보이지 않으면 불안을 느끼게 된다. 이러한 정서적 변화를 애착이라고 하는데 애착은 아기의 사회성 발달에 매우 큰 영향을 미친다. 그렇다면 애착은 어떤 특징을 가지고 있고 애착형성에 영향을 미치는 요인은 무엇일까?

모성애를 본능이라고 할 수 있을까?

사람들은 모든 엄마가 모성애를 본능적으로 가지고 있다는 말을 많이 하는데 그것은 사실일까? 모성애가 본능이라고 주장하는 사람들은 그 근거로 여성호르몬이 양육행동과 관련되어 있다는 증거를 든다. 즉, 여성호르몬인 에스트로겐을 임신을 하지 않은 쥐에게 주사하면 양육행동을 일으킨 반면, 에스트로겐의 작용을 막으면 양육행동이 감소한다(Rosenblatt, 1994). 어떤 학자는 자아경계(flexible ego boundary)를 모성애가 본능이라는 증거로 삼기도 한다. 즉, 여성이 남성보다 자녀들과 더 긴밀한 정서관계를 형성하는 것은 여성이 더 유동적인 자아경계(flexible ego boundary)를 가지고 있으며, 자신-타인의 구분(self-other distinction)이 불분명하기 때문이라는 것이다. 그러나 모성애가 사회화 과정을 통해 학습된 것이라고 보는 사람도 있으며 그들은 여성이 남성보다 더 모성애가 강하다는 것은 일종의 고정관념이며, 모성신화(myth of motherhood)는 사회화의 산물이라고 본다. 실제로 처음 어머니가 된 대부분의 여성들은 모유를 어떻게 먹이는지 그리고 아이를 어떻게 다루는지 잘 모르며 주변 어른들의 행동을 따라하는 경향을 보인다(Oakley, 1974). 모성애를 사회화 과정의 결과로 보는 사람들은 우리 사회가 모성신화를 통해 여성을 구속한다고 주장한다. 즉, 모든 여성은 어머니가 되어야 하고, 어머니는 자식이 꼭 필요하고, 모든 자식은 어머니가 필요하다는 믿음이 모성신화인데 이러한 모성신화는 본능에 근거한 것이 아니라 문화적인 것이고 여성들이 가지고 있는 어머니의 능력은 학습된 것이라는 것이다. 이렇게 본다면 인간의 경우 모성애는 어느 정도 생물학적인 소인을 가지고 있기는 하지만 그보다는 사회화의 결과로 학습된 모성관습의 영향을 더 많이 받고 있다고 할 수 있다.

(1) 애착이 사회성 발달에 미치는 영향

애착은 아기가 생애에서 처음 겪게 되는 정서적 관계이므로 사회성 발달에 큰 영향을 미칠 수 있다. 에릭슨(Erikson, 1959)에 따르면 성공적인 애착은 인간이 처음 겪게 되는 신뢰 대 불신 위기를 어떻게 극복하는지에 달려 있으며 애착이 성공하면 세상과 사람들에 대해 신뢰감을 형성시키는 데 비해 실패는 부정적인 인간관과 세계관을 형성하게 된다. 이를 잘 보여주는 사례로 보모로 아르바이트 학생을 고용했던 영국 런던 교외의 보육원 출신 아동들의 성장과정을 조사한 결과 성장한 후 공격적이며 비사교적이고 지능도 낮음을 발견하였다(Hodges & Tizard, 1989). 이것은 보모가 자주 바뀌어 정상적 애착을 형성하기 어려운 조건에서 성장한 아이들이 나중에 사회성에서 문제를 보인다는 것을 보여준다.

(2) 애착의 특징

애착은 엄마에 대한 아기의 일방적 의존이라는 속성을 가지고 있기 때문에 애착에 대해 많은 오해가 있었다. 그러면 애착은 어떤 특징을 가지고 있을까?

첫째, 애착은 생존을 위한 수동적 의존이 아니라 능동적인 정서적 유대관계이다. 만일 애착이 생존을 위한 수동적 의존이라면 애착이 생후 초기부터 나타나야 하지만 애착은 생후 6개월이 되어야 나타나며 이것은 애착이 단순히 수동적 의존이라기보다 능동적인 정서적 관계라는 것을 보여준다. 또한 애착을 수동적 의존이라고 본다면 독립한 성인들이 엄마에 대해 애정을 계속 가지고 있다는 사실을 설명하기 어렵다.

둘째, 애착은 생리적 만족보다는 정서적 만족에 근거한 것이다. 우리가 쉽게 생각할 수 있는 것처럼 행동주의 이론에서는 엄마가 아기에게 먹을 것을 주고 배변

그림 9-7 | 할로우(Harlow)의 연구에서 사용된 대리어미들

같은 문제를 해결해주는 등 생리적 욕구를 충족시켜 주기 때문에 애착이 형성된다는 '이차 동인설(secondary motivation theory)'을 주장하였다.

그러나 행동주의 이론의 '이차 동인설'은 이를 검증한 할로우(Harlow, 1958)의 연구에 의해 부정되었다. 할로우(1958)는 새끼 원숭이에게 포근한 감촉을 주는 대리어미나 먹이를 주지만 철사로 되어 있는 대리어미와 함께 있도록 하고 새끼 원숭이가 어떤 대리어미와 애착을 형성하는지 조사하였다. 만일 생리적 욕구의 만족이 애착의 원인이라면 먹이를 주는 대리어미에게 애착을 형성해야 하지만 실제로는 먹이를 먹을 때를 제외하면 대부분의 시간을 포근한 감촉의 대리어미 주변에서 보냈다. 이러한 결과는 애착이 생리적 욕구의 만족에 의해 형성된다는 행동주의의 주장과 모순되며 접촉위안(contact comfort) 같은 정서적인 요인이 애착에서 더 중요하다는 것이 증명되었다. 이와 관련된 연구로 미숙아들을 수용한 병원에서 신체접촉이 미숙아의 신체적 발달에 어떤 영향을 미치는지를 조사한 결과 신체적 접촉이 아기의 신체적 발달을 크게 향상시켰음이 발견되었다(Fields, Schanberg, & Scafidi, 1986). 또한 시설보호아에 대한 연구에서도 시설보호아들이 중산층 가정과 비슷한 수준의 영양공급과 놀이시설에서 양육됨에도 불구하고 신체적 지적 발달에서 지체되는 원인이 정서적 만족을 주는 애착이 잘 형성되지 않았기 때문이라는 연구결과도 보고되었다(Baldwin, 1906).

셋째, 애착은 선천적인 행동경향성에 기반하고 있다. 즉, 애착은 보호자의 양육방식이나 아기의 기질에 의해 영향을 받을 수 있지간 많은 부분에서 선천적인 경향성에 의존한다(Bowlby, 1969). 즉, 아기는 신체적 위협으로부터 자신을 지키는 확실한 방법으로서 성인에 대한 접근을 추구하려는 경향성을 가지고 태어나며 성인도 울음이나 웃음과 같은 유아의 신호에 반응하는 행동의 레파토리를 가지고 있다. 이러한 아기의 접근경향성과 엄마의 반응경향성이 상호작용함으로써 애착이 형성된다.

(3) 성공적인 애착을 결정하는 요인들

애착은 아기의 사회성 발달과 대인관계의 형성에 중요하기 때문에 많은 부모님들이 관심을 가지고 있다. 애착은 단순히 아기와 엄마 간의 상호작용만으로 이루어지는 것은 아니며 다양한 요인들이 애착에 관여하게 된다. 첫째, 아기는 사람이나 사물에 대한 반응방식이나 속도에서 서로 다르며 이러한 아기의 기질 차이는 애착에 영향을 미칠 수 있다. 가령, 신생아 평정척도(Branzelton & Nugent, 1995)에 따르면 안기 쉬운 정도를 비롯한 아기에 대한 인상은 양육자가 아기에 대해 얼마나 애정을 갖게 될 것인지 그리고 얼마나 성공적으로 애착을 형성할 것인지에 영향을 미친다. 둘째, 안정된 가정에서 성장한 엄마는 정서적으로 안정되어 있어서 더 쉽게 애착을 형성한다. 즉, 정서적으로 안정된 엄마는 아기가 불규칙하게 울어도 더 쉽게 대응하는 데 비해 정서적으로 불안정한 엄마는 아이의 반응에 민감하거나 둔감한 반응을 보여 아기와 애착을 형성하기 어렵다. 셋째, 유아의 요구나 상태에 민감하게 반응할 수 있는 감수성이 높은 엄마는 아기와의 애착을 성공적으로 형성할 가능성이 높다. 엄마의 감수성은 가족, 특히, 남편과의 관계와 같은 정서적 안정요인과 육아경험에 바탕으로 둔다.

(4) 애착의 유형

미국의 발달심리학자인 에인스워스(Ainsworth, 1973)는 '낯선 상황 검사(strange situation test)'에서 아기가 보이는 반응을 통해 애착유형과 애착유형에 따른 정서적 행동적 특징을 발견하였다. 애착유형과 정서적 행동적 특성은 다음과 같다.

첫째, 안정애착(secure attachment) 아기는 낯선 상황에서도 엄마와 같이 있을 때는 활발하게 놀며, 적극적으로 탐색하는 행동을 한다. 그러나 엄마가 없거나 낯선 사람과 같이 있을 때는 약간 놀라고 탐색하는 행동이 줄어드는 경향을 보인다. 그러나 엄마가 다시 돌아오면 적극적으로 엄마에게 접근하여 접촉하려고 한다. 이 유형의 어머니는 아기의 요구에 민감하게 반응하고, 아기 스스로 노는 것을 충분히 허용해 준다.

둘째, 불안정 회피애착(insecure-avoidant attachment) 아기는 엄마가 떠나도 별 동요를 보이지 않으며, 엄마가 돌아와도 다가가려 하지 않고 무시한다. 이 유형의 엄마는 아기의 요구에 무감각하며, 아기와의 신체적인 접촉이 적고, 거부하듯이 아기를 다룬다.

셋째, 불안정 저항애착(insecure-resistant attachment) 아기는 엄마의 접촉시도에 저항하는 경향이 높다. 엄마가 있어도 잘 울고 보채지만, 엄마가 떠나면 극심한 불안을 보인다. 엄마가 돌아오면 엄마에게 다가가지만 화가 난 것처럼 행동하고, 신체적 접촉에 저항하는 양가적 감정을 보인다. 이 유형의 엄마는 아기의 요구에 어떤 때는 반응하고 어떤 때는 무시하는 식으로 일관되지 않은 양육 태도를 보인다.

넷째, 불안정 혼돈애착(insecure-disorganized attachment) 아기는 낯선 상황에서 가장 큰 스트레스를 받고 불안해한다. 엄마가 돌아왔을 때 멍하고 둔감한 반응을 보이며 엄마가 접근하면 접근과 회피의 갈등을 보인다. 이러한 반응은 엄마와의 접촉에 대한 욕구는 강하지만, 엄마로부터 무시당하거나 구박받은 데에서 오는 공포가 공존하기 때문에 나타나는 것으로 해석된다.

이렇게 아기들이 서로 다른 애착유형을 보이는 것은 특정한 상황에서 엄마가 어떻게 반응할 것인지를 기대하는 아기의 내적 작동모델(internal working model)이 다르기 때문으로 안정애착 아기는 엄마가 자기를 보호할 것으로 확신하지만 회피애착 아기는 엄마가 가만히 있을 거라고 생각하고, 저항애착 아기는 엄마의 반응을 확신하지 못하며, 혼란애착 아기는 엄마의 존재에 대해 혼란스러워 한다(Carlson, 1998). 미국의 영아를 상대로 한 연구에서 60% 이상이 안정애착을 보이며 20%는 회피애착을 보이고 15%는 저항애착을 보이며 5% 이하의 영아만이 혼란애착을 보인다고 한다. 안정애착의 비율은 모든 나라에서 높게 나타나지만 부모가 독립성을 강조하는 독일에서는 회피애착의 비율이 상대적으로 높으며, 엄마가 보통 집에 있는 일본에서는 저항애착의 비율이 상대적으로 높은 편이라고 한다(Takahashi, 1986).

2) 사회성 발달과 부모의 양육태도

영유아기 아기의 사회성 발달에 가장 큰 영향을 미치는 것은 부모의 양육 태도이다. 부모의 양육태도에 의해 형성된 사회성은 성장한 후 대인관계에서 중요한 역할을 한다. 아기의 사회성 발달에 미치는 양육태도의 영향을 다룬 연구에서 봄린드(Baumrind, 1971)는 부모의 양육태도를 독재적 유형, 권위적 유형, 허용적 유형으로 구분하고 그러한 양육태도가 아이의 사회성 발달에 미치는 영향을 제시하였다.

우선 독재적 부모는 자녀에게 냉정하며 자신이 정한 행동기준을 강요하고 따르지 않으면 처벌을 하는 부모로 이런 부모를 가진 자녀는 불만이 많고 위축되어 있으며 불신감이 크다. 권위적 부모는 자신의 가치관에 따라 자녀를 엄격하게 통제하지만 그 이유를 자세히 설명하고 언어적 상호작용에 익숙하다. 자녀에게 일관성이 있고 자녀의 의견과 흥미를 존중한다. 자녀는 자신이 사랑을 받고 있음을 알고 자신에게 무엇을 기대하는지 알기 때문에 안정감을 느낀다. 권위적 부모를 가진 자녀는 자기 통제적이고 자기 주장적이며 탐구심이 강하다.

허용적 부모는 자기표현과 자기규제를 가치 있게 생각하며 자신을 자녀의 모델이라기보다 자원제공자로 본다. 어떤 결정을 내릴 때 자녀와 의논하고 벌을 거의 주지 않는다. 허용적 부모를 가진 자녀는 자기 통제력이 약하고 탐구심이 적다. 그렇다면 다른 양육태도에 비해 권위적인 양육태도가 사회성 발달에 효과적인 이유는 무엇 때문인가? 자녀양육에서 중요한 것은 부모의 현실적인 기대와 기준인데 독재적인 부모의 자녀들은 벌과 죄책감에 짓눌려 어떻게 행동해야 하는지 잘 판단하지 못하고 허용적인 부모의 아동은 어떻게 행동하라고 들은 적이 없기 때문에 자신이 올바른 행동을 하고 있는지에 대해 불안해한다. 그에 비해 권위적 부모의 자녀들은 기대에 따라 어떻게 행동해야 하는지를 알기 때문에 책임을 완수하고 성공함으로써 만족감을 느낀다.

부모의 양육방식은 보상과 처벌과 같은 힘의 행사, 무시나 냉정함과 같은 사랑의 철회, 행동에 대한 결과를 알려주는 타이르기로 구분되는데 여기에서 타이르기가 가장 좋은 양육방식이며 공감능력을 증진시킬 수 있다(Hoffman, 1977). 여기서 문제는 부모의 양육방식이 자녀의 특성과 상호작용한다는 것으로 착한 아동은 부모로 하여금 권위적인 양육태도를 취하게 하는 데 비해 까다로운 아동은 부모로 하여금 독재적인 양육태도를 취하게 한다.

부모는 보상과 벌을 어떻게 사용해야 할까?

부모들이 자녀들을 교육하는 데 가장 많이 사용하는 방법은 보상과 처벌이다. 부모들은 자신에게 가장 익숙한 방식, 즉 그들 자신의 부모가 그들을 키웠을 때 썼던 양육방식을 그대로 반복하는 경향이 있다. 그러나 아이들은 잘못한 것을 처벌하기보다 착한 행동에 대해 보상을 할 때 더 변화되는 경향이 있다. 여기에서 보상이란 바람직한 행동에 대해 미소나 칭찬, 껴안기와 같은 정신적 보상이나 사탕이나 장난감 등의 물질적 보상을 주는 것을 말한다. 문제는 아동들이 그것을 보상으로 생각해야 하고 바람직한 행동을 할 때마다 계속 보상을 해줘야 하기 때문에 외적 보상을 계속 주기보다 스스로 내적 보상을 느끼도록 유도해야 한다.

때로는 벌이 보상이 될 수도 있다. 예를 들어, 못된 짓을 할 때 벌을 줄수록 더 못된 짓을 하는 경우가 있는데 이것은 아이가 올바르게 행동했을 때는 대부분 무시하고 잘못 행동했을 경우에는 꾸짖고 때리기 때문에 결과적으로 원하지 않는 행동을 아이가 할 경우에만 부모가 관심을 보인다는 것을 알았기 때문이다. 즉, 대부분의 아동은 벌보다는 보상을 원하지만 전혀 관심을 받지 못하기보다는 벌을 받는 것이 낫다고 생각하기 때문에 못된 행동을 하게 된다. 그러나 보상이 언제나 좋은 것만은 아니며 보상을 줄 만한 바람직한 행동을 찾기 어렵거나 아동을 다루기 힘들 경우도 있다.

효과적으로 처벌을 사용하려면 다음과 같은 방법을 사용하는 것이 좋다(Parke, 1977). 첫째, 행동과 처벌 간의 시간간격이 짧을수록 벌은 효과적이다. "나중에 집에 가서 보자!"라고 하기보다 바로 야단치는 것이 효과적이다. 둘째, 일관적으로 벌을 줄 때 더 효과적이며 변덕스럽게 벌을 주면 벌을 받지 않았을 때보다 더 나쁜 행동을 할 수 있다. 셋째, 벌을 주는 어른과 아동 간의 평소 관계가 좋을수록 벌이 효과적이다. 넷째, 아이가 왜 잘못했는지에 대해 설명해주고 벌을 줄 때 더 효과적이다. 그러나 아무리 효과적이라고 하더라도 처벌은 여러 가지 문제를 가지고 있다. 우선 일관성이 없고 적대적인 처벌은 장기적으로 아동의 성격에 부정적인 영향을 미칠 수 있다. 또한 처벌은 아동이 부모의 공격적인 행동을 모방하도록 유도할 수 있다. 그리고 처벌을 자주하면 벌을 피하는데 무력감을 느끼기 때문에 수동적인 성격을 갖게 될 가능성이 있다.

3) 도덕성의 발달

아기가 사회에 적응하는 과정에서 가장 많은 곤란을 겪는 문제는 우리 사회가 그 구성원에게 요구하는 도덕적 규범이다. 어떤 경우에 도덕적 규범은 부모를 통해 간접적으로 아이들에게 주어지지만 어떤 경우에는 법과 같이 명문화된 것도 있다. 그렇다면 아이들은 언제 도덕성, 즉 양심을 갖게 될까?

양심(conscience)은 자신을 자각하는 자기감(sense of self)에서 출발하는데 생후 12개월 이후에 아기는 자기감을 갖게 되는 것으로 보인다. 가령, 아기의 코에 빨간 점을 칠한 후 거울에 비친 자신의 모습에 대한 반응을 살펴보는 '루즈(rouge)'검사를 해보면 12개월 미만의 아이들은 자기감이 충분히 발달하지 않아서 거울에 비친 자기를 다른 아이의 모습으로 인식한다. 그러나 생후 24개월이 되면 거울에 비친 자기모습을 보고 코에 묻어있는 점을 지우려고 하는데 이것은 거울 안의 모습이 자신이라고 깨닫고 있기 때문이다. 물론 도덕적 의미에서 양심은 자기감 뿐 아니라 무엇이 옳은지에 대한 규칙을 이해해야 한다.

피아제(Piaget, 1965)는 인지발달에 근거하여 도덕발달을 설명하였으며 도덕성도 단계적으로 발달한다고 보았다. 즉, 2세에서 4세 사이는 전도덕성 단계로 아동은 아직 도덕적 규범에 대해 분명한 생각을 가지고 있지 않다. 5세에서 7세 사이는 도덕적 실재론(moral realism) 단계로 이 시기의 아동은 도덕적 규범이 외부의 권위자나 절대적 힘을 가진 존재에 의해 주어지는 것이므로 반드시 지켜야 하고 바꿀 수 없으며 규범을 위반하면 반드시 처벌을 받는다고 믿는다. 그러나 8세가 넘으면 도덕적 상대론(moral relativism) 단계로 이 시기의 아동은 도덕적 규범을 사람들이 서로 공존하기 위해 만든 것으로 이해하기 시작하고 규범이 어떻게 만들어지는지도 알게 되어 규범도 사람들이 합의하면 바뀔 수도 있는 상대적인 것이라고 생각하게 된다.

한편 콜버그(Kohlberg, 1976)는 아동에게 "암으로 죽어가는 아내를 둔 사람이 아내를 구할 수 있는 약이 있는데도 너무 비싸서 약을 구할 수 없게 되었다면 어떻게 해야 할까?"와 같은 도덕적 딜레마를 제시하고 도덕적 추론의 발달적 변화를 관찰하였다.

콜버그는 도덕성이 세 단계를 거쳐 발달한다고 보았다. 전인습적 도덕성 단계에서 사람은 보상을 추구하고 처벌을 피하려는 의도에 따라 행동한다. 이 시기의 아동에게 도덕적 딜레마를 제시하면 "약을 훔치면 감옥에 가게 될 것이므로 약을 훔치면 안 된다."는 반응을 보인다. 관습적 도덕성 단계에서 사람은 타인의 인정을 받고 법과 질서를 지키는 입장에서 행동한다. 이 시기의 아동에게 도덕적 딜레마를 제시하면 "약을 훔쳐도 아내의 생명을 구하기 위해서라면 사람들이 그를 이해해 줄 것이다."는 반응을 보인다. 후인습적 도덕심 단계에서 사람은 인간성과 사회복지에 근거하여 행동한다. 이 시기의 아동에게 드덕적 딜레마를 제시하면 "인간의 생명은 경제적 이득보다 중요한 것이므로 남편이 아내를 위해 약을 훔치는 것은 정당하다."라고 반응한다. 콜버그의 도덕성 발달이론은 피아제와 마찬가지로 도덕성도 인지능력처럼 발달한다는 것을 보여주었다는 점에서 의미를 갖지만 몇 가지 문제점을 가지고 있다. 첫째, 아동의 응답만으로 도덕성을 객관적으로 평가하기 어려우며, 둘째, 도덕심을 서구문화의 정의(justice)라는 개념만으로 정의한다는 것이 불합리하고, 셋째, 도덕발달에는 감정이입과 같은 정서적 측면이 중요한데 지나치게 인지적으로만 도덕성을 정의하였다.

길리건(Gilligan, 1982)은 사람이 옳고 그른 것을 구분하는 정의차원과 타인에 대한 애정이라는 감정차원에 근거하여 도덕적 딜레마를 추론한다고 가정하였다. 가령, 교사의 지시에 반항하는 아이의 경우를 보면 정의라는 측면에서는 지시가 정말 옳았는지에 근거하여 정당한지를 판단하지만 타인에 대한 애정이라는 측면에서는 아이가 그 지시에 대해 얼마나 억울했을까 그리고 지시를 따르지 않았을 경우에 교사의 심정이 어떨 것인지에 근거하여 정당한 정도를 판단한다. 일반적으로 남자는 정의나 공정성 등의 이성적 차원에 근거하여 도덕성을 판단하려는 경향이 있는데 비해 여자는 애정과 책임감 등의 감정적 차원에서 도덕성을 판단하려 한다. 특히, 콜버그가 사용한 가상적인 딜레마 상황에 비해 개인적이고 실제적인 문제인 경우에는 정의의 목소리보다 감정의 목소리가 강해진다.

그렇다면 아이가 도덕성을 갖도록 하기 위해서는 어떻게 키우는 것이 좋을까? 우선, 부모가 원하는 것을 설명해주거나 스스로 죄의식을 갖게 하거나 승인과 애정을 철회하는 방식으로 양육한 자녀는 때리거나 위협 혹은 특권을 박탈하는 방식으로 양육한 자녀보다 더 강한 도덕성이 발달시키게 되어 죄의식을 더 많이 느끼고 덜 공격적인 경향이 있다(Sears, Maccoby, & Levin, 1957). 대개 부모들은 딸에게는 전자의 방법으로 아들에게는 후자의 방법으로 양육하는 경향이 있으며 그래서 딸은 죄의식이 더 많이 느끼고 아들은 더 공격적인 경향을 보인다. 또한 자녀를 매로 때리고 특권을 박탈하거나 자녀에게 애정을 거의 표현하지 않는 부모들은 싸움을 자주하고 부모의 말을 듣지 않고 점점 불량해지는 자녀를 두는 경향이 있다. 이렇게 볼 때 자녀를 도덕성이 강하게 키우기 위해서는 어떤 행동이 잘못된 행동이고, 어떤 행동이 바른 행동인지를 분명하게 알려주고, 어디가 잘못되었는지 그 이유를 분명하게 설명해 주고 잘못했을 때 희생자에 대해 동정심을 가지도록 할 필요가 있다.

아동은 다른 사람의 마음을 어떻게 이해할까?

어릴 때 아동은 자신이 하고 싶은 대로 행동하여 다른 아이들과 자주 다투거나 엄마를 속상하게 하는 경우가 많지만 상대방의 감정을 추론할 수 있는 마음이론(theory of mind)을 발달시키게 되면 자기가 친구의 장난감을 마음대로 가지고 놀면 친구가 왜 화를 내는지 그리고 어떻게 하면 엄마가 자기에게 장난감이나 과자를 사줄 것인지를 이해하게 된다. 마음이론의 발달에는 형제유무나 사회경제적 수준 등 다양한 요인이 영향을 미칠 수 있지만 가장 중요한 것은 아동의 언어능력과 아동에 대한 양육자의 대화방식이라고 한다. 아동의 언어능력이 뛰어나거나(Happe, 1995), "원하다", "생각하다", "슬프다" 같은 심리적 언어를 자주 사용하는 엄마를 가진 아동(Harris, de Rosnay, & Pons, 2005)은 그렇지 않은 아동에 비해 자신이나 타인의 마음을 더 잘 이해하는 경향을 보인다. 또한 마음이론에 문제가 있는 자폐증 아동은 타인의 사고나 느낌에 대해 추론하지 못하기 때문에 의사소통과 사회적 상호작용에 문제를 보인다.

3. 아동기의 발달

일반적으로 아동기는 만 6~7세부터 12세까지의 기간을 말하며 이 시기 아동은 유아기에 보이던 자기중심적 사고에서 벗어나 타인의 관점을 고려하게 되고 집단 상황에서 규칙을 이해하게 되어 사회생활의 기초를 갖추게 된다. 그리고 부모로부터 떨어져 동성 친구들과 또래 집단을 형성하고 행동규범에 따르면서 사회생활의 기초를 경험하게 된다. 여기에서는 아동기에 인지능력과 사회적 능력이 어떻게 발달하는지 알아보도록 하자.

1) 인지능력의 발달

피아제(Piaget)는 인지능력의 발달이 환경자극에 대한 자신의 경험을 이해하기 위한 도식(schema)을 형성하는 과정이며 동화(assimilation)와 조절(accommodation)을 통해 일어난다고 보았다. 여기에서 동화란 자기가 이미 가지고 있는 도식을 통해 새로운 정보를 받아들이는 것인데 비해 조절은 기존의 도식과 맞지 않는 새로운 정보가 누적되어 도식이 변화되는 것이다. 가령, "네 발을 가지고 있는 동물은 개다"라는 도식을 알게 되었을 때 고양이를 처음 봤다면 도식에 맞추어 "개"라고 부르는 동화가 일어나지만 고양이나 말 같이 도식에 맞지 않는 사례들을 많이 접하게 되면 네 발이 있다고 다 개가 아니라고 도식을 바꾸는 조절이 일어난다. 피아제(Piaget)는 〈표 9-1〉과 같이 아동의 인지능력이 단계적으로 발달하며 각 발달단계에서 독특한 사고특성을 보인다고 보았다.

표 9-1 | 피아제의 인지발달 단계와 특징

단계	사고 능력	사고의 특징	한 계
감각운동기 (0~2세)	대상 연속성 (숨겨진 물건 찾기 과제)	반복적인 행동을 통해 세계를 이해	눈앞에 보이지 않는 세계에 대해 이해하지 못한다.
전조작기 (3~6세)	상징사용능력 – 언어, 그림 자기 중심적 사고 (세 산 과제)	상징을 사용할 수 있다. 모든 것을 자기중심적으로 생각한다.	상상과 현실간의 구분이 어렵다(귀신복장을 보면 놀람). 타인의 관점에서 사물을 이해하기 어렵다.
구체적 조작기 (7~12세)	보존개념의 획득 (부피 보존과제, 수 보존과제)	가역적 사고가 가능하다 (변형되기 전의 상태로 돌아갈 수 있다).	구체적 현실에서 벗어나기 어렵다. 변수에 대한 체계적인 사고가 어렵다.
형식적 조작기 (13세 이후)	연역적 추론능력 (평행과제, 진자과제)	변수간의 관계를 인과적으로 사고하고 체계적으로 문제를 해결한다.	

(1) 감각운동 단계

감각운동 단계는 생후에서 2세까지를 말하는데 아기는 행동에 대한 스키마(schema)를 형성하여 다양한 동작을 할 수 있기 되며, 생후 10개월이 되면 세상에 존재하는 사물은 특별한 일이 있지 않는 한 영속적으로 존재한다는 대상 영속성 개념을 획득하게 된다. 가령, 그래치(Gratch, 1982)는 [그림 9-8]과 같이 커튼으로 가려진 곳에서 방금 전에 보았던 장난감과 전혀 다른 장난감을 보여주었을 때 생후 9, 16개월 된 유아는 놀라는 반응을 보이지만 5개월 된 유아는 전혀 놀라지 않는다는 것을 발견하였다. 5개월 된 유아가 놀라지 않는 것은 아직 대상 영속성에 대한 개념이 없기 때문이며 대상 영속성에 대한 개념이 생기게 되면 커튼으로 가려진 곳에 방금 봤던 물체가 있을 것으로 기대를 하기 때문에 다른 물체가 나왔을 때 놀라게 된다. 대상영속성 개념이 특정한 단계에서 발달한다고 가정한 피아제와 달리 점진적으로 발달한다는 증거도 있다. 가령, 대상 영속성이 발달하지 않은 어린 아기도 장난감을 방금 숨긴 장소를 알면 그곳에서 장난감을 찾으려고 하며, 두 개의 물체를 보여주었다가 가린 후 하나의 물체단 보여주면 더 오래 쳐다보는 경향을 보인다(Wynn, 2002). 이러한 결과는 나이 어린 아기도 단순한 수준에서는 대상영속성 개념을 어느 정도 가지고 있음을 보여준다.

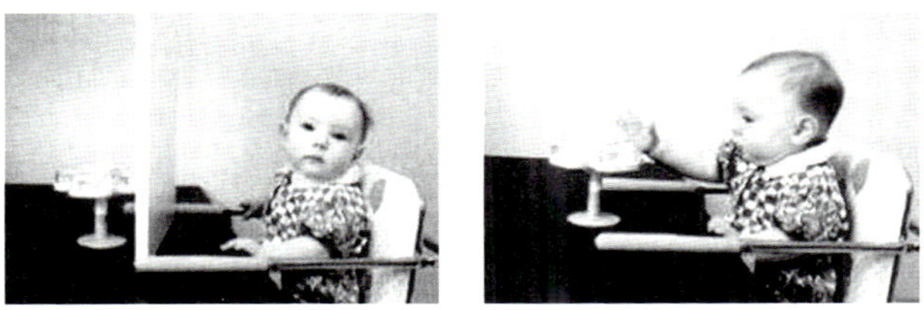

그림 9-8 | 대상 영속성 실험

따라서 까꿍 놀이는 대상 영속성이 아직 형성되지 못한 아기들에게만 즐거운 놀이이며 일단 대상 영속성이 생기면 아빠가 보이지 않아도 아빠를 상상할 수 있기 때문에 별로 즐거운 놀이가 되지 못한다. 감각운동단계의 후기에 아기들은 자신의 행동이 어떤 결과를 가져오는지 그 인과관계를 확인하는 데 관심을 갖게 된다. 그렇기 때문에 그 시기의 아기들은 손에 잡히는 장난감이나 우유병을 집어 던지는 행동을 하는 경우가 많다.

(2) 전조작 단계

전조작 단계는 2세에서 7세까지의 시기로 이 단계에서 아이는 언어를 비롯한 상징을 사용할 수 있게 되며 그렇기 때문에 소꿉장난을 하면서 큰 바구니를 집이라고 부른다던지 숟가락을 칼이라고 부르면서 놀 수 있게 된다. 전조작 단계의 아동은 몇 가지 인지특성을 보인다.

첫 번째 인지특성은 타인도 자기와 같이 세상을 바라볼 것이라고 생각하는 자기중심성(egocentricism)을 보인다. 여기에서 자기중심적이라는 말은 이기적이라는 의미가 아니라 아직 타인의 관점을 수용하여 세상을 지각하지 못한다는 것을 의미한다. 피아제는 [그림 9-9]의 세 산 문제(three mountain problem)라는 것을 사용하여 전조작 단계에 있는 아이가 자기중심성을 보이는 것을 증명하였다.

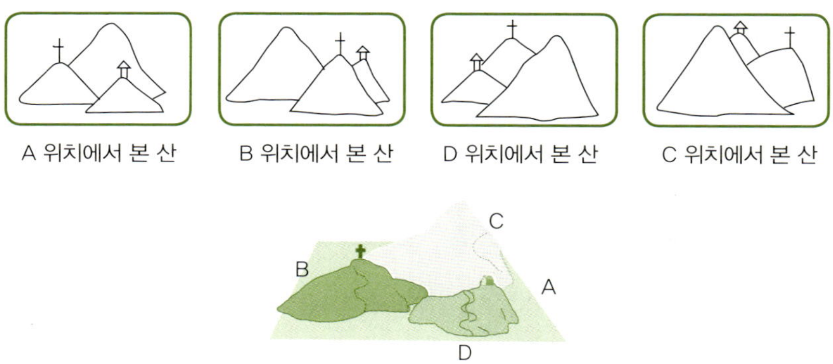

그림 9-9 | **세 산 문제**

즉, 모래로 만든 세 개의 산 모양을 보여주고 A 위치에서 산 모양을 보도록 한 후 네 장의 그림 중 어느 것과 비슷한지 물어본 후 곰 인형을 B 위치에 제시하고 곰에게 산의 모양이 어떻게 보일지를 네 장의 그림으로 선택하도록 하였을 때 전조작 단계 아동은 자기가 선택한 1번 그림을 곰도 선택할 것이라고 생각한다. 이렇게 상대방의 시각에서 세상을 지각하지 못하기 때문에 인과관계의 추론에서도 사건의 원인을 자기중심적으로 이해하려는 경향이 있다. 그래서 엄마에게 "달이 아침에 왜 안 보이는 거야?"라고 물었을 때 지구의 자전 같은 설명보다 "달이 자러 간 거야 내일 너를 만나러 올 거야."했을 때 더 잘 알아듣는다.

두 번째 인지특성은 대상이 가진 다양한 속성들을 모두 고려하지 못하고 한 가지 속성에 중심을 두고 사고하려는 중심화(centration) 경향이다. 가령, 과자 10개를 아동에게 일렬로 가깝게 보여주거나 서로 떨어뜨려 보여준 다음에 어느 쪽 과자가 더 많은지 물어보면 전조작기 아동은 서로 떨어뜨려 보여준 조건의 과자가 더 많다고 응답을 하는데 이것은 과자 전체의 길이에만 중심을 두어 과자들 사이의 간격을 함께 고려하지 못하기 때문이다.

세 번째 인지특성은 어떤 사물에 대한 조작을 처음으로 되돌리지 못하는 불가역성(irreversibility)이다. 즉, 일렬로 가깝게 놓여있던 과자 10개를 서로 떨어뜨려 놓았다면 다시 원래대로 가깝게 놓을 수 있을 거라고 생각하는 것이 가역적 사고이다. 가역적 사고가 불가능하면 수학에서 등식개념을 이해하지 못하기 때문에 등식이 들어간 수학문제를 풀지 못한다.

그밖에도 전조작 단계의 아동은 물활론적 그리고 실재론적 사고를 한다(Piaget, 1932). 물활론적 사고란 세상에 존재하는 모든 물체가 살아있는 것으로 여기는 것을 말하며 실재론적 사고란 현실세계와 가상세계를 구분하지 못하는 것을 말한다. 이 시기의 아이에게는 바위나 해도 말을 거는 존재이고 동화 속에 나오는 병정도 실제로 존재하는 인물로 여겨지므로 유아에게 동화는 상상력을 키우는 훌륭한 수단이 될 수 있다.

동화와 놀이의 기능

아이에게 동화는 불안과 두려움을 해결하고 희망을 갖게 하는 통로의 역할을 한다. 즉, 아이는 이야기의 등장인물과 동일시를 하는데 동화의 이야기 구조는 슬프거나 무서운 일이 많이 발생하지만 결국에는 슬픔이 해소되고 악인들이 벌을 받는 경우가 많다. 이렇게 아이는 동화를 통해 낙천성과 공평함을 배우게 된다. 놀이는 일이 아닌 모든 활동을 말하며 놀이는 자발적 특성을 가지고 있고, 그 자체가 재미있다. 이러한 활동들 속에서 아이는 협동과 규칙, 운동능력과 창의성을 배우고, 놀이라는 가상의 세계 속에서 분노, 불안, 불만 같은 감정을 표현한다(Freud, 1953). 또한 놀이를 통해 아이는 사회와 접촉하고 정서를 발달시킨다.

(3) 구체적 조작단계

구체적 조작단계는 7세에서 11세 사이를 말하며 이 때 아동은 자기중심적 사고에서 벗어나 다른 사람이 자신과 다른 생각을 할 수 있다는 것을 알게 된다. 또한 중심화 경향에서 벗어나기 때문에 물체를 하나 이상의 속성을 함께 고려하여 범주화할 수 있다. 가령, 전조작 단계에서는 물체를 범주화할 때 색깔이나 모양 중 어느 하나의 속성만 고려할 수 있지만 구체적 조작단계에 들어서면 색깔과 모양 등 여러 속성을 함께 고려하여 범주화할 수 있다. 또한 구체적 조작기 아동은 보존개념을 이해하기 때문에 물체의 모양이 바뀌어도 물체 자체가 변하지 않는다는 것을 알게 된다. 가령, [그림 9-10]에서처럼 모양이 다른 비커에 주스를 부어주면 전조작 단계의 아동은 높이가 높은 비커에 더 많은 주스가 들어있다고 생각하는데 비해 구체적 조작단계의 아동은 높이와 너비를 함께 고려하기 때문에 두 비커에 같은 양이 들어 있다고 생각한다.

또한 [그림 9-11]에서 볼 수 있듯이 만 5세경에 수 보존개념을 처음 이해하게 된 후 질량, 넓이, 무게, 부피 등에 대한 보존개념이 점진적으로 발달한다. 그러나

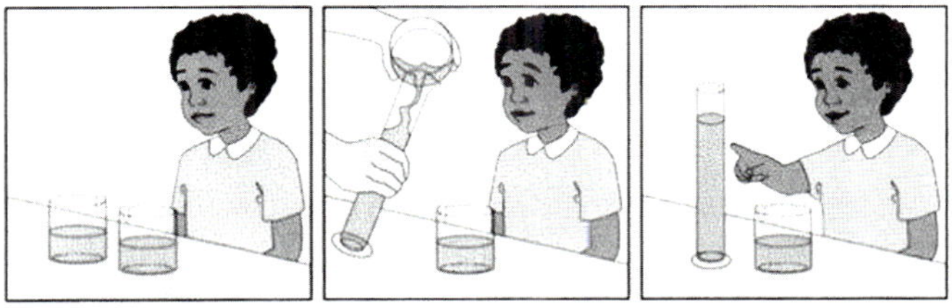

그림 9-10 | 부피 보존개념 실험

구체적 조작단계의 아동은 구체적 사물에 대한 논리적 사고만 가능하기 때문에 가상적 관계에 근거한 가설을 세우는 능력은 아직 가지고 있지 않다. 가령, "영수는 자전거를 타고 가다가 떨어졌다. 왜냐하면…."이라는 문장을 들려주고 대답을 하도록 하면 논리적인 대답을 하지 못하는데 그 이유는 실제로 일어나지 않은 가상적 상황을 논리적으로 구성하지 못하기 때문이다. 즉, 구체적 조작단계 아동은 실제

	획득시기	보존개념 측정에 사용한 과제
	6~7세	**수 보존** • 두 줄의 사과를 보여주면 아동은 사과 수가 같다고 대답한다. • 사과 한 줄을 간격을 늘려서 제시하고, 사과의 수가 같은지를 물어본다.
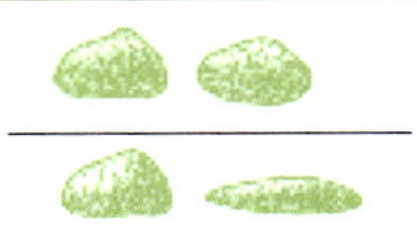	7~8세	**양의 보존** • 아동은 두 덩이의 진흙 양이 같다고 대답한다. • 한덩이의 흙을 길쭉하게 만든 다음 진흙 양이 같은지, 다른지를 물어본다.
	7~8세	**길이 보존** • 아동은 두 개의 막대 길이가 같다고 대답한다. • 막대기 하나를 왼쪽이나 오른쪽으로 옮긴 다음, 두 막대의 길이가 같은지 아니면 어느 한쪽이 더 긴지 물어본다.
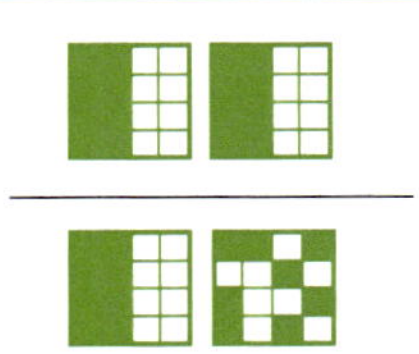	8~9세	**면적 보존** • 아동은 같은 위치에 배열된 같은 수의 블록 면적이 동일하다고 말한다. • 실험자가 한쪽 블록을 흩트려 늘어놓은 후에 아동에게 두 가지 블록 배열의 면적이 같은지, 아니면 한쪽이 더 넓은지에 대해 물어본다.

그림 9-11 | 연령에 따른 보존개념의 획득시기

로 일어난 상황에 대해서는 설명할 수 있지만 실제로 벌어지지 않은 가상적 상황을 가정하여 논리적 관계를 추론하지는 못한다.

(4) 형식적 조작단계

사춘기에 들어서면 형식적 조작단계에 들어서게 되는데 이때는 가설검증과 같은 추상적인 사고가 가능하여 현실에 존재하지 않는 사실에 대해서도 생각할 수 있다. 또한 추상적 대상에 대한 사고가 가능하기 때문에 자신의 생각이나 행동에 대한 관찰이 가능해져 자아개념을 형성하게 되는 원동력이 된다.

피아제의 인지발달 이론은 오랫동안 아동의 인지발달 과정을 잘 설명하는 이론으로 인정되어 왔지만 한계점을 가지고 있는 것으로 드러났다. 첫째, 질적으로 다른 단계가 존재한다는 증거가 분명하지 않다. 가령, 구체적 조작단계의 대표적 특징인 보존개념은 갑자기 나타난다기보다 수 보존개념은 6~7세, 질량 보존개념은 7~8세 이후 등 점진적으로 나타나는데 이것은 보존개념이 단계적이라기보다 연속적으로 획득될 가능성을 보여준다. 또한 자기중심적 사고도 과제의 친숙도에 따라 다르게 나타날 수 있다. 가령, 세 산 문제와 유사한 구조를 가지고 있지만 산 모양 대신 개와 고양이를 사용하면 자기중심적 사고가 나타나지 않는다. 둘째, 피아제는 인지적 발달이 사회적, 정서적 발달의 기반이 된다고 보았지만 사회적 능력에 근거하여 인지능력이 발달한다는 주장도 있다. 인지발달에서 사회적 상호작용을 강조하는 비고트스키(Vygotsky, 1978)는 피아제(Piaget)의 이론이 인지발달에 미치는 사회적 영향을 과소평가하였다고 비판하였다. 셋째, 피아제(Piaget)는 인간의 인지발달이 형식적 조작단계에서 완료된다고 가정하였지만 성인기에도 인지능력의 변화가 일어나므로 이에 대한 고려가 필요하다. 즉, 인지능력은 늘 정적 발달만 보이는 것이 아니며 노화에 의해 부적 발달도 일어날 수 있다.

영어, 어릴 때 배울수록 좋을 것인가?

아기는 한 번에 두 가지 이상의 언어를 배울 수 있는 능력이 있다는 것이 일반적인 견해이다. 그 이유에 대해 언어학자마다 다른 설명을 제시하는데 어떤 언어학자는 두 가지 언어를 수용할 수 있는 세계 공통적인 언어구조가 있기 때문에 한국어나 영어를 모두 거부감 없이 받아들여 두 가지 언어를 쉽게 쓸 수 있다고 본다. 다른 언어학자는 아기가 초기 언어부터 두 언어를 구별하는 능력이 있어 혼동이 일부 있지만 별 어려움 없이 두 가지 언어를 배울 수 있다는 것이다. 취학 전 아이가 두 가지 언어를 동시에 배우는 능력은 두 언어의 구조나 문법의 차이보다 아이의 지능과 관련이 있다. 정상적인 지능을 가지고 있는 아이라면 큰 어려움이 없이 자기가 말하는 대상을 한 언어에서 다른 언어로 변경할 수 있는데 그것은 아이가 어떤 언어를 말했을 때 그것이 어떤 것을 지칭하는지 알 수 있기 때문이다. 일반적으로 아이는 구별할 수 있는 소리의 폭이 어른보다는 넓기 때문에 어른보다 훨씬 다른 언어를 잘 배우는데 그 이유는 나이가 듦에 따라 언어적 성숙이 이루어지면서 모국어의 소리에는 더 예민해지고 모국어에 포함되어있지 않은 소리에는 점점 덜 예민해 지기 때문이다. 예로 'r'음과 'l'음이 구별 안 되는 한국어에 숙달되어 갈수록 아이는 구별능력을 잃어버리게 된다.

이론적으로 얘기한다면 언어구조가 다른 두 가지 언어를 잘 할 수 있는 가장 좋은 방법은 출생 후부터 동시에 두 가지 언어를 배우는 것이다. 이러한 이론적 배경을 근거로 최근에 우리나라에서 취학 전 아이에 대한 영어교육은 물론 유아나 영아에까지 영어를 가르치려는 시도들이 이루어지고 있다. 아기 때부터 영어로 된 동화 카세트테이프를 들려주거나 영어로 된 만화비디오를 보여주는 경우가 있다. 이러한 조기 영어교육이 아기의 지능발달을 고려하지 않고 이루어지고 있기 때문에 좋은 점보다 나쁜 점이 더 많을 수 있다. 실제 조기 영어교육으로 인해 언어지체를 초래하여 병원을 가는 경우가 있는데 대개 영아보다 나이든 언니나 형을 위해 집에서 하루 종일 영어 비디오를 틀어줘서 영아의 모국어를 발달시키기 위한 자극이 결핍되고 언어에 대한 혼동을 가져와 말이 늦어 병원을 찾게 된다. 말이 늦으면 지능저하도 같이 올 수 있다.

아기가 두 언어를 동시에 배우려면 하나의 대상에 대해 두 개의 다른 단어를 배워야 하고 종종 상충될 수 있는 두 문법체계를 배워야 한다. 두 언어 중 한 언어를 사용하는 것을 쉽게 느껴질 정도로 익힌 상태가 아니라면 아기에게 이것은 아주 혼동되는 일이 될 수 있다. 아기가 두 언어를 구별하고 적절히 사용할 수 있다고 하더라도 아기의 지적 능력을 고려할 때 이것은 무리한 것이며 언어 외의 지적 능력 즉 수리력, 기억력, 사고력 등을 발달시키는데 나쁜 영향을 줘 학습능력을 떨어뜨리거나 정서적 문제를 일으킬 수 있다. 더구나 지능이 정상보다 떨어지는 아이에게 조기 영어교육은 심각한 심리적 인지적 장애를 초래할 수도 있다. 이렇게 볼 때 두 언어를 조기에 배운다는 것은 유아에게는 도움이 되기보다 장애가 되는 경우가 많다.

2) 사회적 능력의 발달

(1) 아동기의 특징

아동기에 들어서면 자기중심성에서 벗어나 어떤 상황을 자신의 관점만이 아닌 다양한 관점에서 바라볼 수 있게 되는데 이러한 인지적 변화로 인해 상대방의 의도나 감정을 인식할 수 있게 되며 집단생활에서 중요한 규범에 대한 이해를 가능하게 한다. 공상과 현실이 미분화된 시기인 유아기에는 놀이를 하더라도 목적이나 행동규범이 없지만 아동기에는 놀이에서 목적이나 행동규범이 의식되고 이해된다. 즉, 아동은 가족으로부터 떨어져 동성 친구나 집단 속에서 또래 집단을 형성하고 행동규범에 따르면서 사회생활의 기초를 경험하게 된다. 또한 아동기 이전에는 사회적 관계에서 부모와 자녀간의 관계가 대부분을 차지하는 데 비해 아동기에는 또래관계가 중요한 역할을 한다. 즉, 부모와 자녀 간의 관계에서 아동은 부모의 권위에 순종해야 하는 관계이지만 또래들과의 관계에서는 서로 동등한 지위와 힘을 가진다.

또래들과 잘 지내기 위해서는 상대방의 관점을 인정하고 협력하는 것을 배워야 하며 그 과정에서 부모와 자녀간의 관계와는 다른 사회적 능력을 발달시키고 또래들로부터 호감이 가는 친구로 인정받는 또래수용(peer acceptance)이 중요한 문제가 된다. 특히, 아동기 아이들은 이성을 멀리하고 동성 친구들끼리 놀기를 좋아하는데 비록 이성에 대한 성적 공상을 하더라도 실제 동성집단에서는 이성을 무시하는 듯한 행동을 보인다. 그래서 이 시기를 정상적인 동성애 시기라고도 한다(권육상, 2003). 동성에 대한 이러한 애정은 바람직한 이성관계를 형성하는 데 필요한 선행요소가 된다.

(2) 아동의 학교적응

아동기 시기 아이들은 교과 활동, 특별 활동, 기타 운동회, 소풍, 학생 자치회, 여행 등을 통하여 학교생활을 경험하게 되며 학교생활은 아이와 교사와의 관계, 아이들 상호 간의 관계로 이루어져 있다. 학교생활에서 잘 적응하는 학생은 학교에 대한 감정이나 태도가 긍정적이기 때문에 대인관계도 원만하고 학업성적도 우수한 경향이 있다(구혜숙, 1995). 그렇다면 학교생활에 잘 적응한다는 것은 어떤 것일까?

학교생활에 잘 적응한다는 것은 아동이 대인관계가 원만하고 학교의 규범을 잘 준수하여 정상적인 학교생활을 하고 아동 자신도 만족하는 경우를 말한다(민영순, 1990). 학교생활 적응수준과 학업성적과의 관계를 보면 초등학생의 경우 학교생활 적응수준 상위 집단이 하위 집단에 비해 학업성적이 더 높은 경향을 보이는데, 실제로 학업 우수아 집단은 평범한 아이나 학업 부진아보다 학업에 흥미가 높고 목적의식이 분명하며 또래 친구에 대해 협동적이고 교사에 대해 우호적인 태도를 지닌다(김인숙, 1989). 초등학교 아동 중 일부는 학교에 등교하기 싫어하는 등교 거부증이나 심한 분노와 충동적인 행동, 교사나 친구와 원만한 인간관계를 형성하지 못하는 경향을 보이는데 이들은 부모, 특히 어머니를 떠나 학교에 적응하는 데 어려움을 보이고 또래 친구와의 인간관계를 잘 맺지 못하는 경향을 보인다.

학교 거부증은 왜 일어날까?

학교 거부증이란 아이들이 학교에 가기를 거부하는 현상을 말한다. 우리나라의 경우 초등학생의 3~4%, 중학생의 1% 정도가 학교 거부증을 보인다. 학교 거부증을 보이는 아이들은 대개 자아기능이 약해 새로운 환경을 접하면 불안과 초조, 짜증 등의 정서적 증상을 보인다. 뚜렷한 이유 없이 학교 갈 시간이 되면 배가 아프다거나 어지럽고 머리가 아프다고 하면 '학교 거부증'을 의심해 봐야 한다. 학교 거부증의 원인은 연령에 따라 다양하다. 초등학생들의 경우는 부모와 떨어지기를 두려워하는 '분리 불안장애'가 원인인 경우가 대부분이지만 중 · 고교생들은 우울증이나 스트레스로 인한 공포가 학교 거부증의 원인인 경우가 많다. 분리 불안에 의한 학교 거부증은 주로 지나친 부모의 보호나 기대가 높은 가정의 아이들에게서 나타나는 경우가 많다. 아이가 학교 거부증을 보일 경우 엄마가 학교에 따라가서 수업을 마칠 때까지 기다렸다가 함께 오더라도 학교에 보내야 한다. 신체증상에는 무심하게 대하되 아이가 학교 가는 것에 대해서는 칭찬과 격려를 아끼지 말아야 한다.

학교 거부증이 장기간 계속되면 소아정신과 치료를 받아야 하며 원인에 따라 치료법이 다양하게 적용된다. 분리불안 장애로 인한 경우 가족놀이와 놀이치료를 주로 적용하며 불안의 정도가 심하면 항우울제나 항불안제를 사용하는 약물치료법이 병행된다. 학교 거부증을 보이는 아이들의 부모는 우선 아이들에게 학교는 반드시 가야 하는 곳이라는 확신을 심어주는 것이 중요하다. 또한 학교에서 공부를 마치고 집에 돌아오면 엄마가 언제나 맞아주는 것이 좋다. 엄마가 항상 집에 있다는 생각은 아이의 정서적 · 심리적 안정에 큰 도움을 주기 때문이다. 학교에서 돌아온 아이에게 학교생활은 재미있었는지 친구하고는 어떻게 지냈는지 등 학교에서 있었던 일에 대한 관심을 나타내는 것도 올바른 대처요령 중 하나다.

3) 아동기의 또래관계

사회성은 가정이나 학교에서 가르쳐서 발달하는 것이 아니라 또래 친구들과의 단계적인 놀이 경험을 통해 이루어진다. 또래 친구는 강화를 통해 친애적 행동을 증가시키고 모방과 비교의 대상으로서 아동의 행동에 영향을 끼친다. 학교에 입학하면 칭찬하기, 웃기, 자기물건 나누어 쓰기와 같이 다른 아동과의 긍정적 관계를 증가시키는 행동과 놀리거나 요구에 응하지 않거나, 교사에게 이르거나 무시하기 같이 다른 아동의 행동을 통제하는 행동을 배우게 되며 다른 아동들이 긍정적인 반응을 보이면 그 행동을 반복하고 부정적인 반응을 보이면 그 행동을 억제하게 된다.

또한 아동은 또래와의 상호작용을 통하여 자기중심적 사고로부터 벗어난다. 즉, 또래들과의 상호작용을 통해 타인들이 자신과는 다른 독립된 내적 상태를 가지고 있다는 것을 깨닫게 되고, 타인의 관점이나 전망에 대해 고려할 수 있는 능력을 발달시킨다. 아동에게 성인은 아동의 행동을 통제하는 자기중심적인 존재로 여겨지므로 자기중심적 사고를 벗어나는 데 도움이 되지 않는다. 이처럼 또래 친구는 원만한 사회성 발달뿐 아니라 인지적 발달이나 성격 형성 등 전반적인 발달에 영향을 미친다.

4. 청소년기의 발달

인간이 생물학적, 심리적 그리고 사회적으로 독립된 인격체를 형성하고 사회인으로서 자립하기 위한 준비를 하는 시기가 청소년 시기이다. 문명화된 사회일수록 아동기에서 성인기로 넘어가는 준비기간이 길어지게 되고 그 과정에서 독립적인 성인으로 성장해 가는 개인의 특성을 이해하고 독특한 발달과업을 갖는 청소년기에 대한 관심이 증대되고 있다.

청소년기는 부모로부터 벗어나 심리적 독립이 필요한 심리적 이유기로 청소년들은 발달과정에서 다양한 변화에 적응하는 동시에 개인에게 부여되는 다양한 역할을 성공적으로 수행하기 위한 여러 가지 기술, 지식, 능력 및 태도 등과 같은 발달과업을 이루어야 한다(Havighrust, 1972).

과거에는 청년기의 불안정성이 억압된 성충동이 야기하는 내적 긴장 때문이라고 설명되었고 청년기를 '질풍노도의 시기'라 부르기도 하였지만 최근에는 대부분의 청년기 문제는 내적 욕구와 사회적 압력 간의 긴장이나 사회적 역할기대에 대한 압박에 의해 야기된다는 설명이 받아들여지고 있다(Keniston, 1975).

1) 인지적 특징

청소년기에는 가설을 통해 문제해결을 하거나 어떤 상황에 대한 직접적 경험이 없이 언어적 진술만으로도 문제를 해결하는 형식적 조작단계가 시작된다. 이 시기의 청소년은 이전 단계인 구체적 조작기에서 할 수 없었던 가설 설정을 통한 문제해결이 가능해지며, 구체적 상황 또는 현재의 상황을 뛰어 넘어 추상적인 개념이나 주제에 관해 논리적으로 사고할 수 있게 된다. 물론, 청소년기 이전의 아동들도 어느 정도는 논리적이고 추상적인 사고를 할 수 있지만, 그들의 사고는 비교적 단순하고 흑백논리적인 경우가 많다. 따라서 자신들의 기대나 믿음과는 다른 정보나 상황에 접하게 되면 이를 쉽게 무시하거나 잘못된 것으로 판단하기 쉽다(Keating, 1990).

반면에, 형식적 조작기에 도달한 청소년은 유연하게 사고하고 상대적인 관점에서 세상을 이해할 수 있게 된다. 예를 들면, 어떤 면에서 괜찮게 생각되는 사람에게도 단점이 있을 수 있다고 생각하게 되고, 나아가 자신의 생각이나 행동이 옳은지 그른지 그리고 일관성이 있는지를 판단할 수 있게 된다. 이러한 형식적 조작기의 사고능력은 현재 직접 경험하는 구체적인 상황을 넘어 죽음, 자유, 종교, 이념, 인류의 미래 등과 같은 추상적인 문제들에 대해 논리적으로 사고하는 것을 가능하게 해준다(Jaffe, 1998).

이러한 청소년기의 사고능력은 성격이나 행동에 긍정적 그리고 부정적 영향을 미칠 수 있다. 우선 긍정적 영향을 보면 자신이 어떤 사람이고 무엇을 할 수 있는지를 생각할 수 있게 되어 안정된 정체감을 형성할 수 있고 타인의 감정이나 의도를 정확하게 이해할 수 있게 되어 갈등이 줄어들게 된다. 또한 의사결정을 내릴 때 다양한 대안과 그것이 가져올 결과를 고려할 수 있게 되어 더 효과적인 대안을 선택할 수 있게 된다. 부정적 영향을 보면 불편한 현실에 대해 가설적 대안을 생각할 수 있게 됨에 따라서 불만이 발생하게 되고 기성세대가 그러한 문제에 대해 책임을 져야 한다고 생각함에 따라서 부모나 사회와 갈등을 빚게 될 수 있다. 이러한 이상적 사고는 형식적 사고능력의 결과이며 세대차를 일으키는 원인이 될 수 있다(송길연, 2012).

청소년기의 인지적 특성으로 인해 새로운 형태의 자기중심성이 나타나게 되는데 이것은 "상상 속의 청중(imaginary audience)"과 "개인적 우화(personal fable)"으로 표현된다. "상상 속 청중"은 청소년이 다른 사람들이 자신에게 관심을 가지고 있을 것이라고 생각하는 것으로 그것으로 인해 외모에 지나치게 관심을 보이고 외모에 불만을 갖는 것도 이러한 특성 때문이다. 또한 "개인적 우화"는 청소년들이 자신을 매우 특별한 존재라고 생각하고 타인에게 일어나는 사고나 죽음이 자신에게는 일어나지 않을 것이라고 믿는 것을 말하며 그것으로 인해 피임을 하지 않고 성관계를 하거나 위험하고 무모한 행동을 하려고 한다. 이러한 "상상 속의 청중"이나 "개인적 우화" 같은 현상을 청소년기의 자기중심적 특성 때문이라고 보지만 일부 학자는 타인의 관점을 받아들이는 조망수용 능력이 청소년기에 향상되어 나타난다고 본다.

2) 사회적 특징

청소년들은 인지적 능력이 발달함에 따라 자신에 대해 생각하게 되고 자기중심성으로 인해 타인의 관점으로 자신을 보게 되면서 자기가 누구인지 그리고 어떻게 사는 것이 옳은 것인지 고민하는 정체성 위기에 직면하게 된다(Erikson, 1963). 이러한 정체성 문제는 청소년의 사회적 발달에서 매우 중요한 문제가 되며 청소년기 동안 정체감 획득이 이루어진다면 성인기의 역할수행이 보다 더 용이하게 이루어질 수 있다.

정체감 발달이 청소년기에 중요한 주제로 대두되는 이유는 무엇일까? 첫째, 사춘기 동안의 급격한 신체적 변화와 성적 성숙을 자아정체감이 대두되는 중요한 원인으로 들 수 있다. 둘째, 청소년기는 아동기에서 성인기로 옮겨가는 과도기로서, 신체적으로 성인처럼 성장해 있지만, 정서적 및 경제적인 측면에서는 아직도 미숙하고 무능력하기 때문에 부모에 의존해야 한다. 따라서 이 시기의 청소년들은 자신의 위치와 역할을 어떻게 규정해야 할 것인지에 대해 고민하는, 다시 말하면 자아정체감의 문제에 직면하게 된다. 셋째, 청소년기는 스스로 여러 가지 문제를 선택해야 하는 시기이다. 즉, 이 시기 동안에 청소년들은 진학과 전공 선택 문제, 교우관계 및 이성관계 문제 등과 같이 스스로 선택하고 결정해야 하는 다양한 문제들에 직면하게 되는데, 이러한 문제들 역시 청소년기 동안에 자아정체감 문제에 직면하게 만드는 주요 요인이라고 할 수 있다. 넷째, 청소년기 동안에 이루어지는 높은 수준의 인지능력의 발달도 자아정체감 발달의 주요 요인이 되는 것으로 보는 견해가 많다. 그 이유는 인지능력의 발달은 이 시기 청소년들에게 자신의 위치, 역할, 능력, 과거의 미래의 모습 등의 문제를 검토하고 탐구하도록 만들기 때문이다.

그러나 자아 정체감은 쉽게 이룰 수 있는 것이 결코 아니며 많은 정신적 고통과 혼란을 수반하게 되고 어떤 경우에는 나이가 들어서도 정체감을 형성하지 못하고 방황하는 경우도 있다. 마샤(Marcia, 1966, 1976)에 의하면, 성숙한 정체감 획득을 위한 기준에는 두 가지 요인이 있는데, 그중 하나는 위기(crisis)이고, 다른 하나는 헌신(commitment)이다.

위기란 자신이 취할 수 있는 여러 가지 대안들 가운데서 하나를 선택하기 위해 탐색하는 기간 또는 시기를 말하며, 헌신이란 자신이 선택한 것에 대하여 각 개인이 노력을 투자한 정도를 의미한다. 개인이 여러 가지 대안들을 탐색하는 위기의 과정을 거쳐 어떤 직업이나 가치관 또는 이념에 헌신하게 되었을 때, 성숙한 정체감(mature identity)을 획득하게 된다고 본다. 여기서 마샤(Marcia, 1976)는 위기와 헌신의 개념을 가지고 개개인들의 정체감 유형을 크게 네 가지로 구분하고 있다. 정체감 혼돈 상태는 아직 정체성 위기를 경험하거나 어떠한 결정도 내리지 않은 상태를 의미하며, 정체감 유예는 극심한 위기를 경험하고 있으면서 아직 아무런 결정을 내리지 못했거나 아주 막연하게 방향을 찾기 시작한 상태이다. 정체감 유실은 위기를 경험하지 않은 채 결정을 내리는 상태를 가리킨다. 마지막으로 위기를 성공적으로 극복하고 확고한 신념체계를 확립한 사람들은 정체감 성취로 분류된다.

정체감 유실상태에 있는 청소년들은 직업을 선택하거나 자신의 신념을 확립하기 위해 노력하기보다 부모와 같이 주변의 영향력 있는 사람들의 가치와 기대를 무조건 수용하고 채택한다. 여러 가지 대안들을 탐색하지 않고 타인의 기대를 선택하였으므로 심리 사회적 유예기간을 경험한 적도 없다. 따라서 정체감 유실은 정체감의 정상적인 발달을 방해한다. 자기 정체감을 획득하기 위하여 마음의 혼란도 겪고 방황도 하는 청소년들, 즉 위기에 처해 있지만 아직 관여하지는 않은 상태가 정체성 유예(identity moratorium)에 해당한다. 여기에 해당하는 청소년들은 다양한 역할실험에 몰두하여 다양한 사회적 경험을 하고 광범위한 독서를 하며 자신의 미래에 대해 회의하기도 한다. 또한 이성교제, 결혼문제, 종교문제, 도덕문제 및 정치문제에 대해 심사숙고한다. 그들은 현재 위기에 처해 있기는 하지만 그것을 해결하기 위해 노력하고 있는 사람들이다. 정체성 혼란은 현재 위기의 상태에 있지도 않고 개인적 해답을 얻기 위한 필요성을 느끼지도 않는 청소년들이 이 범주에 속한다.

젊은이들은 확고한 신념체계도 확립하지 못하고 직업 역할을 수행하지도 못한다. 과도한 자의식에 빠져 있는 이 유형의 젊은이들은 직업이나 성취관련 활동을 하지 못하고 타인과도 친밀한 관계를 형성하지 못한다. 정체감 혼란은 정체감 문제는 물론 자율성과 친밀성, 성욕 및 성취의 영역에도 그대로 반영된다.

에릭슨(Erikson, 1963)은 정체감 위기가 청소년 초기에 시작되어 15~18세 경에 해결된다고 보았지만 12세에서 24세 사이 남성의 정체성을 연구한 결과 18세 이전에는 대다수가 정체성 혼란이나 유실 상태에 있는 것으로 나타났으며 21세 이후가 되어야 정체감 획득이나 유예상태에 도달하는 것으로 나타나 정체성을 획득하는 것이 그렇게 쉽지 않음을 보여준다(Kroger, 2005).

이러한 결과는 청소년들이 처해 있는 환경과 연관되어 있는데 10대 후반까지는 새로운 역할을 시도할 기회가 많지 않아 자존감도 떨어지고 우울증도 증가하지만 20대가 되어 대학에 입학하거나 직장생활을 하게 되면서 자기상도 회복되고 정체감도 분명해지게 된다(Twenge & Campbell, 2001).

성정체감은 어떻게 형성되나?

성정체감은 아동기에 자기개념의 일부로 형성되며 우리의 삶에 큰 영향을 미친다. 그렇다면 성정체감은 어떻게 형성될까?

첫째, 성정체감이 형성되는 가장 일반적인 경로는 아이들이 자신과 같은 성을 가진 성인들의 행동을 모방하는 것이다. 사회학습이론(Bandura, 1972)에 따르면 어린이는 반대 성의 모델보다 같은 성의 모델을 모방하려는 경향을 보인다. 그 이유는 어린이가 자기와 유사한 사람을 모방하려고 할 뿐만 아니라 동성 모델에 노출될 기회에 더 많기 때문이다. 즉, 엄마는 딸을 데리고 슈퍼에 잘 가는 데 비해 아빠는 아들을 데리고 야구를 하러 잘 가는 경향을 보인다.

둘째, 아이들이 성정체감에 맞는 행동을 하게 되는 것은 단지 자기와 같은 성을 가진 사람의 행동을 모방하기 때문만이 아니라 부모나 교사, 그리고 또래들이 자기 성과 어울리는 행동은 강화하는데 비해 자기 성과 어울리지 않는 행동에 대해서는 부정적으로 반응하기 때문이다(Mischel, 1970). 가령, 남자 아이가 인형놀이를 하거나 여자 아이가 전쟁놀이를 하는 것을 보게 되면 어른들이나 또래 친구들이 놀리거나 이상하게 생각하기 때문에 스스로 재미있다고 생각하면서도 하지 않게 된다.

셋째, 어린이는 자신의 성을 인식하고 그것이 불변하는 것을 알게 되면 어떻게 행동해야 자신의 성역할과 일치하는지에 대한 정보를 적극적으로 찾으며 이것을 자기-사회화(self-socialization)라고 부른다(Kohlberg, 1966). 즉, 부모나 주변 사람들이 모방이나 강화를 통해 아이의 행동에 관여하지 않더라도 아이가 자신의 성정체감을 인식하게 되면 그것에 적절하게 행동하는 법을 스스로 찾고 그것으로 자신의 성역할을 확인한다. 이렇게 본다면 성역할의 수용은 일방적이고 수동적인 과정이 아니며 주어진 환경에 적응하려는 아이의 적극적 탐색의 결과이다.

Chapter 10

공격행동과 친사회행동

우리는 타인에게 해를 끼치는 행동도 하지만 위기에 빠진 사람을 돕기도 한다. 그렇다면 인간의 본성은 선한 것일까 아니면 악한 것일까? 진화생물학자들은 인간이 거친 환경에서 살아남기 위해서는 공격성이 요구되었고 이러한 특성은 아직도 인간의 기본적 본성으로 남아있지만 이러한 공격성은 사회화 과정에서 학습된 사회규범에 의해 억제되어 있다. 이 장에서는 공격성과 친사회성을 바라보는 관점들을 살펴보고 그것을 통해 인간의 본성을 어떻게 바라볼 것인지를 생각해보도록 한다.

Chapter 10

공격행동과 친사회행동

1. 공격행동이란 무엇인가

우리 사회에서 공격행동은 범죄자의 범죄행위, 스포츠에서의 대결, 사법기관의 처벌, 국가 간의 전쟁 등 다양한 형태로 이루어지고 있으며, 공격행동은 이렇게 물리적이거나 언어적으로 상대방을 공격하는 모든 행위를 말한다. 공격행동을 허용하느냐의 여부는 타인에게 해를 끼칠 의도가 있었는지에 달려 있는데 범죄자의 범죄행위는 해를 끼치는 행위이기 때문에 금지되지만 범죄자를 막기 위한 사법기관의 처벌은 공공의 이익을 위한 것이므로 허용된다. 공격행동을 크게 나누면 도구적 공격행동과 적대적 공격행동으로 구분되며(Feshbach, 1964) 도구적 공격성은 자신의 욕구나 목적을 이루기 위해 공격행동을 하는 것이고 적대적 공격행동은 좌절이나 분노로 인해 상대방을 해치기 위해 하는 공격행동이다.

1) 공격행동을 바라보는 관점

(1) 진화생물학적 관점

진화생물학적 관점에서는 공격성이 위협적인 상황에서 종이 생존하는 데 도움이 되었기 때문에 진화된 특성이라고 본다(Darwin, 1859; Lorenz, 1966; Tinbergen, 1951). 즉 공격행동은 먹이 구하기, 영토 보존, 배우자 선택, 새끼 보호 등 종의 생존에 필요한 활동에 필수적이기 때문에 진화된 행동이다. 또한 동물이나 인간은 집단 내에서 가장 높은 지위를 차지하기 위해 공격행동을 하는데 높은 지위를 차지하면 먹이나 교미에서 우선권을 가질 수 있기 때문이다. 일반적으로 높은 지위를 가진 구성원은 자기보다 낮은 지위에 있는 구성원에게 위협행동을 하여 자신의 지위를 확인하려고 한다. 이러한 공격행동은 집단 내에서 불필요한 싸움을 막고 자손을 번식하기 위해 진화된 것이라고 할 수 있다. 인간도 지배-복종 위계를 통해 공격행동을 억제하지만 위계를 결정하는 요인이 신체적 힘보다 지능이나 지도력 같은 심리적 특성이라는 점이 다르다.

인간은 사회화 과정에서 공격행동을 억제하는 사회규범을 학습하고 타인의 행동을 관찰하여 공격행동을 통제하는 방법을 배운다(Bandura, 1973). 또한 사회가 발전하면서 원하는 목표를 달성하는 데 공격행동이 도움이 되지 않게 됨에 따라 공격행동이 감소하는 추세를 보이고 있다(Pinker, 2011). 그러나 일부 사회생물학자는 공격행동에 대한 잠재력은 인간에게 여전히 존재하며 사회화 과정을 통해 학습된 사회규범에 의해 억제되고 있을 뿐이라고 가정한다(Elliot, 2000). 만일 신체 이상이나 술 또는 마약 등의 생물학적인 요인에 의해 억제력이 약화되면 공격행동이 발생할 수 있다고 본다. 따라서 이렇게 억제된 공격성은 스포츠와 같이 사회적으로 수용 가능한 형태로 표현하도록 격려되어야 한다(Lorenz, 1966).

(2) 좌절–공격성 관점

프로이트는 공격추동(aggresive drive)이 쾌락추구나 고통회피를 방해하는 좌절이 일어났을 때 활성화되며 공격추동이 충족되지 못한다면 그것을 억압하는데 심리적 에너지가 감소하므로 반드시 반드시 해소(catharsis)되어야 한다고 보았다. 공격성에 대한 프로이트 이론의 가정은 좌절–공격성 이론(Dollard, Doob, Miller, Mowrer, & Sears, 1939)에서 이어지는데 우리가 원하는 목표를 추구하는 행동이 방해를 받으면 좌절과 분노가 발생하며 좌절과 분노가 클수록 더 강한 공격성이 유발된다. 가령, 무엇인가를 하기 위해 줄을 서 있는데 누군가 무단으로 끼어들었다면 줄에서 두 번째에 있는 사람보다 열 번째에 있는 사람이 더 강한 언어적 공격성향을 보인다(Harris, 1974). [그림 10–1]에서 보듯이 분노가 반드시 공격행동을 일으키는 것은 아니며 기질이나 상황에 따라 위축과 같은 반응을 유발할 수도 있으며, 공격성이 외부로 향하면 우리가 일반적으로 보는 공격행동이 나타나지만 내부로 향하게 되면 자살과 같은 행동이 일어날 수도 있다. 그리고 외적 공격행동 중에서 화풀이나 스포츠 같은 대치적 공격행동으로도 표현될 수 있다.

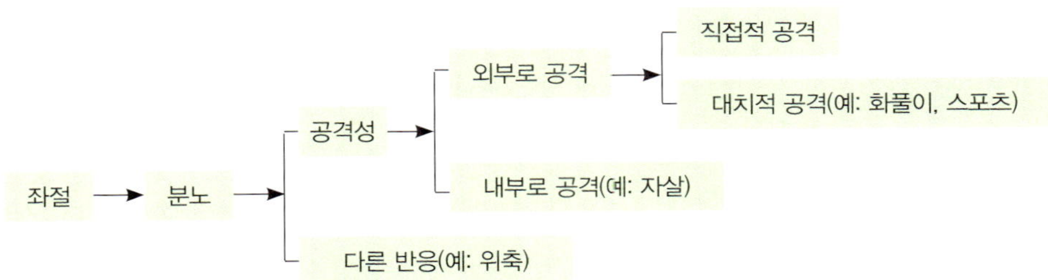

그림 10-1 | Dollard 등(1939)의 좌절–공격성 이론

그러나 음식점에서 줄을 서는 것과 같이 목표를 달성하는 데 좌절했다고 반드시 공격으로 이어지지는 않으며, 전쟁과 같이 좌절감이 없이도 공격행동이 일어날 수 있다. 게다가 목표달성이 좌절되었다고 하더라도 성격에 따라서 공격을 포기하고

위축되는 경우도 있다. 이러한 좌절-공격성 이론의 문제점을 보완한 단서촉발이론(Berkowitz & Lepage, 1967)에서는 공격행동이 좌절감으로 인한 분노만으로 일어나지는 않으며 촉발단서가 있을 때 일어난다고 가정한다. 예를 들어, 좌회전 차선에서 앞에 있는 차가 출발을 하지 않고 있을 때 경보기를 누르는 경향을 살펴보면 앞차에 총이나 칼과 같은 공격행동을 유인하는 단서자극이 있을 때 경보기를 더 누르는 경향을 보인다.

(3) 행동주의적 관점

사람은 좌절이 생겼다고 무조건 공격행동을 보이는 것이 아니며 어떤 상황에서는 공격하고 다른 상황에는 공격하지 않으며, 어떤 사람에게는 공격하고 다른 사람에게는 하지 않는 것을 학습한다. 이러한 공격행동의 학습에는 강화와 모방이라는 두 가지 학습원리가 작용하고 있다. 강화원리에 따르면 공격행동을 했을 때 긍정적 보상을 받게 되면 공격행동을 반복할 가능성이 높아지고, 벌을 받게 되면 공격행동을 반복할 가능성이 적어진다. 예를 들어, 놀이터에서 강압적으로 자기가 원하는 것을 얻는 아이는 다른 사람과의 관계에서 강압적인 방법을 더 자주 사용하는 경향을 보인다(Patterson, Littman, & Bricker, 1967).

또한 모방에 근거한 학습원리에 따르면 모델이 공격적으로 행동하고 그 결과가 긍정적이라면 그 행동을 모방할 가능성이 높아진다(Bandura, 1973). 특히, 아동은 자신에게 중요하고 호감을 가진 사람을 모방하려고 하는데 부모는 이러한 조건에 가장 잘 맞는 대상이다. 부모는 자녀의 행동을 강화하는 주체이면서 동시에 아동의 모방대상이기 때문에 아동의 공격행동은 부모가 어떻게 행동하는지에 달려있다. 성인의 경우에도 모방에 의한 공격행동이 자주 관찰되는데 대표적인 것이 전염적 폭력(contagious violence)이다. 전염적 폭력이란 [그림 10-2]에서 볼 수 있듯이 신문이나 방송 등의 미디어에서 특정한 사건을 집중적으로 보도하고 나면 그와 유사한 사건들이 집중적으로 발생하는 경우를 말한다.

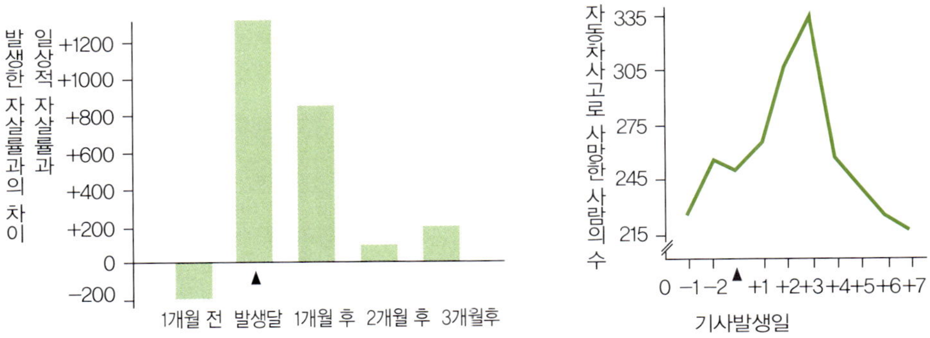

그림 10-2 | **전염적 폭력의 사례**

(4) 특질적 관점

공격행동이 개인의 특질에 기인한다는 것으로 이것은 공격성이 표현되는 방식은 달라도 아동기의 공격성이 성인기의 공격성을 예측해준다는 연구에 의해 지지된다(Kagan & Moss, 1962). 가령, 어릴 때 무단결석, 규칙위반, 거짓말 같은 문제행동을 보이는 품행장애는 성인기에 나타나는 반사회적 성격장애로 진행될 가능성이 높다. 이러한 반사회적 성격장애를 가진 사람들이 보이는 타인의 고통에 대한 낮은 공감과 충동성 그리고 비도덕적이고 무책임한 행동은 생물학적 요인과 관련되어 있을 가능성이 있다. 즉, 반사회적 성격장애자는 일반인에 비해 전두엽 피질이 낮은 각성수준을 보이며 이러한 낮은 각성수준은 공격행동을 평가할 때 부정적 정서를 경험할 가능성이 낮아 공격행동을 더 많이 보일 가능성이 높다. 그러나 반사회적 성격장애는 생물학적 요인뿐 아니라 가정환경이나 양육방식, 또래집단과의 문제 같은 사회적 요인의 영향도 받을 수 있다. 가령, 반사회적 성격장애자 중 대다수가 어린 시절에 부모로부터 학대를 당하거나 사랑을 받지 못하고 자라 자신을 지속적으로 돌봐주는 존재를 내면화하지 못한 특성을 보인다(Kernberg, 1984).

2) 공격행동에 영향을 미치는 요인들

우리 주변에서는 많은 공격행동이 발생하고 그러한 공격행동은 범죄로 이어지기도 한다. 그러한 공격행동을 일으키는 공격성의 근원은 본능일수도 있고 환경일수도 있지만 공격성이 실제 공격행동으로 표현되는 과정에는 다양한 요인들이 영향을 미칠 수 있다. 즉, 공격성이 생존을 위해 진화되어 온 특성이며 사회규범에 의해 억제되고 있지만 이렇게 억제된 공격성은 생물학적 요인이나 사회적 상황에 따라 공격행동으로 표현될 수 있다. 그렇다면 어떤 요인이 공격행동에 영향을 미치는지 알아보자.

(1) 생물학적 요인

공격행동의 발생과정에 생물학적 요인은 중요한 역할을 하며 주로 뇌의 기능적 이상이나 신경전달물질의 비정상적 분비로 인해 발생한다. 첫째, 편도체와 전두엽의 기능이상은 과도한 공격행동과 관련되어 있을 수 있다. 심한 뇌염을 앓은 후 충동적인 공격행동을 보이는 여성의 경우 편도체의 이상이 공격행동을 유발한다는 사실이 발견되었으며(Mark, 1975) 반사회적 성격장애를 보이는 사람들 중에는 전두엽에서 비정상적인 뇌활동이 관찰되었다(Howard, 1976). 즉, 전두엽의 낮은 활동수준은 범죄를 저지를 때 나타나는 불안감과 범죄를 회피할 때 나타나는 안도감 간의 차이를 감소시켜 범죄의 가능성을 높일 수 있다. 둘째, 대뇌에서 세로토닌의 과소분비나 테스토스테론의 과다분비도 공격행동의 원인이 될 수 있다. 세로토닌은 충동 억제에 중요하며 동물실험에서 세로토닌이 낮아지면 공격행동의 가능성이 증가하는 것으로 나타났다. 또한 높은 테스토스테론 수준은 성마름, 좌절에 대한 낮은 인내, 충동성과 높은 상관을 보이며 이러한 성향은 자극을 받았을 때 공격행동을 보일 가능성을 증가시킨다. 실제로 잦은 폭력범죄를 저지르는 사람의 혈액에서 낮은 세로토닌과 높은 테스토스테론 수준이 관찰된다(Pendick, 1994). 생물학적으로 특별한 장애를 가지고 있지 않더라도 생물학적 원인으로 인해 공격행동을 보일 수 있는데 대표적인 것이 생리전 증후군이다. 일반적으로 생리가 시작되기 일주일 전쯤 여성들은 심리적인 불안을 느끼는데 어떤 여성의 경우에는 매우 충동적이고 공격적인 행동을 보이는 경우가 있다. 이럴 때 전에는 보이지 않던 도벽이 나타나기도 하고 주변 사람들에게 공격적으로 대하기도 한다. 실제로 생리 전 긴장상태로 시달리는 여성들의 자살기도가 전체 여성 자살기도의 53%를 차지하며, 여성 재소자 156명을 조사한 결과 이들의 49%는 생리 기간에 저지른 범죄로 입소한 것으로 나타났다.

살인자의 뇌: 전두엽 활동과 공격성

지금까지 살인사건을 일으킨 범죄자는 열악한 가정환경과 부모의 학대 때문에 나타난다는 생각이 주류를 이루고 있었다. 그러나 최근 살인은 두뇌의 생물학적 결함에 의한 것일 수도 있다는 시각이 새롭게 대두되고 있다. '좋은 가정의 아이들이 자라서 폭력범이 되는 이유는 무엇일까'라는 의문은 범죄의 원인을 찾는 학자들에게 심각한 문제가 되고 있다. 폭력적인 아동의 부모는 '내가 무엇을 잘못했을까?' 하고 생각하는 경향이 있는데, 실제로 정상적인 가정에서 자란 아이들이라면 그 해답은 생물학적인 결함일 가능성이 많다. 레인(Lane, 1982)은 살인자의 두뇌를 PET(양전자 방출 단층촬영법)로 분석하는 연구를 하였는데 좋은 가정 출신의 살인자들이 가정에서 학대 받은 살인자들에 비해 두 가지 주요 두뇌 영역의 활동이 더 적다는 사실을 발견했다. 즉, 이마와 눈 바로 뒤에 있는 전(前)전두엽 피질의 활동이 5.7% 더 낮았으며 또 오른쪽 안구(眼球) 부위 전두엽 피질의 활동도 14.2% 더 낮았는데 두 대뇌영역은 공격적인 행동을 억제하는 것으로 알려져 있다. 레인(1982)은 이렇게 대뇌활동에 문제를 가진 범죄자들은 감정과 분노를 통제하는 제동장치가 부족한 것이라고 지적하고 태어날 때부터 이러한 뇌기능 장애를 가졌을 가능성이 높다고 언급하였다. 특히, 건강한 사람도 전전두엽 피질에 손상을 입으면 공격적 · 반사회적으로 변할 수 있다. 가령, 전쟁터에서 두뇌에 총상을 입은 베트남전 참전 군인들을 연구한 결과 전전두엽 피질 손상을 입은 사람은 폭력적 행동을 할 위험성이 증가되었다(Jordan, 1986).

또한 반사회적 성격장애자는 대뇌의 좌우 반구(半球)를 연결하는 뇌량(腦梁)도 기능이 저하되어 있었는데 이것은 좌반구가 감정을 담당하는 우반구와 효과적으로 교류를 할 수 없고 그것으로 인해 공격적 충동이 통제되기 어렵다는 것을 의미한다. 그러나 공격행동을 전전두엽 피질의 이상으로 설명하려는 연구에 대해 다양한 반론이 제기되고 있다. 슈텐(Sten, 1994)은 전전두엽 피질의 손상이 갑작스러운 충동형 공격을 설명하는 데에는 도움이 되지만 계획적인 범죄를 설명하는 데에는 적합하지 않다고 지적하였다. 또한 루이스(Lewis, 1997)는 대부분의 두뇌 손상 환자는 폭력적이지 않으며 심각한 정신적 질환을 가진 사람도 대부분 폭력적이지 않다고 강조하고 더 중요한 것은 전전두엽 피질 연구들은 같은 문제를 가지고 있어도 남성이 훨씬 더 폭력적이라는 가장 명백한 결과를 잘 설명하지 못한다고 지적하였다. 따라서 폭력과 범죄는 생물학적 요인뿐 아니라 사회적 요인이 작용하는 복합적인 행동으로 이해해야 한다.

(2) 정신장애 요인

정신장애인의 폭력성에 대한 지나친 선입견은 잘못된 것이지만 정신장애를 가진 사람은 왜곡된 지각이나 망상으로 인해 타인에게 해를 끼칠 가능성이 있다. 사람들이 공격행동과 관련하여 가장 많이 떠올리는 정신장애는 조현병으로 조사대상자 중 52.5%가 조현병 환자가 다른 사람에게 폭력이나 해를 끼칠 수 있다고 응답하여 조현병에 대한 일반인의 불안감은 매우 크다고 할 수 있다. 그렇다면 조현병 환자는 왜 타인을 공격할까? 조현병 환자 중 일부는 피해망상이나 질투망상을 보이는 경우가 있는데 피해망상은 자신이 타인으로부터 피해를 입을지도 모른다는 생각이고 질투망상은 의부증이나 의처증 같이 가까운 배우자나 가족을 의심하는 것이다. 타인이 자신을 해칠지 모른다는 피해망상이나 배우자의 배신에 대한 질투망상은 매우 강하고 분노를 포함하기 때문에 공격행동으로 쉽게 이어질 수 있다. 그렇다면 조현병 환자는 정말 위험할까? 스웨덴에서 이루어진 조사에서 일반인의 범죄율은 5.3%인데 비해 약물을 사용하지 않는 조현병 환자의 범죄율은 8.5%로 큰 차이를 보이지 않았다. 또한 한국의 경우에도 2016년 한 해 동안 일어난 범죄 중 정신장애 환자가 저지른 범죄는 0.4%에 불과하다. 이렇게 본다면 조현병 환자는 일반인보다 공격적이지는 않으며 공격행동을 하더라도 약물 때문이거나 약물치료가 결여되었을 때 나타나는 망상 때문에 나타나는 것이라고 할 수 있다. 한편 반사회적 성격장애(anti-social personality disorder)를 보이는 사람은 타인에 대한 공감능력이 없어 극단적으로 자기중심적이며, 타인의 피해에 대한 죄책감이나 양심의 가책이 없어 범죄나 공격행동의 가능성이 높다. 일반적으로 반사회적 성격장애자를 사이코패스(psychopath)라고도 부르는데 이들 중에는 스트레스에 민감하여 쉽게 흥분하고 충동적이어서 공격행동을 자주 보이는 유형도 있지만 겉으로는 대인관계에 능하고 다정해 보이지만 자신의 목적을 위해 타인을 조종하고 이용하는 유형도 있다. 반사회적 성격장애는 도덕판단에 관여하는 전전두엽이나 안와 전두엽 영역의 활동수준이 낮아서 나타나기도 하지만 어릴 때 부모의 학대로 인해 나타나기도 한다(Fallon, 2013).

(3) 상황적 요인

공격행동을 유발하는 상황적 요인에는 폭력적인 장면이 포함된 프로그램도 있지만 사람들을 불쾌하게 만드는 날씨나 소음 같은 자극도 있다. 우선 폭력적인 TV 영화나 게임 프로그램은 공격성에 행동적, 정서적, 인지적으로 영향을 미칠 수 있다. 가령, 대학생에게 모욕을 주어 화나게 한 후 폭력적인 영화와 비폭력적인 영화를 보도록 한 후 상대방에게 전기쇼크를 줄 기회를 제공하였을 때 폭력물을 본 대학생이 더 강한 전기쇼크를 주었다(Bandura & Walster, 1963). 이것은 폭력물의 시청이 공격행동을 증가시킬 수 있음을 보여준다. 폭력물은 이렇게 시청자의 공격행동에 영향을 미칠 뿐 아니라 타인의 폭력에 대해서도 관대하게 만든다. 가령, 폭력적인 영화를 본 경우에는 그렇지 않았을 때보다 성범죄자에게 관대한 구형을 내리는 경향을 보였다(Zillman & Bryant, 1984). 또한 폭력적인 영화에 반복하여 노출되면 애매한 상황을 공격적인 상황으로 잘못 판단하게 만들 수 있다. 예를 들어,

폭력적인 영화나 또는 비폭력적인 영화를 시청한 후 애매한 16개의 장면을 제시한 후 공격적인지를 판단하도록 하면 폭력적인 영화를 시청한 피험자는 애매한 장면을 더 폭력적인 것으로 판단하는 경향을 보인다(곽금주 · 윤진, 1992). 한편 날씨나 소음도 스트레스를 증가시켜 공격행동을 일으킬 수 있다. 흥분전이가설(Arousal transfer hypothesis)(Zillman, 1971)에 따르면 더운 날씨나 소음 또는 생활사건에 의한 스트레스는 흥분수준을 누적적으로 증가시키며 이때 좌절 같은 새로운 스트레스가 주어지면 평소보다 더 쉽게 공격행동을 보이게 된다. 가령, 날씨가 더우면 폭력사건이 더 많이 발생하게 되는데 이것도 더운 날씨 같은 물리적 조건이 흥분수준을 높여 공격행동이 일어나기 쉽게 만들기 때문이다(Kenrick & MacFarlane, 1986)

공격행동에 폭력물은 진짜 영향을 미칠까?

요즘과 같이 영화나 TV에서 폭력물이 자주 방영되었던 적은 없었다. 이렇게 폭력물을 방영하는 이유는 폭력이 시청자의 주의를 끌 것이라는 기대 때문이다. 공격성에 미치는 폭력물의 영향에 대해서는 아직 분명한 결론은 내려져 있지 않지만 어떤 주장이 제기 되었었는지 알아보자. 프로이트에 따르면 공격성은 좌절로 인해 발생하는 에너지이며 일반 발생한 에너지는 직접적이든 간접적이든 공격행동을 통해 방출되지 않으면 감소하지 않는다. 공격행동의 표현으로 공격성이 감소하는 것을 정화(catharsis)라고 하는데 정화는 직접적인 공격행동뿐 아니라 폭력물을 시청하거나 권투 같은 경기를 관찰하는 것만으로도 나타날 수 있다고 본다. 그러나 격렬한 스포츠인 아이스하키 경기를 관전한 후 오히려 공격성이 증가하며(Russell, 1981), 실직한 기술자에게 과거 상사에 대해 언어적으로 공격할 기회를 주면 그런 기회를 주지 않았던 기술자에 비해 상사를 보다 가혹하게 기술하는 경향을 보인다(Ebbesen, Duncan, & Konecni, 1975). 이렇게 본다면 폭력물을 시청하거나 공격행동을 하도록 하면 공격성이 감소되기보다 오히려 증가하는 경향이 있다. 그에 비해 사회학습이론(Bandura, 1992)에서는 폭력물을 시청하거나 공격행동을 관찰하면 공격행동을 증가시킬 수 있다. 폭력물을 시청하면 공격행동의 목록을 증가시켜 다양한 공격행동을 유발하고, 공격행동을 하고 나면 더 화가 나서 억제되어 있던 공격행동이 증가하는 탈억제효과(disinhibition effect)가 나타날 수 있으며, 공격행위와 관련된 기억과 생각을 활성화하여 어떤 상황에서 공격행위가 쉽게 해결책으로 떠오르게 한다. 이렇게 본다면 폭력물을 시청하게 되면 공격성을 감소시키기보다 증가시킬 수 있다. 이렇게 두 이론은 공격행동에 미치는 폭력물의 영향에 대해 반대되는 주장을 하고 있다. 에론(Eron, 1982)은 종단적 연구를 통해 공격행동에 미치는 폭력물의 영향을 검증한 결과 언어적, 신체적 공격행동에 대한 관찰 자체는 공격행동을 증가시키지만 상대방에 대한 공격이 상대방에게 아주 유해한 결과가 일어났음을 알게 되었을 경우에만 정화효과가 발생한다는 것을 발견하였다. 따라서 폭력물은 아동의 공격행동에 부정적인 영향을 미친다는 것을 알 수 있다.

(4) 발달적 요인

인간은 생물학으로 공격적 잠재력을 가지고 있지만 사회화 과정에서 어떤 규범이 형성되는지에 따라서 공격행동이 억제되거나 강화될 수 있다. 특히 어릴 때 가정환경은 공격성의 발달에 큰 영향을 미친다. 즉, 부모의 양육태도가 애정적이면 공격성향이 감소하지만 강압적이거나 거부적이면 공격성향이 증가하며 이러한 공격적 경향은 성인이 된 후에도 지속된다(Kim & Doh, 2001). 또한 공격적인 아동의 가정은 가족구성원들이 갈등을 지속적으로 보이며 대화를 꺼리고 말할 때도 긍정적 대화보다 위협적 대화가 더 많이 일어나는 경향을 보이는데 이것을 강압적 가정환경(coersive home environment)이라고 부른다(Patterson, 1987).

강압적 가정환경에서 엄마들은 행동통제의 수단으로 설명이나 칭찬 같은 긍정적 방법을 거의 사용하지 않으며 바람직한 행동은 무시하고 악의 없는 행동의 악의가 있는 것으로 잘못 해석하여 강압적인 방법(소리 지르기나 때리기)을 사용하여 억제하는 경향을 보인다. 아동은 부모의 강압적인 양육방식에 대처하기 위해 부모에게 대항하고 부모의 공격적 행동방식을 배우게 되는데 이러한 행동은 칭찬이나 애정을 보이지 않는 성인들의 관심을 끌 수 있는 유일한 방법이기 때문이다. 그에 비해 강압적인지 않은 가정환경에서 자란 아동은 부모에게 늘 긍정적 관심을 받기 때문에 공격행동을 하여 가족을 자극할 필요가 없다. 이러한 부모의 양육태도는 아동의 사회적 기술에도 긍정적 영향을 미치며(Eisenberg, 2006) 이러한 사회적 기술은 타인을 대할 때 더 협조적이고 호의적으로 대하고 자신의 의견을 명확하게 표현하여 타인과의 갈등이나 공격행동을 줄이는 효과를 보인다(Kim, 1996).

폭력적 게임과 공격행동

일반적으로 게임들 중 89%는 폭력을 포함하고 있으며 어린이를 위한 게임들 중 79%에도 폭력이 포함되어 있다고 한다. 이렇게 폭력적인 게임은 어린이의 공격행동에 어떤 영향을 미칠까? 스탠포드 의대의 연구에 따르면 어린이가 폭력성 있는 영화와 비디오 게임을 멀리하는 것이 공격적 행동을 감소시킨다고 한다. 즉, 폭력성 있는 영화나 비디오 게임을 덜 접해본 어린이가 학급 친구에게 폭력적인 행동을 적게 하는 것으로 보고되었다. 이 연구결과에 따라 국제 게임 개발 협회를 비롯한 게임 산업 옹호 단체들은 회의를 개최해 게임의 폭력성에 대해 논의하고 게임 산업이 등급 시스템(ESRB)을 엄격하고 보다 폭 넓게 적용시켜야 하며 게이머가 자신의 연령에 맞는 게임을 선택할 수 있도록 제도화할 것을 제안하였으나 현재 어린이가 폭력적인 게임을 하는 것을 막을 방법은 그다지 많지 않다.

그러나 어린이의 폭력적인 행동에 관한 연구에서 서전 제너럴(Surgeon General)은 미디어에서의 폭력성과 실제 삶의 폭력성과는 연관이 없다고 밝혔다. 콜롬바인 고등학교(Columbine High School) 사건 이후 클린턴 미국 대통령의 지시하에 시작된 이 연구에 따르면 미디어에서 폭력성이 짙은 내용을 다루는 것이 청소년의 폭력 행위와 많은 관련이 있다고 예측한 이전의 연구와는 다르게 "폭력적인 행위는 결코 단순한 한 가지 원인 때문에 일어나지 않는다."며 "미디어의 폭력적인 내용은 이러한 행동을 유발하는 수많은 요인 중에 하나일 뿐이다."라고 주장하였다. 이번 보고서에서는 미디어가 폭력적 행동에 영향을 줄 수 있지만 "미디어의 폭력적 내용에 모든 청소년이 같은 영향을 받는 것은 아니며 그 영향은 도전적인 성격을 지닌 청소년에게서 강하게 나타나는 경향이 있다."고 보충 설명했다.

(5) 인지적 요인

화가 난다고 모든 사람이 공격행동을 보이는 것은 아니다. 분노는 피해자가 피해를 가해자의 내적 의도 때문이라고 생각하고 그러한 의도가 부당하다고 느낄 경우에 발생한다. 실제로 분노를 경험한 사람 중 59%가 상대방의 행위가 고의적이고 부당하다고 여긴다(Averill, 1983). 따라서 분노를 일으켰던 사건을 재평가하게 하면 공격행동에 영향을 미칠 수 있다. 예를 들면, 모욕을 주는 상황을 만들되 "중요한 일을 앞두고 있어 예민해져 있다"는 완화정보를 모욕을 주기 전이나 후에 제공하였을 때 모욕 이전에 완화정보를 받은 집단은 감정과 공격행위가 더 적었다(Zillman & Cantor, 1976).

또한 흥분전이에 의한 공격도 흥분의 원인을 어디에 귀인하는 지에 따라서 공격행동이 일어날 수도 있고 일어나지 않을 수도 있다. 가령, 공항을 가는데 러시아워로 늦어 흥분이 된 상태에서 공항검색대에서 검색이 지체되면 누구나 초조하고 흥분하게 되는데 이때 흥분의 원인을 러시아워에서 찾게 되면 공격성이 감소하지만 흥분의 원인을 검색하는 사람들의 느린 행동으로 귀인하게 되면 공격성이 증가하게 된다. 이렇게 다양한 이유로 좌절하거나 흥분하더라도 그것의 원인을 어디에 귀인하느냐에 따라서 공격행동이 나타날 수도 있고 그렇지 않을 수도 있다는 것을 알 수 있다.

3) 공격행동의 발달과 억제

인간의 역사를 되돌아 보면 한 순간도 전쟁 없는 평화를 가져본 적이 없음을 발견하게 된다. 대규모의 인명손실을 가져오는 전정이 아니더라도 인접국가나 부족간의 분쟁은 끊임없이 계속되고 있으며 특별한 이유도 없이 주변 사람에게 해를 끼치는 사건들이 미디어를 통해 끊임없이 보도되고 있다. 이러한 상황을 볼 때 우리는 "인간은 근본적으로 폭력적인 성향을 가지고 태어났을까?"란 의문을 갖게 된다. 이러한 의문은 인간의 행동이 선천적인 요인과 후천적인 요인 중 어떤 것의 영향을 더 많이 받는가 하는 문제와 연관되어 있다. 만일 타인에 대한 공격행동이 선천적인지를 알아보기 위해서는 사회화의 영향을 상대적으로 더 적게 받은 아동의 공격행동 발달을 체계적으로 조사해 볼 필요가 있다.

(1) 공격행동의 발달

세 살 이전 아동의 공격행동은 공간과 놀이감의 차지와 관련된 경향이 있다. 이 단계에서 아동은 자기 원하는 사물에 초점을 맞추고 그것을 가지고 있는 사람을 위협하는 몸짓을 행한다. 따라서 가장 많이 싸우는 아동은 가장 사교적이고 경쟁적인 경향이 있다. 그러나 장난감을 차지하려는 행동 속에는 상대방을 의도적으로 밀치는 등의 공격행동이 나타난다. 세 살에서 여섯 살 사이 아동의 공격행동은 사물에 대한 싸움에서 지위에 대한 싸움으로 변화되며 그에 따라 공격수단이 신체적인 것에서 흉을 보고, 놀리고, 욕하는 등 언어적인 것으로 변화된다. 변화의 원인은 부모의 제재와 더불어 난폭한 행동이 자신의 목적으로 달성하는 데 적합하지 않은 것을 알게 되기 때문이다.

여섯 살이나 일곱 살이 되면 자기중심성 대신 감정이입이 발달하면서 대부분의 아동은 공격행동이 감소한다. 왜냐하면 아동은 타인의 입장에서 생각할 수 있기 때문에 상대방이 왜 그런 방식으로 행동하는지를 이해할 수 있으며 타인을 긍정적으로 대하는 방식을 발달시키기 때문이다. 그러나 타인의 우연한 공격적 행동의 원인을 고의로 해를 가하려 했다는 공격적 의도로 추론하는 경향이 높아진다. 따라서 5~6세 쯤부터 적의적 공격성이 증가하게 된다. 이렇게 타인의 행동을 공격적 의도로 추론하여 적의적 공격성이 증가하는 이유는 공격적 행동의 원인을 정확하게 추론하는 능력의 결핍에 기인하기보다 초등학교 아동들은 타인의 의도가 고의적인 것이 아니라 우연인 것을 알면서도 자신의 일에 방해가 되는 행동에 대해서는 공격적 행동으로 반응하는 경향이 있기 때문이다. 인간이 선천적으로 공격적인지를 알기 위해서는 공격성을 적의적이지 않은 공격행동과 적의적인 공격행동을 구분하는 것이 필요하다고 볼 수 있다. 적의적이지 않은 공격행동은 생애 초기에 누구에게나 나타날 수 있지만 적의적인 공격행동은 성장환경이나 개인의 특성에 따라 달라질 수 있다.

(2) 공격행동의 억제

공격행동이 적의적이든 적의적이지 않든 아동의 공격행동을 방치하면 사회적, 심리적 문제가 발생할 수 있다. 아동은 자신의 행동이 긍정적 결과를 가져오는지 아니면 부정적 결과를 가져오는지에 따라 행동하기 때문에 공격행동이 자신에게 유리한 결과를 가져오면 공격행동을 계속 반복하게 된다. 또한 모방을 통해 공격행동이 쉽게 선택할 수 있는 행동으로 인식되면 많은 공격행동이 발생할 수 있다.

그렇다면 아동의 공격행동을 어떻게 감소시킬 것인가? 첫째, 부모나 선생님이 아동의 공격행동을 억제하기 위한 가장 쉬운 선택은 처벌이다. 이와 관련된 연구(Baron, 1977)에서 처벌이 충분히 강하고 즉각적일 경우에는 공격행동을 감소시킬 수 있음이 밝혀졌다. 그러나 처벌은 일시적으로 공격행동을 감소시키지만 그 효과는 일시적이다. 게다가 처벌을 당하는 아동은 욕구좌절과 고통, 모욕감을 느낄 뿐 아니라 그들이 동일시하고자 하는 어른에게서 공격행동을 배우게 되므로 공격적으로 행동하지 말라고 가르치는 그 순간에 공격적인 방법을 생생하게 본보기로 보여주게 된다.

둘째, 처벌의 부정적 영향을 줄이면서도 공격행동을 억제하기 위해 사용될 수 있는 방법으로 무시가 있다. 그러나 어떤 아동들은 무관심보다 부정적이더라도 관심을 더 원하기 때문에 야단치는 것도 강화로 작용할 수 있으므로 유치원 교사는 공격적 행동을 무시하고 협동을 보상함으로써 공격행동을 감소시킬 수 있다(Brown & Elliot, 1965). 문제는 무시하는 것을 승인으로 받아들일 수 있기 때문에 외향적이고 공격적인 아동은 무시할 때 더 공격적으로 행동할 수 있다.

셋째, 아동이 공격행동을 했을 때 아동에게 공격행동의 문제점을 이해시키고 아동이 원하는 애정이나 보상을 철회하는 방법이 있다. 일반적으로 아동이 공격적으로 행동할 때는 어른들이 알지 못하는 나름대로 이유가 있다. 이때 아동의 공격행동이 어떤 결과를 가져오는지를 아동에게 차분하고 논리적으로 설명하여 죄책감을 느끼게 하고 그 대가로 칭찬이나 애정을 철회하는 조건을 제시하는 것이 대부분의 상황에서 더 효과적이다. 이렇게 양육된 아동들이 때리거나 위협하는 방식으로 양육된 아동보다 더 강한 양심을 발달시키고 덜 공격적이 된다.

아동의 공격행동을 억제하기 위한 기타 기법들

1) 시간제한(time out) 격리법

시간제한 격리법이란 공격행동을 한 아동을 격리되어 있는 방으로 데려가서 일정 기간 혼자 있도록 격리하는 것이다. 시간제한 격리법은 아동을 화나게 할 수 있지만 아동을 신체적으로 학대하거나 공격 모델을 보여주지 않고 어른의 주의를 끌기 위한 그릇된 행동을 부지불식간에 강화하지 않는다는 장점이 있다. 이것을 아래 제시된 '양립할 수 없는 기법'과 함께 사용하면 아동의 공격행동을 더 효과적으로 통제할 수가 있다(Parke & Slaby, 1983).

2) 양립할 수 없는 반응기법

아동의 공격성을 감소시키기 위해 공격행동과 양립하기 어려운 행동을 강화하고 공격행동을 무시하는 방법이다. 즉, 아동의 공격행동 중 매우 심한 것은 제재해야 하지만 그 이외의 모든 공격행동을 무시하고 장난감을 함께 갖고 놀거나 협동하여 노는 것과 같은 친 사회적 행동을 보상하게 하면 짧은 시간 내에 아동의 신체적 언어적 공격행동이 대부분 감소한다(Brown & Elliot, 1965).

3) 모델링 기법

아동에게 본보기가 될 만한 사람이 문제를 해결하기 위해 비공격적인 방법을 사용하는 것을 지켜보도록 하면 아동은 비슷한 상황에서 비공격적인 해결책을 선택하는 경향이 있다(Zahavi & Asher, 1978).

4) 비공격적인 환경의 제공

아동 간의 갈등의 발생 가능성을 최소화하도록 놀이 장소를 마련해 주는 것으로 놀이를 하는 동안 발이 걸리기나 밀기와 같은 우발적인 신체적 접촉이 일어나지 않도록 충분히 넓은 공간을 제공하면 공격행동이 줄어든다(Hartup, 1974). 또한 미끄럼틀이나 그네 또는 가지고 놀 수 있는 장난감이 충분하면 공격행동이 줄어들고 나중에 온 아동도 쉽게 놀이에 참여할 수 있으며(Smith & Connolly, 1980), 총이나 칼과 같이 공격적인 장난감을 줄이고 함께 가지고 놀 수 있는 장난감을 늘리면 공격행동이 줄어든다(Turner & Goldsmith, 1976).

5) 감정이입 훈련

인간은 상대방이 고통을 표현하면 공격행동을 멈추는 경향을 보이지만(Baron, 1971) 어떤 아동은 상대방이 고통을 표현하더라도 공격행동을 멈추지 않는데(Perry & Perry, 1974) 그 이유는 상대방이 느끼는 감정을 이해하지 못하기 때문이다. 아동에게 공격행동에 의한 부정적 결과를 알려주고 아동 자신이 피해자의 입장이라면 어떻게 느낄지 상상하도록 하는 감정이입 훈련은 공격행동을 감소시킬 수 있다.

4) 공격행동의 개인차

공격행동은 유기체의 생존을 위해 진화된 행동이기 때문에 표현되는 방식은 달라도 대부분의 사람들에게서 나타나지만 성별이나 성장환경에 따라서 개인차를 보인다. 여기에서는 공격행동에서 나타나는 성별에 따른 차이와 성격에 따른 차이에 대해 알아본다.

(1) 공격행동과 성차

공격성이 남녀 모두에게 안정된 속성이기는 하지만 대체로 남성이 여성보다 더 공격행동을 더 보인다. 다양한 문화권에서 조사된 결과(Maccoby & Jacklin, 1974; Tieger, 1980)를 보더라도 소년과 성인남자가 소녀와 성인여자에 비해 신체적으로 더 공격적일 뿐 아니라 언어적으로도 더 공격적이다. 이러한 성차는 공격성에 대한 정의에 부합되는 방식으로 행동하기 시작하는 연령인 3세부터 나타나며 부자연스러운 실험상황이 아닌 자연관찰의 맥락인 실생활에서 더 잘 나타난다(Hyde, 1984; Maccoby & Jacklin, 1974).

이러한 공격행동에서 성차가 나타나는 이유는 무엇 때문일까? 첫째, 생물학적 요인이 공격성의 성차에 영향을 미칠 수 있다(Maccoby & Jacklin, 1974). 우선, 거의 모든 문화권에서 남성은 여성보다 더 공격적이며, 공격성의 성차는 매우 어린 나이인 2세부터 나타나므로 그것이 사회적 학습이나 부모의 자녀양육방식에 기인한다고 보기는 어렵고, 계통 발생적으로 인간과 가장 밀접한 동물인 비비류나 침팬지에서도 수컷이 암컷 보다 더 공격적인 경향이 있으며, 동물과 인간 모두에게서 남성 호르몬인 테스토스테론과 공격행동 간에 관련성이 있다는 증거가 있기 때문이다. 둘째, 사회적 요인도 공격행동의 성차에 영향을 미칠 수 있다. 가령, 부모는 남자 아이가 여자 아이보다 더 능동적이고 자기주장적이기를 기대한다. 즉, "아들녀석은 사내다워야 해"하는 식의 태도를 보인다든지 남자아이들 간의 싸움을 대수롭지 않게 여김으로써 그러한 행동을 간접적으로 부추길 수 있다. 또한 우리 사회에서도 미디어나 교육을 통해 여성에게는 순종적이고 수동적인 성역할을 기대하고, 남성에게는 공격적이고 적극적인 성역할을 기대하며 이러한 성역할 전형화 과정이 공격행동의 성차를 일으키는 원인이 될 수 있다.

(2) 공격행동과 자기애

사람은 개인이 가진 기질이나 성장환경에 따라 독특한 성격특성을 형성하며 이러한 성격특성이 공격행동에 영향을 미칠 수 있다. 우선 자기애가 높은 사람은 자신에 대한 과장된 평가, 권력과 이상적 사랑에 대한 몰두, 과도한 찬사의 요구, 특권 의식 등을 보이며 이러한 특성은 공격행동과 밀접한 관련을 보일 수 있다(Hart & Joubert, 1996). 실제로 자기애 성향이 높은 청소년들은 자신을 실제보다 더 높게 평가하고 타인의 관심에 대한 욕구가 강하기 때문에 타인의 비판을 받게 될 경우에 공격행동을 더 많이 보이며(David & Kistner, 2000), 비행 청소년집단에 속해 있는 경우가 많았다(박정민, 1998).

자기애가 높은 청소년들은 자기를 높게 평가하기 때문에 자기존중감이 높은 것으로 잘못 인식되지만 높은 공격성은 자기애 성향이 높은 청소년에게서 발견된다. 가령, 자기존중감과 자기애 성향을 측정한 후 임신중절에 대한 글을 쓰게 하고 평가를 받은 후 공격기회를 주면 자기애 경향이 높은 사람은 공격행동을 보였으나 자기존중감은 공격행동에 영향을 미치지 않았다(Bushman & Baumeister, 1998). 자기애가 높은 사람은 자기존중감에 필요한 유능함이나 인격을 갖추지 못해 자기에 대한 긍정적 평가를 권력이나 힘으로 유지하려고 하며 이렇게 위장된 자기상을 위협하는 상황이나 상대를 만나게 되면 공격행동을 보인다고 할 수 있다.

5) 집단 속에서 나타나는 공격행동

우리는 많은 사람이 논의를 하게 되면 더 합리적인 결정을 내리며 개인보다 다수가 덜 공격적일 것으로 기대한다. 그러나 때로는 집단의 의사결정이 개인보다 더 극단적일 수 있으며 개인보다 집단이 더 공격적으로 행동하는 경우도 있는데 대표적인 경우가 폭동이다. 과거에는 폭동이 일어나면 정서적 흥분이 군중 전체로 퍼지면서 군중의 행동을 통제하는 어떤 규범도 존재하지 않는다고 생각하였지만(LeBon), 폭동이 일어나는 과정에서 군중들의 행동을 통제하는 규범이 존재한다는 것이 밝혀지면서 규범부상 이론(Turner & Killian, 1972)이 제시되었다.

규범부상 이론에 따르면 폭동을 촉발하는 사건이 발생하면 그것에 근거한 유언비어가 만들어지고, 유언비어에 기반한 행동규범이 형성되면 폭동에 참여한 사람들이 이 행동규범에 동조하면서 폭동이 확대된다고 가정한다. 또한 폭동을 익명성과 책임분산으로 설명하는 몰개성화이론(Zimbardo & Leippe, 1991)에 따르면 사람이 혼자 있을 때보다 군중 속에 있을 때 더 폭력적으로 행동하는 것은 자신의 정체가 드러나지 않고 자신의 행동에 대한 책임이 군중 속에서 분산되기 때문이라고 설명한다. 그렇기 때문에 교사가 학생에게 처벌을 주는 상황에서 이름을 부르고 교사의 책임을 강조한 개성화 조건에 비해 이름을 부르지 않고, 학생을 만나지 않는 몰개성화 조건에서 교사가 학생에 대해 주는 전기쇼크의 강도가 더 높다(Zimbardo & Leippe, 1991). 의사결정과정에서도 개인은 집단 속에서 더 공격적인 경향을 보인다. 예를 들어, 학생들에게 학습을 시키면서 정해진 기준을 따르지 못한 학생들의 처벌 수위를 결정할 때 개인보다 집단이 더 가혹한 처벌을 결정하는 경향이 있다(Mander & Gaebelein, 1977).

범죄를 더 강력하게 처벌하면 범죄의 발생을 줄일 수 있을까?

우리는 사람들이 범죄를 저지르지 않는 것이 법적 처벌을 받기 때문이라고 생각하기 때문에 범죄자들에 대해 더 강력한 처벌을 하지 않는 것을 의아하게 생각한다. 그렇다면 범죄행위에 대해 강력하게 처벌하는 것이 범죄를 줄이는 데 효과적일까? 일반인들이 기대한 것과 달리 범죄에 대한 강력한 처벌은 그다지 효과적이지 않다. 즉, 사소한 절도죄에 대해서도 강력하게 처벌하는 중동지역 나라나 처벌수위가 비교적 약한 북유럽 국가의 절도 범죄의 발생율은 큰 차이를 보이지 않는다. 또한 법적 처벌에 의한 효과도 그렇게 오래 유지되지 못한다. 가령, 영국에 사형제도가 있을 때 매스컴에서 사형을 다루면 살인 범죄가 35% 감소했으나 그 효과는 단기적으로만 나타났다(Phillips, 1980).

따라서 범죄를 줄이기 위해서는 사회에서 좌절을 일으키는 가장 큰 요인인 상대적 박탈감을 감소시키기 위해 사회의 부가 비교적 균등하게 분배되도록 노력해야 하고, 범죄를 저질렀더라도 분노나 좌절이 발생했을 때 감정을 조절할 수 있는 사회적 기술을 교육하여 문제를 비폭력적으로 해결하도록 돕는 교정교육이 강조되어야 한다. 또한 주변환경이 공격행동의 발생에 영향을 미칠 수 있기 때문에 범죄의 발생 가능성이 높은 지역에 조명이나 방범 활동을 강화할 필요가 있다. 일반적으로 밝은 조명 하에서는 각광효과로 인해 공격행동이 억제되는 데 비해 어두우면 익명성 때문에 공격행동이 증가할 수 있다. 또한 "깨진 창문이론"(Kelling & Coles, 1996)에 따르면 깨진 창문 같은 부정적 환경에서는 사람들이 벽에 낙서를 하거나 쓰레기를 버리는 등의 부정적 행동을 하게 될 가능성이 높아지므로 범죄 가능성이 높은 지역의 환경을 개선하는 노력을 해야 한다.

2. 친사회적 행동

인간은 다른 사람들을 위해 자신의 이익을 희생하는 행동을 하기도 하는데 이것을 친사회적 행동(prosocial behavior)이라 한다. 친사회적 행동에는 대가를 바라지 않고 상대방을 순수하게 도와주는 이타적 행동뿐 아니라 기업에서 세금을 줄이기 위해 불우이웃돕기 성금을 내는 것처럼 겉으로 보면 남을 위한 일이지만 실제로는 자신의 이익을 위한 것도 포함된다. 이 절에서는 이기적으로 보이는 인간이 다른 사람을 대가도 없이 도와주는 원인이 무엇 때문이고 무엇이 그러한 도움행동을 촉진하는지를 알아본다.

1) 친사회적 행동이란 무엇인가

친사회적 행동은 도와주기, 나누기 같이 타인을 이롭게 하고 사람들과 우호적인 관계를 촉진하는 사회적 행동을 말한다. 그러나 사람에 따라서 친사회적 행동과 이타행동을 서로 다르게 정의하기도 하는데 친사회적 행동은 보수를 받던 받지 않던 타인을 도우려는 포괄적인 행동이라고 한다면 이타행동은 보수를 기대하지 않고 도와주는 행동이라고 보기도 한다(Berkowitz & Macarlay, 1972). 그러나 보상의 기대 여부를 확인하기 어렵기 때문에 친사회적 행동과 이타행동을 구분하는 것은 사실상 어렵고 그에 따라 친사회적 행동이란 말이 폭넓게 사용된다.

2) 친사회적 행동에 영향을 미치는 요인

(1) 인지적 요인

상대방의 관점을 이해하는 조망수용 능력은 친사회적 행동에 필수적이다. 조망수용에는 상대방의 생각이나 의도를 추론하는 인지적 조망수용, 상대방이 보고 듣는 것을 추론하는 지각적 조망수용, 상대방의 정서를 추론하는 정서적 조망수용이 있는데 이 중에서 정서적 조망수용이 친사회적 행동에 가장 중요하다(Eisenberg, 1986).

조망수용 능력은 자신의 사고, 느낌, 행동만으로 상대방을 이해하려고 하는 자기중심성을 극복하도록 돕고 타인의 기대에 맞게 행동을 할 수 있게 조절하여 만족스런 대인관계를 유지하는데도 도움을 준다. 그래서 조망수용 능력이 높은 아동은 또래들과 쉽게 사회적 관계를 맺는 경향이 있다(박경자, 1999). 아동의 조망수용 능력은 인지능력의 발달과 함께 일어나지만(Flavell & Botkin, 1968), 아동의 경험이 영향을 미치기 때문에 아동이 타인의 입장을 고려해 볼 수 있는 기회를 자주 부여하는 것이 중요하다(정현희, 1990). 가령, 휴지를 줍는 것 같은 도움행동에 대한 비디오를 시청한 아동은 조망수용 능력이 증가한다는 것이 관찰되었다(Green, 1975).

(2) 정서적 요인

누군가를 돕기 위해서는 상대방의 고통이나 어려움을 함께 느낄 수 있어야 하는

데 이것이 공감이다. 공감은 상대방의 마음을 이해하는 인지적 측면과 상대방이 느끼는 감정을 같이 느끼는 정서적 측면을 포함하는 개념이다. 공감은 친사회적 행동의 가장 중요한 동기요인이며 아동은 자신과 타인을 분별하기 전에 이미 어느 정도는 공감을 보인다(Hoffman, 1975). 가령, 취학 전 유아에게 놀이터에서 놀다가 넘어져 다친 아이의 비디오를 보여주고 얼굴표정을 관찰한 결과 타인의 고통에 대한 공감을 나타내는 얼굴표정을 보였으며 이러한 공감은 친사회적 행동과 밀접하게 관련되어 있었다(Lennon, Eisenberg, & Carroll, 1986).

이렇게 본다면 인간에게 공감은 선천적이며 공감수준이 높을수록 친사회적 행동을 더 많이 한다는 것을 알 수 있다. 또한 공감은 사회적 관계에도 크게 기여한다(조은진, 2003). 가령, 공감을 잘 할수록 또래 친구들 사이에서 인기가 높았으며 다른 친구들과 쉽게 사회적 관계를 맺는 경향이 있다(박경자, 1999). 그러나 공감을 느끼는 것이 늘 친사회적 행동을 유발하는 것은 아니며 때로는 공격적인 행동을 유발할 수도 있다. 예를 들어, 최근 가까운 사람이 신체적 또는 정신적으로 누군가에게 위협을 당하는 것을 목격한 적이 있는지를 묻고 그 사건에 대해 느끼는 감정을 적도록 하여 공감을 통해 분노를 유발하면 어려운 상황에 처한 사람을 위해 공격적인 행동을 할 수 있다고 응답하였다(Buffone & Poulin, 2014). 이렇게 친사회적 행동은 공감 자체보다 공감으로 인해 어떤 감정을 느꼈는지 그리고 그러한 감정을 줄이기 위해 어떤 행동을 선택했는지에 달려있다.

거울뉴런과 친사회적 행동

공감능력은 친사회적 행동의 기반이 되는데 공감능력이 인간에게 선천적으로 주어진 능력이라는 연구가 제시되었다. 1990년대 중반 리질라티(Rizzilatti)는 한 원숭이가 땅콩을 집기 전 전두피질의 F5영역이 활성화되었는데 그것을 보고 있던 원숭이의 뇌에서도 동일한 영역이 활성화되는 것을 발견하고 거울뉴런(mirror neuron)의 존재를 확인하였다. 즉, 자기가 직접 행동하지 않더라도 다른 사람이 하는 행동을 보기만 해도 뇌에 반영되며 이것은 사회성에 필요한 공감능력이 생물학적으로 갖추어져 있음을 시사하는 결과이다. 그 후의 연구에서 뇌섬엽, 상두피질, 중전두엽 등으로 이루어진 공진회로가 상대방의 의도를 파악하고 마음을 이해하는 공감영역임이 밝혀지게 되었다(Zizzolatti & Graighero, 2004). 자폐증 아동이 보이는 사회성 문제는 이러한 공감영역의 기능이 제대로 작동하지 않기 때문에 나타나는 증상이라고 한다.

(3) 개인적 요인

친사회적 행동에는 개인의 성격이나 연령 그리고 성차이도 영향을 미칠 수 있다. 우선, 내향적인 아동은 사회적 상호작용을 요구하지 않는 수동적 친사회적 행동을 선호하며 친구의 요청을 잘 거절하지 못하기 때문에 도와주는 경향이 있는데 비해 외향적 아동은 사회적 상호작용을 요구하는 친사회적 행동뿐 아니라 다양한 상황에서 자발적으로 타인을 도우려는 경향을 보인다. 즉, 내향적 성격의 특징인 수줍음은 친사회적 행동과 부적 상관을 보이는 데 비해 외향적 성격의 특징인 사교성은 친사회적 행동은 높은 상관을 보인다(박경자, 1999). 또한 친사회적 행동 성향이 높은 아동은 사회적 기술이 있고, 사교적이며 자기통제를 잘하고, 긍정적 정서를 가지는 경향이 있다(최경순 · 정현희, 1997). 그러나 내향적이라고 친사회적 성향이 낮은 것이 아니라 친사회적 성향을 행동으로 옮기는 데 어려움을 겪는다고 할 수 있다. 또한 일반적으로 연령이 증가할수록 친사회적 행동이 증가한다(Bar-Tal, Raviv, & Leiser, 1980). 그 이유는 나이가 듦에 따라서 사회적 상호작용이 증가하고 그것으로 인해 자기중심적 사고가 줄어들게 되기 때문이다(Piaget, 1950). 예를 들어, 한국 유아의 경우 연령이 높을수록 친사회적 행동 중 "나누기"가 증가함을 발견하였다(김영옥, 2005). 그러나 직면한 상황에 따라 친사회적 행동의 패턴이 달라지며 연령에 따른 일관된 증가가 관찰되지 않는 결과(박경원, 1986)도 있어 좀 더 많은 연구가 요구된다. 마지막으로 감정이입을 잘하고 관계 지향적인 여자는 독립적이고 성취지향적인 남자에 비해 친사회적 행동을 더 많이 보일 가능성이 있다. 실제로 여아들은 남아들에 비해 사회적 기술이 더 빨리 발달하며 친사회적 행동도 더 많이 보인다(박경자, 1999). 그러나 친사회적 행동에서의 남녀 차이가 항상 관찰되는 것은 아니다(장선희, 1991).

3) 친사회적 행동과 도움행동

우리는 동정하기, 위로하기, 도와주기 등 다양한 친사회적 행동을 할 수 있지만 가장 전형적인 친사회적 행동은 도움행동이라고 할 수 있다. 도움행동은 대인관계에서 손실은 최소화하고 이익은 최대화하려는 이기적 경향성과 모순되므로 인간의 친사회적 특성을 반영하는 사례로 알려져 있다. 이 절에서는 누가 잘 도와주는지 그리고 어떤 경우에 도와주게 되는지 그리고 왜 사람들은 도움을 피하고자 하는지에 대해 알아보도록 한다.

(1) 도움행동은 어떻게 일어나나

평소에 남을 잘 도와주는 착한 사람이라도 늘 다른 사람을 돕는 것은 아니고 악한 사람이라도 늘 나쁜 짓만 하는 것은 아니다. 즉, 공격행동이든 도움행동이든 행위자의 의사결정에 의해 일어나는 것이다. 도움행동의 의사결정 과정을 살펴보면, 우선 상황에 대한 인지적 판단이 우선 일어나게 된다. 가령, 어두운 골목길을 가고 있는데 남자와 여자가 싸우고 있다고 가정하자. 이때 그 상황이 의견차이로 다투는 연인들로 판단되면 도움행동을 보이지 않겠지만 여자를 괴롭히는 상황이라고 판단되면 도움행동이 필요한 상황으로 판단할 것이다. 그러나 도움이 필요한 상황이라고 해서 바로 도움행동을 하는 것은 아니며 그 상황에서 자신의 책임이 어느 정도 있는지 그리고 도움을 줬을 때 생길 수 있는 이익과 손실을 재빨리 판단한다. 가령, 도움이 필요한 여자가 동네에서 아는 사람이라면 도움행동을 하게 될 가능성이 높아지지만 남자가 자기보다 더 크고 무섭게 생겼다면 신고를 하거나 다른 사람을 부르는 대안적 도움행동을 찾아볼 것이다.

(2) 도움행동에 영향을 미치는 요인

도움을 주는 사람의 특성 우리는 타인이 위기에 빠져 있거나 고통을 겪고 있을 때 돕고 싶은 마음이 생긴다. 그러나 누구나 타인을 돕는 것은 아니며 타인을 돕는 데 더 적극적인 사람이 있다. 그렇다면 어떤 사람이 타인을 잘 도울까? 첫째, "공정한 세계현상에 대한 신념" 같은 세상에 대한 인과론적 신념을 적게 가지고 있을수록 타인을 잘 돕는 경향을 보인다. 즉, 남들을 잘 돕지 않는 사람들은 타인의 불행을 그들의 행동 때문이라고 생각하여 돕지 않는 자신의 행동을 합리화한다. 가령, 하류층에 대한 경제지원에 대해 부정적인 태도를 가지고 있는 사람들은 대부분 하류층 사람들이 게으르고 술을 마시는 등 나쁜 습관을 가지고 있기 때문에 못사는 것이라고 생각하는 경향이 있다. 둘째, 남들을 도와준 경험이 있는 사람일수록 잘 도와준다. 누군가가 어려운 상황에 처해 있을 때 누구나 도와주고 싶다는 마음을 갖지만 도움을 어떻게 주어야 할지 애매한 경우가 많다. 특히 범죄 상황 같이 생소한 상황에서는 희생자를 도와주기 쉽지 않으며 그 상황에서 타인이 어떻게 행동하는지를 보고 그 행동에서 단서를 얻어 도움을 주게 된다. 셋째, 타인의 감정이나 처지에 잘 공감할수록 타인을 잘 돕는다. 인간은 타인의 감정을 느끼는 데 필요한 감정이입 능력을 가지고 태어나며 그와 관련된 대뇌영역이 손상된 사람은 타인이 도움이 필요한 상황에 있다는 것을 파악하는 데 어려움을 보인다. 넷째, 위급한 상황에서 신체적 힘 같은 신체적 능력에 대한 자신감이 도움을 줄지를 결정한다. 예를 들면, 범죄자를 검거하는 데 공헌한 32명을 인터뷰한 결과 다른 사람보다 키도

크고, 체격도 좋았으며, 위급상황에 대처하는 경험이 많았다. 그러나 도움행동에는 다양한 유형 존재하므로 개인의 성격이나 능력에 따라 도움행동의 양상이 달라질 수 있다. 예를 들어, 신체적인 힘이 있는 사람은 범죄자를 잡는 데 도움을 줄 수 있지만 그렇지 못한 사람은 자선단체에 기부하거나 물건을 드는 것으로 도움을 줄 수 있다.

인간의 선한 본성

우리는 다수의 이익을 위해 눈앞에 있는 개인적 손해를 무릅쓰는 경향이 있으며 인간이 철저하게 이기적이라면 이러한 행동은 나타나기 어렵다. 뉴런(Neuron)에 발표된 '사회적 협력을 위한 신경계의 기초'라는 논문에서는 인간이 이타적(利他的) 행동을 보이는 것은, '선한' 행동이 즐거운 느낌을 주기 때문이라는 견해가 제시되었다. 즉, 20~60세 여성 26명을 대상으로 '협력' 또는 '배신'을 선택함에 따라 보상이 달라지는 '죄수의 딜레마(Prisoner's dilemma)' 실험에 참가하게 한 후 이들의 대뇌활동을 MRI(자기공명영상법)로 촬영한 결과 협력적인 태도를 보일 때 사람의 대뇌에서 즐거움을 유발하는 신경조직이 활성화되었다. 이것은 보통 사람들이 맛있는 디저트를 먹거나 많은 돈을 벌거나 흥분제 따위를 복용했을 때 나타나는 것과 유사했다. 연구결과에 따르면 이타적 행동을 할 때 쾌감을 증가시키는 대뇌영역의 활성화 체계가 이타주의를 강화하고 이기적인 행동을 억제하도록 한다고 주장했다. 다르게 말하면 인간은 서로 협력하도록 대뇌의 신경계가 구조화되어 있다.

도움행동을 일으키는 상황 남을 돕겠다는 마음이 있다면 어떤 상황에서도 도와주겠지만 도움행동에 영향을 미치는 상황적 요인이 있다. 첫째, 서로 모르는 사람의 수가 증가할수록 책임이 분산되어 도움행동이 감소하는 경향을 보인다. 예를 들면, 한쪽 방에서 혼자 또는 친구 사이인 두 사람 또는 서로 모르는 두 사람이 기다리고 있을 때 다른 방에서 도움이 필요한 상황이 발생한 것처럼 조작하였을 때 혼자이거나 친구 조건의 사람들은 빨리 도와주려고 하였으나 서로 모르는 두 사람이 있을 때는 책임이 분산되어 도와주는 시간이 훨씬 오래 걸렸다. 둘째, 사회에 도움행동을 권장하는 규범이 많이 알려져 있을수록 도움행동이 증가하는 경향이 있다. 우리 사회에는 받은 만큼 돌려줘야 한다는 상호규범이나 많은 사람의 이익이 개인의 이익보다 우선한다는 사회적 책임의 규범 등이 존재하며 이러한 규범을 받아들이는 사람들이 많을수록 낯선 타인을 도와줄 가능성이 증가한다. 셋째, 날씨나 시간적 여유도 도움행동에 영향을 미칠 수 있다. 가령, 비가 오거나 궂은 날보다 맑은 날씨일 때 남들을 더 잘 도와주며, 시간적인 여유가 없을 때보다 충분할 경우에 도와줄 가능성이 더 크다.

도움을 받는 사람의 특성 사람은 도움이 필요하다고 해서 누구나 도와주지는 않으며 도움을 받을 만하다고 판단되었을 때 도움을 주게 된다. 그렇다면 어떤 사람들이 주로 도움을 받을까? 첫째, 우리는 모르는 낯선 사람보다 아는 사람에게 더 쉽게 도움을 준다. 즉, 대부분의 경우 '우리'라고 느낄수록 서로 자발적으로 도우려고 애쓰지만 그렇다고 해서 친하다는 것이 늘 좋은 결과만을 가져오는 것은 아니다. 왜냐하면 서로 친하면 도움에 대한 기대가 커지고, 도움에 대한 고마움의 표시는 줄어들기 때문에 서로 실망을 하게 될 가능성이 크기 때문이다(Sears, 1985). 둘째, 도움을 받을 자격이 있다고 느낄 때 우리는 더 쉽게 도움을 준다. 그렇다면 무엇을 근거로 도움을 받을 자격이 있다고 판단을 할까? 도움을 받을 자격을 결정하는 가장 대표적인 기준은 통제 가능성에 대한 판단이다. 즉, 타인이 스스로 통제할 수 없는 상황에서 곤경에 처했을 때만 도움을 받을 자격이 있다고 생각하는 경향이 있다. 예를 들면, 지하철에서 쓰러진 사람의 경우 술에 취했을 경우에는 잘 돕지 않지만 아픈 사람처럼 보이면 잘 도와준다(Piliavin, Rodin, & Piliavin, 1969).

(3) 도움 받기를 꺼리는 이유

사람은 누군가를 도와주는 것은 꺼리지 않지만 막상 자신이 도움을 받게 될 상황이 되면 그것을 매우 꺼리는 경향을 보인다. 우리가 이러한 측면을 잘 이해할수록 도움이 필요한 사람을 잘 도와줄 수 있다. 사람들이 도움 받기를 꺼리는 이유는 첫째, 사람은 누구나 선택의 자유를 유지하려는 욕구를 가지고 있기 때문이다. 반발이론(reactance theory)(Brehm, 1966)에 따르면 다른 사람의 도움을 받으면, 선택이나 행동의 자유가 구속받지 않을까 하는 불안을 가지고 있기 때문에 도움을 거부한다. 예를 들어, 서명운동을 할 경우에 상대방에게 참여를 권유하면 오히려 서명을 거부하는 경향이 증가한다. 둘째, 사람은 누구나 사회적 관계에서 형평성을 유지하려는 욕구를 가지고 있다. 만일 다른 사람에게 도움을 받으면 상호간의 형평성이 깨어지고 상대방에게 빚을 지고 있다는 부담감이 생기므로 도움을 거부하는 것이다. 셋째, 사람은 누구나 자존심을 유지하려는 욕구를 가지고 있다. 만일 자신이 처해있는 곤경이 외부요인에 의한 것이라면 도움을 쉽게 받아들이지만 내부요인에 의한 것인 경우에는 거부하는 경우가 많다.

도움행동에서 나타나는 남녀의 차이

일반적으로 타인이 어려운 상황에 처해 있을 때 여자들은 남자들보다 상대방에게 공감을 더 많이 느끼고 더 잘 돕는 경향을 보인다. 또한 여자들은 어렸을 때부터 남자들보다 남들에게 도움을 더 잘 청하는 경향이 있는데 이러한 경향은 청소년기뿐 아니라 성인기에서도 발견된다. 이렇게 여성들은 도움을 주거나 받는 행동에 익숙하기 때문에 도움이 필요한 상황에서 도움을 더 쉽게 요청하며 도움이 필요한 사람에게 도움을 쉽게 제공하는 경향이 있다. 이렇게 도움을 주려는 경향은 같은 여자에게 한정된 것이 아니며 어려운 상황에 처해 있는 남자를 남자보다 여자가 더 잘 돕는다(Longfellow & Belle, 1984). 그러나 도움행동에도 성역할 기대가 큰 영향을 미친다. 가령, 초등학교 학생들을 대상으로 한 연구에서 개인적 상황에서는 아이를 돌보는 행동에서 남녀 차이가 관찰되지 않았지만 공적 상황에서는 남자아이들보다 여자아이들이 더 많이 아이를 돌보는 행동을 보였다. 이것은 도움행동을 하려는 내적 경향에서는 남녀 간의 차이가 크지 않지만 도움행동을 여성의 성역할과 일치하는 행동으로 간주하는 경향이 있음을 보여준다.

Chapter 11

집단과 개인

1. 집단의 특성
2. 개인에게 미치는 집단의 영향
3. 집단 속에서 일어나는 대인지각
4. 집단에서 일어나는 갈등의 원인과 해결

우리가 타인에 대한 인상을 형성하거나 지각할 때 어떠한 요인에 의해 영향을 받을까? 자기 또는 타인의 행동, 그리고 자기 주변에서 일어나는 현상에 대한 설명과 해석은 어떠한 방식으로 이루어지는가? 어떻게 하면 자신의 의견과 일치하지 않는 타인을 보다 잘 설득할 수 있을까? 이런 질문은 사람들이 사회적 상호작용을 하는 과정에서 흔히 부딪히는 문제이며 이러한 문제를 과학적으로 설명하고자 하는 분야가 사회심리학이다. 이 장에서는 인간이 집단 속에서 살아가면서 부딪히게 되는 문제들을 심리학에서는 어떻게 설명하는지 알아보자.

Chapter 11

집단과 개인

1. 집단의 특성

인간과 같이 신체적 능력이 떨어지는 유기체는 군집하여 생활하려는 경향이 진화되었을 가능성이 크므로 집단을 형성하는 것은 생존을 위해 진화된 행동이라고 할 수 있다. 이 절에서는 집단이 어떻게 형성되는지 그리고 집단이 개인과 어떻게 다른 특성을 가지고 있는지 알아보도록 한다.

1) 집단의 형성과정

가족이나 민족과 같이 자연스럽게 이루어진 집단도 있지만 우리가 사회에서 경험하는 대부분의 집단은 단계적으로 형성되며 각 단계마다 특징을 가지고 있다. 집단이 처음 형성되는 형성단계에서는 개인이 낯선 타인과 접촉해야 하고, 행동규범이나 자기가 해야 할 역할이 불확실하기 때문에 심리적 긴장을 느끼게 된다. 대화방식에서 이러한 상태를 잘 보여주는데 대부분의 구성원이 평소보다 공손한 대화태도를 보이고 속마음을 잘 내비치지 않는다. 그러나 상대방에 대해 더 많이 알게 되면서 심리적 긴장이 감소하면서 자기 소속된 집단에 일체감과 소속감을 느끼게 된다. 그러나 집단이 형성된 후 시간이 지나면 구성원들이 서로의 속마음이나 자신의 선호를 표현하게 되고 그러한 과정에서 타인의 입장이나 행동을 오해하여 갈등이 발생하는 갈등단계가 시작된다. 예를 들면, 타인의 옷 입는 스타일이나 헤어스타일에 대해 관심을 표현하는 것이 상대방에게는 참견으로 느껴질 수 있어 논쟁이 일어날 수 있으며 이러한 과정에서 다른 구성원이 끼어들어 문제가 더 커질 수 있는데 이러한 사소한 갈등이 제대로 해결되지 못하면 집단이 해체되는 위기가 생길 수도 있다. 그러나 이러한 갈등은 집단의 해체를 가져오기도 하지만 갈등을 통해 구성원들이 자신의 욕구를 표현하고 갈등의 해결과정을 통해 문제를 해결하는 방법을 배우기 때문에 집단의 응집성을 증가시킬 수도 있다(Coser, 1956). 이렇게 본다면 집단에 갈등이 있다는 것은 건강한 것이며 갈등이 없다는 것이 오히려 집단 구성원들이 집단문제에 관여하지 못하고 있음을 의미하기 때문에 좋지 않은 것이다.

집단의 갈등이 해결되는 과정에서 구성원의 행동을 규제하는 규범이 형성되고 그것을 통해 구성원들 간에 일체감과 만족감이 증가하는데 이 단계를 응집단계라고 한다. 이때 집단 구성원들은 "우리"라는 소속감을 강하게 느껴 집단에 동일시하고 외부의 비난에 적극적으로 집단을 방어하게 된다. 또한 집단 구성원으로 남으려는 욕구가 증가하고, 만족감도 함께 증가하게 된다. 그러나 이렇게 집단의 응집성이 높아지면 개인의 의견 차이를 무시하게 되어 구성원들 간의 적대감을 증가시킬 수 있고 의사결정의 효율성 또한 떨어지게 된다.

다음에는 집단이 형성되고 다양한 구성원의 요구가 수렴되면서 응집성이 높아지면서 특정한 집단목표를 달성하기 위해 집단 구성원이 협력하는 과제수행단계가 시작된다. 일반적으로 집단형성 초기보다 집단이 성숙했을 때 가장 높은 생산성을 보이지만 집단의 응집성이 높다고 생산성이 높은 것은 아니다. 즉, 집단규범이 높은 생산성을 추구할 경우에는 응집성이 높을수록 생산성도 함께 증가하지만 그렇지 않을 경우에는 오히려 생산성이 낮을 수도 있다. 집단이 형성된 이유가 어떤 목표를 달성하기 위한 것이라면 목표가 달성된 후에는 집단이 해체될 수 있으며 집단이 구성원의 요구를 만족시켜 주지 못하여 갈등이 발생하게 되어도 집단이 해체될 수 있다. 어떤 이유로든 집단이 해체되면 구성원들 간의 갈등이 증가하게 되는데 리더는 구성원 개인의 독립성을 강조하고 각자의 미래를 그려보도록 하여 집단의 응집성을 감소시키면 집단의 해체로 인한 심리적 긴장을 줄일 수 있다.

2) 집단의 구조

집단은 다양한 구성원으로 이루어져 있기 때문에 구성원들 간의 요구를 조정하고 집단의 목표를 설정하고 추진하는 역할을 하는 리더와 집단의 목표를 달성하는 데 요구되는 기능을 가진 구조를 필요로 한다. 여기에서는 집단의 구조와 기능에 대해 알아본다.

(1) 지위에 근거한 구조

집단형성 초기에는 구성원들이 평등한 관계를 유지하지만 점차 구성원의 역할이 정해지게 되고 지위분화가 일어나게 되며 그에 따라 구성원들 간의 위계적 구조가 형성된다. 기대-상태이론(expectation-states theory)에 따르면 모든 집단은 목표를 가지고 있으며 그 목표를 달성하는 데 적합한 능력이나 기술을 가지고 있다고 기대하는 구성원에게 높은 지위를 부여하기 때문에 그러한 구성원이 나타나는 시점부터 지위분화가 시작된다. 높은 지위를 가진 사람은 어려운 말을 사용하거나 웃는 모습을 보여주지 않는 방식을 통해 자신의 지위를 과시하려고 한다. 때로는 어떤 구성원이 집단목표를 달성하는 데 도움이 되는 능력이나 기술을 가지고 있더라도 성별, 나이, 직업 같은 특성 때문에 집단의 지위구조에서 낮은 위치를 차지하는 경우도 생긴다. 즉, 집단의 목표를 달성하는 데 큰 기여를 하지 않더라도 나이가 많은 구성원은 다른 구성원들보다 더 높은 지위를 인정받는 경향이 있다. 이렇게 집단목표와 직접 관련이 없는 특징에 의해 집단의 지위구조가 결정되는 현상을 지위일반화 현상이라고 하며 개인주의 문화에 비해 우리나라와 같은 집단주의 문화에서는 지위일반화 현상이 더 많이 관찰된다.

(2) 역할에 근거한 구조

집단이 성숙함에 따라 집단의 기능과 구조가 복잡해지면 각 구성원이 맡아서 해야 할 역할이 발생하게 되며 그에 따라 역할 구조가 발생하게 된다. 집단에서 구성원의 역할은 역할분화 과정을 통해 주어지게 되며 역할분화가 일어나는 이유는 특정한 구성원이 모든 구성원의 다양한 욕구를 다 만족시켜 주기 어렵기 때문이다. 가령, 목표를 달성하는 데 능력을 보이는 리더는 정서적인 측면에서 다른 구성원들에게 좋은 평가를 받지 못하며 그렇기 때문에 구성원들의 정서적 문제를 해결하기 위해서는 다른 리더가 요구된다.

또한 역할은 역할기대를 가져오게 되며 이러한 과정에서 구성원들이 스트레스를 느낄 수 있다. 첫째, 직장에서 처음 일을 맡은 경우 같이 어떤 역할을 맡은 사람이 해야 하는 행동이 분명하지 않고 애매할 경우에 역할 스트레스가 발생할 수 있다. 둘째, 여러 역할에 대한 기대들이 양립 되지 않기 때문에 발생하는 갈등이 스트레스를 유발할 수 있다. 즉, 공무원이면서 친구의 부탁을 들어줘야 하는 경우처럼 여러 역할들을 수행하는 사람이 그 역할을 모두 잘하기 어려워 갈등이 생길 수 있다. 또한 특정한 역할에 대한 기대가 서로 상충되어 발생하는 갈등도 있는데 아내의 역할에 대해 가부장적 지위를 기대하는 남편과 평등한 지위를 기대하는 아내 사이에 생기는 갈등을 예로 들 수 있다.

2. 개인에게 미치는 집단의 영향

사람은 뭔가를 먹거나 운동할 때 혼자 행동할 수 있지만 대부분의 경우 집단 속에서 행동하게 된다. 또한 동일한 상황이라고 할지라도 혼자 행동할 때와 집단 속에서 행동할 때 서로 다를 수밖에 없다. 가령, 어떤 사람은 혼자서는 실수 없이 잘 하다가도 누군가가 관심 있게 쳐다보게 되면 금방 실수를 하고 어떤 사람은 혼자 할 때보다 누군가가 지켜볼 때 더 잘하기도 한다. 이렇게 집단이 개인의 행동에 영향을 미치는 것을 사회적 영향이라고 하며 여기에서는 사회적 영향에 대해 자세히 알아본다.

1) 집단에서 대한 동조

집단은 그 구성원들이 어떻게 생각하고 어떻게 느끼고 어떻게 행동할 것인지에 영향을 미치므로 대부분의 구성원들은 집단의 의견을 따르는 경향이 있으며 이것을 동조(confirmity)라고 한다. 동조는 애매하고 분명하지 않은 상황에서 일어날 가능성이 더 많으며 개인주의 문화인 미국보다 집단주의 문화인 일본에서 더 분명하게 나타난다.

우리가 애매하고 분명하지 않은 상황에서 집단에 동조하는 것은 당연한 것이라고 할 수 있지만 누가 봐도 명확한 상황에서도 동조가 일어날까? 이와 관련된 실험에서 애쉬(Asch, 1955)는 원탁에 3명에서 15명의 피험자가 둘러앉도록 하고 [그림 11-1]의 왼쪽에 제시된 막대기와 가장 비슷한 길이의 막대기를 오른쪽에서 고르도록 하였다. 여기에서 피험자 중에서 마지막 한 명만 진짜 실험 피험자이고 나머지는 실험자와 미리 말을 맞춘 사람들이었다.

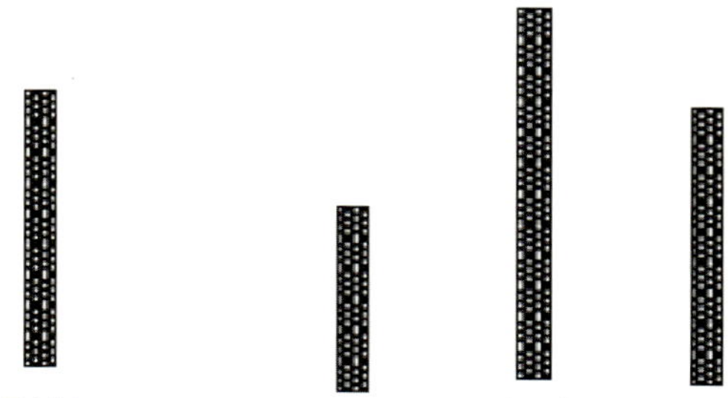

그림 11-1 | Asch의 연구에서 사용된 그림들

[그림 11-1]에 제시된 과제는 누가 보더라도 명확한 상황이기 때문에 동조가 일어나기 어려웠지만 이러한 상황에서도 사람들은 집단의 의견에 동조하려고 하였다. 이것은 집단에 동조함으로써 집단에서 인정을 받고 동조하지 않음으로써 생길 수도 있는 배척을 회피하려고 하기 때문이다. 그러나 동조는 집단의 의견일치가 중요하기 때문에 모든 사람이 동조할 때는 전체의 1/3이 동조하지만 한 사람이라도 반대하면 동조는 10%로 감소한다. 그리고 [그림 11-2]에서 볼 수 있듯이 집단에 대한 동조는 집단의 크기가 어느 정도 커질수록 증가하지만 일정 수준이 넘어가면 동조는 더 이상 증가하지 않는다. 애쉬(1955)의 연구는 너무나 명확한 사실조차도 집단의 압력에 의해 변화될 수 있다는 것을 보여주었으나 이후의 연구에서 실험에 참가한 피험자들이 집단의 의견에 동조하기는 하지만 자기 생각을 바꾸지는 않는다는 것이 밝혀졌다.

사람들이 이렇게 동조하는 이유는 무엇 때문일까? 한 가지 이유는 집단의 거부를 피하고 사회적 인정을 추구하기 위한 것으로 규범적 사회영향(normative social influence)이라고 부른다. 일반적으로 집단규범에 따르지 않게 되면 집단 구성원들로부터 압력과 설득을 받게 되고 그래도 따르지 않으면 소외되고 배척되기 쉽다. 또 다른 이유로 집단은 가치 있는 정보를 제공하며 이러한 정보는 사회적 상황에서 적응적인 행동을 하는 데 도움을 주며 이것을 정보적 사회영향(informational social

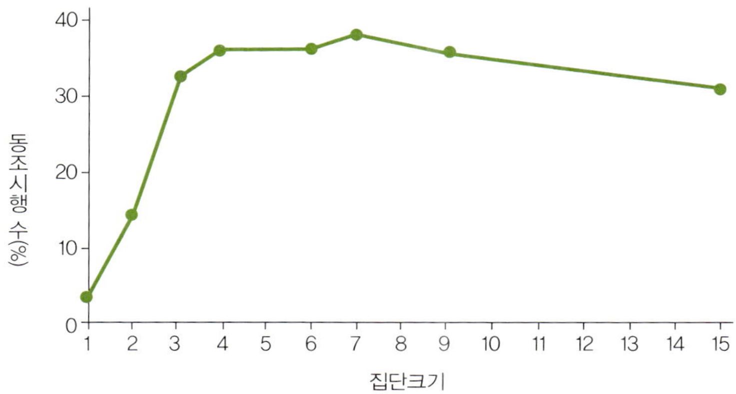

그림 11-2 | 집단의 크기에 따른 동조의 증가량

influence)라고 한다. 가령, 처음 가보는 파티에서 다른 사람들이 하는 대로 따라 하는 것은 어색한 상황을 피하게 해준다. 한편 동조경향에서는 남녀 간의 차이가 비교적 분명하게 나타난다. 즉, 여성은 타인과 조화를 이루도록 사회화되기 때문에 집단의 의견에 동조하려는 경향이 강한데 비해 남성은 독립적으로 행동하도록 사회화되기 때문에 집단의 의견에 동조하려는 경향이 적으며 그러한 경향은 사적인 상황보다 공적인 상황에서 더 분명하게 나타난다.

2) 권위에 대한 복종

인간은 근본적으로 악한 존재인가 아니면 선한 존재인가? 이 물음은 그동안 철학적 논쟁의 주제였지만 제2차 세계대전이 끝나고 유대인에 대한 나치의 만행이 밝혀지면서 심리학자들 사이에 심각한 논쟁거리가 되었다. 어떤 학자는 전쟁이라는 극단적인 상황에서 그러한 만행은 불가피한 일이었다고 보는 데 비해 어떤 학자은 인간에게는 잔인하고 비인간적인 행동을 할 수 있는 잠재력이 존재한다고 보았다. 이러한 논쟁과 관련하여 나치가 저지른 비인간적인 행위가 독일인이 아니더라도 합법적인 상황에서 일어날 수 있는지를 다룬 연구가 이루어졌다(Milgram, 1963).

밀그램(1963)은 실험에 참여한 학생들에게 실험이 학습상황에서 처벌의 효과를 알아보기 위한 것이라고 알려주고 학생에게 단어를 가르치는 선생님 역할을 하도록 부탁했다. 그리고 실험이 시작되면 학생이 단어를 외우다가 실수했을 때 15V에서 "XXX"라고 쓰여진 450V까지 30개의 페달을 당겨 전기쇼크를 주도록 지시하였다. 실험을 실제로 시작되기 전에는 자신이 학생에게 전기쇼크를 450V까지 가할 것이라고 생각한 사람은 거의 없었지만 실제 실험에서는 학생이 실험을 그만두게 해달라고 벽을 치는데도 불구하고 실험자의 요청에 따라 65%의 실험 참가자가 450V까지 전기쇼크를 주었다.

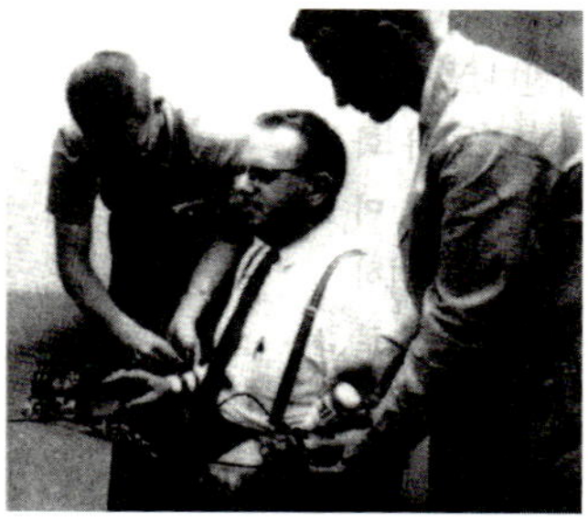

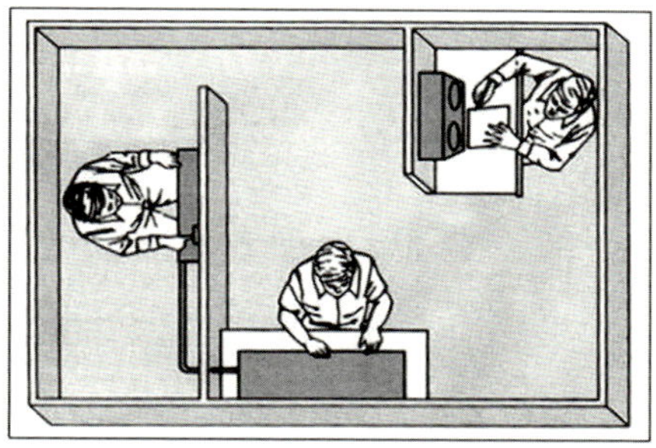

그림 11-3 | 밀그램의 실험장면

이러한 밀그램(1963)의 결과는 합법적 권위를 가진 사람이 명령을 내리면 대부분의 사람들이 비인간적인 명령이라도 복종하려는 경향이 있음을 보여주어 많은 사람에게 충격을 주었다. 그러나 실험에서 참가자가 실험자의 명령을 따르지 않는 경우도 있었다. 선생님과 학생이 서로를 볼 수 있었거나, 전기쇼크 장치를 선생님에게 직접 학생에게 설치하도록 하거나, 몇 명의 실험자들이 서로 다른 명령을 내릴 경우에는 참가자들은 실험자가 요구하더라도 학생에게 전기쇼크를 주는 것을 거부하였다. 이것은 부당한 명령으로 인해 문제가 생겼을 때 자신에게 책임이 돌아올 수 있다고 느끼거나 명령자의 권위가 그다지 높지 않을 경우에는 불복종이 발생할 수 있음을 보여준다.

그렇다면 어떻게 해야 부당한 권력에 저항할 수 있을까? 우선 개인이 자신의 비인간적 행동으로 인한 책임을 타인이나 사회에 전가하지 못하도록 하는 것이 중요하다. 즉, 우리가 직면한 사회적 문제는 누구 한 사람이 나서서 해결하기 어려운 문제이기는 하지만 우리가 그러한 사회적 문제에 대한 분명한 인식을 가져야 하며 자신의 행동이 사회의 변화를 가져온다는 믿음을 가져야 한다. 둘째, 권력의 압력에 저항하는 불복종 모델을 자주 접하게 될수록 우리도 부당한 명령에 저항할 수 있는 힘을 얻게 된다. 우리 사회가 민주화된 것도 독재권력에 불복종한 모델이 되어준 많은 사람들이 있어서 가능한 것이라고 할 수 있다. 셋째, 권력을 가진 사람의 정통성이나 개인적인 문제 등을 의심하여 권력기반을 약화시키면 되면 명령에 저항할 수 있다. 이것은 특정한 개인이 하기보다 우리 사회의 모순과 문제를 비판하고 대안을 제시하는 미디어가 해줘야 할 역할이다.

3) 다수에 대한 소수의 영향력

우리 사회에서는 논란이 벌어져 어떤 결론을 내리기 어려울 경우에는 다수결의 원칙에 따른다. 즉, 많은 사람이 찬성하는 것이 더 좋은 결론이라고 보는 것이다. 그러나 많은 사람이 찬성한다고 언제나 좋은 결정이라고 보기는 어렵다. 때로는 소수의 의견이 더 합리적일 때가 있기 마련이다. 그렇다면 다수의 압력에 맞서 소수는 어떻게 해야 자신들의 주장을 관철시킬 수 있을까? 소수라고 해도 일관성이 있고 확신에 찬 행동을 보이면 집단에 영향을 미칠 수 있다.

모스코비치와 페르소나즈(Moscovici & Personnaz, 1980)는 소수의 구성원이 집단의 영향력에 맞서서 어떻게 자신들의 의견을 주장하고 관철시키게 되는지를 연구하였다. 가령, 어떤 색을 보여주고 그 색의 잔상을 보고하는 실험에서 소수가 일관성 있게 틀린 정보를 말하면 집단의 의견에서도 오류가 증가하는 경향을 보인다. 이러한 결과는 소수라고 해도 일관성이 있고 확신에 찬 행동을 보이면 집단의 전체 구성원에 영향을 미친다는 것을 보여준다. 소수와 다수를 비교해 보면 영향력의 크기와 근원에서 서로 다르다는 것을 알 수 있다(Nemeth, 1986). 즉, 다수는 영향력이 더 크고 즉각적으로 영향을 미치지만 소수는 영향력이 작고 점진적인 영향을 미치게 된다. 또한 다수는 집단규범에 대한 동조나 정보를 추구하려는 동기가 영향력의 원천이 되는데 비해 소수는 자신의 의견에 대한 일관성과 확신이 영향력의 원천이 된다. 우리나라의 역사에서도 독재정권을 무너뜨리고 민주화를 이룬 배경에는 민주주의의 중요성을 일관성 있게 그리고 확신을 가지고 설득한 소수 지식인과 대학생의 영향이 컸다고 할 수 있다.

4) 타인이 있으면 평소보다 잘하거나 못하는 이유

밥을 먹을 때 혼자 먹게 되면 천천히 여유를 가지고 먹지만 친구와 함께 먹을 때는 밥을 먹는 속도가 평소보다 더 빠르다. 이렇게 누군가 옆에 있을 때 평소보다 더 잘할 때도 있지만 어떤 경우에는 평소보다 더 못할 때도 있다. 즉, 테니스를 이제 배우기 시작한 사람의 경우에 혼자 있을 때는 공을 잘 넘기다가도 다른 사람이 구경이라도 하면 평소와 달리 공을 잘 넘기지 못하는 경우가 많이 있다. 이렇게 타인의 존재가 개인의 행동에 영향을 미치는 현상을 사회적 촉진(social facilitation) 또는 사회적 억제(social inhibition)라고 한다.

사회적 촉진에 대한 초기연구(Triplette, 1898)를 보면 자전거 경주나 릴낚시 감기 경기에서 경쟁하는 타인이 존재하면 기록이 더 좋아지는 경향을 보인다. 반대로 무의미철자를 학습할 때 다른 사람이 있으면 오히려 수행이 떨어지기도 한다(Pessin, 1933). 그렇다면 왜 이렇게 타인이 존재하면 평소와 다른 행동을 보일까? 한 가지 설명(Zajonc, 1965)에 따르면 어떤 일은 잘 학습된 반응을 필요로 하는 일과 새로운 반응을 학습해야 하는 일로 구분될 수 있는데 타인이 존재하면 각성수준이 높아지면서 그 상황에서 더 익숙한 행동들이 유발된다. 그렇기 때문에 평소에 많이 해봤던 익숙한 일들은 타인이 존재할 때 더 잘하게 되지만 새로 배워 익숙하지 않은 일은 더 못하게 되는 것이다. 가령, 다른 사람이 구경을 하고 있을 때 테니스를 이제 배운 사람은 테니스를 치기 이전에 익숙했던 동작이 테니스 동작을 압도하여 실수를 하게 되지만 테니스 선수들은 다른 사람이 구경하고 있으면 익숙한 테니스 기술이 더 활성화되어 더 좋은 경기력을 보일 수 있다. 그러나 다른 사람이 존재한다는 것만으로는 각성을 증가시키지 않으며 다른 사람이 자신의 행동에 관심을 가지고 있다고 느낄 때만 각성을 증가시킨다는 것이 밝혀졌다(Cottrell, Sekerak, Wack, & Rittle, 1968).

이러한 주장은 홈그라운드 효과(Homeground effect)를 잘 설명한다. 즉, 대부분의 선수들은 상대팀의 경기장보다 홈그라운드에서 더 좋은 경기력을 보이는데 그것은 홈그라운드에서는 관중이 홈팀에게 더 많은 관심을 보이기 때문이다. 홈그라운드에서 관중의 관심은 홈팀 운동선수들의 각성수준을 높이며 그로 인해 평소보다 더 훌륭한 기량을 보이게 되고 승리의 가능성도 더 높아진다. 한편 타인의 존재는 과제에 대한 집중력을 높이기도 하지만 타인을 의식하게 되어 주의가 분산되기도 한다. 간섭-갈등이론(Baron, 1986)에 따르면 과제가 단순하고 숙련되었을 때는 주의가 분산되어도 집중력이 높아져 더 좋은 수행을 보이지만 과제가 어렵고 숙련되지 않았을 때는 집중력이 향상된 것보다 주의가 분산된 효과가 더 커져서 수행이 감소하게 된다.

혼자 할 때보다 여럿이 함께 하면 게을러지는 이유

어떤 일을 혼자 할 때와 다른 사람들과 함께 할 때 어느 쪽이 더 잘할까? 가령, 눈을 가린 채 밧줄을 당기도록 하였을 때 세 사람이 함께 당긴다고 생각한 학생은 혼자 당긴다고 생각한 학생의 82% 정도의 힘만을 사용한다고 한다(Ingham et al., 1974). 이렇게 사람은 어떤 일을 혼자 할 때보다 집단으로 하게 되면 노력을 덜 하는 경향을 보이며 이것을 사회적 태만(social loafing)(Latane, 1981) 또는 링겔만 효과(Ringelmann effect, 1913)라고 부른다. 이러한 현상은 다양한 상황에서 발견되는데 집단 속에서 박수를 치면서 소리를 지르라고 하였을 때 자신의 행위가 확인되기 어렵다고 생각하면 1/3 정도 소리를 더 적게 내는 경향을 보인다(Latane et al., 1979). 이렇게 사회적 태만이 나타나는 원인은 집단 속에서는 자기가 얼마나 기여하고 있는지를 알지 못하여 감소하기 때문이기도 하고, 집단 속에서는 개인의 힘을 하나로 통합하기 쉽지 않기 때문이라고도 한다(Kerr & Bruun, 1983). 그리고 사람들은 열심히 일하면 그만큼 더 많은 보상을 얻을 수 있다고 기대할 때 혼신을 다하게 되는데 집단상황이 되면 그러한 기대를 하기 어렵기 때문에 사회적 태만이 일어난다고 보기도 한다(Karau & Williams, 1993).

5) 집단의 의사결정 과정

우리가 뭔가 결정하기 어려운 일에 봉착하게 되면 그 일과 관련된 사람들이 함께 모여 논의를 하게 된다. 이렇게 사람들은 많은 사람들의 의견을 모으는 것이 어떤 개인의 판단에 맡기는 것보다 합리적인 결정을 내리는 데 더 도움이 된다고 생각한다. 그렇다면 그것이 사실일까?

(1) 집단극화(group polarization)

집단에서 이루어진 토론을 통해 합리적 결정이 내려지기 어렵다는 점을 잘 보여주는 것이 집단극화 현상이다. 집단극화란 다른 사람들과 토론하기 전에는 중도적인 입장을 취하던 사람들이 토론 후에는 오히려 극단적인 입장을 취하는 경향을 말한다. 가령, 인종문제를 논의하는 과정에서 편견이 심했던 학생들은 더 편견을 갖게 되고 편견이 적었던 학생들은 편견을 더 갖지 않게 되었다(Myers & Bishop, 1970). 집단극화는 토론 상황에만 적용되는 것이 아니며 선거의 추세를 설명하는 데도 적용된다. 가령, 선거에서 진보후보를 지지하는 지역은 더 진보적이 되고 보수후보를 지지하는 지역은 더 보수적으로 바뀌는 경향을 보인다(Bishop, 2004).

그렇다면 집단극화는 왜 일어날까? 첫째, 집단의 의견은 초기 여론 형성자의 입장에 의해 주도되기 쉬운데 여론 형성자들은 극단적인 입장을 취하는 경우가 많으며 다른 사람들을 설득하는 데 익숙하다. 둘째, 여러 사람들이 어떤 문제에 대해 의논하다 보면 그 결과에 대해 책임이 분산되므로 위험하더라도 쉽게 결론을 내리게 된다. 셋째, 여러 사람들이 토론을 벌이게 되면 아주 모험적인 의견이더라도 널리 논의되다 보면 그 위험성이 과소평가되기 쉽다(Fruitt, 1971). 넷째, 논의되는 주제에 따라서 사회적으로 허용되는 가치가 다른데 예를 들면, 투자와 같은 경우에는 모험이 긍정적 가치가 되나 건강에서는 모험이 부정적인 가치를 갖게 된다(Brown, 1965). 건강과 같은 문제는 매우 보수적인 가치를 가진 주제이기 때문에 논의를 하다 보면 보수적인 결정을 내리게 되는 데 비해 투자와 같은 문제는 매우 모험적인 가치를 가진 주제이기 때문에 논의를 하다 보면 모험적인 결정을 내리기 쉽다. 그러나 이러한 집단극화가 언제나 일어나는 것은 아니며 일반적으로 집단이 형성되기 시작하는 시기나 새로운 대상에 대한 태도가 형성되는 시기 또는 집단 구성원 간의 관계가 밀착되어 있지 않고 유동적인 시기에 일어나는 경향이 있다(Smith & Bond, 1993). 이렇듯 집단에서 주로 이루어지는 토론은 언제나 합리적인 결론을 내리를 것은 아니며 때에 따라서는 집단극화로 인해 잘못된 결론을 내릴 수도 있다.

(2) 집단사고(group thinking)

집단이 의사결정을 하다 보면 집단의 압력에 의해 현실성이 정확하게 검증되지 못하고, 왜곡된 기준에 의해 상대방을 평가하는 등 의사결정의 효율성이 떨어질 수 있는데 이것을 집단사고라고 한다. 집단사고에 대한 연구는 케네디(Kennedy) 대통령 시기에 발생한 쿠바침공사건을 계기로 이루어지기 시작하였다. 케네디 대통령은 내각의 편들기와 정보기관의 잘못된 정보를 바탕으로 쿠바를 침공하는 실수를 저질렀으며 그 대가로 많은 군인들이 죽거나 체포되는 결과를 가져왔다. 케네디 대통령은 이러한 실수를 반복하지 않기 위해 재니스(Janis)를 중심으로 한 위원회를 구성하고 집단사고에 대한 철저한 조사를 지시하였다. 그 결과에 따르면 집단의 응집성이 강하여 서로가 방패막이가 되어 있으며, 외부 전문가의 참여나 정보가 차단되어 있고, 그 집단의 리더가 토론을 선호하기보다 자신의 주장을 먼저 제시하며 그로 인해 찬반토론이 허용되지 않는 토론방식이 선호될 경우에 집단사고가 일어나게 된다. 집단사고에 빠져들게 되면 자신들의 결정이 완벽하고 논리적이라는 확신을 갖게 되고 모든 구성원들이 만장일치로 동의를 해야 한다는 집단압력을 느끼게 된다. 또한 상대집단이 비도덕적이고 악하다는 부정적인 고정관념을 갖게 되며, 의사결정에 반대하는 구성원들을 묵살이나 위협을 통해 침묵시키는 마음수호자(mind guard)가 나타나게 된다. 케네디 대통령 시기에도 내각 구성원이 케네디 대통령의 친한 친구들로 이루어져 있었고 케네디의 의존을 무조건 존중했으며 나중에 공격대상이 되었던 쿠바의 군사력을 너무 가볍게 보고 그들은 도덕적으로 문제가 있는 집단으로 매도하는 경향을 보였다.

그렇다면 집단사고를 예방하려면 어떻게 해야 하나? 집단의 지도자는 가능한 한 모든 대안을 고려하고 의문을 제기하도록 권장하여 자신의 선호를 미리 밝히지 않는 것이 필요하다. 즉, 지도자는 자신의 선호를 최후에 밝히며 구성원들의 비판을 받아들일 자세를 가져야 한다. 또한 집단을 여러 개의 하위집단으로 나누어 독립적으로 토의한 후 함께 모여 차이를 조정하는 토론방식을 사용하여 집단의 응집성으로 인해 만장일치를 추구하려는 경향을 줄이고 관련된 외부 전문가를 참여시켜 문제를 제기하도록 한다. 쿠바 침공사건의 교훈에도 불구하고 미국은 이라크 전쟁에서 여전히 집단사고를 보였다. 미국 상원 정보위원회(2004)에 따르면 미국정부는 이라크와 전쟁을 하기 전에 가능한 대안을 고려하지 않았으며, 정보를 선택적으로 수집하였고, 집단 내에서 비판을 억제했다고 한다. 그러한 집단사고로 인해 애매모호한 증거를 대량살상무기의 결정적 증거로 해석하였고 이라크가 그러한 무기를 가지고 있지 않다는 증거를 무시하거나 최소화하게 되었다.

3. 집단 속에서 일어나는 대인지각

1) 타인에 대한 인상의 형성

사회를 살아가다 보면 다양한 사람들을 만나게 된다. 그러한 만남 속에서 우리는 그 사람이 어떤 사람일지 그리고 어떻게 대하면 좋을지 머릿속으로 생각하게 되는데 이러한 과정이 인상형성이다. 사람들은 만난 시간이 짧고 상대방에 대해 아는 것이 별로 없어도 상대방에 대한 전반적인 인상을 빨리 형성하며 이렇게 형성된 인상은 잘 변화되지 않는다(Hamilton, 1981). 이 절에서는 이러한 인상형성이 어떻게 일어나는지 알아본다.

(1) 인상형성에 사용되는 정보

사람들은 어떻게 상대방에 대한 인상을 형성할까? 첫째, 우리가 평소에 가지고 있는 도식(schema)을 상대방을 판단할 때 적용한다. 우선 사람들은 타인의 외모나 행동과 같은 단편적인 정보에 근거하여 타인을 판단해야 하기 위한 도식(schema)을 가지고 있다.

도식 중 대표적인 것이 고정관념(stereotype)이며 고정관념은 어떤 사람의 특성을 비슷한 특징을 가진 다른 사람들에게도 일반화하려는 경향을 의미한다. 즉, [그림 11-4]에서 볼 수 있듯이 사람들은 여성은 남성에 비해 독립심이나 경쟁심은 약하지만 온화하고 정서적일 것이라는 고정관념을 가지고 있다. 고정관념에는 이와 같은 성 고정관념뿐 아니라 외모나 행동 그리고 인종이나 직업에 대한 고정관념도 존재한다. 그래서 우리는 얼굴이 예쁜 여성을 보면 좋은 집안 환경에서 자라고 착한 성격을 가지고 있을 것이라고 생각하며, 손을 씩씩하게 흔들고 다니는 사람들은 성격이 적극적이고 활동적일 것이라고 생각한다.

도식에는 어떤 사람의 한 가지 특징만을 보고 전반적인 성격을 파악하려고 하는 내현적 성격이론(implicit personality theory)도 있다. 즉, "유머가 풍부한 사람"을 보면 우리는 그가 사교적이고, 낙천적일 것이라고 성급하게 판단하는 경향이 있는데 이것은 자기의 과거경험이나 주변 사람들로부터 들은 성격특성 간의 관계에 대한 믿음인 내현적 성격이론 때문이다. 고정관념이나 내현적 성격이론은 낯선 사람을 만났을 때 빠르게 상대방에 대한 인상을 형성하도록 도움을 주지만 개인의 다양성을 무시하도록 유도하여 부정확한 인상을 형성하도록 할 수 있다. 즉, 남성보다 독립심이 강한 여성도 많으며 남성의 독립성이 평균적인 특성인데도 불구하고 일반인들은 여성에 대한 고정관념을 사실이라고 믿는 경향이 있다.

또한 인상형성에서 사람들은 타인이 가진 다양한 특징들을 무시하고 몇 가지 기준으로 단순화하하여 판단하려는 경향이 있다. 가령, 사람들은 타인을 얼마나 강한 사람인지, 얼마나 활발한 사람인지, 얼마나 좋은 사람인지에 근거하여 판단한다고 한다(Osgood, Suci, & Tannenbaum, 1957). 물론 관계가 지속되면서 이러한 상대방에 대한 첫인상이 변화될 수 있지만 처음 받았던 첫인상은 상대방과의 대인관계에 매우 중요한 영향을 미칠 수 있다. 즉, 후광효과(halo effect)에서 볼 수 있듯이 상대방에 대해 긍정적 인상을 형성하고 나면 상대방의 부정적 특성도 긍정적으로 받아들이려는 경향을 보인다.

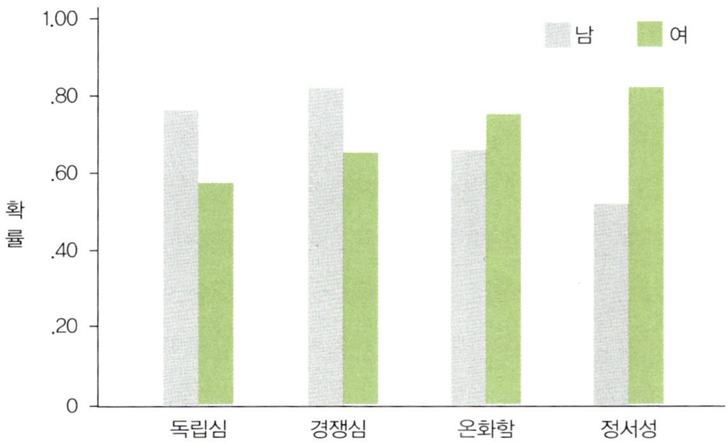

그림 11-4 | 남녀의 성격특성에 대한 판단

(2) 인상정보의 통합

처음 상대방을 만났을 때 얻었던 인상정보들은 첫인상에 개별적으로 영향을 미치는 것이 아니라 통합되어 대략적인 첫인상을 형성하게 된다. 즉, 우리가 "철수"를 처음 만났을 때 그가 "철수는 다정하고, 적극적이고, 얼굴이 크고, 옷을 잘 입는 사람"으로 첫인상을 가지는 것이 아니라 "철수는 호감이 가는 성실한 사람"이라는 전반적인 첫인상을 가진다. 그렇다면 인상정보는 어떻게 통합이 되는가?

인상정보가 통합되는 방식은 크게 가산모형과 평균모형으로 구분할 수 있다 (Anderson, 1965). 가산모형은 상대방에 대해 받은 인상의 호오 값들이 단순하게 더해져서 그 총합이 상대방에 대한 통합된 인상을 형성한다는 것이고 평균모형은 상대방에 대해 받은 인상의 호오 값들이 더해진 후에 더해진 숫자로 나뉘어 그 평균치가 상대방에 대한 통합된 인상을 형성한다는 것이다. 예를 들어, 호오 값의 범위가 "아주 좋다"(+5)에서 "아주 싫다"(−5)까지 있다고 하고 "철수"의 "다정하다"는 +5, "적극적이다"는 +3, "얼굴이 크다"는 −2, "옷을 잘 입는다"는 +2의 호오 값을 가진다고 가정하자. 이때 가산모형에 따르면 "철수"의 통합된 인상은 "(+5)+(+3)+(−2)+(+2)=(+8)"이라고 할 수 있지만 평균모형에 따르면 통합된 인상은 "(+8)/4=(+2)"이라고 할 수 있다.

일반적으로 가산모형보다 평균모형이 첫인상의 통합을 더 잘 설명한다고 알려져 있지만(Triandis & Fishbein, 1963), 평균모형도 몇 가지 한계점을 가지고 있다. 우선 평균모형에서는 인상정보가 통합될 때 모든 인상정보가 동일한 중요성을 가지고 있다고 가정하고 있지만 중심특질이 첫인상에 더 큰 영향을 미치며 상대방에 대해 어떤 인상을 먼저 경험했는지에 따라서 첫인상이 달라질 수 있다. 중심특질은 상대방에 대해 느낀 정서적 특성과 같은 것으로 수업시간에 "차갑다"고 소개된 사람보다는 "따뜻하다"고 소개된 선생님과 학생들이 더 많은 대화를 갖는 경향이 있다Kelley(1950). 또한 먼저 알게 된 성격특성은 나중에 알게 된 성격특성에 비해 인상형성에 더 큰 영향을 미친다. 즉, 가상적인 인물에 대해 긍정적인 성격을 먼저 알려주고 부정적인 성격을 나중에 알려주면 반대의 경우보다 그 인물에 대해 더 긍정적인 인상을 형성하는 경향이 있다(Asch, 1946). 이렇게 첫인상에 중심특질이나 인상정보의 제시순서 등이 영향을 미치는 것을 고려하기 위해 성격특성에 더 가중치를 부여하여 인상형성을 설명하는 가중평균이론(Anderson, 1971)이 제안되었다.

(3) 인상을 왜곡시키는 요인

우리는 상대방을 가능한 한 정확하게 바라보려고 노력하지만 그러한 시도는 그렇게 성공적이지는 못하다. 왜냐하면 우리는 고정관념 같이 첫인상에 대한 정보 자체를 왜곡하는 특성을 가지고 있을 뿐 아니라 정확한 인상을 형성하기 어렵게 하는 인지적 특성들도 함께 가지고 있기 때문이다.

그렇다면 타인에 대한 인상을 왜곡시키는 인지적 특성에는 어떤 것들이 있을까?

첫째, 우리는 어떤 사람에 대해 좋은 인상을 갖게 되면 잘 바꾸지 않으려 하는데 이것은 우리가 인지적 일관성(consistency) 유지하려는 경향성을 가지고 있기 때문이다. 즉 어떤 사람에 대해 좋은 인상을 형성하고 나면 조금 모순된 경우를 경험하더라도 그것을 무시하거나 중요성을 낮추려는 경향이 있으며 이것을 후광효과(halo effect)라고 부르는데 그것은 일관성을 유지하려는 경향 때문에 일어난다. 예를 들어, 신체적인 매력 때문에 어떤 사람을 긍정적으로 평가하고 나면 신체적인 매력과는 관계도 없는 지적능력, 성격적 특성 등도 긍정적으로 평가한다(Dion et al., 1972).

둘째, 우리는 타인을 가능한 한 긍정적으로 바라보려는 경향이 있으며 이것을 긍정성 편향(positivity bias)이라고 한다. 즉, 처음 보는 낯선 사람이더라도 만나면 그 사람을 의심하거나 주의하기보다 긍정적으로 바라보려고 한다. 또한 처음 형성했던 인상이 변화할 때 그것보다 비호의적으로 변하기보다는 더 호의적으로 변하는 경향이 있다(Sears, 1983).

셋째, 어떤 사람에게서 긍정적 특징과 부정적 특징이 발견된다면 부정적 특징에 더 주의를 기울이며 이것을 부정성 효과(negativity effect)라 한다(Fiske, 1980). 가령, 상대방이 마음도 착하고 똑똑한데 약속시간에 자주 늦는다면 착하고 똑똑하다는 것보다 약속을 잘 지키지 않는다는 것에 더 주목하는 경향을 보인다. 그것은 부정적인 정보는 긍정적 정보에 비해 더 눈에 띄고 주의를 기울이지 않는다면 대가를 치룰 가능성이 높기 때문이다.

넷째, 사람은 실제보다 상대방이 자신과 비슷하다고 생각하는 경향이 있으며 이것을 가정된 유사성(assummed similarity)이라고 한다. 이렇게 상대방을 자신과 유사하게 보는 이유는 사람이 누군가를 이해할 때 자신이 중요하다고 생각하는 기준을 적용하려는 경향이 있기 때문이다. 예를 들면, "성실함"을 중시하는 사람의 경우에는 "낭만적이고 활동적인" 사람을 정확하게 이해하기 어려우며 실제보다 더 나쁘게 평가할 가능성이 더 높을 것이다.

2) 집단 속에서 행동의 원인 찾기

사람들은 자기나 타인의 행동을 자기 나름대로 설명하고 이해하려고 한다. 만일 그러한 과정이 논리적이라면 세상에는 아무런 다툼도 없겠지만 사람들은 자기 나름의 생각에 맞추려고 하기 때문에 다툼이 생기고 오해가 발생할 수 있다. 이 절에서는 사람들이 집단 속에서 일어나는 행동의 원인을 어떻게 찾는지 그리고 귀인과정에서 생길 수 있는 오류들을 알아보도록 하자.

(1) 행동의 원인 찾기: 귀인

행동의 원인을 찾는 과정을 심리학에서는 귀인이라고 하는데 그 원인을 환경이나 타인 혹은 운에서 찾는 것을 외부 귀인이라고 하고 성격이나 능력 또는 태도에서 찾는 것을 내부 귀인이라고 한다. 비교문화 연구에 따르면 동양인은 자신의 잘못했거나 잘한 행동의 이유를 상황에서 찾는 경향을 보이는데 비해 서양인은 자신의 성격이나 능력에서 찾는 경향을 보이며 이것은 문화적 요인이 귀인의 방향에 영향을 미치고 있음을 보여준다(Miller, 1984). 그러나 사람이 일상생활을 하면서 늘 행동의 원인을 찾으려고 애쓰는 것은 아니며 예측하지 못했던 일이 일어났거나 불쾌한 일이 일어났을 때 주로 행동의 원인을 찾게 된다.

그렇다면 사람들은 행동의 원인을 어떻게 찾을까? 공변이론(covariance theory)에 따르면 사람들은 귀인을 할 때 독특성, 합치성, 연속성 차원 간의 공변관계에 주목한다고 한다(Kelley, 1967). 가령, 어떤 영화를 보고 온 친구가 “그 영화 정말 명화야! 한번 꼭 봐라!”라고 하였다면 그 영화가 정말 잘 만들어진 영화인지 아니면 그렇게 말한 친구의 영화 보는 수준이 낮은지를 어떻게 판단할 것인가? 공변이론에 따르면 그 친구가 그 영화에 대해서만 유달리 그런 말을 하였는지를 나타내는 독특성(distinctiveness) 정보, 그 영화를 본 다른 사람들도 똑 같은 말을 하였는지를 나타내는 합의성(consensus) 정보, 그 친구가 계속해서 그 영화가 좋다고 말하는지를 나타내는 일관성(consistency over time/modality) 정보를 고려한다. 만일 독특성, 합의성, 일관성이 모두 높다고 판단이 된다면 여러분은 그 친구가 말한 대로 그 영화가 정말 잘 만들어진 영화라고 판단할 수 있다. 그렇지 않다면 영화를 평가하는 그 친구의 수준을 의심할 것이다.

공변이론에서는 인간을 주변의 정보나 상황을 체계적으로 분석해서 논리적인 결정을 내리는 존재로 가정하고 있지만 실제로는 그렇지 않다. 사람들은 흔히 독특성, 합치성, 연속성과 같은 객관적 정보를 고려하기보다 자신의 고정관념에 의해 결정을 내리는 경우가 더 빈번하다. 만일, 두 중학생이 싸우고 있는데 한 학생이 머리를 노랗게 물을 들였다고 가정한다면 "머리에 물을 들인 학생은 문제학생일 가능성이 높다"는 고정관념에 의해 그 학생이 싸움을 걸었을 것으로 판단하기 쉬울 것이다.

(2) 귀인 과정에서 생길 수 있는 오류

사람들은 행동의 원인을 찾을 때 나름대로 논리적인 결론을 내리려고 하지만 몇 가지 근본적인 오류에 빠지기 쉽다. 첫째, 인간은 누구나 타인의 행동을 평가할 때 상황의 영향을 과소평가하고 그 사람의 성격이나 능력과 같은 개인적인 특징의 영향을 과대평가하는 경향이 있으며 이것을 근본 귀인오류(basic attribution error)라고 한다. 예를 들면, 어렵게 사는 사람들을 판단할 때 사람들은 그 사람들이 처해 있는 상황을 이해하기보다 술을 자주 마신다는 것이나 게으르다는 것 같은 특정한 사람의 개인적 특징을 더 중요시한다.

둘째, 관찰자는 행위자의 행동에 대해 그 사람이 가진 능력이나 성격에서 원인을 찾지만 행위자는 행동의 원인을 주변상황에서 찾으려는 경향을 보이며 이것을 행위자-관찰자 차이라고 부른다. 이러한 오류가 발생하는 가장 큰 원인은 행위자와 관찰자가 지각하는 초점이 서로 다르기 때문이다. 즉, 행위자는 자신을 보지 못하고 자신이 존재하는 주변 상황만을 보게 되지만 관찰자는 행동이 일어나게 된 주변 상황보다 행위자만을 볼 수 있기 때문에 서로 다른 관점에서 행동의 원인을 찾게 된다.

셋째, 인간은 누구나 자신의 성공은 자신의 능력이나 노력에서 원인을 찾는 데 비해 실패는 주변 상황이나 운에서 원인을 찾는 경향을 보이며 이것을 이기적 귀인이라고 한다. 이기적 귀인은 자존심이 강할수록 더 잘 일어나며 여자보다 남자에게 더 많이 관찰된다. 우리 사회에서는 자신의 성공을 타인의 덕으로 돌리는 겸양적 귀인을 더 바람직한 것으로 여기는 경향이 있기 때문에(김진국, 1986) 이기적 귀인을 하는 사람에 대해 인상평가를 하도록 하면 능력에 대해서는 긍정적으로 평가하지만 성품에 대해서는 부정적으로 평가하는 경향을 보인다(Skowronski & Carlston, 1989).

귀인을 통해서 본 인간특성

귀인은 우리가 일상생활에서 경험하는 일들을 잘 설명한다. 우선 어린이집 아이들이 열심히 그림을 그리고 있을 때 어른들이 대견해서 보상을 주게 되면 나중에 그 아이들은 그림 그리는 것을 예전처럼 좋아하지 않게 된다고 한다(Lepper, Greene, & Nisbett, 1973). 그 이유는 처음에 아이들이 그림을 그린 것은 그림을 그리는 것이 재미있기 때문인데(내적 귀인) 그림을 그리는 것에 보상을 받게 되면 보상을 받기 위해(외적 귀인) 그림을 그린다고 생각을 바꾸기 때문이다. 반대로 어떤 행동을 하지 못하도록 외적 압력이 커지면 그 행동을 하려는 내적 흥미는 오히려 증가할 수 있다. 즉, 부정행위에 대한 처벌이 가혹할수록 해보고 싶은 흥미가 증가한다고 한다(Wilson, 1982). 또한 귀인은 우리가 느끼는 감정에서도 중요한 역할을 한다. 즉, 우리가 경험하는 많은 정서들은 비슷한 생리적 반응을 보이므로 특정한 상황에서 어떤 정서를 경험할 것인지는 귀인과정에서 결정될 가능성이 높다(Schachter & Singer, 1962). 예를 들어, 사람들에게 가짜 약을 주고 어떤 사람에게는 눈이 피곤해지는 약이라고 설명하고 어떤 사람에게는 심장이 빨리 뛰는 약이라고 설명하였다. 그리고 카드 게임에서 상대방을 속이도록 유도하고 죄의식을 평가하도록 하였을 때 약이 심장이 빨리 뛰게 할 것이라고 설명한 사람들은 죄의식을 덜 느끼는 경향을 보였다. 즉, 상대방을 속임으로써 생기는 생리적 변화를 약효과에 귀인하여 죄의식을 덜 느끼게 된 것이다.

3) 태도의 형성과 변화

우리가 누군가의 행동을 변화시키고자 할 때 관심을 갖게 되는 것은 행동을 직접적으로 결정하는 태도이다. 태도는 어떤 특정 대상, 사고, 사람 또는 집단에 대한 평가적인 반응이라고 할 수 있다. 이 절에서는 태도가 어떻게 형성되고 변화될 수 있는지 알아보자.

(1) 태도의 의미와 형성

우리는 일상적인 상황에서 태도라는 말을 많이 사용하며 태도는 인간의 행동을 설명하는 중요한 개념이다. 일반적으로 태도는 인지적 요소, 정서적 요소, 행동적 요소로 이루어져 있다. 가령, "일본"에 대한 태도를 예로 든다면, 인지적 요소는 "섬나라이다", "경제 부국이다", "이차세계대전을 일으킨 나라이다" 같은 정보를 말하고, 정서적 요소는 "일본"에 대한 "좋다" 혹은 "나쁘다"는 감정적 반응을 말하며, 행동적 요소는 "일본문화에 대해 더 알고자 한다", "일본 사람들을 나쁘게 말한다" 같은 실제 나타나는 행동을 말한다.

우리가 특정한 대상에 대해 갖게 되는 태도는 어떻게 형성될까? 첫째, 두 대상이 짝지어 자주 제시되면 한 대상이 가진 성질을 다른 대상도 갖게 된다는 고전적 조건화 원리는 태도의 형성을 잘 설명한다. 가령, 화장품 광고에서는 호감을 주는 연예인이 출연하는 경우가 많은데 그것은 연예인의 호감이 고전적 조건화 원리에 의해 화장품으로 전이되기를 기대하기 때문이다. 둘째, 어떤 행동이 좋은 결과를 가져오면 그것에 대해 긍정적 감정을 갖게 되고 나쁜 결과를 가져오면 부정적 감정을 갖게 되는데 이것은 조작적 조건화 원리로 어떤 대상에 대한 태도가 형성되는 과정을 설명하는데 적용될 수 있다. 가령, 어떤 식당에서 스테이크를 먹었는데 너무 맛있었다면 그 식당에 대해 긍정적인 태도를 형성하게 되고 다음에 그 식당을 가려는 경향이 증가할 것이다. 셋째, 우리는 좋아하거나 힘이 있는 사람을 모방하려는 경향이 있는데 이러한 과정을 통해 태도가 형성되기도 한다. 가령, 자기가 좋아하는 연예인이 주방에서 요리를 하는 모습을 보여주게 되면 팬들은 그 동안 관심이 없었던 요리에 대해 긍정적인 태도를 갖게 될 수 있다. 물론 태도는 이렇게 학습을 통해 형성되기도 하지만 단지 어떤 대상이나 사람과 자주 접촉하게 되어 생기는 친숙함이 긍정적 태도를 형성하기도 하며 이것을 단순노출효과(mere exposure effect)라고 한다. 가령, 강의실에서 매력도가 비슷한 네 명의 여학생의 출석빈도를 0, 5, 10, 15회로 조절하였을 때 그 여학생에 대한 호감도는 출석빈도에 따라서 증가하는 경향을 보였다(Zajonc, 1967).

(2) 태도의 변화

세상을 살다보면 다른 사람의 행동이나 생각을 바꾸고 싶을 때가 생기게 된다. 가령, 학생들이 열심히 공부하기를 바라는 선생님이나 소비자가 자기 제품을 사주기를 바라는 회사는 어떻게 해야 사람들의 행동이나 생각을 바꿀 수 있는지에 대해 관심을 가지고 있다. 그렇다면 태도는 어떻게 변화될 수 있을까? 태도를 변화시키는 가장 좋은 방법은 사람들이 행동과 태도 간의 일관성을 유지하려고 하기 때문에 행동에 맞추어 태도를 변화시킨다는 원리를 이용하는 것이고 다른 하나는 우리가 가장 많이 사용하는 설득을 이용하는 방법이다.

태도와 행동 간의 일관성에 근거한 태도변화 Heider의 균형이론(balance theory)에 따르면 사람들은 태도의 일관성을 유지하려는 동기가 있으며 P(나)의 관점에서 P, ○, ×는 [그림 11-5]에서와 같이 균형 또는 불균형 상태에 있을 수 있다. 사람은 누구나 균형상태를 추구하며 불균형 상태로 인한 긴장을 해소하기 위해 태도를 변화시킨다. 예를 들어, 나(P)는 올리버(O)를 좋아하고(+) 나(P)는 스키(X)를 타러 가고 싶어한다(+). 그러나 올리버(O)는 스키(X)를 싫어한다(−)고 할 때 나는 올리버가 스키를 좋아하도록 설득하거나, 스키에 대한 관심을 줄임으로써 올리버와 좋

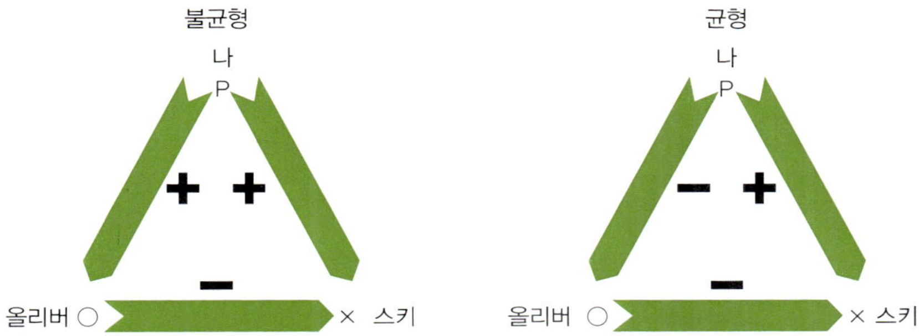

그림 11-5 | 하이더(Heider)의 균형이론

은 관계를 유지할 수 있다.

한편, 인지부조화이론(cognitive dissonance theory)(Festinger, 1964)에 따르면 자신의 행동과 태도가 일치하지 않으면 부조화가 발생하여 심리적 긴장이 초래되며 이것을 해소하기 위해 태도가 변화된다. 예를 들어, 자기가 담배를 피우는데 TV에서 담배를 피우면 두 달 안에 죽을 수도 있다는 보드를 보았다면 담배를 피우는 행동에 대한 인지와 TV에서 보도된 흡연의 위험성에 대한 인지가 부조화를 일으키게 되어 심리적으로 긴장하게 된다. 이렇게 되면 우선 서로 일치하지 않는 인지를 양립할 수 있게 뉴스의 내용을 부정하거나 금연을 시도할 것이다.

인지부조화이론은 우리의 일상생활에서 일어나는 일들을 잘 설명한다. 가령, 최근에 새 차를 산 사람은 자신이 산 자동차의 광고를 더 자주 보는 경향이 있는데 그것은 자신이 선택한 것의 단점이나 선택하지 않은 것의 장점이 부조화를 일으킬 수 있기 때문이다(Ehrlich, Guttman, Schonbach, & Miils, 1957). 또한 어린이가 싫어하는 야채스프를 먹고 난 후 앞으로 더 먹게 될 것이라고 말해준 아이들이 그렇게 하지 않은 아이들에 비해 야채스프의 맛을 더 좋게 평가하였다(Brehm & Cohen, 1962). 이것은 "자신이 야채스프를 싫어한다"는 인지와 "계속 먹을 수밖에 없다"는 인지가 부조화를 일으키게 되면 변화시킬 수 있는 자신의 태도를 변화시킬 수밖에 없기 때문이다.

그러나 때로는 인지부조화를 줄이려는 태도가 문제를 일으킬 수 있다. 가령, 지진발생의 위험이 높은 로스엔젤레스 지역에서 대학을 다니는 UCLA대학생 중 지진에 대한 안전수칙을 지키거나 알고 있는 대학생이 적은데 그 이유는 "지진이 발생할 수 있다"는 인지와 "안전하지 못한 기숙사에서 산다"는 인지가 부조화를 일으키게 되어 지진이 일어날 것이라는 것을 부정하여 심리적 긴장을 해소하려고 하기 때문이다(Taylor, 1983).

설득에 의한 태도변화 누군가의 태도를 변화시키고자 할 때 가장 많이 사용되는 것은 바로 설득이며 설득에서는 누가 설득할 것인지 어떻게 설득할 것인지 설득할 사람이 어떤 사람인지가 중요하다.

첫째, 누가 설득할 때 설득이 잘 될 것인가? 우선 상대방을 설득하기 위해서는 신뢰감을 주어야 하는데 신뢰감을 주기 위해서는 설득 당사자가 변호사나 의사와 같이 그 분야의 전문가이든가, 노동조합에서 활동하는 사람이 노동조합의 활동에 대해 비판을 하는 경우처럼 상대방이 듣기에 자신의 이익과 상반되는 주장을 하거나, 상대방을 의도적으로 설득하려는 것 같지 않아야 한다. 또한 설득에는 설득 당사자의 신뢰감 뿐 아니라 정서적 호감도 설득에 중요한 영향을 미친다. 우리가 텔레비전에서 탤런트가 광고하는 물건을 아무 생각 없이 구매하는 이유는 그 탤런트에 대한 평소의 호감이 그 상품에 대한 호감으로 전이되었기 때문이다. 그러나 치약을 사거나 옷을 사는 등의 사소한 문제에는 호감이 영향을 미치지만 대통령을 뽑거나 돈을 빌려주는 등의 중요한 문제에서는 호감이 그리 큰 영향을 미치지 않는다.

둘째, 어떻게 설득하는 것이 좋을까? 설득에서는 설득자의 특성뿐 아니라 설득 메시지의 내용도 중요한 영향을 미치며 뭘 말하는가보다 어떻게 말하는가가 더 중요한 경우가 자주 있다. 일반적으로 극단적인 주장보다 중도적이고 온건한 주장이 더 설득력이 있게 받아들여지는 경향이 있으며, 논리적이고 이성적인 설득보다 감정에 호소하는 편이 더 설득하는 데 효과적인 경우가 많이 있다. 정치권에서 선거때마다 지방색이나 이념문제를 거론하는 것도 그것이 논리적으로 맞는 말인지의 여부를 떠나서 부정적인 감정을 불러일으켜 자기에게 유리하도록 하려는 것이다. 설득을 할 때 단점과 장점을 모두 언급하는 양방적 주장은 객관적이라는 인상을 주지만 문제가 생각보다 복잡하다는 선입관을 주어 결정을 더 어렵게 하는 문제가 있는데 비해 일방적인 주장은 편파적이라는 문제가 있지만 어떤 문제에 대해 잘 모르는 사람들에게는 확신을 갖도록 하는 장점이 있다. 또한, 사람들은 통계자료에 근거한 주장을 객관적으로 보지만 실제로는 개인의 경험에 근거한 주장에 더 쉽게 설득되는 경향을 보인다. "○○ 엄마인데요. 써보니까 정말 다르던데요?"라고 하는 광고를 하는 이유도 객관적인 증거보다 개인의 경험을 더 신뢰하는 사람의 심리를 이용한 것이다. 메시지의 내용이 위협적이어서 공포심을 유발할 때 설득이 잘 되기 때문에 설득에서 많이 활용된다. 가령, 엄마는 더 울면 과자를 안 사준다고 아이들 위협하고, 광고에서는 이제 세일이 얼마 남지 않았다고 소비자를 위협한다. 그러나 설득내용이 공포를 지나치게 유발하게 되면 설득 메시지 자체를 부정하거나 회피하려 하기 때문에 적절한 공포유발과 그 공포를 해결하기 위한 방법을 함께 제시하는 것이 설득에 효과적이다.

셋째, 설득할 사람이 어떤 사람일 때 설득이 잘 되는가? 우선, 어떤 설득할 문제에 조금이라도 개입되어 있는 사람은 그렇지 않은 사람에 비해 더 쉽게 설득된다. 예를 들면, 첫 방문에서 "자비로운 가정"이라는 스티커를 문 앞에 붙일 것을 동의한 사람은 다음 방문 때 불우이웃돕기 성금을 낼 가능성이 그런 스티커를 붙이지 않은 사람보다 더 높다. 이것을 발 들여놓기(foot-in-the-door)기법이라고 하며 세일즈맨들이 고객을 설득할 때 가장 많이 쓰는 방법이다. 또한 자존심이 약한 사람은 자존심이 강한 사람에 비해 더 설득하기 쉬운데 그것은 자존심이 강할수록 자기가 가지고 있는 생각과 다른 생각간의 차이를 더 크게 느끼기 때문에 잘 받아들이려고 하지 않기 때문이다. 한편 설득할 사람의 마음상태도 설득가능성에 영향을 미치는데, 설득할 사람이 즐거운 상태에 있거나 주의가 분산되어 있을 경우에 설득이 잘된다. 예를 들면, 맛있게 식사를 하여 즐거운 마음을 가진 경우나 재미있는 영화를 보고 있어서 쉽게 주의집중을 하기 어려운 경우에 더 잘 설득된다.

설득에 호감이 영향을 미치는 경우와 그렇지 않은 경우

많은 기업들은 사람들에게 호감이 주는 연예인을 고용하여 새로운 상품을 광고하지만 그러한 광고가 꼭 효과를 보이지는 않는데 그 이유는 무엇 때문일까? 그것은 사람들이 구매할 제품을 선택할 때 어떤 때는 호감에 근거하여 결정하지만 어떤 때는 논리적으로 결정하기 때문이다. 그렇다면 언제 호감에 근거하여 결정하고 언제 논리적으로 결정할까? 정교화 가능이론(Elaboratio Likelihood Model: ELM)(Petty & Cacioppo, 1986)에 따르면 사람들은 특정한 대상에 관심이 있거나 지식을 가지고 있거나 선택의 결과에 책임을 져야 하는 경우에는 중심경로로 정보를 처리하고 그것에 관심이 별로 없거나 주의가 집중되어 있지 않거나 지식이 없는 경우에는 지엽경로로 정보를 처리한다.

어떤 상품에 대한 정보가 중심경로로 처리될 경우 상품의 호감보다 유용성에 주의를 기울 가능성이 더 많기 때문에 광고의 효과도 떨어지게 된다. 그에 비해 새로운 상품이라서 장단점을 잘 모르거나 바겐세일 중이라 사람이 많아 주의가 분산되었을 경우에는 상품에 대한 정보가 지엽경로로 처리되므로 상품구매에 호감이 영향을 미친다. 지엽경로로 처리될 경우에는 다수의견이나 전문가의 말을 따르려는 경향이 강해지는데 비해 메시지의 내용을 이해할 능력이 부족하거나 관심이 없거나 주의가 분산되어 있는 경우에는 설득내용이 길고 내용이 많은 것을 옳다고 생각하는 경향을 보인다.

(3) 태도와 행동의 일관성

우리는 사회생활을 하면서 사람들의 태도와 행동이 항상 일치하지는 않는다는 것을 발견하게 된다. 즉, 자기가 좋아하지 않더라도 상사가 좋아하는 식당을 예약하기도 하고 친구의 호의를 거절하지 못해 하기 싫은 일을 하기도 한다.

그렇다면 언제 태도가 행동과 일치하는가? 첫째, 태도의 강도가 강할 때 태도와 행동 간의 일관성이 높다. 즉, 태도대상에 대해 잘 알고 있거나 자신의 이익과 관련되어 있어서 관여도가 높으면 강한 태도를 가지게 되고 행동과의 일관성도 높아진다. 가령, 환경에 대한 지식이 많거나 환경운동의 경험이 있으면 환경문제에 대해 더 강한 태도를 가지게 되기 때문에 환경을 보호하는 행동도 나타나게 된다(Kallgren & Wood, 1986).

둘째, 평소에는 자신이 어떤 태도를 가지고 있는지 주의를 기울이지 않지만 자신의 태도에 주의를 기울이게 되는 일이 생기면 태도와 행동 간의 일관성이 높아진다. 가령, 모의재판에서 성차별 금지법을 언급하여 배심원의 주의를 환기시키면 태도와 판결 간의 일관성이 높아진다(Snyder & Swann, 1976).

셋째, 어떤 행동에 미치는 상황의 압력이 적을수록 태도와 행동간의 일관성이 높아진다. 가령, 자기와 반대되는 의견을 가진 사람들과 토론할 것으로 기대하는 사람은 태도와 행동의 일관성이 떨어지는 경향을 보인다(Snyder & Swann, 1976).

합리적 행동이론(Theory of reasoned action)(Ajzen & Fishbein, 1980)에 따르면 행동은 의도에 의해 결정되며 의도는 행동에 대한 개인의 태도와 주관적 규범에 의해 결정된다. 여기에서 개인의 태도는 행위로 인한 결과와 그 결과가 얻어질 가능성에 의해 결정되고 주관적 규범은 행위에 대한 주변 사람들의 태도와 그것에 얼마

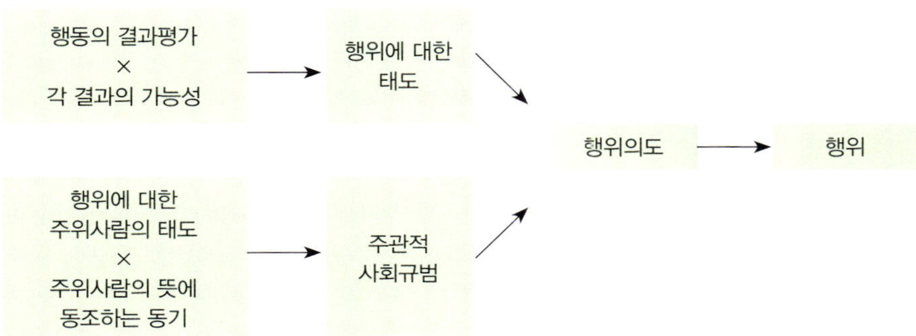

그림 11-6 | 합리적 행동이론(Ajzen & Fishbein, 1980)

나 동조하느냐에 의해 결정된다. 이렇게 본다면 행동은 태도만으로 결정되는 것은 아니다.

4. 집단에서 일어나는 갈등의 원인과 해결

우리는 인간관계에서 갈등이 없이 무난하게 지내기를 바라지만 갈등이 없는 상황이 반드시 긍정적인 것만은 아니다. 아무리 친밀한 사이라고 해도 조금씩은 상대방에 대해 불만을 가질 수밖에 없으며 이러한 작은 불만들이 갈등을 통해 해소되지 않는다면 그 인간관계는 오래 유지되기 어렵다(Deutsch, 1969). 이 절에서는 갈등이 어떻게 발생하고 어떻게 해결되는지를 집단 간 갈등을 중심으로 다루어 보도록 한다.

1) 집단갈등의 원인

갈등은 개인 사이에서 일어날 수 있지만 집단 사이에서도 일어날 수 있으며 갈등이 일어나는 원인은 대개 비슷하다. 첫째, 세상에는 모든 사람에게 돌아갈 수 있을 만큼 자원이 풍부하지 않으므로 제한된 자원을 차지하기 위해 서로 경쟁하게 되고 그에 따라 갈등이 발생할 수 있다. 예를 들어, 어떤 게임이 끝나고 난 후 실험 참가자들 중 반에게는 이겼다고 말해주고 나머지 반에게는 졌다고 말해주었을 때 경쟁집단에 대한 적대감은 졌다는 말을 들었을 때 더 강해지는 경향을 보인다(Worchel, Andreoli, & Folger, 1977).

둘째, 인간은 내집단과 외집단을 구분하려는 사회적 범주화 경향을 가지고 있으며 외집단보다 내 집단을 선호하게 되어 집단 사이에 갈등을 만들어낼 수 있다. 즉, 그림에 대한 평가를 근거로 실험 참가자들을 두 집단으로 나눈 후 보상을 분배하도록 하였을 때 서로 본 적도 없는데도 불구하고 자기 집단에 속한 사람에게 더 후하게 대하는 경향을 보이며(Taifel, 1978) 이것을 사회적 범주화(social categorization)라고 한다.

셋째, 집단 내 구성원들이 사소한 의견차이를 보일 때 어떤 식의 행동을 보이는지도 갈등의 발생에 중요한 역할을 한다. 어떤 사람은 갈등의 소지가 되는 의견차이를 말하는 것을 회피하기도 하고, 어떤 사람은 타협을 통해 의견차이를 조절하기도 하지만 어떤 사람은 욕설, 위협, 신체적 공격 같은 분쟁적 행동방식을 사용하기도 한다. 이렇게 집단 구성원들 중 의견차이에 대해 분쟁적 행동방식을 보이는 구성원이 늘어나면 집단갈등이 시작된다.

2) 집단갈등의 심화

집단 속에서 갈등은 점진적으로 심화되며 이 과정들을 인식하면 갈등이 심화되는 것을 막는데 도움을 받을 수 있다. 첫째 단계에서 사람들은 만나서 어울리다 보면 생각이나 감정의 불일치를 서로 느끼게 된다. 어떤 경우에는 교류 초기의 어색함을 생각이나 감정의 불일치로 받아들이는 경우가 있을 수 있으므로 주의해야 한다. 둘째 단계에서 사람들은 상대방이 왜 자신가 다르게 생각하고 느끼는지를 이해하려고 애쓴다. 이때 사람은 타인의 행동을 그 사람의 성격이나 능력에 귀인하려는 경향때문에 상대방이 자신과 다른 생각을 가진 이유를 상대방이 자신에게 악의를 가지고 있거나 무능하기 때문이라고 판단하기 쉬우며 이때 갈등이 본격적으로 발생한다. 셋째 단계에서 자신의 주장이 상대방의 비판에 직면하게 되면 그것을 옹호하는 증거만을 찾게 되고 그에 따라 자신의 주장을 확고하게 믿게 되는 입장고수를 보인다. 만일 입장고수가 극에 이르게 되면 갈등이 격화되어 지나치게 많은 시간과 자원을 소모하게 되는 경쟁함정에 빠질 수 있다. 넷째 단계에서 자신의 주장이 받아들여지지 않아 좌절을 경험한 사람은 경쟁, 모욕 등의 촉발단서에 의해 공격행동을 보이거나 적대감을 형성하게 된다. 다섯째 단계에서 일단 적대감이 형성되면 집단의 힘을 자신에게 유리하게 움직이기 위해 중립적인 구성원들을 포섭하는 동맹형성이 일어난다. 이때 동맹은 상대방에게 이기기에 충분하면서도 가장 적은 자원을 가진 개인들을 대상으로 이루어지는데 이러한 최소권력원리에 따르면 큰 힘을 가진 개인일수록 동맹에서 더 큰 몫을 요구하며 동맹에 가담할 필요를 별로 느끼지 않기 때문이다.

갈등이 심화되었을 때 사람들은 어떻게 행동하나?

갈등이 심화되었을 때 사람들이 어떻게 행동하는지를 가장 잘 보여주는 사례는 세리프와 세리프(Sherif & Sherif, 1953)의 기념비적인 연구이다. 이들의 연구에서 집단 간 갈등이 발생하게 되면 사람들은 자기가 속한 집단 사람들을 더 좋게 평가하는데 비해 상대 집단에 대해서는 부정적인 평가를 하여 자기 집단 사람들 하고 어울리려는 경향이 증가한다.

둘째, 갈등상황에서 집단은 구성원들 간의 의사소통을 증가시켜 구성원들이 상대집단에 대해 비슷한 생각을 가지게 만드는데 이러한 생각은 왜곡된 지각에 근거한 것일 가능성이 높다. 즉, 상대집단의 행동에 대해서는 내적 귀인의 경향이 강하고, 구성원들 사이의 차이를 잘 구분하지 못하는 경향이 있어 잘못된 판단을 내릴 가능성이 크다.

또한 자기 생각을 지지하는 증거나 기억에만 주의를 기울이는 경향이 있기 때문에 자기 생각이 틀릴 수 있다는 인식을 하지 못한다. 즉, 상대집단 구성원들이 긍정적인 행동을 한 경우보다 부정적인 행동을 한 경우를 더 잘 기억하기 때문에 상대집단에 대한 부정적인 생각을 더 확신하게 된다.

끝으로 갈등상황에서 사람들은 이중적 이미지를 갖게 되어 자기 집단의 행동은 좋은 것으로 다른 집단의 행동을 나쁜 것으로 판단하기 쉽다. 즉, 갈등을 경험하는 집단들은 상대편이 양보하지 않으며 이기적이라고 생각하는데 비해 자기가 양보하지 않으면 상황 때문에 어쩔 수 없다고 여긴다.

3) 집단갈등의 해소

한번 집단 간 갈등이 발생하면 누구나 자신의 생각이나 행동을 합리화하기 때문에 해소되기 매우 어렵다. 그렇지만 갈등을 해소하기 위해서는 몇 가지 방안이 고려될 수 있다.

첫째, 갈등 당사자 간의 직접적인 접촉이 갈등을 해소하는 데 도움이 된다. 즉, 대개 사람들은 직접 접촉하게 되면 내놓고 적대감을 표현하지 않기 때문에 그 동안 오해를 하였던 것에 대한 상대방의 생각을 들어보거나 자신의 생각도 전달할 수 있는 기회를 얻을 수 있다. 그러나 접촉만으로는 충분하지 않으며 접촉하는 구성원들이 사로 동일한 지위나 위치에 있어야 하고, 상대집단 구성원과 개인적이고 친숙한 접촉을 할 수 있어야 하며, 경쟁보다는 협조가 강조되는 상황이 조성되어야 한다.

둘째, 갈등을 해소하기 위해서는 상위목표를 제시하여 각 집단 구성원들간의 협동력을 높일 필요가 있다. 물론 이러한 방법은 점진적으로 적용되어야 하지만 같은 문제를 해결하는 과정을 통해 서로 가졌던 오해도 풀고 우의도 다질 수 있는 기회를 얻을 수 있다.

셋째, 집단 구성원들이 집단으로보다는 개인으로써 행동하도록 집단을 해체하는 것이다. 즉, 어떤 문제에 대한 의견의 제시가 집단의 규범이나 지침에 의하지 않고 개인적인 판단에 의해 이루어지도록 노력하는 것이다. 그러나 문제는 이러한 개인화 전략이 집단자체의 희생을 각오해야 한다는 것이다.

Chapter 12

스트레스와 대처

1. 스트레스의 의미
2. 스트레스의 원인
3. 스트레스에 대한 반응
4. 스트레스로 인해 발생하는 문제
5. 스트레스 반응에 영향을 미치는 요인
6. 스트레스에 대한 대처

우리의 하루 일과를 보면 친구와의 약속, 학교에서 들어야 하는 강의 등 크고 작은 일의 연속으로 이루어져 있다. 이런 일들이 자신이 원하는 대로 잘 진행된다면 좋겠지만 친구가 약속에 늦게 온다든지 강의가 너무 지루하다든지 마음에 들지 않게 진행되면 몸과 마음에 부정적 반응이 일어나게 되고 그것이 스트레스로 느껴지게 된다. 이렇게 우리가 사회생활을 하는 이상 스트레스로부터 벗어나기는 어렵다. 그리고 아무리 신체적으로나 심리적으로나 편한 상태에 있다고 하더라도 오래지 않아 어떤 형태로든 우리는 스트레스를 경험하게 되어있다. 이 장에서는 스트레스의 원인이 무엇이고 그것이 어떤 반응을 일으키고 어떻게 대처해야 하는지 알아보도록 하자.

Chapter 12

스트레스와 대처

1. 스트레스의 의미

스트레스(stress)는 일반적으로 내적 혹은 외적 요구에 대한 정신적 신체적 각성 반응을 의미한다. 우리가 배가 고플 경우에도 스트레스를 받을 수 있으며 친구가 약속시간을 어겼을 경우에도 스트레스를 받을 수 있다. 스트레스를 일으키는 사건은 인간의 삶과 떼어놓기 어렵기 때문에 스트레스는 우리 삶의 한 부분이라고 할 수 있다. 그러나 스트레스는 주관적인 특성을 가지고 있기 때문에 같은 사건을 경험하더라도 어떤 사람은 스트레스를 심하게 느끼고 어떤 사람은 스트레스를 거의 느끼지 않을 수 있다. 즉, 스트레스를 삶의 일부로 받아들이고 자기발전을 위한 기회로 여기는 사람이라면 스트레스를 덜 느끼지만 자신만이 겪는 불행으로 받아들이는 사람이라면 스트레스를 심하게 느끼게 될 것이다. 특히, 스트레스는 신체적 정신적 문제를 일으키는 부정적 측면도 있지만 무엇인가를 하도록 동기화시키는 긍정적 측면도 있다. 가령, 누구나 공부를 해야 한다는 사실을 알고 있지만 시험이라는 스트레스가 주어지기 않는다면 대부분의 학생이 열심히 공부하려고 하지 않을 것이다.

이렇게 스트레스는 그 자체가 좋거나 나쁜 것이 아니라 받아들이는 사람의 자세에 따라 그 의미가 달라진다. 따라서 스트레스를 자신만이 겪는 짜증나는 사건으로 볼 것이 아니라 해결해야 할 문제로 인식하는 자세가 필요하며 그것을 효율적으로 다룰 수 있다면 스트레스는 더 이상 우리를 구속하지 않고 우리를 좀 더 성숙하게 할 수 있다.

2. 스트레스의 원인

우리가 세상을 살아가다 보면 다양한 스트레스와 마주치게 되며 어떤 것은 자신의 의지와 무관하게 주어지는 외부적 스트레스일 수 있지만 어떤 것은 자신의 성격 같은 내적 원인 때문에 발생하는 스트레스도 있다. 이 절에서는 우리에게 스트레스를 주는 원인들을 사회적 원인, 심리적 원인, 생태학적 원인으로 구분하여 알아본다.

1) 스트레스를 일으키는 사회적 원인

사회에서는 다양한 대인관계가 이루어지고 이 과정에서 성격이나 사고방식에서 서로 다른 사람들이 대면하게 되기 때문에 자연스럽게 오해나 갈등이 발생할 수 있고 그것이 스트레스의 원인이 될 수 있다. 또한 사회는 늘 변화하기 때문에 그러한 변화에 우리가 적응하려면 심리적 노력이 요구되며 이것도 스트레스의 원인이 될 수 있다. 그렇다면 우리가 사회에서 살아가면서 경험하게 되는 스트레스의 원인에 대해 알아보자.

(1) 생활의 변화

우리가 살고 있는 사회는 경쟁적이기 때문에 늘 변화에 대한 강박적 강요 속에서 살아간다. 항상 뭔가를 해야 하고 그러지 않으면 다른 사람들에게 뒤쳐지고 퇴보한다는 느낌을 가지게 된다. 그러나 변화가 부정적이든 긍정적이든 스트레스를 유발한다. 가령, 애인과의 이별은 누가 봐도 스트레스라고 할 수 있지만 좋은 집으로 이사하는 것 같이 겉으로는 좋아 보이는 일조차 친숙한 환경이나 지인들과의 헤어짐이나 새로운 환경에 대한 적응 같이 스트레스를 일으키는 요소가 많이 포함되어 있다.

이렇게 사회생활을 하는 과정에서 발생하는 다양한 심리적, 환경적 변화는 우리에게 잠재적인 스트레스로 작용하게 된다. 홈즈와 라헤(Holmes & Rahe, 1967)는 이렇게 생활변화로 인한 스트레스 정도를 측정하기 위해 사회 재적응 평가척도(social readaptation rating scale: SRRS)을 제안하였다. 〈표 12-1〉에 제시된 사회재적응척도에서 최근 1년 내에 자신에게 일어났던 사건들을 찾아 생활변화단위(life change unit: LCU) 값들을 모두 더한 후에 하단에 있는 분석방법에 따라 자신이 얼마나 스트레스를 겪고 있는지를 알아보자.

〈표 12-1〉을 보면 부모님이 돌아가셨다든지 시험에서 좋은 점수를 받지 못한 것 같은 부정적 사건뿐 아니라 결혼이나 합격과 같은 긍정적 사건도 스트레스의 원인이 될 수 있음을 알 수 있다. 실제로 생활의 변화는 적응을 요구하므로 적응에 필요한 자원을 고갈시키고 면역능력을 떨어뜨려 질병이 발생할 가능성을 증가시킬 수 있다. 가령, 미 해군 병사들을 대상으로 이루어진 연구에서 평정척도 점수가 스트레스와 관련된 질병의 발생을 예측할 수 있다는 사실이 발견되었다(Holmes & Rahe, 1967).

그러나 생활의 변화가 스트레스의 원인이 된다는 주장(Holmes & Rahe, 1967)은 몇 가지 측면에서 분명한 한계를 가지고 있다. 첫째, 같은 사건이라도 경험하는 사람의 입장에 따라 스트레스를 서로 다르게 느낄 수 있다. 가령, 이혼 스트레스는 이혼을 요구한 사람보다는 이혼을 요구당한 사람에게 더 큰 스트레스로 느껴진다. 둘째, 이혼이나 실업 같은 부정적 생활사건은 결혼이나 합격 같은 긍정적 생활사건보다 그 부정적 효과가 더 오래 지속되고 불안이나 자존감의 저하 같은 이차적인 문제를 일으킬 수 있다. 셋째, 외상적 사건이나 생활에 큰 변화를 가져오는 사건이 아니더라도 일상생활 속에서 사소하게 짜증나는 일도 우리에게 스트레스가 될 수

표 12-1 | 생활변화단위 표

순위	주요 생활사건	생활변화 단위	순위	주요 생활사건	생활변화 단위
1	부모의 사망	100	18	데이트 시작	51
2	부모의 이혼	90	19	학교에서 정학	50
3	눈에 띄는 신체장애	80	20	마약이나 술에 빠지기	50
4	부모의 1년 이상 징역형	70	21	형제자매의 탄생	50
5	부모의 별거	69	22	부모간의 논쟁 증가	47
6	형제자매의 사망	68	23	부모의 실직	46
7	동료에 의한 수용변화	67	24	뛰어난 개인적 성취	46
8	입양아 인지	63	25	부모의 재정상태 변화	45
9	부모와 계부모의 결혼	63	26	형제 자매 입원	41
10	친한 친구의 죽음	63	27	집에서 부모의 부재 증가	38
11	눈에 띄는 선천성 기형	62	28	집을 떠나는 형제 또는 자매	37
12	입원이 필요한 심각한 질병	58	29	가족에 새로운 성인의 추가	34
13	학교성적 실패	56	30	본격적인 교회 다니기	31
14	과외활동을 하지 않음	55	31	부모간의 논쟁 감소	27
15	부모입원	55	32	부모와의 다툼 감소	26
16	부모의 30일 이상 징역	53	33	일을 시작하는 엄마 또는 아빠	26
17	남자친구 또는 여자 친구와 헤어짐	53			

〈결과분석방법〉

1) 0~149점: 질병 가능성이 없음.
2) 150~199점: 약한 정도의 생의 위기로 35%에서 질병 발생 가능함.
3) 200~299점: 중간 정도의 생의 위기로 50%에서 질병 발생 가능함.
4) 300점 이상: 심각한 정도의 생의 위기로 80%에서 질병 발생 가능함.

있다(Lazarus & Folkman, 1984). 스트레스 강도는 적더라도 짜증을 유발하는 사건은 생각보다 자주 발생하며 이것이 누적되어 스트레스를 증가시킬 수 있다. 가령, 무례한 흡연자나 운전자, 교통체증, 주거비에 대한 걱정, 미래에 대한 고민, 데이트 신청의 거절 같이 폭넓고 다양한 일상경험이 스트레스의 원인이 될 수 있다(Falkman & Lazarus, 1988).

(2) 좌절감

우리 사회는 경쟁적 구조를 가지고 있기 때문에 개인의 욕구를 좌절시킬 가능성이 높다. 물론 개인의 기대치에 따라 좌절의 가능성이 달라질 수 있지만 사회의 구조적 특성으로 인해 발생하는 좌절도 많이 있다. 여기에서는 과밀, 차별 그리고 경제적 빈곤에 의한 좌절감에 대해 알아본다.

과밀함 우리가 평소에 가장 많이 느끼는 좌절감은 원하는 것을 하지 못하거나 얻지 못했을 때 발생하며 그 원인은 경쟁 때문이다. 과밀은 주관적 현상으로 사람이 얼마나 많은지보다 경쟁관계에 있는 사람이 얼마나 있는지가 과밀을 결정한다. 예를 들어, 운동장에 있는 많은 사람은 과밀한 느낌을 주지 않지만 면접시험장에서 자신과 경쟁하는 사람은 과밀한 느낌을 준다. 가령, 교도소 정신과 수용소에서 인구밀도와 사망률 간의 관계를 조사한 결과 인구밀드가 떨어지면 사망률이 떨어지지만 인구밀도가 증가하면 사망률도 함께 증가한다는 것을 발견하였다(Paulus, McCain, & Cox, 1978).

과밀감은 교감신경계의 활동을 증가시켜 혈압과 심장박동수를 상승시키고 생리적 흥분을 유발하게 되는데 이러한 생리적 흥분을 타인이나 과밀한 상황에 귀인하게 되면 스트레스를 느끼게 된다(Aiello, Wand, & Liang, 1983). 과밀감은 생리적 변화뿐 아니라 심리적으로도 부정적 영향을 미친다. 첫째, 과잉자극으로 인해 인지적 과부하가 발생하면 주의력이 손상된다. 따라서 손님이 많은 가게에서 사람들은 물건의 세부내용을 덜 자세히 살펴보는 경향을 보이며(Saegert, 1973) 인지적 과부하를 피하기 위해 타인과 눈을 마주치거나 말을 하는 것을 꺼리는 경향을 보인다(Greenberg, 1977). 둘째, 과밀감은 통제감에 손상을 가져오고 통제감이 떨어지면 더 과밀하다고 느낀다. 가령, 동일한 인원이 탑승했더라도 엘리베이터 스위치에서 멀리 떨어진 사람일수록 더 과밀하다고 느낀다(Rodin, 1978). 셋째, 과밀은 긍정적이든 부정적이든 감정을 증폭시키기 때문에 인구밀도가 높아질수록 즐거운 사람은 더 즐거워지고 불쾌한 사람은 더 불쾌해지는 경향이 있다(Freedman, 1975). 그래서 많은 사람이 모이면 즐거운 행사의 경우에는 더 즐거운 느낌을 경험하지만 부정적인 상황에서는 조금만 불쾌한 일이 있어도 더 심한 불쾌감을 느낀다.

차별과 편견 우리 사회에는 지방차별이나 성차별 등 아무런 이유 없이 상대방을 실제보다 더 부정적으로 평가하는 경향이 존재한다. 그 이유는 뭘까? 사회적 측면에서 살펴보면 사회가 보유하고 있는 자원은 제한되어 있고 그것을 차지하려고 많은 사람들이 경쟁하기 때문에 승자와 패자가 나뉘기 마련이고 승자는 자신이 누리는 우월적 권한을 합리화할 필요가 있기 때문에 패자를 차별하게 된다.

심리적인 측면에서 살펴보면 권위주의적인 성격을 가진 사람들은 그렇지 않은 사람들에 비해 사회적 약자들을 차별하는 행동을 더 자주 한다. 차별을 하는 사람은 자신이 기대하는 방향대로 피차별자의 행동을 판단하는 자기 성취적 예언(self-fulfilling prophecy) 경향을 보이며 한번 상대방에게 어떤 편견을 가지게 되면 그것을 잘 바꾸려고 하지 않는다. 그에 비해 피차별자는 타인의 편견에 맞추어 행동하려는 경향이 증가하는데 가령, 여성이 기계를 다룰 줄 알더라도 다른 사람의 편견에 맞추어 기계를 다루지 않게 되어 점차 기계를 다루는 방법을 잊어버리게 될 수 있다. 또한 피차별자는 차별자의 행동에 대해 불쾌하게 생각하면서도 이러한 상황을 운명 탓으로 돌리는 경향이 있다. 그렇기 때문에 상대방의 인식을 변화시키려는 노력을 하기보다 주어진 틀에 맞추어 살려는 경향이 증가하여 미래의 변화를 불가능하게 한다.

경제적 빈곤 어느 사회에서나 경제적 빈곤은 존재하며 이것은 개인의 욕구를 좌절시키는 가장 중요한 요인이다. 여성의 지위와 경제적 빈곤간의 관계에 대한 연구(Blonna, 1996)에 따르면 가난한 여성은 더 많은 폭력, 범죄에 노출되고 질병으로 더 고생하며, 남편이 교도소에 있는 경우가 더 많다. 특히 경쟁적 사회에서는 절대빈곤보다 상대빈곤이 더 큰 스트레스의 원인이 될 수 있다.

(3) 과잉부담

정해진 시간 내에 마쳐야 하는 리포트, 혼자 모든 일을 해내야 하는 과중한 책임감, 지나치게 많은 정보, 자신에 대한 부모님의 지나친 기대 이런 것들은 모두 과잉부담을 주는 원인들이다. 이유가 무엇이든 과잉부담을 느끼면 사람들은 스트레스를 줄이기 위해 행동한다. 첫째, 스트레스를 줄이기 위해 사람이나 자극에 대한 대응시간을 가능한 한 짧게 하려고 노력한다. 가령, 은행이나 동사무소의 창구에 근무하는 직원들은 자신의 스트레스를 줄이기 위해 대개 가능한 한 말을 짧게 하려고 하기 때문에 불친절하다는 인상을 줄 수도 있다. 둘째, 자기에게 별로 중요하지 않은 인물이나 자극은 무시하고 중요하게 생각하는 것에 집중한다. 즉, 우리가 배고파지면 음식점 간판이 더 쉽게 눈에 들어오는 것이나 도시에 사는 사람들이 타인에 대해 무관심한 것도 과잉부담에 대응하기 위한 행동방식이다. 셋째, 자신의 상황에 대해 책임을 지려고 하지 않고 다른 사람에게 전가하려고 하기 때문에 곤란한 처지에 있는 사람을 도우려고 하지 않고 문제가 발생하면 직접 해결하기보다 경찰과 같은 제3자를 불러 해결하려는 경향이 있다. 그렇기 때문에 미국의 뉴욕에서 발생했던 제노비스 사건과 같이 많은 사람들이 보고 있는 가운데서 잔인한 범죄가 저질러질 수 있다.

(4) 갈등

사회생활을 하다 보면 많은 선택의 순간을 경험하게 되는데 점심에 무엇을 먹을 것인가 선택하는 단순한 것부터 결혼이나 사업상의 거래와 같이 인생에서 중요한 선택까지 다양하다. 어떤 선택이라도 완벽할 수는 없으며 늘 책임을 수반하기 때문에 우리는 선택을 하고 나면 후회를 하기도 하고 스트레스를 받게 되기도 한다. 그렇다면 우리가 경험하는 갈등에는 어떤 것들이 있을까?

레빈(Lewin, 1952)은 우리가 일상생활에서 경험하게 되는 갈등의 유형을 크게 세 가지로 구분하였다. 첫 번째 갈등유형은 접근-접근 갈등(approach-approach conflict)로서 긍정적인 결과를 가져오게 될 두 대안 중의 어느 하나를 선택해야 하는 경우를 말한다. 가령 투자를 하려고 할 때 부동산에 투자할 것인지 주식에 투자할 것인지 고민하는 경우를 예로 들 수 있다. 두 번째 갈등유형은 회피-회피 갈등(avoidance-avoidance conflict)으로 부정적인 결과를 가져오게 될 두 대안 중의 어느 하나를 선택해야 하는 경우를 말한다. 대부분의 학생들은 공부하기도 싫지만 F 학점을 받기도 싫기 때문에 공부를 하는 경우가 많은데 이것이 대표적인 회피-회피 갈등이라고 할 수 있다. 세 번째 갈등유형은 접근-회피 갈등(approach-avoidance conflict)으로 어떤 대안이 긍정적인 결과와 부정적인 결과를 동시에 가져올 가능성이 있을 때 경험하는 갈등이다. 가령 위험에 빠진 사람을 도와주고는 싶지만 공연히 끼어들었다가 피해를 입지 않을까 걱정되는 경우를 들 수 있으며 우리가 가장 자주 경험하는 갈등이다.

2) 스트레스를 가져오는 심리적 요인

세상을 살면서 우리는 자신이 원하지 않는 불행한 사건에 부딪히면 "왜 나에게만 이러한 일이 일어날까?" 하면서 운명을 탓하기 쉽다. 그러나 자신의 행동이나 사고방식을 자세하게 들여다보면 자신에게 일어나는 그 많은 불행 중 대부분을 자기가 스스로 자초하고 있다는 것을 알게 된다. 이 절에서는 사고방식이나 성격과 같이 스트레스를 유발하는 인간의 심리적 측면에 대해 자세히 알아본다.

(1) 지각된 통제감(perceived controllability)

아무리 심각한 스트레스라고 해도 우리가 그것을 잘 다룰 수 있다고 생각하면 그렇게 큰 스트레스를 받지 않을 수 있는데 이것이 지각된 통제감이다. 즉, 스트레스를 일으키는 대표적 요인인 소음의 효과는 그것을 예측하거나 통제할 수 없을 때 더 증가한다. 가령, 시끄러운 방에서 퍼즐을 풀도록 한 상황에서 심한 소음을 들려주고 버튼을 누르면 소음을 중단할 수 있다고 지시를 받은 실험참가자들은 소음의 영향을 받지 않았지만 이러한 지시를 받지 못하면 퍼즐을 푸는 데 큰 장애를 주었다(Glass & Singer, 1972). 이렇게 본다면 스트레스의 영향은 그것을 우리가 통제할 수 있다고 믿는 여부에 따라 달라질 수 있다.

(2) 비합리적 신념(irrational belief)

우리 주변에는 생각만 조금 바꾸면 행복한 삶을 살 수 있는데도 끊임없이 자신을 학대하고 주변사람들에게 상처를 입히면서 살아가는 사람들을 많이 찾아볼 수 있는데 이러한 사람들이 가지고 있는 생각이 비합리적 신념이다. 스트레스는 자신이 원하는 것을 얻지 못할 때 주로 나타나는데 문제는 원하는 것이 얼마나 현실적인가 하는 것이다. 가령 좋은 성적을 받겠다는 목표를 갖는 것은 좋지만 현실과 동떨어진 지나치게 높은 성적을 목표로 삼으면 좌절감을 느낄 수밖에 없을 것이다.

스트레스를 유발하는 비현실적 목표로는 자신의 능력에 비해 과도한 목표를 들 수 있다. 가령, 모든 사람들로부터 사랑 받고 싶거나 모든 경쟁에서 이겨야 한다는 생각은 늘 좌절감을 줄 수밖에 없는 비현실적인 목표이다. 또한 비현실적인 역할기대도 스트레스를 유발할 수 있는데 가령, 좋은 엄마에 대한 경직된 역할기대를 가지고 있으면 아이들을 보살피느라 자신의 삶을 무시할 수 있다. 비합리적 신념은 비현실적인 동기의 원인이면서 동시에 좌절의 결과이기도 하다. 엘리스(Ellis, 1962)는 사람들이 경험하는 스트레스는 상황보다 그 상황에 대한 비합리적 신념으로 인해 발생한다고 주장하였다. 똑같은 상황이더라도 비합리적 신념을 가지고 있으면 상황을 부정적으로 받아들이기 쉽고 그것은 스트레스를 유발하게 된다.

스트레스와 인지왜곡

보통 사람들은 우울하기 때문에 비관적인 생각을 한다고 생각하지만 비관적 사고를 가지고 있기 때문에 우울해지는 것이다. 우울한 사람은 인지적 왜곡으로 인해 자신과 세상 그리고 미래를 부정적으로 생각하는 경향이 강하다. 즉, 우울한 사람은 성격이나 능력 등 자신의 가치를 평가 절하하는 경향이 있으며, 주변 사람들이나 사회를 자신이 추구하는 목표를 달성하는데 방해가 되는 존재로 보며, 자신이 처한 어려움이 미래에서 계속될 것으로 생각한다. 그러므로 인지왜곡에서 벗어나 부정적 인지를 긍정적 인지로 변화시키는 것이 스트레스 대처의 기본이 된다.

그렇다면 사람들은 어떤 유형의 부정적 인지왜곡(negative cognitive distortion)을 할까? 첫째, 사람들은 뚜렷한 증거가 없는데도 불구하고 타인의 행동을 부정적으로 해석하는 경향이 있는데 이것을 임의적 추론(arbitrary inference)이라고 한다. 가장 대표적인 임의적 추론에는 증거도 없이 타인이 자신을 무시하거나 욕한다고 생각하는 부정적 독심술과 해보지도 않고 일이 잘못될 것으로 지레짐작하는 부정적 예언을 들 수 있다. 둘째, 사소한 실패나 좌절만으로 자신의 능력이나 성격 전반에 대해 부정적인 편견을 갖거나 한 두 번의 실패만으로 성공하지 못할 거라고 생각하는 것을 과잉 일반화(over-generalization)라고 한다. 셋째, 자신의 장점이나 잠재력은 무시하면서도 자신이 처한 어려움이나 단점은 과대평가하는 것을 과잉 극화(polarization)라고 한다. 넷째, 타인이나 자신을 평가할 때 "실패와 성공" 또는 "사랑과 미움" 등 극단적으로 양분하여 평가하는 것을 흑백논리(all-or-none thinking)라고 한다. 흑백논리를 가진 사람들은 성공하려면 완벽해야만 하며 완벽하지 못하면 실패자라고 생각하기 때문에 언제나 실패의 위험을 가지고 살아가게 된다.

(3) 경쟁적인 성격

사람마다 조금씩 성격이 다르지만 사소한 일에도 민감하게 반응하고 남들과 비교하는 성격을 가진 사람은 그렇지 않은 사람보다 당연히 스트레스를 많이 받게 될 것이다. 가령, A형 성격을 가진 사람은 시간에 쫓기는 느낌, 타인에 대한 강한 경쟁의식, 높은 성취동기 같은 심리적 특성을 보이며, 다른 사람의 말을 잘 가로채거나 재촉하고, 동료보다 상사로부터 인정을 받으려고 하고, 설거지나 서류작성 등과 같은 반복적인 일을 매우 싫어하며 동시에 여러 가지 일을 하려고 하는 행동적 특성을 보인다. 이러한 특성에 기초하여 사람들을 A형 성격과 B형 성격으로 구분할 수 있는데(Friedman, 1996) A형 성격을 가진 사람은 B형 성격을 가진 사람에 비해 심장병 발병률이 2배 정도 높다고 한다. 특히, A형 성격을 가진 사람들이 보이는 특성 중에서 적개심이 가장 위험한 요인으로 적개심이 많을수록 심근경색으로 사망하거나 재입원하는 비율이 높다. 아래의 A형 성격테스트 결과에 따른 성격유형을 살펴보도록 하자. 평균이 21점 이상이고, (가)와 (나)에서 모두 21점 이상을 받은 경우를 성취 지향적인 A형 성격이라고 할 수 있다.

A형 성격 테스트

다음에 제시된 문항들을 읽고 그것에 매우 동의한다고 생각되면 2를, 약간 동의한다면 1을, 전혀 동의하지 않는다면 0을 우측 괄호 안에 써넣으시기 바랍니다.

(가)

1. 나는 일을 하고 있을 때 다른 사람이 방해하면 아주 불쾌하다. (　)
2. 나는 억울한 일이 있으면 흥분해서 잠을 잘 안 온다. (　)
3. 나는 일을 계획하고 예상대로 잘 진행되어 나갈 때 마음이 가장 뿌듯하다. (　)
4. 나는 사소한 일로 다른 사람들에게 짜증을 잘 낸다. (　)
5. 나는 나와 비슷한 또래의 사람이 나보다 잘 하는 것이 있으면 몹시 긴장된다. (　)
6. 나는 남들로부터 야망이 있고 끈기가 있다고 평가받는다. (　)

7. 나는 하던 일을 다 끝내지 못하면 가슴이 두근거리고 매우 답답하다. ( )
8. 내가 타고 가는 차 앞에서 다른 차가 우물쭈물 거리면 몹시 짜증난다. ( )
9. 나는 내가 하는 일이 장애물 없이 순조롭게 되어가기를 바란다. ( )
10. 나는 내가 하는 일의 질보다는 양이나 속도를 중시하는 편이다. ( )
11. 나는 일을 하지 않고 놀고 있으면 마음이 불안하다. ( )
12. 나는 하루가 너무 짧아 아쉬울 때가 가끔 있다. ( )
13. 나는 다른 사람보다 무슨 일이든지 더 잘해야 하다고 생각한다. ( )
14. 나는 인생의 목표가 사회적으로나 경제적으로 성공하는 것이라고 생각한다. ( )
15. 나는 일을 하지 않고 게으른 사람들을 보면 한심하게 느껴진다. ( )

가. 점수 합계( )

(나)

1. 나는 한 번에 두 가지 이상의 일을 할 때가 있다. ( )
2. 나는 다른 사람에 비해 말을 빨리 하는 편이다. ( )
3. 나는 어떤 일이고 서두르는 경향이 있다. ( )
4. 나는 극장 앞에 줄이 길게 늘어서 있으면 차라리 다른 영화를 보는 편이다. ( )
5. 나는 어떤 약속이고 시간에 딱 맞추어 가는 편이다. ( )
6. 나는 어떤 게임이든 누구랑 하든 이겨야 시원하다. ( )
7. 나는 다른 사람에 비해 밥을 빨리 먹는 편이다. ( )
8. 나는 누가 나를 비난하면 바로 반박하는 편이다. ( )
9. 나는 운동이 필요한 것을 알지만 시간이 없어서 못한다. ( )
10 .나는 말할 때 자주 눈을 깜박거리는 편이다. ( )
11. 나는 얘기 할 때 제스처를 많이 쓰는 편이다. ( )
12. 나는 나도 모르게 발을 떠는 버릇이 있다. ( )
13. 나는 어떤 일이든지 내가 직접 해야 안심이 된다. ( )
14. 나는 젊을 때는 정신없이 바쁘게 살아야 한다고 생각한다. ( )
15. 나는 내가 감당하기 어려울 정도의 일을 떠맡는 경우가 있다. ( )

나. 점수 합계( )

〈채점방법〉

가: 심리적 특성 나: 행동적 특성 A형 성격 경향성: (가+나)÷ 2 = ( )

(4) 부정적 자아개념(negative self-concept)

자아개념은 자기, 타인 그리고 세상을 바라보는 관점을 결정하기 때문에 부정적인 자아개념을 가진 사람은 긍정적인 자아개념을 가진 사람에 비해 스트레스를 더 심하게 느낀다. 부정적 자아개념을 가진 사람이 스트레스를 더 느끼는 이유는 무엇 때문일까? 첫째, 부정적 자아개념을 가진 사람은 자신을 신뢰하지 않는데 우리 사회에서 성공은 능력뿐 아니라 능력에 대한 확신에 의존하는 경우가 많다. 부정적 자아개념을 가진 사람은 자신의 수행에 대해 불안해하기 때문에 성공의 가능성도 낮으며 그것으로 인해 다시 상처를 입을 가능성이 높다. 둘째, 자신에 대한 평가를 타인에게 지나치게 의존한다. 즉, 자신을 신뢰하지 못하고 타인의 평가에 따라 자신을 판단하려고 하기 때문에 타인의 비판에 방어적이고 자신을 받아주는 사람에게 더 의존한다. 그러나 실생활에서는 주변 사람으로부터 항상 인정받고 살기 어렵기 때문에 스트레스를 피하기 어렵다. 셋째, 세상을 있는 그대로 보지 못하고 부정적으로 왜곡하여 바라본다. 우울증 환자가 계속 우울한 기분을 유지하는 이유가 세상의 부정적인 측면만이 사실인 것으로 느껴지는 것처럼 부정적인 자아개념을 가진 사람은 세상을 계속해서 부정적으로 바라본다.

3) 스트레스를 가져오는 환경적 요인

인간은 환경과 상호작용하며 환경적 변화로 인한 스트레스는 사고과정의 영향을 받지 않고 자동적으로 우리의 신체나 마음에 영향을 미친다. 그렇기 때문에 환경적 요인으로 인한 스트레스를 받고 지내는데도 불구하고 전혀 의식하지 못하는 경우가 많다. 질만(Zillman, 1971)은 환경적 스트레스는 스트레스에 대한 우리의 저항능력을 감소시켜 사소한 문제로도 쉽게 강한 스트레스를 경험하도록 할 수 있다고 주장하였다. 우리에게 영향을 미치는 환경적 요인에는 무엇이 있는지 알아보자.

(1) 수면결핍

수면 부족은 스트레스를 일으키는 가장 중요한 요인 중의 하나이다. 수면과 스트레스는 상호작용하므로 스트레스는 수면문제의 일반적인 원인이기도 하고 수면문제는 스트레스의 근원이기도 하다(Rosch, 1996). 가장 흔한 수면문제는 불면증이지만 일을 하는데 더 많은 시간을 쓰려고 의도적으로 수면을 줄이는 경우도 있는데 의도적이든 아니든 수면박탈은 다양한 행동적 신체적 문제를 유발하게 된다. 충분한 수면을 취하지 못하면 지치고, 불안하고, 졸리고, 기진맥진함, 피곤함을 느끼며 수면박탈의 영향을 받는 사람은 전체의 30~50%에 달한다고 한다(Hellmich, 1995). 또한 극도의 수면박탈은 육체적 수행능력의 감소뿐 아니라 주의집중력의 손상 때로는 환각까지 일으킨다(Dinges et al., 1997).

일반적으로 비의도적인 수면문제는 일이나 대인관계와 관련된 걱정, 소음이나 조명으로 인한 환경적 문제, 우울증 등의 원인으로 일어나기도 하고(Benca et al., 1987) 교대작업이나 비행기 여행으로 인한 수면주의의 혼란 때문에 생기기도 한다. 교대근무자의 경우 수면문제는 부주의와 부주의로 인한 사고와 밀접한 관련을 가지고 있으며 사회생활이나 가정생활을 방해한다고 한다(Akerstedt, 1988). 교대근무나 여행으로 인한 수면주기의 혼란은 밤에는 강한 빛에 노출하고 낮에는 어둡게 유지하여 줄어들며 그렇게 하면 인지적 정서적 문제를 감소시킬 수 있다(Czeider et al., 1990). 또한 수면문제는 면역체계와도 관련되어 있는데 수면박탈이 일어나게 되면 면역반응이 감소하며 질병의 확률을 높일 수 있다고 한다(Irwin et al., 1994).

신체리듬과 스트레스

우리에게는 다양한 신체리듬이 존재하며 신체리듬은 스트레스에 영향을 미칠 수 있다. 첫째 신체리듬은 주의력의 변화와 관련된 80분에서 120분 사이의 기본 휴식-활동 주기(basic rest-activity cycle: BRAC) 리듬이 있다. 이 리듬 때문에 아무리 재미있는 책이나 활동에 몰입하더라도 2시간 정도가 지나면 주의력이 떨어지고 더 몰입을 하면 스트레스를 느끼게 된다. 둘째 신체리듬은 체온이나 혈압 또는 면역기능 등의 생리적 기능과 관련되어 있는 일주기(circadian rhythm) 리듬이 있다. 보통 체온은 이른 오후에 가장 높고 점차 체온이 낮아지면서 잠에 들고 체온이 높아지면서 잠에서 깨어나게 되어 있다. 또한 혈압도 아침이 저녁보다 더 높고, 칼로리 소모도 저녁보다 아침에 왕성하다. 시간 약물학이란 분야에서는 일주기를 이용하여 약의 부작용을 줄이고 치료효과가 극대화하려는 연구가 이루어지고 있다. 가령, 콜레스테롤은 주로 저녁부터 밤중에 생산되므로 이를 억제하는 동맥경화치료제는 저녁식사 후에 복용하면 적은 양으로 효과를 얻을 수 있다.

우리가 일주기를 체험할 수 있는 경우로 비행기를 타고 여행을 할 때 느끼는 시차피로(jet lag)가 있다. 시차피로가 생기는 것은 비행기 여행으로 인하여 수면과 각성의 하루주기가 제대로 작동하지 않기 때문에 생기는 것으로 낮에는 졸리고 밤에는 잠이 잘 오지 않는 증세가 대표적이다. 이 밖에도 우리 몸은 정서나 동기와 관련된 하루보다 더 긴 주기를 가지고 있는데 가령, 봄이 되면 생기가 생기고 가을이 되면 침울해지는 계절로 인한 정서변화의 주기가 존재하며 이러한 정서변화가 병적으로 심해지면 계절성 정서장애가 발생할 수 있다. 계절성 우울증은 일조량의 감소에 기인하기 때문에 기존의 항우울제에 잘 반응하지 않으며 태양광선과 유사한 광선을 쪼이면 계절성 우울증이 현저히 감소한다고 한다(Rosenthal, Sack, Gillin, Lewy, & Goodwin, 1984). 실제로 계절성 우울증 치료에 광선치료법을 시행한 결과 멜라토닌 분비리듬이 변화되면서 우울증이 감소되었다.

(2) 소음

우리나라 대부분의 도시는 환경 기준치를 뛰어 넘는 소음에 시달리고 있다. 소음은 신체적으로나 심리적인 측면에서 강한 스트레스를 유발한다. 우선 신체적인 측면에서 소음은 일시적이거나 장기적인 난청의 원인이 될 수 있다. 예를 들어, 헤드폰으로 음악을 즐기는 중학교 3학년의 11%, 고등학교 3학년의 13%, 대학 신입생의 35%가 청력손상을 보이며 65세 노인수준의 청력을 보인다. 또한 소음은 팔, 다리, 손 등의 혈액순환을 억제하여 혈압을 상승시키고, 위장운동이 억제하여 소화를 어렵게 한다. 심리적 측면에서 소음은 짜증과 불쾌감, 분노와 같은 부정적 정서를 일으킨다. 예를 들어, 소음은 공격성을 증가시켜 타인에게 더 많은 전기쇼크를 주는 경향이 있으며 이타적 행동이 감소하는 결과를 가져온다(Green, 1978). 또한 영국에서 6년 동안 16명 이상이 소음으로 인한 정신적 고통으로 인해 자살한 것으로 보고되고 있다(Mirror, 1995). 둘째, 소음은 주의력과 기억력을 감퇴시켜 전반적인 인지능력을 저하시킨다. 예를 들어, 뉴욕 아파트의 고층과 저층 거주 아동의 인지능력 차이에 대한 연구(Cohen, Glass, & Singer, 1973)에 따르면 저층에 사는 아동들이 소음으로 인해 읽기능력과 청각변별력에서 큰 손상이 발생하였다. 셋째, 소음을 예측하거나 통제할 수 없을 경우에 소음이 주어지면 통제감과 인지능력에 문제를 가져온다. 학습된 무력감에 대한 연구(Hiroto & Seligman, 1975)에 따르면 소음에 대한 무력감을 경험한 사람은 평소에는 풀 수 있던 문제조차 잘 풀지 못하는 인지적 손상과 함께 문제를 풀려는 동기도 저하되었다.

3. 스트레스에 대한 반응

스트레스에 대한 반응은 상황에 효과적으로 대처하기 위한 신체적 준비상태라고 할 수 있으며 스트레스에 대한 반응에 대해 잘 알수록 신체적 혹은 심리적 부작용을 최소화할 수 있고 스트레스를 잘 대처할 수 있다. 이 장에서는 스트레스가 주어졌을 때 우리의 몸과 마음에서 어떤 반응이 일어나는지 알아본다.

1) 신체적 반응으로 본 스트레스

스트레스가 신체에 어떤 생리적 변화를 유발하는지를 가장 잘 설명하는 이론은 일반적응증후군(General Adaptation Syndrome: GAS)(Selye, 1976)이론이다. 셀리에(Selye, 1974)는 스트레스의 유형은 다양하지만 그에 대한 생리적 반응은 서로 유사하며 스트레스에 대한 적응이 장기화되면 적응자원이 고갈되어 질병이 발생할 수 있다는 가설을 제안하였다. 즉, 스트레스가 주어지면 신체의 방어체계는 그 스트레스에 대응하기 위해 적응에너지를 동원하게 되는데 만일 스트레스가 너무 강하거나 오래 지속되면 원래대로 회복이 안되고 신체기관에 손상이 오게 되며 이것이 정신신체 장애이다. 일반적응증후군에 따르면 스트레스에 대한 반응은 경고, 저항, 소진의 세 단계로 진행된다.

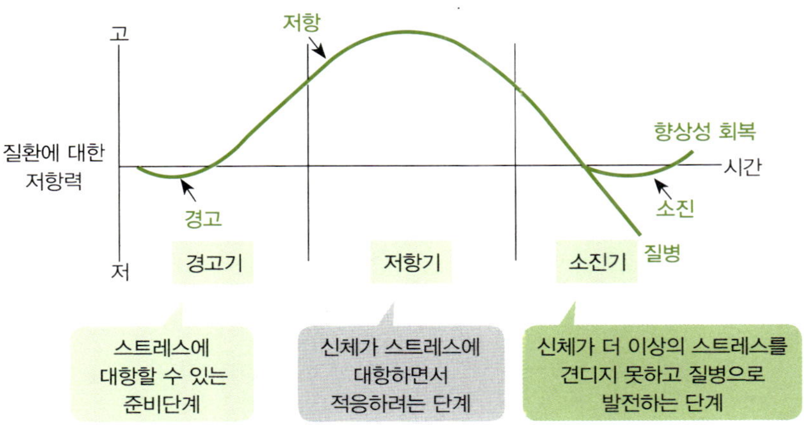

그림 12-1 | 스트레스에 대한 반응단계(Selye, 1974)

경고단계 스트레스가 처음 주어졌을 때 우리 몸은 초기 충격기(shock stage)와 후기 역충격기(counter-shock stage)에서 서로 다른 방식으로 반응한다. 즉, 초기 충격기에서는 스트레스 자극이 주어졌을 때 유기체가 일시적으로 위축되는 시기이며 역충격기는 캐논(Cannon)이 말한 투쟁-도피반응(fight-flight response)이 일어나는 시기이다. 즉, 우리가 스트레스를 느끼면 우리 뇌에 있는 시상하부에서는 가까이에 있는 뇌하수체를 자극하여 부신자극 호르몬(ACTH)을 분비하도록 한다. 부신자극 호르몬은 혈관을 따라 이동하여 신장 위에 있는 부신피질과 부신수질을 자극하는데 부신수질에서 분비되는 에피네프린이나 노어에피네프린 같은 카테콜라민계 호르몬은 교감신경계를 활성화하여 위장이나 내장 그리고 침샘 등의 소화기관의 작용은 억제하고 심장이나 혈압의 기능은 높여 근육에 더 많은 혈액을 공급하도록 한다. 또한 부신피질에서 분비되는 코티졸(Cortisol) 호르몬은 저장된 지방과 단백질을 분해하여 세포들에게 에너지를 공급하고 투쟁-도피 반응 동안 발생할 수 있는 상처가 빠르게 아물 수 있도록 하는 항염증 작용을 한다. 투쟁-도피 반응의 문제는 맹수의 위협을 받는 원시인들에게는 적합하지만 사무실에서 업무를 보는 현대인들에는 적합하지 않다는 것이다. 이러한 스트레스 방어체계가 성공적으로 기능하면 우리의 몸은 정상적으로 돌아가지만 스트레스가 지속되거나 지나치게 강하면 저항단계로 넘어간다.

저항단계 스트레스가 지속되면 그것에 저항하기 위해 여러 가지 호르몬이 추가적으로 분비된다. 코티솔이 분비되어 염증을 막고, 콜레스테롤 산출을 증가시켜 혈당부족을 보충하고, 티로신(thyroxine)이 갑상선에서 분비되어 인슐린대사를 증가시켜 신체의 대사율을 높여 스트레스반응에 필요한 에너지 요구에 대응한다. 저항단계에서는 인체가 스트레스 자극에 적절히 대처를 하기 때문에 겉으로는 유기체가 스트레스 상황에 잘 적응하고 있는 것처럼 보인다. 저항단계에서 스트레스가 사라지면 다시 인체는 정상 수준으로 복원된다. 그러나 스트레스 상황이 지속되면 다음 단계인 탈진단계에 이르게 된다. 갑상선이 지나치게 활동하면 갑상선 항진증이 나타나며 이것이 소진의 지표이다.

소진단계 스트레스에 대한 대응이 장기간 지속되는데도 스트레스가 줄어들지 않으면 적응 에너지의 고갈로 인해 질병이 발생하거나 심하면 사망에 이르기도 한다. 심리적으로는 좌절감과 우울감이 증가한다.

(2) 심리적 반응으로 본 스트레스

라자러스(Lazarus, 1984)는 스트레스를 유발하는 사건에 대한 해석이 사건 자체보다 스트레스에서 더 중요하다고 주장하였다. 즉, 스트레스는 개인과 환경 간의 상호작용의 결과이므로 상황에 대한 개인의 평가가 스트레스의 핵심이고, 상황이 위협적이거나 도전적이거나 해로운 것으로 여겨질 때만 스트레스로 지각된다. 생활사건이 스트레스를 일으킨다기보다 상황에 대한 개인의 지각과 해석이 사건을 스트레스로 만든다고 가정하는 라자러스(1984)의 상호작용적 관점은 스트레스에서 생리적 반응을 중시한 셀리에(1976)의 일반적응증후군 이론과 비교된다.

일차평가(primary appraisal) 현재 자기가 직면하고 있는 상황이 긍정적인지 아니면 스트레스인지 아니면 무관한 것인지를 먼저 평가한다. 가령, 눈이 많이 내릴 거라는 예보를 들었을 때 자동차를 운전하여 출근하는 사람은 스트레스적 사건으로 받아들이지만 지하철로 출근하는 사람에게는 무관한 사건으로 받아들일 것이다. 상황을 어떻게 받아들이는지가 스트레스를 느끼는 데 중요하다는 것을 보여주는 연구(Speisman et al., 1964)에서 학생들에게 원시부족에서 이루어지는 끔찍한 할례의식을 보여준 후 심장박동률과 피부전기반응을 측정하였다. 할례의식을 보여주기 전에 한 집단은 할례가 통증을 극복하고 성인이 되기 위한 의식이라는 점을 강조하는 강의를 들었고 다른 집단은 통증과 그로 인한 외상을 강조하는 강의를 들었는데 전자에서 훨씬 스트레스 강도가 낮았다고 한다. 이러한 결과는 똑같이 끔찍한 장면을 보았다고 하더라도 그것을 어떻게 해석하였는지가 스트레스의 지각에 영향을 미친다는 점을 보여준다.

이차적 평가(secondary appraisal) 일단 자신이 직면한 사건이 스트레스를 주는 사건이라고 느끼면 그것을 얼마나 잘 통제하거나 대처할 수 있을지를 자신에게 묻는다. 즉, 스트레스 사건에 직면했을 때 사람들은 그것이 얼마나 위협적인지(자신의 능력으로 극복하기 어렵다고 느끼는지) 그리고 얼마나 도전적인지(자신이 통제할 수 있다고 생각하는지)에 따라 신체반응이 달라진다(Blascovich & Tomaka, 1996). 가령, 실직하게 되면 누구나 좌절하게 되지만 취업경쟁으로 인해 자신이 취업하기 어렵다고 생각할 때보다 자신이 노력한다면 다시 취업할 수 있다고 생각할 때 스트레스를 덜 느낀다.

재평가(reappraisal) 스트레스가 진행 중이더라도 스트레스 상황과 관련된 새로운 정보를 알게 되거나 새로운 사건이 발생하게 되면 스트레스 상황에 대한 평가가 다시 이루어지게 된다. 가령, 실직으로 인해 큰 좌절을 경험하고 취업을 하려고 해도 좋은 기회가 주어지지 않던 사람에게 영어를 잘 할 수 있는 능력이 있으며 이러한 능력을 필요로 하는 회사에서 직원채용 공고를 냈다면 스트레스 상황을 긍정적으로 받아들이는 평가가 이루어지게 될 것이다. 그렇다고 재평가가 항상 스트레스를 줄이는 것은 아니며 이전에는 무관하거나 긍정적으로 평가되었던 상황이 환경이 변화되거나 상황을 새롭게 보면서 위협적인 것으로 느껴질 수도 있다.

4. 스트레스로 인해 발생하는 문제

1) 신체적 질병

내분비계는 생식에서 성장에 이르는 다양한 기능과 관련되어 있으며 스트레스와 관련된 반응에서도 중요한 역할을 한다. 스트레스로 인해 촉발된 내분비계 활동은 우리 몸에 부정적인 영향을 일으킬 수 있으며 때로는 질병을 가져오기도 한다. 여기에서 다룬 질병과 스트레스 간의 관계는 이해를 위해 단순화된 것이며 스트레스가 병의 유일한 원인은 아니라는 것을 염두에 두면서 스트레스로 인해 발생할 수 있는 대표적 질병을 살펴보자.

고혈압 스트레스를 느끼게 되면 심장박동이 증가하는 것을 경험하게 되는데 이것은 스트레스로 인해 동맥벽이 수축하기 때문이다. 또한 스트레스는 혈관 내 콜레스테롤을 증가시켜 동맥벽에 노폐물이 축적되는 것을 용이하게 한다. 이렇게 동맥벽의 유연성이 상실된 상태에서 스트레스를 받게 되면 심장은 체내에서 요구하는 혈액과 산소를 공급하기 위하여 한층 더 혈압을 높여야만 한다. 이러한 심혈관계의 만성적 혹사는 심장근육에 대한 부적절한 혈액 공급 및 불규칙한 심장박동으로 이어지고 따라서 심장의 심각한 손상 및 갑작스런 사망으로 이어질 수 있다. 특히, 우울증을 겪은 적이 있는 사람들이 심장병의 위험성이 더 높고 일단 심장발작을 일으키면 그들은 일반 사람들보다 더 많은 건강문제를 유발하게 되는 것으로 알려져 있다(Frasure-Smith et al., 1999).

궤양 스트레스는 위의 점액선을 자극하여 과도한 양의 위산분비를 가져오게 된다. 이와 같은 위산에 장기간 노출되면, 위 점막이 침식되어 위궤양이나 십이지장 궤양이 발생하게 된다. 스트레스로 인해서 가장 흔하게 나타나는 궤양은 십이지장 궤양으로 이것은 과도한 염화수소산의 분비와 관련이 있다. 스트레스와 위장의 활동 간의 관계를 보여주는 실험(Brady, 1958)에서 원숭이에게 경고신호를 한 후 전기쇼크를 가하고, 레버를 눌러 전기쇼크를 멈추는 것을 반복했을 때, 원숭이는 스트레스로 사망하였고 해부결과 심한 위 · 십이지장 궤양을 앓은 것으로 확인되었다. 이것은 스트레스가 궤양의 발생에 큰 영향을 미칠 수 있음을 시사하는 증거라고 할 수 있다.

암 스트레스가 암의 직접적인 원인은 아니더라도 스트레스가 암의 진행에 영향을 미칠 수 있다는 증거가 있다. 우선, 스트레스로 인해 면역체계가 억압되면 면역세포는 종양세포의 확산을 효율적으로 막을 수가 없다. 가령, 사회적 지지의 저하와 스트레스는 면역세포의 활동을 감소시켜 암 종양의 성장에 더욱 취약하게 만들 수 있다(Levy et al., 1990). 또한 스트레스는 암세포에 영양을 공급하는 모세관의 성장을 촉진하여 암의 진행을 빠르게 할 수 있다. 또한 암의 진행에는 환경에 대한 통제력의 지각이 중요한 역할을 한다. 암환자들 중에서 자신이 자신의 병에 대해 무기력하다고 느끼는 사람들은 더 빨리 재발되고 더 일찍 사망한다(Andersen, Anderson, & deProsse, 1989). 심리적 요인들이 면역체계에 영향을 미칠 수 있다할지라도, 암의 유형 그리고 암의 진행과 관련된 생물학적 요인들이 종양의 성장에서 특히 질병의 최종단계에서 심리적 요인들보다 더 중요할 수 있기 때문에 이러한 연구결과들은 조심해서 해석되어야 한다(Herbert & Cohen, 1996).

2) 심리적 문제

적당한 스트레스는 각성과 집중력을 높이는 긍정적 효과를 가져오지만 오래 지속되고 자신이 통제하기 스트레스는 다양한 심리적 문제를 일으킬 수 있다. 여기에서는 만성적 스트레스가 어떤 심리적 문제를 가져올 수 있는지 살펴보도록 하자.

불안 우리가 시험이나 대인관계의 갈등과 같은 일상적인 스트레스에 직면했을 때 즉각적으로 보이는 가장 일반적인 반응은 불안이다. 우리가 스트레스 상황에서 불안을 느끼는 것은 교감신경계에서 분비하는 아드레날린에 의한 것이다. 아드레날린이 적당하게 분비되면 각성과 집중력이 생겨서 학습과 기억에 도움이 되지만 분비가 지나치면 불안이 초래되어 집중력이 떨어지고 심장박동과 근육긴장으로 인한 불편함이 느껴져 시험에 방해가 된다. 이렇게 스트레스에 대해 불안을 느끼는 것은 자연스러운 것이지만 때로는 스트레스에 의한 불안이 지나치게 높아져 정신적, 신체적으로 무기력해지는 경우가 있다.

외상 후 스트레스 장애에서 보이는 스트레스 반응

일상적인 스트레스에 대한 즉각적인 반응은 불안이지만 자동차 사고나 범죄사건과 같이 심각한 스트레스 상황에서는 즉각적인 반응으로 충격을 나타낸다. 그렇다면 이러한 상황에서 사람들이 어떤 반응을 보이고 충격이라는 경험에서 사람들이 어떻게 벗어나게 되는지를 살펴보도록 하자. 처음 충격적인 경험을 하였을 때 사람들은 어리둥절하고 자기통제력이 상실되는 쇼크단계가 시작된다. 다음에는 주변 사람들의 지시에 수동적으로 따르게 되는 암시단계가 이어지고 조금 시간이 지나면 자기통제력은 회복하지만 불안이 증가하는 회복단계에 들어선다. 충격적인 경험을 하였을 때 사람들은 과민해지기 때문에 항상 안절부절하고 불안해하며 잘 놀라고 잠을 잘 못 잔다. 또한 충격을 주었던 사건이 꿈이나 환각으로 재연될 수 있으며 어떤 경우에는 기억이 전혀 없거나 희미할 수도 있다. 끝으로 충격의 감정이나 기억을 회피하려 하다보니 정상적인 감정반응이 소실되고 타락하거나 분노 또는 피해의식 등이 나타날 수 있다.

무기력과 우울증 스트레스가 계속되고 사람이 이를 극복하는 데 실패를 하게 되면 무감각과 우울증이 발생할 수 있다. 학습된 무기력이론을 제안한 셀리그먼(Seligman, 1975)은 개가 전기충격을 피할 수도 없고 도망칠 수도 없는 방에서 지내고 나면 자신에게 가해진 불쾌한 자극을 쉽게 피할 수 있는 상황에서도 그것을 벗어나지 못한다는 것을 보여주었다. 인간들 역시 통제할 수 없는 스트레스를 반복적으로 경험하게 되면 무감각, 철회, 활동 감소 등과 같은 특징을 보이는 학습된 무기력이 나타난다(Hiroto & Seligman, 1975). 예를 들면, 남편에게 상습적으로 구타를 당하는 여성들은 무기력으로 인해 남편으로부터 도망가려고 시도하지 않는다.

탈진(burnout) 스트레스로 인해 반복적으로 발생하는 긴장 때문에 생기는 정서적 소모 현상으로 탈진은 수많은 환자나 내담자들을 돌보아야 하는 건강 및 사회서비스 전문직 종사자들에게서 주로 나타난다. 탈진은 극도의 피로, 직업에 대한 냉소와 소원감, 성취감의 부족 같은 증상을 수반한다(Maslach, 2003). 탈진을 경험하는 사람들은 그들이 도움을 주고 있는 사람들에 대한 관심과 애정을 상실하고 이들을 초연하게 대하거나 심지어 비인격적인 방법으로 대하기도 한다. 탈진은 현재 자신이 추구하는 것에 지나치게 의미를 부여했을 때도 나타날 수 있다. 가령, 성공이나 타인의 인정에 몰두하였는데 그것을 얻지 못하면 더 쉽게 탈진에 빠지게 된다. 탈진에서 벗어나는 좋은 방법은 지금까지 추구하지 않았던 새로운 일에서 가치를 찾아보는 것이다. 가령, 탈진에 빠진 교사는 그림이나 음악 같은 취미에 의미를 두고 그것에 몰두하게 되면 탈진에서 벗어날 수 있다.

지적 손상 스트레스를 받으면 자연스럽게 부정적 감정이 발생하게 되고 그에 따라 인지적 처리의 효율이 떨어지게 된다. 특히 터널 안에 들어갔을 때 시야가 좁아지는 것과 같은 터널시야현상(tunnel vision phenomenon)이 발생하여 상황의 변화를 예측하거나 가능성을 고려하기보다 상황에서 주어지는 단서에 즉각적으로 반응하려는 경향이 증가한다. 그렇기 때문에 평소에는 사려 깊은 사람이라 할지라도 심한 스트레스를 느끼게 되면 사소한 일에도 쉽게 흥분하고 충동적인 판단을 하게 될 가능성이 높다. 또한 해결이 시급한 문제에 대해서는 새로운 해결책을 찾기보다 과거에 늘 사용했던 해결책에 의존하려는 경향이 증가한다.

5. 스트레스 반응에 영향을 미치는 요인

같은 상황에 처해도 사람마다 느끼는 스트레스의 정도가 다르기 때문에 스트레스에 대한 반응도 달라지게 된다. 가령, 중요한 시험에서 탈락했을 때 어떤 사람은 자신의 노력부족으로 받아들이고 더 열심히 시험준비를 하는데 비해 어떤 사람은 시험실패로 인해 좌절감을 느끼고 자포자기하는 경우도 있다. 이러한 차이는 무엇 때문에 일어나는 것일까?

낙관성 낙관성은 스트레스 반응에 가장 큰 영향을 미치는 요인으로 무엇이든 항상 긍정적으로 바라보는 낙관주의자들은 부정적으로 바라보는 비관주의자들에 비해서 스트레스에 대한 저항력이 훨씬 크다. 즉, 낙관적일수록 긍정적인 감정과 행복을 더 많이 느끼고(Scheier & Caver, 1992), 부정적인 사건을 경험하더라고 더 쉽게 회복하는 회복탄력성을 보인다(Kivimaki et al., 2005). 낙관주의자와 비관주의자는 스트레스에 대처하는 데도 서로 다른 전략을 선택하는데 낙관주의자들은 해결책을 찾고 실행하는 문제-중심 대처를 보이며 타인의 충고나 도움과 같은 사회적 지지도 요청한다(Scheier & Carver, 2003). 이와 달리 비관주의자들은 목표를 쉽게 포기하고 스트레스 자체를 부정하는 전략을 선택하는 경향을 보인다.

강인성 어려운 상황에서도 어떤 사람은 좌절하고 포기하는데 비해 어떤 사람은 스트레스에 압도당하지 않고 적극적으로 대응한다. 이것은 강인성의 차이 때문으로 정신적으로 강인할수록 스트레스를 인생의 한 부분으로 받아들이고 그것을 효과적으로 극복하기 위한 방법을 찾는다(Kobasa, 1979).

그렇다면 어떤 사람이 정신적으로 강인한 사람일까? 첫째, 강인한 사람은 자신의 삶에 적극적으로 참여하려고 한다. 스트레스에 압도되어 삶을 수동적으로 살아나가게 되면 어떤 일도 즐겁지 않고 자발적으로 하려고 하지도 않지만 처음에는 어렵더라도 자신의 삶을 즐기려고 노력하면 삶을 적극적으로 살아갈 수 있다. 둘째, 강인한 사람은 자신이 세상의 주인공이라고 생각한다. 자기가 없더라도 세상은 아무 일 없다는 듯이 잘 돌아갈 것으로 생각하고 자신을 대수롭지 않은 존재로 여기면 여길수록 인생은 자신의 뜻대로 되지 않고 더 고된 삶이 반복된다. 셋째, 강인한 사람은 스트레스를 주는 상황을 피하거나 감정적으로 대하지 않고 해결될 수 있는 문제로 받아들인다. 사람들이 흔히 빠지는 오류는 자기가 처해 있는 고난이 너무나 커서 감당하기 어렵고 자기 혼자만 그런 고난을 겪고 있다고 생각하는 것이다. 스트레스에 압도되기보다는 "다음에 해야 할 일은?"이라는 생각을 하는 것이 우리가 원하는 삶으로 한걸음 다가가게 한다.

사회적 지지 사회적 지지는 스트레스를 극복하는 가장 좋은 방법이다. 즉, 어려움에 처해도 잘 적응하는 사람들을 보면 대부분 행복한 결혼생활, 친구나 가족과의 긍정적 관계, 신앙생활 같은 사회적 지지를 얻을 수 있는 인적 사회적 자원을 가지고 있다. 가령, 사회적으로 고립된 사람들의 사망률은 튼튼한 사회적 결속을 유지하고 있는 사람들에 비해 두 배 이상 높다(Berkman & Syme, 1979). 사회적 지지는 심리적 안정감을 높여 면역체계의 기능을 강화시킨다. 그래서 사회적 지지를 받는 사람들은 사회적으로 고립된 사람들에 비해 감기에 걸릴 가능성이 반 이상 감소한다(Kiecolt-Glaser et al., 1997). 사회적 지지는 스트레스를 극복하는 데 어떤 도움을 줄까? 친한 사람은 운동을 하거나 의사에게 가는 것 같이 건강에 도움을 주는 행동을 유도하고, 어려운 문제를 누군가에게 이야기하는 것은 전문적 심리치료를 받는 것과 유사한 효과를 보이며, 부담을 나누어지는 것은 걱정거리를 줄여주는 기능을 한다. 물론 사회적 관계가 꼭 스트레스의 감소를 보장하는 것은 아니며 불행한 결혼은 면역기능을 저하시키고 갈등이 많은 친구관계는 스트레스를 증가시키는 대표적인 원인이다. 따라서 스트레스에 대처하는 데 도움을 주는 것은 사회적 관계의 다양성이나 폭이 아니라 어려울 때 누군가 자신을 도와줄 것이라는 사회적 지지의 지각이다(Cohen & Wills, 1985). 보통 스트레스를 받을 때 여성들은 사회적 지지를 추구하지만 남성들은 그렇지 않은 경향을 보인다(Taylor, 2002). 스트레스를 받을 때 남성이나 여성 모두 교감신경계가 활동하여 각성반응을 보이지만 남성은 투쟁-도피 반응을 위한 호르몬 반응이 주로 일어나지만 여성은 옥시토신이란 호르몬도 함께 분비되는데 옥시토신은 사회적 접촉이나 타인에 대한 관심을 증가시키는 기능을 한다. 그렇기 때문에 남성은 직장에서 받은 스트레스를 술을 마시거나 화를 내면서 풀지만 여성은 친구와 대화를 하거나 자녀와 놀면서 푸는 경향을 보인다. 이것은 왜 여성들이 남성들보다 더 오래 사는지를 잘 설명한다.

6. 스트레스에 대한 대처

스트레스 상황에 직면할 때 우리는 그 상황에 자신이 적응하려고 하거나 적극적으로 환경을 변화시키려고 한다. 사람들은 스트레스의 유형에 따라서 다양한 대처전략(coping strategy)을 사용하고 있으며 각자 자기가 선호하는 대처전략을 가지고 있다. 많은 사람들이 사회생활을 하면서 좌절이나 정서적 고통을 겪으면서도 병에 걸리는 상황까지 가지는 않는 이유는 스트레스에 어떤 식으로든 잘 대처해 나가고 있기 때문이다. 특히, 사람은 상황이 변화되더라도 같은 대처전략을 계속해서 사용하려는 경향을 보인다(Carver & Scheier, 1994). 즉, 술을 마셔서 스트레스를 푸는 것을 좋아하는 사람은 회사에서 생긴 스트레스건 집에서 생긴 스트레스건 술을 마시는 경향을 보인다. 문제는 그동안 스트레스를 극복하기 위해 사용했던 방법이 얼마나 효율적인가에 따라 건강한 삶을 영위할 수도 있고 신체적 또는 정신적 질병에 걸릴 수도 있다는 것이다. 따라서 스트레스가 인생에서 피할 수 없는 삶의 동반자라고 한다면 그것을 어떻게 대처해야 바람직한 것인지를 알 필요가 있다.

1) 일상적인 대처방략

자신이 직면한 스트레스에 대해 주의를 기울여 대응하려고 하지 않는 사람들은 스트레스의 유형에 무관하게 평소에 자신들이 흔히 사용하던 대처방략에 의존하는 경향이 있다. 이러한 대처방략은 어느 정도는 스트레스를 극복하는데 도움이 되기도 하지만 언제나 효과적인 것은 아니다.

포기하기　공부나 인간관계에서 아무리 노력하더라도 별로 효과가 없으면 좌절감을 느끼게 되고 더 이상의 노력을 포기하는 경우가 많다. 이러한 사람들의 행동은 학습된 무기력(learned helplessness)으로 설명될 수 있는데 반복된 좌절로 인해 어떤 행동을 해도 자기가 처해있는 스트레스 상황을 벗어나기 어렵다는 것을 알게 된 사람은 쉽게 변화시킬 수 있는 상황에서조차 어떤 행동도 보이지 않는다(Seligman, 1992). 비관적인 사고를 하는 사람들은 좌절을 겪었을 때 상황보다 자신의 부적절함으로 귀인하려는 경향이 높기 때문에 환경에 대한 지각된 통제감이 낮으며 그만큼 포기하기 쉽다. 그러나 포기가 부적응적인 것만은 아니며 자기가 감당하기 어려운 일을 계속해야 하는 경우에는 그 일을 포기하는 것이 더 적응적인 경우도 있다.

탐닉하기 우리는 뭔가 자신이 원하는 일이 잘 이루어지지 않으면 쉽게 만족감을 얻을 수 있는 행동을 함으로써 스트레스로부터 벋어나려고 하는데 이것을 대리보상 만들어 내기라고 한다(Moos & Billing, 1982). 예를 들어, 공부로 스트레스를 많이 받는 학생들은 인터넷 게임을 탐닉함으로써 현실에서 주어지는 압박감을 해소시키려고 한다. 또한 많은 여성들은 직장생활이나 가정생활로부터 주어지는 스트레스를 백화점에서 무엇인가를 삼으로써 해소하려고 한다. 일상생활의 스트레스에서 벗어나기 위해 방법으로 대안적인 보상을 탐닉하는 것은 적절하게 통제할 수만 있다면 유용한 대처전략이 될 수 있다. 가령, 직장이나 가정에서 겪는 스트레스를 벗어나기 위해 운동에 빠지는 것은 스트레스를 조절하는 좋은 대안이 될 수 있다. 그러나 이러한 탐닉이 과도하게 되면 스트레스를 극복하는데 도움이 되기보다 그 자체가 하나의 병리적인 현상이 될 수 있다. 이로 인한 대표적인 문제가 약물 또는 알콜중독(Peyser, 1990)이나 인터넷 중독(Kimberly, 1996)의 경우이다.

방어하기 스트레스가 유발된 후 어느 정도 시간이 흐르게 되면 우리 마음은 자신을 보호하기 위한 대처방법을 찾게 되는데 대표적인 것이 방어기제이다. 방어기제는 문제를 근본적으로 해결해 주지는 않지만 자아를 보호하여 보다 적극적인 대처를 하기 위한 여유를 제공하는 역할을 한다. 그러나 스트레스가 주어질 때마다 습관적으로 방어기제에 의존하게 되면 스트레스를 가져오는 진짜 문제가 무엇인지 모르게 되어 스트레스에서 벗어나지 못하고 심하면 심리적 부적응을 보일 수도 있다. 스트레스 상황에서 가장 자주 사용되는 방어기제는 두렵거나 고통스러운 충동과 기억을 의식에서 배제하는 억압(Repression)이 있다. 죄의식이나 자기비난을 일으키는 기억들이 흔히 억압되는데 억압되었다고 완전히 사라지는 것은 아니며 잠을 자거나 본능적 충동들이 강해질 때 의식으로 돌아올 수 있다. 또한 사람들은 자신이 가지고 있는 바람직하지 못한 특성을 타인에게 전가하여 자존감을 유지하려는 투사(projection)를 사용하기도 한다. 가령 자기가 과도하게 비싼 물건을 사는 경향이 있다면 그것을 회피하기 위해 주변사람들 중 사치스런 사람을 더 비난하는 경향을 보일 수 있다. 그 밖에도 사람들은 스트레스에 대응하기 위해 퇴행(Regression), 보상(compensation), 동일시(identification)와 같은 방어기제를 사용한다. 특히, 사람들은 자기가 방어기제를 사용하고 있다는 것도 의식하지 못하는 경우가 많기 때문에 스트레스를 일으키는 문제를 근본적으로 해결할 수 있는 기회를 갖기 어렵다는 문제를 가지고 있다.

2) 적극적 대처방략

일상적 대처방략은 대부분 스트레스에 직면하기보다 회피하기 위해 사용되기 때문에 스트레스를 근본적으로 해결하지 못하는 문제가 있다. 적극적 대처방략은 건강한 방식으로 스트레스에 대처하는 방략으로 스트레스 자극에 대한 자신의 평가를 변화시키는 평가중심(appraisal-focused) 대처방략과 문제 상황보다 그것과 관련된 문제를 일으키는 상황 자체에 대응하는 문제-중심적(problem-focused) 대처방략이 있다. 여기에서는 이러한 적극적 대처방략을 하나씩 알아보자.

평가중심 대처방략 똑같은 상황도 사람들은 서로 다르게 받아들이기 때문에 스트레스를 잘 다루기 위해서는 스트레스에 대한 우리의 사고방식을 더 합리적이고 현실적으로 바꿀 필요가 있으며 이것을 평가 중심적 대처방략(appraisal-focused coping strategy)이라고 한다. 스트레스를 다루기 위한 대표적 평가중심 대처방략으로 인지재구조화에 기반한 A-B-C 기법(Ellis, 1962)을 소개하고 이것을 통해 어떻게 스트레스를 다룰 수 있을 것인지 생각해본다. A-B-C 기법은 "자기가 생각하는 대로 느낀다."는 말로 정리될 수 있는데 이것은 스트레스에 대한 정서적 반응은 결국 자신이 직면한 스트레스를 어떻게 평가하느냐에 달려있다고 할 수 있다. 즉, 사람들은 불쾌한 사건((activating events: A)을 경험했기 때문에 불쾌한 감정(consequence: C)을 느꼈다고 생각하지만 실제로 불쾌한 감정을 일으키는 것은 불쾌한 사건이 아니라 불쾌한 사건에 대한 자신의 평가(belief : B)이다. 예를 들어, 친구가 약속시간에 늦게 와서 심하게 화를 냈던 적이 있었다고 생각해보자. 우리는 일반적으로 친구가 약속시간을 어겼기 때문에(A) 화가 났다고(C) 생각하지만 그 사이에는 "사람은 누구나 약속을 지켜야 할 의무가 있다."라든지 "친구라면 약속을 한 친구를 그렇게 오래 기다리게 하지는 않을 것이다."는 등의 자신의 평가(B)가 개입되어 있다. 만일 그때 "급한 일이 있다면 약속시간에 늦을 수도 있다."는 생각(B)을 가지고 있었다면 그 친구가 늦게 왔다고 하더라도 그렇게 심하게 화를 내지는 않았을 것(C)이다.

스트레스로 인해 고통을 겪는 이유는 스트레스 사건에 대한 비현실적인 평가 때문이며 비현실적인 평가는 마음속에 있는 비합리적인 신념에 의해 이루어진다고 보았다. 가령, "나는 누구에게나 호감을 줘야 한다."라든지 "내가 노력을 하면 반드시 좋은 결과를 얻어야 한다."는 생각은 일상생활에서 스트레스를 유발하는 비합리적 신념의 사례이다. 사람은 누구나 다른 사람들에게 사랑을 받고 싶어 하지만 자신이 만난 사람들에게 모두 사랑이나 호감을 받아야 한다고 생각하는 것은 지나친 것이다. 그렇다면 마음 속에 떠오르는 비합리적 신념을 어떻게 변화시킬 것인가?

비합리적 신념도 인간이 공동체 생활을 유지하는데 도움이 되기 때문에 형성된 것이므로 나쁘다고 할 수 없으며 단지 그러한 비합리적 사고가 융통성 없이 적용될 경우 문제가 되는 것이다. 스트레스에 직면할 때 더 합리적으로 생각할 수 있으려면 어떤 감정이 느껴질 때 그 감정을 유발하는 자신의 생각을 한번 되돌아보는 자세를 갖는 것이 필요하다. 우선, 하루 동안 경험한 일 중 불쾌한 기분이 들었던 일(A)을 자세히 적고 그 상황에서 느꼈던 감정(C)과 그 정도를 표현한 후 그 상황에서 자신의 마음속을 스쳐갔던 생각(B)을 찾아낸다. 그리고 그 생각이 지나친 것이라면 논박(dispute: D)하여 보다 합리적인 생각으로 바꿔보고 감정에 어떤 변화가 생기는지 느껴본다.

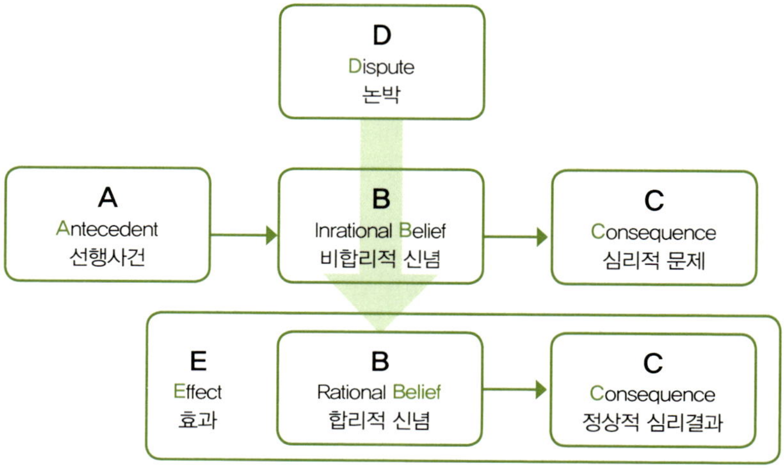

그림 12-2 | 평가 중심적 대처방략

문제중심 대처방략 스트레스를 가져오는 문제 자체를 없애거나 그 영향력을 줄이기 위해 스트레스와 직면하는 것이 문제중심 대처방략이다. 문제중심 대처전략은 자신의 행동이 스트레스를 일으키는 상황에 영향을 미칠 수 있다는 신념을 가지고 있을 때 많이 나타난다. 사람들은 어려운 문제에 부딪히면 피하려는 습관이 있지만 피할수록 그 문제는 더 심각해지므로 당면한 문제에 직면하여 그것을 차례대로 해결하려고 노력할 필요가 있다. 가령, 가정이 어려워서 학비와 생활비를 마련하기 어려운 학생은 이러한 스트레스를 어떻게 해결할 수 있을까? 자신의 신세를 한탄하며 술을 마시는 것보다 학비와 생활비를 마련할 수 있는 방법에 무엇이 있는지 그리고 자신이 가지고 있는 능력으로 할 수 있는 일이 무엇인지 하나씩 찾아보는 것이 스트레스를 줄이는 더 좋은 방법이다.

문제중심 대처전략에서 첫째 단계는 문제가 무엇인지 먼저 정확하게 파악하는 것이다. 때로는 문제를 이해하려고 노력하는 것 자체가 문제를 해결하는 길이 되기 때문에 문제로 인한 부정적인 감정과 문제 자체를 구분하고 그 문제를 가능한 한 구체적인 용어로 묘사할 필요가 있다. 둘째 단계에서는 어떤 행동을 취하기 전에 가능한 대안을 충분히 생각해보는 습관을 갖는 것이 필요하다. 어떤 문제에 부딪혔을 때 우리는 머리에 가장 먼저 떠오른 해결책을 선택하는 경향이 있으며 자기가 처해 있는 상황을 조금이라도 벗어나게 해주는 해결책을 무시하기 쉽다. 셋째 단계에서는 가능한 대안들을 비교한다. 대안을 비교할 때는 얼마나 현실적인지, 실행하는 동안이나 그 결과로 생기는 위험이나 부담은 없는지, 실행을 성공했을 때 얻을 수 있는 결과들 중 어느 것이 나에게 제일 중요한지를 기준으로 삼는다. 넷째 단계에서는 대안을 실행에 옮긴다. 대안을 실행했을 때 생각과 다른 결과가 얻어질 수 있기 때문에 너무 그 대안을 고집하지 말고 융통성 있게 다른 대안을 실행하거나 자신이 상대방으로부터 얻은 결과를 "성공과 실패"라는 이중적인 잣대로 평가하려는 생각을 버린다.

3) 마음챙김(mindfullness) 명상을 통한 스트레스 대처

명상은 불교에서 시작되었지만 심리학에서는 명상을 심리치료의 하나로 간주하고 있으며 스트레스 조절에도 활용되고 있다. 마음챙김 명상에서는 명상을 하는 동안 마음에 떠오르는 감각이나 생각 그리고 감정을 알아차리고 그것을 거리를 두고 바라보면서 마음을 차분하게 하고 생각을 명료하게 하면 스트레스에서 벗어나서 평온한 마음을 얻을 수 있다고 본다. 사람들은 마음에 주의를 기울이지 않고 습관적이고 자동화된 방식대로 생각하고 행동하기 때문에 쉽게 고통에 빠지게 되므로 마음챙김 명상을 통해 마음에 주의를 기울이는 법을 훈련하면 스트레스로 인한 부정적 감정이나 생각에서 벗어나는 데 도움을 받을 수 있다(Kabat-Zinn, 1990).

마음챙김 명상은 다음과 같은 특징을 가지고 있다(Bishop et al., 2014). 첫째는 주의력에 대한 자기조절(self-regulation of attention)로 현재에 떠오르는 감각적 경험이나 생각에 주의를 기울여 알아차림을 유지하는 것이다. 이렇게 하는 것은 우리를 고통에 빠지게 하는 습관적이고 자동적인 생각이나 감정을 중단시키고 그것을 거리를 두고 관찰할 수 있는 메타적 알아차림(meta-awareness)을 할 수 있도록 하는 것이다. 둘째는 경험에 대한 지향(orientation to experience)로 매순간 판단에 의해 행동하려는 우리의 의식적 경향성을 줄이고 경험에 수용적인 태도를 갖는 것이다. 보통 우리는 어떤 문제가 생기면 문제가 생긴 이유와 해결책을 찾으려고 하고 앞으로 생길 수 있는 문제에 대응하려고 노력한다. 이러한 태도는 실생활에서 우리가 해결해야 할 문제를 다룰 때는 좋지만 잘못된 생각으로 인한 감정 때문에 생긴 문제를 다룰 때는 적합하지 않으며 그러한 문제는 평가하지 않고 그냥 수용하는 것이 더 효과적이다. 즉, 지금-여기에서 일어나는 의식적 경험에 집중하는 마음챙김 명상은 자신의 감정이나 생각에 매몰되어 심리적 고통을 겪고 있는 사람들에게 좋은 대안이 되고 있다.

그렇다면 마음챙김 명상은은 어떻게 해야 할까? 다양한 형태로 이루어지지만 우선 중요한 것은 주의기울이기와 알아차리기이다. 주의 기울이는 눈을 감고 호흡에 집중하면서 신체감각에 주의를 기울이는 것으로 이렇게 호흡하면서 신체감각에 주의를 기울이면 저절로 생각이나 감정이 떠오르게 되며 그것을 억누르거나 판단하지 않고 그런 것이 떠오르는구나라고 느끼는 것을 알아차리기라고 한다. 마음에 떠오르는 생각을 판단하지 않고 거리를 두고 사물을 바라보듯 바라보는 것을 탈중심화(decentering)이라고 하는데 탈중심화는 자신의 생각 자체를 바꾸는 것이 아니라 생각을 객관화시켜 바라보는 것으로 자신의 경험을 덜 감정적으로 반응하도록 해준다. 만일 과거나 미래에 대한 잡념으로 주의가 흐트러진다면 그것을 생각하지 않으려고 하지 말고 그냥 사물을 바라보듯이 바라보면서 호흡에 집중하면 다시 지금-여기에 집중한 상태를 유지할 수 있다.

스트레스 극복을 위해 정신적으로 강인해지기

똑같이 어려운 상황에서도 어떤 사람은 좌절하고 스트레스로 괴로워하는 데 비해 어떤 사람은 그러한 상황을 의연하게 대처하는데 그 차이를 어디에서 올까? 정신적인 강인함(Kobasa, 1979)은 이 점에서 중요한 요인으로 정신적으로 강인할수록 스트레스에 압도당하기보다 스트레스를 인생의 한 부분으로 받아들이고 그것을 효과적으로 극복하기 위한 방법을 찾는 경향이 있다.

그렇다면 어떻게 정신적으로 강인해질 수 있을까? 첫째, 자신의 삶에 적극적으로 참여하는 자세를 가질 필요가 있다. 스트레스에 압도되면 삶을 수동적으로 살아나가게 되며 어떤 일도 즐겁지 않고 자발적으로 하려고 하지도 않는다. 처음에는 어렵더라도 자신의 삶을 즐기려고 노력해야 한다. 가령, 힘든 업무나 공부를 해야 한다면 그 일을 완벽하게 끝냈을 때 나 자신에게 가장 좋아하는 것을 상으로 줘서 "즐거운 일"이 우연히 발생하는 것이 아니라 계획되고 만들어지도록 할 수 있다. 둘째, 내가 세상의 주인공이라고 생각하자. 자기가 없더라도 세상은 아무 일 없다는 듯이 잘 돌아갈 것같이 생각되지만 자신을 대수롭지 않은 존재로 여기던 여길수록 인생은 자신의 뜻대로 되지 않고 더 고된 삶이 반복된다. 늘 자신의 좋은 점을 머리에 떠올리고 자신에게 말해주고 자신에게 필요한 것은 무엇이든 배우려는 자세를 가질 필요가 있다. 셋째, 스트레스를 주는 상황을 피하거나 감정적으로 대하지 말고 해결될 수 있는 문제로 받아들이자. 사람들이 흔히 빠지는 오류는 자기가 처해 있는 고난이 너무나 커서 내가 감당하기 어렵다고 생각하는 것이다. 가령 지금은 학교에서 성적이 하위권인데 나의 꿈은 법대에 가서 변호사가 되는 것이 꿈이라고 하자. 어떻게 생각하면 이러한 꿈은 현실과 동떨어져 이루어지기 어려운 꿈같이 여겨지지만 먼저 우리가 이루고 싶은 꿈을 가능한 한 작게 나눈다면 그것은 꿈이 아니라 현실이 된다.

엄청난 꿈에 압도되기보다는 "다음에 해야 할 일은?"이라는 생각을 하는 것이 우리가 원하는 꿈으로 한걸음 다가가게 한다. 가령 자신이 약한 과목들을 찾아서 하나씩 기초부터 차근차근 공부해 나간다면 꿈만 가지고 시간만 보내는 것보다 훨씬 보람 있는 시간을 보낼 수 있다. 특히, 작게 나뉜 일들이 나름대로의 주어진 시간과 목적을 가진 과제로 다룬다면 자기가 가졌던 꿈을 완벽하게 이루지 못하더라도 작은 과제들을 하나씩 성취하면서 뭔가 할 수 있다는 자신감도 생기고 삶에 보람도 느낄 수 있을 것이다.

참고문헌

곽금주, 윤진 (1992). 공격성의 사회인지적 매개과정에 관한 두가지 기초 연구: 공격영화 장면 효과와 개인의 공격성수준에 따른 차이. 한국심리학회지: 사회, 6(2), 1-10.

구혜숙 (1995). 학교적응과 비학문 자아개념 및 학업성적 간의 관계. 홍익대학교 교육대학원.

권육상 (2003). 인간행동과 사회환경. 서울: 유례출판사.

권육상 (2003). 최신 가족복지론. 서울: 유풍출판사.

김영옥 (2005). 유아의 친사회적 행동에 관한 연구: 광주,전남지역 유치원을 중심으로. 유아교육학논집, 9, 81-105.

김인숙 (1989). 학업 우수아와 학업 부진아의 정의적 특성. 연세대학교 교육대학원 석사학위논문.

김진국 (1986). 수행정보 및 귀인정보가 관찰자의 귀인자 평가에 미치는 효과. 한국심리학회지 사회 및 성격, 3(1), 217-245.

민영순 (1990). 교육심리학. 서울: 숙명여자대학교 출판부.

박경원 (1986). 아동의 이타행동의 발달과 역할수행과의 관계. 이화여자대학교 석사학위논문.

박경자 (1999). 영아의 애착 안정성에 영향을 미치는 변인: 어머니의 민감성과 영아의 기질. 아동 학회지, 20(3), 3-17.

박아청 (1984). 아이덴티티의 탐색. 서울: 정민사.

신현정, 김비아 (2008). 심리학 개론. 서울: 시그마프레스.

장선희 (1991). 아동의 친사회적 행동과 사회적 조망수용능력과 도덕판단력에 관한 연구: 나눠주기, 희사행동을 중심으로. 한국교원대학교 석사학위논문.

조석희 (2004). 소외된 영재의 발굴과 재능 개발을 위한 교육 프로그램 운영 방안. 연구보고 RM2004-12. 서울: 한국교육개발원.

조은진 (1993). 유아의 감정이입과 친사회적 행동과의 관계: 연구의 개념적 , 방법론적 문제 분석. 아동학회지, 14(2), 137-148.

최경순, 정현희 (1995). 아버지의 양육참여와 유아의 역할수행능력 및 친사회적 행동과의 관계. 대한가정학회지, 33(1), 125–140.

Aiello, L. M., Wand, M. & Liang, G. (1983). Neovascular glaucoma and vitreous hemorrhage following cataract surgery in patients with diabetes mellitus. *Ophthalmology, 90*(7): 814–820.

Ainsworth, M. S., Blehar, M. C., Waters, E., & Wall, C. (1978). *Patterns of attachment: A psychological study of the Strange Situation*. Hillsdale, NJ: Erlbaum.

Ajzen, I., & Fishbein, M. (1980). *Understanding attitudes and predicting social behavior*. Englewood Cliffs, NJ: Prentice–Hall.

Alexander, C. N., Rainforth, M. V., & Gelderloos, P. (1991). Transcendental meditation, self–actualisation, psychological health: a conceptual overview and statistical meta–analysis. *Journal of Social Behaviour and Personality, 6, 189–247.*

Allport, G. W., & Odbert, H. S. (1936). Trait names: A psycho–lexical study. *Psychological Monographs, 47*, 211.

Anderson, N. H. (1965). Averaging versus adding as a stimulus–combination rule in impression formation. *Journal of Experimental Psychology, 70*, 394–400.

Anderson, N. H. (1971), Integration Theory and Attitude Change. *Psychological Review, 78*, 171–206.

Archer, S. L., & Waterman, A. S. (1983). Identity in early adolescence: A developmental perspective. *Journal of Early Adolescence, 3*, 203–214.

Aronson, E., & Mills, J. (1959). The effect of severity of initiation on liking for a group. *Journal of Abnormal and Social Psychology, 59*(2), 177–181.

Asch, S. E. (1946). Forming impressions of personality. *Journal of Abnormal and Social Psychology, 41*, 258–290.

Asch, S. E. (1955). Opinions and social pressure. *Scientific American, 193*, 31–35.

Atkinson, J., & Raynor, O. (1974). *Motivation and Achievement*. Washington: Winston.

Atkinson, J. W., & Birch, D. (1974). The dynamics of achievement–oriented activity. In J. W. Atkinson & J. O. Raynor (Eds.), *Motivation and Achievement*(pp. 271–325). Washington, DC: WInston.

Atkinson, J. W., & Litwin, G. H. (1960). Achievement motive and test anxiety as motive to approach success and motive to avoid failure. *Journal of Abnormal and Social Psychology, 60*, 52–63.

Atkinson, R. C., & Shiffrin, R. M. (1968). Human memory: A proposed system and its control processes. In K. W. Spence & J. T. Spence (Eds.), *The psychology of learning and motivation: Advances in research and theory, 2*(pp. 742–775). *New York: Academic Press.*

Averill, J. R. (1983). Studies on anger and aggression. *American Psychologist, 38*, 1145–1160.

Baker, L., & Cantwell, D. P. (1990). The association between emotional/behavioral disorders and learning disorders in children with speech/language disorders. *Advances in Learning and Behavioral Disabilities, 6*, 27–46.

Baker, M. J. (1980). *Marketing maxims*. Advertising.

Baldwin, J. M. (1906). *Social and ethical interpretations in mental deveopment*. New York: Macmillan.

Bandura, A. (1961). Psychotherapy as a learning process. *Psychological Bulletin, 58*, 143–159.

Bandura, A. (1973). *Aggression: a social learning analysis*. Englewood Cliffs, N. J: Prentice-Hall.

Bandura, A. (1986). *Social foundations of thought and action: A social cognitive theory*. Englewood Cliffs, NJ: Prentice-Hall.

Bandura, A., & Walters, R. H. (1963). *Social Learning and Personality Development*. New York: Holt, Rinehart and Winston.

Baron, R. (1977). *Human Aggression*. New York: Plenum.

Bar-Tal, D., Raviv, A., & Leiser, T.(1980). The development of altruistic behavior; empiricial evidence. *Developmental Psychology, 16*, 514–516.

Bassett, A. (2001). Psychiatric genetics in the 21st Century. *Canadian Journal of Psychiatry, 46*(2).

Baumrind, D. (1971). Principles of Ethical Conduct in the Treatment of Subjects: Reaction to the Draft Report of the Committee on Ethical Standards in Psychological Research. *American Psychologist 26*(10), 887–896.

Bayley, N. (1955). On the Growth of Intelligence. *American Psychologist, 10*, 805–818.

Beaman, A. L., Edward, D., & Klentz, B. (1979). Self–Awareness and Transgression in Children: Two Field Studies. *Journal of Personality and Social Psychology, 37*, 1835–1846.

Beck, A. T. (1975). *Cognitive Therapy and the Emotional Disorders*. Intl Universities Press.

Beck, A. T., Rush, A. J., Shaw, B. F., & Emery, G. (1979). *Cognitive Therapy of Depression*. New York: The Guilford Press.

Berkowitz, L., & LePage, A. (1967). Weapons as aggression–eliciting stimuli. *Journal of Personality and Social Psychology*, 7, 202–207.

Bernstein, B. (1971). *Class, Codes and Control vol 1*. London; Paladin

Berowitz, L., & Macarlay, L. (1972). Social norms, feeling, and other factors affecting helping and altruism. *Advances in Experimental Social Psychology, 6*.

Blonna, R. (1996). *Coping with stress in a changing world. St.* Louis: Mosby.

Bolles, R. C. (1975). *Theory of motivation*. New York: Harper & Row.

Bouchard, C., Despres, J–P., & Tremblay, A. (1991). Genetics of obesity and human energy metabolism. *Proceedings of the Nutrition Society, 50*, 139–147.

Bower, G. H. (1981). *Mood and memory. American Psychologist, 36*, 129–148

Bowlby, J. (1969), *Attachment and loss, Vol. 1: Attachment*. New York: Basic Books.

Brady, J. V. (1958). Ulcer in executive monkeys. *Scientific America, 199*, 95–100.

Brazelton, T.B., & Nugent, J. K. (1995). *The Neonatal Behavioural Assessment Scale, 3rd edition*. MacKeith Press, London

Bregman, A. S., & Campbell, J. (1971). Primary auditory stream segregation and perception of order in rapid sequences of tones. *Journal of Experimental*

Psychology, 89(2), 244–249.

Brehm, J. W. (1966). *A theory of psychological reactance*. Academic Press.

Brehm, J. W., & Cohen, A. R. (1962). *Explorations in cognitive dissonance*. New York: Wiley.

Brewer, W. F., & Treyens, J. C. (1981). Role of schemata in memory for places. *Cognitive Psychology, 13*, 207–230.

Brown, P., & Elliott, R. (1965). Control of aggression in a nursery-school class. *Journal of Experimental Child Psychology, 2*, 103–107.

Campos, J. J., Langer, A., & Krowitz, A. (1970). Cardiac Responses on the Visual Cliff in Prelocomotor Human Infants. *Science, 170*, 196–197.

Campos, J. J. et al. (1978). The emergence of fear on the visual cliff. In Michael Lewis & Leonard A. Rosenblum (Eds.). *The development of affect*. New York: Plenum.

Carrington, P. (1998). *The book of meditation*. Boston: Element Press.

Cattell, R. B. (1945). The principal trait clusters for describing personality. *Psychological Bulletin, 42*, 129–161.

Chambers, K. C., & Phoenix, C. H. (1987). Differences among ovariectomized female rhesus macaques in the display of sexual behavior without and with estradiol treatment. *Behavior Neuroscience, 101*(3), 303–308.

Chi, M. T. H. (1978) Knowledge structures and memory development. In Sternberg R. S. (Ed.), *Children's Thinking: What develops?* Erlbaum, Hillsdale, N.J.

Clarren, S. K., & Smith, D. W. (1978). Fetal alcohol syndrome. New England *Journal of Medicine, 298*, 1063–1067.

Cohen, S., Glass, D. C., & Singer, J. E. (1973). Apartment noise, auditory discrimination, and reading ability in children. *Journal of Experimental Social Psychology, 9*, 407–422.

Collins, A. M., & Quillian, M. R. (1969). Retrieval Time from Semantic Memory. *Journal of Verbal Learning and Verbal Behavior, 8*, 240–247.

Combs, G., & Ludwig, A. (1982). Dissociative disorders. In J. Griest, J. Jefferson, & R. Spitzer (eds.), *Treatment of mental disorders*. New York: Oxford

University Press.

Conrad, R. (1964). Acoustic confusions in immediate memory. *British Journal of Psychology, 55*, 75–84.

Coser, L. A. (1956). *The functions of social conflict*. Free Press.

Cottrell, N. B., Wack, D. L., Sekarak, G. J., & Rittle, R. H. (1968). Social facilitation of dominant responses by the presence of an audience and the mere presence of others. *Journal of personality and Social Psychology, 9*, 245–250.

Courchesne, E. (1987). A neurophysiological view of autism. In E. Schopler & G.B. Mesibov (Eds.), *Neurological issues in autism*. New York: Plenum Press.

Cousins, S. D. (1989). Culture and Self–Perception in Japan and the United States. *Journal of Personality and Social Psychology, 56*, 124–131.

Craik, F. I. M., & Lockhart, R. S. (1972). Levels of processing: A framework for memory research. *Journal of Verbal Learning and Verbal Behavior, 11*, 671–684.

Cronbach, L. J. (1975). Five decades of public controversy over psychological testing. *American Psychologist, 30*, 1–14

Darwin, C. (1859). *On the Origin of Species by Means of Natural Selection, or the Preservation of Favoured Races in the Struggle for Life* (1st ed.). London: John Murray.

Darwin, C. J., Turveya, M., & Crowder, R. G. (1972). An auditory analogue of the sperling partial report procedure: Evidence for brief auditory storage. *Cognitive Psychology, 3*(2), 255–267.

Davenport, W. (1965). Sexual patterns and their regulation in a society of the southwest Pacofic. In F. A. Beach (Ed.), *Sex and Behavior*(pp. 164–207). New York: Plenum Press.

Davidson, J. M. (1966). Activation of the male rat's sexual behavior by introcerebral implantation of androgen. *Endocrinology, 79*, 783–794.

Davis, S. F., & Palladino, J. J. (1997). *Psychology* (2nd edition). New Jersey: Prentice Hall.

DeCasper, A. J., & Fifer, W. P. (1980). Of human bonding: Newborns prefer their mother's voices. *Science, 208*, 1174–1176.

Deutsch, M. (1969). Conflicts: Productive and destructive. *Journal of Social Issues, 25*, 7–41

DeValois, R. L., & Jacobs, G. H. (1968). Primate color vision. *Science, 162*, 533–540.

Dollard, J., Doob, L., Miller, N., Mowrer, O., & Sears, R. (1939). *Frustration and aggression*. New Haven, CT: Yale University Press.

Donnerstein, E. (1980): Pornography and violence against women. *Annals of the New York Academy of Sciences, 347*, 277–288.

Duval, T. S., & Wicklund, R. A. (1972). *A theory of objective self-awareness*. New York: Academic Press.

Dworkin, A. (1981). *Pornography: Men possessing women*. New York: Perigee.

Ebbesen, E. B., Duncan, B., & Konecni, V. J. (1975). Effects of content of verbal aggression on future verbal aggression: A field experiment. *Journal of Experimental Social Psychology, 11*, 192–204.

Ehrlich, D., Guttman, I., Schonbach, P., & Mills, J. (1957). Postdecision exposure to relevant information. *Journal of Abnormal and Social Psychology, 54*, 98–102.

Eisenberg, N. (1986). *Altruistic emotion, cognition, and behavior*. Hillsdale, NJ: Erlbaum.

Elliot, F. A. (2000). A neurological perspective of violent behavior. In D. H. Fishbein (Ed.), *The science, treatment, and prevention of antisocial behaviors: Application to the criminal justice system* (pp. 19–1 to 19–21). Kingston, NJ: Civic Research Institute.

Ellis, A. (1962). *Reason and emotion in psychotherapy*. Secaucus, NJ: Citadel Press.

Erikson, E. (1959). Identity and the life cycle: Selected papers. *Psychological Issues, 1*, 50–100.

Eron, L. D. (1982). Parent–child interaction, television violence, and aggression of children. *American Psychologist, 37*, 197–211.

Eysenck, H. J., & Eysenck, S. B. (1968). *Manual for the Eysenck Personality Inventory*. San Diego: Educational and Industrial Testing Service.

Eysenck, H. J. (1976). *Sex and Personality*. London: Open Books.

Fagan, J. (1972). Infants' recognition memory for faces. *Journal of Experimental Child Psychology, 14*(3), 453–476.

Fallon, A. E., & Rozin, P. (1985). Sex differences in perceptions of desirable body shape. *Journal of Abnormal Psychology, 94*, 102–105.

Fantz, R. L., & Miranda, S. B. (1975). Newborn attention to form of contour. *Child Development, 46*, 224–228.

Feldman, N. S., & Ruble, D. N. (1981). The development of person perception: Cognitive and social factors. In S. S. Brehm, S. M. Kassin, & F. X. Gibbons (Eds.), *Developmental social psychology: Theory and research*. New York: Oxford University Press.

Festinger, L. (1964). *Conflict, decision, and dissonance*. Stanford, Calif: Stanford University Press.

Field, T. M., Schanberg, S. M., & Scafidi, F. (1986). Tactile/kinesthetic stimulation effects on preterm neonates. *Pediatrics, 77*, 654–658.

Fisher, T. D. (1988). Parental sexual attitudes, family sexual communication, and adolescent sexual behavior. American Psychological Association.

Fisher, W. A., & Byrne, D. (1978). Sex Differences in Response to Erotica? Love vs. Lust. *Journal of Personality and Social Psychology, 36*, 117–125.

Fiske, S. T. (1980). Attention and weight in person perception: The impact of negative and extreme behavior. *Journal of Personality and Social Psychology, 38*, 889–906

Flavell, J. H., & Botkin, P. T. (1968). *The development of role-taking and communication skills in children*. New York: Wiley.

Flavell, J. H., Friedrichs, A. G., & Hoyt, J. D. (1970). Developmental changes in memorization processes. *Cognitive Psychology, 1*(4), 324–340.

Flynn, J. R. (1987). Massive IQ gains in 14 nations: What IQ tests really measure. *Psychological Bulletin, 101*, 171–191.

Frasure-Smith, N., Lesperance, F., & Juneau, M. (1999). Gender, depression, and one-year prognosis after myocardial infarction. *Psychosomatic Medicine, 61*, 26-37.

Freedman, J. (1975). *Crowding and behavior*. San Francisco: W. H. Freeman and Company.

Friedman, M. (1996). *Type A Behavior: Its Diagnosis and Treatment*. New York: Plenum Press.

Gaebelein, J. W., & Mander A. (1978). Consequences for targets of aggression. As a function of aggressor and instigator roles: Three experiments. *Personality and Social Psychology Bulletin, 4*, 465-468.

Gallagher, J., & Courtright, R. D. (1986). The educational definition of giftedness and its policy implications. In R. J. Sternberg & J. E. Davidson (Eds), *Conceptions of giftedness* (pp. 93-111). Cambridge: University of Cambridge Press.

Gardner, H. (1986). *Notes on educational implications of the theory of multiple intelligences*. In College Board Colloquium on Measures in the College Admissions Process.

Garrow, J. S. (1986) New possibilities for the treatment of obesity. Body inc. Nutrition Dietetics, 89, 60-67.

Gazzaniga, M. S. (1998). *The split brain revisited*. Scientific American.

Ghiselli, E. E. (1966). *The validity of occupational aptitude tests*. New York: Wiley.

Gibson, E. J., & Walk, R. D. (1960). The "visual cliff." *Scientific American, 202*, 67-71.

Gilligan, C. (1982). *In a different voice: Psychological theory and women's development*. Cambridge, MA: Harvard University Press.

Goleman, D. (1995). *Emotional intelligence*. New York: Bantam Books

Gordon, E. E. (1979). *Primary measures of music audiation*. Chicago: G.I.A. Publishing.

Gordon, E. E. (1986). Final results of a two-year longitudinal predictive validity study of the instrument timbre preference test and the musical aptitude profile. *Bulletin of the council for research in music education, 89*, 8–17.

Gottesman II (1991). *Schizophrenia Genesis: The Origins of Madness.* New York: W. H. Freeman.

Gratch, G. (1982). Responses to hidden persons and things by 5–, 9–, and 16–month–old infants in a visual tracking situation, *Development Psychology, 18*, 232–237.

Greenberg, D. (1977). The Dynamics of oscillatory punishment processes. *Journal of Criminal Law and Criminology, 68*, 643–651.

Grinker, J. (1978). Obesity and sweet taste. *American Journal of Clinical Nutrition, 31*, 1078–1087.

Hall, C. S. (1951). The Genetics of behavior. In S. S. Stevens (ed.), *Handbook of experimental psychology*. New York: Wiley.

Hamilton, D. L. (Ed.) (1981). *Cognitive Processes in Stereotyping and Intergroup Behavior*. Hillsdale, NJ: Lawrence Erlbaum Associates.

Harlow, H. (1958). The Nature of love. *American Psychologist, 13*, 573–685.

Harlow, H. F., & Suomi, S. J. (1971). Social Recovery by Isolation–Reared Monkeys. *Proceedings of the National Academy of Science of the United States of America, 68*(7), 1534–1538.

Harrell, T. W., & Harrell, M. S. (1945). Army general classification test scores for civilian occupations. *Educational and Psychological Measurement, 5*, 229–239.

Hartup, W. W. (1974). Aggression in childhood: Developmental perspectives. *American Psychologist, 29*, 336–341.

Havighust, R. J. (1972). *Developmental tasks and education*. McKay.

Heilman, K. M. (1990). Neuropsychological studies of emotional changes induced by right and left hemispheric lesions. In Nancy L. Stein, Bennett, Leventhal, and Tom R. Trabasso (eds.), *Psychological and bioloigical approaches to emotion*. Routledge.

Herbert, T. B., & Cohen, S. (1996). Measurement issues in research on psycho social stress. In H. B. Kaplan (Ed.), *Psychosocial stress: Perspectives on structure, theory, life course, and methods* (pp. 295–332). New York: Academic.

Herrnstein, R. J., & Murray, C. (1994). *The Bell Curve: Intelligence and class structure in American Life*. New York: Free Press.

Hicks, D. J. (1968). Effects of co-observer's sanctions and adult presence on imitative aggression. *Child Development, 39*, 303–309.

Hiroto, D. S., & Seligman, M. E. P. (1975). Generality of learned helplessness in man. *Journal of Personality and Social Psychology, 31*, 311–327.

Hodges, J., & Tizard, B. (1989b). IQ and behavioural adjustment of ex-institutional adolescents. *Journal of Child Psychology & Psychiatry, 30*(1), 53–75.

Hoffman, M. L. (1977). Moral internalization: current theory and research. *Advances in Experimental Social Psychology, 10*, 86–135.

Hoffman, L. W. (1977). Changes in family roles, socialization, and sex differences. *American Psychologist, 42*, 644–657.

Hoffman, M. L. (1975). Altruistic behavior and the parent child relationship. *Journal of Personality and Social Psychology, 31*, 937–943.

Holmes, T. H., & Rahe, R. H. (1967). The Social Readjustment Rating Scale. *Journal of Psychosomatic Research, 11*(2), 213–8.

Horn, J. L., & Cattell, R. B. (1966a). Refinement and test of the theory of fluid and crystallized general intelligences. *Journal of Educational Psychology, 57*, 253–270.

Hubel, D. H., & Wiesel, T. N. (1965). Receptive fields and functional architecture in two non-striate visual areas (18 and 19) of the cat. *Journal of Neurophysiology, 28*, 229–289.

Hull, C. L. (1943). *Principles of behavior*. New York: Appleton Century-Crofts.

Hurvich, L. M., & Jameson, D. (1957). An opponent-process theory of color vision. *Psychological Review, 64*, 384–404.

Hutt, C. (1972). Sex differences in human development. *Human Development, 15*(3), 153–170.

Hyde, J. S. (1984). How large are gender differences in aggression? A developmental meta-analysis. *Developmental. Psychologt*, *20*, 1120–1134.

Jaffe, M. (1998). *Adolescence*. New York: John Wiley & Sons, Inc.

James, W. (1890). *The Principles of Psychology*. New York: Dover Publications.

Janos, E. M., & Robinson, N. M. (1985b). Psychosocial development in intellectually gifted children. In E D. Horowitz & M. O'Brien (Eds.), *The gifted and talented: Developmental perspectives* (pp. 149–195). Washington, DC: American Psychological Association.

Jensen, A. (1969). How Much Can We Boost IQ and School Achievement?. *Harvard Educational Review*, *39*, 1–123.

Johansson, G. (1975). Visual motion perception. *Scientific American*, *232*, 76–88.

Kagan, J. (1966). Developmental studies in reflection and cognitive performance. In A. H. Kidd & P. Mussen (Eds.), *Perceptual developi7ii-lit in children*, (pp. 487–522). New York: International University Press.

Kagan, J., & Moss, H. A. (1983). *Birth to maturity: A study in psychological development*. New Haven, CT: Yale University Press.

Kallgren, C. A., & Wood, W. (1986). Access to attitude relevant information in memory as a determinant of attitude-behavior consistency. *Journal of experimental social psychology*, *22*, 328–338.

Kastenbanm, R. (1968). Perspectives on the development and modification of behavior in the aged: A developmental-field perspective. *The Gerontologist*, *8*, 280–283.

Kaufman, A. S., & Kaufman, N. L. (1983). *Kaufman Assessment Battery for Children*. American Guidance Service.

Kawamura, S. (1963). The process of sub-cultural propagation among Japanese monkeys. In C. H. Southwick (Ed.), *Primate social behavior* (pp. 82–99). Princeton, NJ: Van Nostrand Reinhold.

Keating, D. L. (1990). Adolescent thinking. In S. Feldman & G. Elliott (Eds.). *At the Threshold: The Developing Adolescent* (pp. 54–89). Cambridge, Massachusetts and London, England: Harvard University Press.

Keesey, R. E., & Powley, T. L. (1975). Hypothalamic regulation of body weight.

American Science, *63*, 558–65.

Kelly H. H. (1967). Attribution theory in social psychology. In D. Levine (Ed.), *Nebraska Symposium on Motivation*, 15 (pp. 192–240). Lincoln: University of Nebraska Press.

Kendrick, K. M., & Drewett, R. F. (1980). Testosterone–sensitive neurones respond to oestradiol but not to dihydrotestosterone. *Nature*, *286*(5768), 67–68.

Keniston, K. (1975). "Prologue: Youth as stage of Life." *Youth (The Seventy-Fourth Year Book of the National Society for the Study of Education)*. Eds. Robert Havighurst and Philip Dreyer. Chicago, Illinois: The University of Chicago Press.

Kenrick, D. T., & MacFarlane, S. W. (1986). Ambient temperature and horn honking: A field study of the heat/aggression relationship. *Environment and Behavior*, *18*, 179–181.

Kernberg, O. (1984). *Severe personality disorders: Psychotherapeutic strategies*. New Haven: Yale Universitv Press.

Kobasa, S. C. (1979b). Stressful life events, personality, and health: an inquiry into hardiness. *Journal of Personality and Social Psychology*, *37*, 1–11.

Koegel, P., & Edgerton, R. B. (1984). 'Black "six–hour retarded children" as young adults', In Edgerton, R. B. (Ed.), *Lives in Process: Mildly Retarded Adults in a Large City* (pp. 145–171). Washington, DS: American Association on Mental Deficiency.

Kohlberg, L. & Turiel, E. (1971). Moral development and moral education. In G. Lesser, ed. *Psychology and educational practice*. Scott Foresman.

Kohlberg, L., & Lickona, T. (1976). Moral stages and moralization: The cognitive–developmental approach. *Moral Development and Behavior: Theory, Research and Social Issues*. Holt, NY: Rinehart and Winston.

Kretschmer, E. (1921). Korperbau u. Charakter. Berlin.

Kuo, Z.–Y. (1930). Genesis of the cat's responses toward the rat. *Journal of Comparative Psychology*, *11*, 1–36.

Landesman, S., & Ramey, C. (1989). Developmental psychology and mental

저자약력

이태연

서울대학교 심리학과에서 인지심리학으로 박사학위를 받았고, 연구분야는 인간의 학습과정으로 이와 관련된 연구논문들과 저서들을 집필하였다. 현재 한서대학교 교수로 재직하고 있으며 학습분야뿐 아니라 디자인이나 행복에 대해서도 관심을 가지고 연구를 진행하고 있다. 출판된 저서에는 〈인간관계심리학〉, 〈실험심리학 용어사전〉, 〈응용인지심리학〉, 〈마음치유와 시〉 등이 있다.

심리학의 이해(2판)

초판발행 2012년 3월 10일 **1판 1쇄** | 2012년 11월 5일 **1판 2쇄** |
2014년 3월 10일 **1판 3쇄** | 2015년 3월 10일 **1판 4쇄** |
2016년 9월 10일 **1판 5쇄** | 2018년 3월 10일 **1판 6쇄** |
2019년 3월 10일 **1판 7쇄**

2판발행 2021년 6월 25일 **2판 1쇄 인쇄** | 2021년 6월 30일 **2판 1쇄 발행**

지은이 이태연
펴낸이 최용구 | **펴낸곳** 도서출판 **신정**
주소 (04316) 서울시 용산구 원효로 89길 19(원효로1가)
전화 02)3211-4782, 0266(영업부), 3211-4783(편집부), 3211-4784(팩스)
이메일 shinjeong72@naver.com | **홈페이지** www.sjbook.co.kr
등록 2001년 5월 11일 제13-702호
기획마케팅 최용구 장만동 최충구 진소희 | **책임편집** 석기은 황가연

ISBN 978-89-5912-752-8 93180
정가 20,000원